LILIANE UND FRED FUNCKEN

HISTORISCHE WAFFEN UND RÜSTUNGEN

RITTER UND LANDSKNECHTE VOM 8. BIS 16. JAHRHUNDERT

MITTELALTER UND RENAISSANCE

Orbis Verlag

ISBN 3-572-01308-9

Umschlaggestaltung: Büro Norbert Pautner, München
Druck: Neografia, Martin
Printed in Slovakia

078930190X817 2635 4453 6271

04 03 02 01

Vorwort

In der vorliegenden Enzyklopädie über historische Uniformen und Ausrüstungen behandeln wir ein faszinierendes Kapitel der Geschichte, das Rittertum als europäisches Phänomen wie auch die Morgendämmerung der Neuzeit mit dem Aufkommen eines neuen Fußvolks. Der erste, als Band I bezeichnete Teil, befaßt sich mit den vielen Aspekten des feudalen Kriegswesens vom 8. bis zum 15. Jahrhundert, also der Tracht, Rüstung, Bewaffnung, den Burgen, aber auch dem Kriegsgerät sowie den Lebensumständen des Rittertums mit seinen Sitten, der sich voll entwickelnden Heraldik und dem Turnier. Wir konnten durch unablässige Studien in den Museen Europas, den repräsentativen, aber auch den weniger spektakulären Sammlungen, die Basis-Dokumentation, die wir in 25jähriger mühevoller Arbeit zusammengetragen hatten, ganz beträchtlich erweitern.

Unsere wertvollsten Führer bei der Arbeit blieben jedoch die alten Werke zu diesem Thema. Das »Dictionnaire d'architecture« (Wörterbuch der Architektur) und das »Dictionnaire du Mobilier français« (Französische Möbel) von Eugène-Emmanuel Viollet-le-Duc, »Das Kostüm« von Friedrich Hottenroth, dem Werk »Die Kriegswaffen« von August Demmin, die ein Jahrhundert alt sind; sie sind die Kleinodien einer Zeit, in der das Interesse für das bis dahin dunkle Mittelalter erwachte.

Wir sind sehr glücklich darüber, daß wir unseren Lesern die Quintessenz aus diesen Meisterwerken, die heute fast unerreichbar sind, bieten können. Und noch mehr freut es uns, dutzendweise die Figuren gemalt zu haben, die von diesen großartigsten Pionieren einst gezeichnet wurden, denn als wir ein Jahrhundert nach ihnen ihre Quellen wiederentdeckt hatten und ihren Weg noch einmal gingen, stellten wir mit wachsendem Respekt fest, daß ihr Werk kaum gealtert war.

Wie könnte es einem auch mit diesen Büchern anders ergehen? Man ist stumm vor Staunen und voller Begeisterung, wenn man sie aufschlägt, wenn man die Fülle ihrer Schätze vor sich sieht.

Man ist hingerissen und verzaubert von den kleinen Figuren, die ein stummes Zeugnis für die Begabung und die unendlich geduldige Arbeit ihrer Schöpfer ablegen. Diese großen alten Meister besaßen nicht nur eine phänomenale Schaffenskraft und unersättliche Wißbegier, sie waren auch hervorragende Zeichner, und in dieser Eigenschaft liegt ein gut Teil der Anziehungskraft ihrer Werke auch für den nicht sachkundigen Leser.

Wir haben die Zeichnungen aus den einschlägigen Kapiteln der oben genannten Bücher mehr vervollständigt als abgeändert: Wir möchten unseren Vorbildern auf diesem Weg die Ehre erweisen. Einige der neuen Theorien, die wir in den vorliegenden beiden Bänden entwickeln, beruhen auf unseren eigenen Beobachtungen und der daraus gewonnenen Erkenntnis; wir wollen mit ihnen nicht als gesichert geltende Erkenntnisse widerlegen, sondern dem wissensdurstigen Leser Gelegenheit geben, parallel und kritisch zu prüfen.

Im zweiten Teil (als Band II bezeichnet) setzen wir unsere umfassenden Ausführungen über die kriegerische Ausrüstung im späten Mittelalter und in der Renaissance fort.

In wichtigen Kapiteln, wie denen über die Schwerter, das Pferdegeschirr, die Sporen, gehen wir bis zu den Anfängen zurück und stellen die Entwicklung vom Hochmittelalter bis zum Beginn des 17. Jahrhunderts dar.

Auch diesmal sind wir durch die eingehende Prüfung Tausender Bild-Dokumente oder Handschriften und unzähliger Sammlerstücke zu Schlußfolgerungen gelangt, die von der bekannten Lehrmeinung abweichen oder ihr manchmal sogar völlig entgegengesetzt sind. In jedem dieser Fälle haben wir so genau wie möglich ausgeführt, worauf sich unsere Deutung stützt. Der Leser möge darin keine reformerischen Absichten sehen, sondern nur einen bescheidenen Beitrag zu einer besseren Kenntnis dieses großen und spannenden Gebiets. Während wir die fast 2000 Zeichnungen, mit denen dieses Werk illustriert ist, auswählten und ausführten, entdeckten wir tausend Einzelheiten, die uns zunächst gar nicht aufgefallen waren.

Bei der, zugegeben, oft langweiligen Lektüre der alten Schriften und Memoiren haben wir viele Teile gefunden, die uns in dem Puzzle, das eine Arbeit wie die unsere ja darstellt, noch fehlten.

So ist es uns gelungen, zum ersten Mal das genaue Bild der wilden schweizerischen Kämpfer wiedererstehen zu lassen, von ihrem unaufhaltsamen Aufstieg zum Ruhm, von Morgarten im Jahre 1315 bis zu ihrem Triumph über den »großen Reichsherzog«, Karl den Kühnen von Burgund, und ihrem unvermeidlichen Niedergang.

Die »Stammbäume« der Amerikaner Bashford Dean und Stephen V. Grancsay, die wir 1948 in dem außerordentlichen »Book of Costume« von Millia Davenport entdeckten, haben uns großen Eindruck gemacht und dazu veranlaßt, die Helme, Schwerter, Rüstungen usw. in Tafeln zusammenzufassen, um dem Betrachter eine möglichst genaue Vorstellung davon zu vermitteln, wie sie sich chronologisch entwickelt haben. Doch trotz der beträchtlichen Zahl der von uns vorgestellten Modelle haben wir die packende Synthese der beiden Meister des Metropolitan Museums in New York nicht zustande gebracht. Der Leser, der mehr erfahren möchte, wird sein Interesse in ihren erstaunlichen Darstellungen befriedigt finden.

Vielleicht sollten wir an dieser Stelle daran erinnern, daß unser Hauptziel darin besteht, Leser aller Altersgruppen anzusprechen, die sich für die großen Epochen der Militärgeschichte der Welt interessieren, und ihnen eine reichhaltige und anschauliche Dokumentation zu liefern, die sie zugleich zum Studium auch weiterführender wissenschaftlicher Werke anleitet.

Liliane und Fred Funcken

Inhalt

3. Teil:

4. Teil:

5. Teil:

6. Teil:

Einführung

Der auf den Seiten dieses Werkes betrachtete Zeitraum ist sehr lang. Er umfaßt das gesamte europäische Mittelalter und reicht bis in die Jugend der Neuzeit. Langsam, zunächst fast unmerklich, dann immer schneller begannen sich in dieser Zeit die Strukturen herauszubilden, die unserem Europa die typischen Konturen gaben. Es hob sich immer stärker von der übrigen Welt ab, sein Wesensmerkmal wurde die stets dynamischere Entwicklung.

Dabei besaß das Kriegswesen in der jeweiligen Gesellschaft eine überragende Bedeutung. Anfänglich spielten, besonders bei germanischen Völkerschaften, noch die Volksaufgebote eine große Rolle, denn jeder freie Mann hatte Krieger zu sein. Doch praktische Gründe, wie die mit großen Kosten verbundene neue Ausrüstung sowie die dauernde Inanspruchnahme des Kriegeraufgebots führten zur vollen Ausbildung eines Feudalsystems, in dem, gegen Verpflichtung zum Kriegsdienst, der Herrscher Teile des Gesamtgebietes zu Lehen gab. Er verlieh damit Einzelnen das Recht, sich von den Abgaben der dort lebenden Menschen für diese Aufgaben zu rüsten. Dieses Lehnssystem konnte als »hohe Leihe« ganze Herzogtümer umfassen, deren kleinere Teile dessen Feudalherr als »niedere Leihe« gegen die gleichen Verpflichtungen an Grafen, Barone und Ritter weitergab. Ein solcher Lehensnehmer hatte dann bei Anforderung mit einer festgesetzten Zahl von ausgerüsteten Hilfskräften zum Kriegsdienst zu erscheinen, wobei meist als zumutbar der Zeitraum von 40 Tagen galt. Zwar wurde der Gedanke eines Volksaufgebotes niemals ganz fallengelassen, in der Praxis doch nur in den Städten ausgeübt, wo es zum Status eines Bürgers gehörte, daß er sich selbst ausrüstete und an der Verteidigung teilnahm. Diese Pflicht, sich selbst Waffen zu beschaffen, führte im gesamten Mittelalter dazu, daß ältere Teile noch generationenlang weitergebraucht wurden. In der Regel vermochte sich nur der Feudalherr selbst oder der reiche Handelsbürger eine neue moderne Rüstung zu leisten, die Gefolgsleute trugen ältere vorhandene Teile oder Beutestücke. Mit der allgemeinen Erhöhung des Geldumlaufs durch den Fernhandel der größeren Handelsstädte begann auch das Soldkriegertum Bedeutung zu erlangen. Wollte ein Kriegsherr die nur für den relativ kurzen Zeitraum verpflichteten Lehnskrieger weiter im Dienst behalten, mußte er ihnen einen Geldbetrag, den Sold, zahlen. Das wurde eine begehrte Einnahmequelle feudaler Berufskrieger, die sich auch reichen Handelsstädten verdingten, um deren Handelstransporte zu schützen. Daneben leisteten sich schon Bürger reicher Städte zu ihrer Erleichterung aus besoldeten Berufskriegern eigene Stadtwachen.

Der Beginn der Neuzeit wird im europäischen Kriegswesen gemeinhin mit dem Auftreten eines neuen Fußvolks markiert, einer festgeschlossenen Infanterie nach Schweizer Vorbild, die sich auch auf freiem Felde gegenüber den stark gerüsteten Adelsreitern zu behaupten vermochte. Die Bedeutung des Rittertums als entscheidende militärische Kraft verschwindet. Symbolhaft ist hierfür die Geste Kaiser Maximilians, des »Letzten Ritters«, der bei einem Einzug seiner Landsknechte spontan den Langspieß aufnahm, um sich in die erste Reihe seiner Kriegsknechte zu stellen. In dieser neuen Infanterie entstehen die Strukturen eines modernen Militärwesens mit in Regimentern organisierter Kriegshaufen, deren gleichartiger hierarchischer Struktur und der Zusammensetzung aus für gewisse Zeit geworbenen Lohnkriegern, den Soldaten. Auch die aus hochspezialisierten Einzelkämpfern bestehende Adelsreiterei wandelt sich langsam in eine Kavallerie, in der die Reiter geübt und fähig sind, gemeinsame Aktionen auszuführen. Die Aufstellung solcher Verbände, der Regimenter zu Fuß und zu Roß übernahmen für die jeweiligen Kriegsherrn die Obersten, gleichzeitig Befehlshaber und Kriegsunternehmer. Gegen einen bestimmten Pauschbetrag sorgten sie auf eigene Rechnung für die Werbung, Aufstellung, Bezahlung und Ausrüstung, was oft schon zum Ankauf gleichartiger Waffen und Rüstungsteilen führte. So boten diese Kriegshaufen nun schon ein weit einheitlicheres Bild als bisher.

Die schwere Rüstung des adeligen Reiters diente weithin nur noch zur Schau und Repräsentation und zeigte dann entsprechenden Dekor. Die neuen erleichterten Schutzpanzer waren oft schon billige Massenware und wollten auch nur noch bestimmte Körperteile decken, ein Bestreben, das die immer wirksamer werdenden Feuerwaffen immer fraglicher werden ließen.

Band I

Rüstungen und Kriegsgerät im Mittelalter

8.–15. Jahrhundert

Ritter in Turnier und Schlacht
Raubzüge und Belagerungen
Sturm auf Burgen und Festungen

Die Quellen

Die ersten Pionierleistungen gehen ohne Zweifel auf einen Engländer zurück: Sir Samuel Rush Meyrick (1786–1848), den Vater der Militärarchäologie. 1826 erhielt er den Auftrag zur Neugestaltung der berühmten *Line of kings* im Tower zu London, einer großartigen Reihe von Reiterfiguren, an deren Spitze ein Wilhelm der Eroberer stand ... in einer Rüstung vom Ende des 16. Jahrhunderts! Der berühmte Schwarze Prinz, gestorben 1376, war mit einer Rüstung versehen, die Eduard VI. gehört hatte und 1552 geschmiedet worden war.

Mit der Begeisterung der Neubekehrten und der Unbefangenheit der Autodidakten gestaltete Meyrick die illustre Reihe um, nicht ohne dabei einige Neuschöpfungen vorzunehmen, die wohl weniger lächerlich als der alte Zustand, aber immerhin sehr phantasievoll waren. Dennoch lenkte dieser leidenschaftliche Sammler das Interesse seiner Landsleute auf die frühen Waffen und die alten Rüstungen.

Vierzig Jahre später bespöttelte man Meyricks »Wissenschaft«; dennoch stammt ein Teil der herrlichen Stücke, die heute in der Wallace Collection ausgestellt sind, aus der Galerie dieses Pioniers, der zwar kein Wissenschaftler war, aber doch Geschmack besaß.

Anderswo ging es noch weit schlimmer zu. Hielt man nicht in Zürich Harnische mit gewölbter Brustplatte für ... Frauenharnische! In Spanien, in Italien und sogar in Deutschland – dem gelehrten Deutschland – wimmelte es von Irrtümern bei der Datierung.

In seinem im Vorwort genannten Werk weist August Demmin mit Nachdruck auf die Irrtümer der Konservatoren hin, ohne Frankreich zu schonen, wo ein gewisser P. Lacombe gerade ein Jahr zuvor in der »Bibliothèque des merveilles«[1] das Buch »Les Armes et les Armures« veröffentlicht hatte, in dem er entweder zerstreut oder unwissend Karl dem Kühnen, der 1477 starb, eine Rüstung vom Beginn des 17. Jahrhunderts zuweist![2]

Die »Kriegswaffen« von Demmin, die heute häufig zitiert werden, stellten zu ihrer Zeit einen bemerkenswerten Fortschritt dar, obwohl sie – Splitter im Auge des Nächsten, Balken im eigenen! – einige ganz falsche Interpretationen liefern, die auf eine zu lebhafte Phantasie und übertriebenen Reformeifer zurückzuführen sind. Dennoch ist das Werk höchst interessant und wäre eine wahre Kostbarkeit geworden, wenn der Autor, der offensichtlich ein guter Zeichner war, die 1700 Figuren in seinem Buch etwas sorgfältiger gemalt hätte. Im Vergleich hierzu sind die 60 Vignetten des unglücklichen Lacombe Meisterwerke.

Einige Jahre später, 1874, erschien in Paris ein wahrhaftiges Monument: das »Dictionnaire raisonné du mobilier français« in sechs Bänden; ein Jahr später erschienen die zehn Bände des »Dictionnaire de l'architecture«. Beide Werke wurden vom Autor, Eugène-Emmanuel Viollet-le-duc (1814–1879), reich und hervorragend illustriert.

Selten wurde ein Autor so heftig kritisiert, und sein Name gilt heute bei den meisten Leuten als Synonym für mißverstandene, willkürliche, ja sogar völlig aus der Luft gegriffene Restaurierung. Von den Verleumdungen angesteckt, betrachtet der Tourist argwöhnisch das Schloß von Pierrefonds, die Mauern von Carcassonne oder Notre-Dame in Paris, jene Kathedrale, aus der der frevelhafte Architekt rücksichtslos so viele ehrwürdige Statuen entfernt und sie dann ohne viel Federlesens in die Seine geworfen hat!

Er möge beruhigt sein. Vor etwa zehn Jahren hat eine Tauchermannschaft der Stadt Paris das Corpus delicti wieder zu Tage gefördert: eiligst nahm man die wertvollen Überreste des Vandalenaktes in Augenschein ... und mußte feststellen, daß es nur Nachbildungen aus Gips waren, die während der Restauration (als der Beschuldigte noch ein Kind war) an die Stelle der echten Statuen gesetzt worden waren.

1 Hachette, Paris, 1868. Demmin ließ sich von seiner Entrüstung so mitreißen, daß er Lacombe fälschlich drei Irrtümer zuviel ankreidet.

2 Nach Demmin. Sie soll aber eher aus der zweiten Hälfte des 16. Jahrhunderts stammen.

Wenn ein Besucher vor dem imposanten Komplex des Schlosses von Pierrefonds steht, wird er sich das Urteil eines geachteten Archäologen [1] in Erinnerung rufen, der schrieb: »Die Ruinen stellten noch in unserer Zeit (im 19. Jahrhundert) einen bemerkenswert vollständigen Komplex dar. Viollet-le-Duc hat sie mit Geschmack in einer Weise restauriert, daß sie insgesamt, wenn auch nicht in allen Einzelheiten, die Wiederherstellung eines Feudalsitzes aus dem 15. Jahrhundert ergeben.«

Und unter den Mauern von Carcassonne schließlich ist man beruhigt, wenn man das nüchterne Urteil des Raymond Ritter [2] hört: Die Krönungen der inneren Türme, die Viollet-le-Duc wiederhergestellt hat, sind nicht über jede Kritik erhaben, doch da die Türme der Zwingermauer von Philipp dem Kühnen im Mauerwerk erhalten waren, »hatte Viollet-le-Duc also nur deren Fußböden und Dächer zu erneuern und hatte keine Möglichkeit, dort seiner Phantasie freien Lauf zu lassen«.

Das literarische Werk des großen Pioniers wird am häufigsten zitiert, um darin auf die Fehler hinzuweisen; eine Praxis, die auch heute noch besonders von Autoren vertraulicher Arbeiten geübt wird. Während der Leser in einem Buch sucht, was ihm noch unbekannt ist, scheint ein Kritiker seinerseits nur hinter dem her zu sein, was der Autor möglicherweise nicht gewußt hat.

Wenn das Verächtlichmachen großartiger Arbeiten sogar erfahrene Autoren beeindruckt, wie groß muß dann erst die Wirkung auf die breite Öffentlichkeit sein. Glücklicherweise gibt es Militär-Archäologen, die trotz vorhandener Mängel den Wert dieser Arbeiten zu schätzen wissen, wie z. B. Philippe Truttmann, der kürzlich schrieb: »Viollet-le-Duc bleibt der unbestrittene Meister auf diesem Gebiet und seine Schmäher haben ihn nur bestohlen« (»Archeologia«) [3].

Am Ende des Jahrhunderts erschien in Frankreich das Werk »Armes anciennes« von Maurice Maindron, während Planché und Hewitt in Großbritannien eine bereits sehr genaue Klassifizierung der Sammlungen im Londoner Tower vornahmen. Vicomte Dillon konnte sie aufgrund seiner eingehenden Studien über die Stechwerkzeuge der Waffenschmiede noch verbessern. Dillons Erfahrung kam Sir Richard Wallace für seine neuesten Erwerbungen zustatten: Zahlreiche Stücke aus der Sammlung des Grafen von Nieuwekerke, dem Oberintendanten der Kunstakademie im Zweiten Kaiserreich, bildeten zusammen mit den wichtigsten Teilen der Sammlung von Samuel Rush Meyrick die berühmte Wallace Collection. Obgleich sie von geringerem historischen Interesse als die Royal Collection in Windsor und weniger imposant als die Sammlung im Tower ist, zählt sie doch zu den schönsten Europas.

Die bedeutendste Sammlung von Waffen und Rüstungen ist zweifellos die des Kunsthistorischen Museums in Wien; diejenigen in der Armeria Reale in Madrid und im Musée de l'Armée in Paris stehen ihr nur wenig nach. Wunderschöne Stücke kann man auch in alten Städten wie Dijon, Colmar, Brüssel, Bern, Basel, München, Dresden, Berlin, Turin, Mailand .. finden.

In der Literatur tauchte 1929 aus der vom Ersten Weltkrieg verursachten Verwüstung das teilweise postume Werk von Camille Enlart auf, das berühmte »Manuel d'archéologie française«. Seit Viollet-le-Duc war nichts so Großes versucht worden.

Auch ein halbes Jahrhundert später ist noch nicht wieder ein neues Werk solchen Umfangs veröffentlicht worden. Dennoch sind eine Reihe wissenschaftlicher Studien erschienen, besonders die von

1 Camille Enlart, »Manuel d'archéologie française«, Band II, S. 614.

2 »Châteaux, Donjons et Places fortes« (Larousse, 1953). Es handelt sich um eine kleine Arbeit von außergewöhnlicher Dichte.

3 Auch manche Kunsthistoriker haben ihn rehabilitiert. Wir zitieren Michel Ragon (»Histoire mondiale de l'architecture et de l'urbanisme modernes«, Casterman, 1971–1972): »Dieser ›Nachahmer‹ ist in Wirklichkeit, zusammen mit Ruskin, der erste große Theoretiker der modernen Architektur und alle Pioniere der Architektur des 20. Jahrhunderts haben das voll anerkannt ... (sie) haben Viollet-le-Duc zumindest in ihrer Anfangszeit zum Gegenstand eines wahrhaften Kultes gemacht ... Gaudi in Spanien und Guimard in Paris haben diese Verbindung niemals verborgen ... ›Man muß die Monumente der Vergangenheit studieren, nicht um sie zu kopieren, sondern um aus ihnen das zugrundeliegende Prinzip abzuleiten ... Eine Form, die sich nicht begründen läßt, kann auch nicht schön sein.‹ Die Theoretiker des Funktionalismus, ob Gropius oder Le Corbusier, werden dem nichts hinzuzusetzen haben.«

Charles Buttin (1906–1961) und diejenigen seines Sohnes François, dessen neuestes Werk »Du costume militaire au Moyen Age et pendant la Renaissance« aus dem Jahre 1971 von hervorragenden Kenntnissen zeugt. Die Artikel von Robert-Jean Charles, dem Präsidenten der technischen Kommission des Armeemuseums in Paris, haben kräftig dazu beigetragen, das wissenschaftliche Studium der Bewaffnung im Mittelalter voranzubringen.

Sieht man einmal ab von den zahlreichen Werken über Luxus- oder Prunkwaffen, gibt es nur sehr wenige Bücher, die sich mit der Rüstung und den Waffen im allgemeinen befassen. Der Leser kann den schönen Band von Charles Martin, »Armes et Armures de Charlemagne à Louis XIV« (Office du Livre, Fribourg, 1967), zu Rate ziehen; er ist reich illustriert und angenehm und interessant zu lesen. Das Werk »Arms and Armour« von Vesey Norman (Weidenfeld and Nicolson, London, 1966) ist kürzer und bündiger und auch in französischer Fassung verfügbar. »Les Armures« von Stephen V. Grancsay, Curator emeritus der Abteilung Waffen und Rüstungen des Metropolitan Museum von New York (französische Fassung erschienen im Verlag Deux Coqs d'Or, Paris, 1965) bietet in kleinem Format einen ausgezeichneten Überblick über das Gebiet. Ein anderer Angelsachse, Ewart Oakeshott, hat zwei großartige Werke geschrieben, »The Archeology of Weapons« und »The Sword of Chivalry«, die als maßgeblich anzusehen sind. Der gleiche Autor hat in einer Reihe von allgemeinverständlich geschriebenen Werken für die Jugend hübsche kleine Bücher verfaßt über den Ritter und seine Rüstung, sein Pferd, seine Waffen, seine Burg sowie über den Ritter im Kampf (»A Knight in Battle«, Lutterworth Press, London, 1971): es sind Meisterwerke, solide und einfach. Schließlich gibt es in deutscher Sprache den umfangreichen und reich illustrierten Band von Eduard Wagner, »Tracht, Wehr und Waffen des späten Mittelalters (1350–1450)«, der 1960 im Prager Verlag Artia erschienen ist; er bietet eine erstaunliche Fülle von Trachten, Waffen und verschiedenen Ausrüstungsgegenständen.

ERSTER TEIL

PANZERZEUG UND HELME

Im 5. Jahrhundert verschwanden mit dem Verfall des Weströmischen Reiches auch die militärischen Traditionen und die hergebrachte Ausrüstung. Sie gingen zusammen mit einer großartigen Kultur im Ansturm der Barbarenhorden unter.

Diese Barbaren, ob Alanen, salische Franken oder Ripuarier, verachteten meist jede Art von Panzer.

Die Franken Chlodwigs, zu einer homogenen Truppe vereint, und die wackeren Nachkommen der Ripuarier, aus denen die Heere Karl Martells bestanden, bewiesen durch ihre entscheidenden Siege 506 über die Westgoten und 732 über die Araber, daß sie über eine solide Organisation und eine noch primitive, aber dennoch wirksame Kriegskunst verfügten.

Aus diesen »dark ages« – finsteren Zeiten –, wie die Angelsachsen sie treffend nennen, sind nur ganz wenige Bruchstücke der Ausrüstung auf uns gekommen.

Dem Oströmischen Reich dagegen, wohl verschanzt hinter den mächtigen Mauern, die Konstantinopel vom Bosporus bis zum Marmarameer bedeckten, blieb das tragische Schicksal des Weströmischen Reiches erspart. Die Miniaturen der Handschriften und die Ikonen zeigen uns Schuppenpanzer, Helme in der Form phrygischer Mützen und runde oder ovale Schilde, die recht seltsam, künstlich und wenig glaubhaft anmuten. Man findet diese theatralische Tracht bis zum 11. Jahrhundert in den griechischen Handschriften, jedoch mit mandelförmigen Schilden, während in Italien die Militärkleidung jeden kriegerischen Charakter zu verlieren scheint, ausgenommen einige konische Helme, die manchmal mit einem Turban umwickelt waren, der aus Pelz gemacht schien. Die Miniaturen der Apokalypse von Saint-Sever zeigen uns im Überfluß jene

KAROLINGISCHE TRUPPEN (I)
(Seite 14)

1. Darstellungen karolingischer Reiter und Kaiserstandarte Karls des Großen. – 2. Leichter Fußsoldat. – 3. Bogenschütze. – 4. Schwere Fußsoldaten. – Alle sind mit der Brünne (Panzerhemd) bekleidet, die der den Römern entlehnten, merowingischen Lorica ähnelt.

KAROLINGISCHE (II) UND KAPETINGISCHE TRUPPEN
(Seite 15)

1. und 2. Leibwächter und Krieger Karls des Kahlen, Mitte des 9. Jahrhunderts. Sie trugen den von den Römern ererbten Eisenküraß: den »Thorax«, der, als er noch aus Leder gefertigt wurde, »Lorica« hieß. Die gesamte Tracht ist typisch byzantinisch. Sie spiegelt wahrscheinlich viel mehr die künstlerische Bildung oder die Herkunft des Ausmalers wider als eine wirklich in Frankreich getragene »Uniform«. – 3. Drachenträger, in der Mitte des 9. Jahrhunderts. Der Drache wird beim Kampf getragen, vor allem in Deutschland, und zwar mindestens bis 1270. – 4. und 5. Kapetingische Krieger des 10. Jahrhunderts. Links mit der Brünne aus metallenen Schuppen; rechts mit der Brünne aus nagelbeschlagenem Leder, der sogenannten Gitterbrünne.

1
2
3
4
L. & F. FUNCKEN

1
2
3
4
5

»Amateur-Soldaten« des 11. Jahrhunderts, die sicherlich vom Künstler ihrer wesentlichen kriegerischen Attribute beraubt wurden.

In Frankreich beharrt man darauf, im 9. Jahrhundert mit dem fiebrigen, anonymen Illustrator der Schule von Reims und bis ins 12. Jahrhundert mit der Schule von Gerona, beide losgelöst vom byzantischen Stil, diese entmilitarisierten Versionen inmitten der schlimmsten Massaker zu zeigen.

Glücklicherweise findet man anderswo etwas überzeugendere Reiter und Elite-Fußsoldaten, die Helme und Schuppenpanzer oder den griechisch-römischen »Thorax« tragen, wie jene Leibwachen Karls des Kahlen, die wir in ihrer theatralischen Ausstaffierung des 9. Jahrhunderts dargestellt haben.

DIE RÜSTUNG ZU BEGINN DES 11. JAHRHUNDERTS

1. Faksimile eines normannischen Kriegers, nach dem Wandteppich (genau: eine Stickerei) von Bayeux, genannt »Telle du conquest« – Bericht von der Eroberung. Die mit Panzerringen bedeckten Beinlinge der Kniehosen sind unwahrscheinlich, weil sie für den Reiter sehr unbequem gewesen wären. Wir teilen diese Meinung, die von unserem Freund Frederick Wilkinson in seinem Werk »Battle Dress« vertreten wird. Das unter die Brünne geschobene Schwert hätte außerdem die Bewegungen des Beins außerordentlich behindert, besonders beim Reiten. – 2. Angelsächsischer Ritter mit seinem Rundschild mit Schildbuckel. Normannen und Sachsen trugen auch Brünnen mit runden, quadratischen oder rautenförmigen Schuppen, die auf eine Unterlage aus festem Stoff oder Leder genietet oder genäht waren. – 3. Normannischer Reiter während der Eroberung Englands, mit der Standarte Wilhelms des Eroberers. – 4. Herkömmliche Darstellung nach Hottenroth, Bombled, Large usw. Das übermäßig vergrößerte, quadratische Einsatzstück wird hier als Öffnung betrachtet, durch die der Krieger in diese Art Hose hineinschlüpfte. Wir weisen darauf hin, daß bei vielen Kriegern auf dem Wandteppich von Bayeux diese vorgebliche Öffnung völlig fehlt. Der Teppich zeigt uns ebenfalls Leichen, denen man die Brünne auszieht wie man ein Nachthemd ausziehen würde. Dieser Vorgang wäre unmöglich, wenn das Kleidungsstück Hosenbeine hätte. Übrigens wird die These von den nebeneinandergesetzten Ringen heute allgemein verworfen; man nimmt vielmehr an, daß alle auf dem berühmten Wandteppich abgebildeten Personen, welcher Typ auch dargestellt wird, »Maschenpanzerhemden« aus ineinandergeschlungenen Ringen getragen haben müssen (siehe Leg. 2). Diese Standardisierung wird jedoch weitgehend erschüttert durch die Beispiele, die auf der nächsten Tafel angeführt werden. Unbestrittene Meister wie die Franzosen François Buttin und Robert Jean-Charles haben sich eine so einfältige Verallgemeinerung niemals zu eigen gemacht. – 5. Bei dem rechteckigen Einsatzstück (Halsberge) handelte es sich wahrscheinlich um ein atemdurchlässiges Teil, welches das Gesicht des Kriegers schützte. Man nannte es zu jener Zeit »barbe« (Bart), im 13. Jahrhundert dann »barbière«. Die Beine sind nur an der Außenseite geschützt. – 6. Diese beiden Krieger an der Kirche Notre-Dame du Port in Clermont-Ferrand zeigen die »barbe« hoch- und heruntergeschlagen (erste Hälfte des 12. Jahrhunderts) und illustrieren so unsere These von Abb. 5.

AROLD
1
2
3
4
5
6
L. & F. Funcken

1. Französisches Panzerhemd mit Gitter und Raupe aus Leder, um 1100.
2. Verschiedene Darstellungen von Kleidungsstücken, die mit Scheiben (Plättchen) gepanzert waren. Wenn das Plättchen in der Mitte befestigt war, sprach man von »de demi-clouure« (vom lateinischen »medius«, in der Mitte). War es oben festgemacht, sprach man von einem Ring »de haute clouure«. Diese beiden Verfahren wurden bis zum 14. Jahrhundert verwendet. – A. 1135. – B. 1190. – C. 10.–11. Jh. – D. 1110. – E. 10.–11. Jh. – F. Diese Figur, die der gleichen Handschrift entnommen ist, zeigt dagegen ein »Ringelpanzerhemd« aus vernieteten Ringen. – G. Deutscher Krieger aus dem 11. Jahrhundert. Mit Panzerhemd, das mit Metall- oder Lederschuppen besetzt ist, daher der Name »Clavain«-Brünne oder »Clavin« (von lat. »clavus«). Im 14. Jahrhundert nannte man es »Clibanion«.
3. Durch Schnüren »fest anliegendes« Panzerzeug. Dieses System, das fast allgemein angesehen wurde als Deutung eines Geflechts aus Ringen – des klassischen Ringelpanzers –, bestand aus Scheiben, die auf eine Unterlage aus starkem Leinen oder Leder genäht waren, und findet sich auf vielen Skulpturen. Es ist geschmeidig und schmiegt sich an die Körperformen an und zwar so sehr, daß die Fußknöchel innen und außen am Bein erkennbar sind (siehe Abb. F). Der »Ringelpanzer«, der in den gleichen Epochen genau dargestellt wird, »fällt« ganz anders, wie es die Abb. G und H zeigen. – A. Ende des 13. Jahrhunderts. – B. 1228. – C. 1300. – D. 1250. – E. 1350. – F. 1345. – G. 1300. – H. 1344.

Brünne und Ringelpanzer

Die Brünne

Dieser Terminus, mit dem das älteste militärische Kleidungsstück bezeichnet wird, das in einer französischen Handschrift genannt ist – in seiner latinisierten Form »brunia« –, findet sich in den Kapitularien[1] Karls des Großen schon 779.

Sie war zuerst ein Schutz für den Rumpf und hatte keine Ärmel. Man stellte sie her, indem man auf eine Unterlage aus Leder oder Stoff dicht nebeneinander runde oder eckige Plättchen setzte. Sie bestanden aus Eisen, das man mehr oder weniger gehärtet, d. h. durch eine Wärmebehandlung gestählt hatte. Diese dicht an dicht gesetzten Plättchen wurden durch einen Mittelstift an dem Gewand festgemacht. Aber man setzte sie auch übereinander, wobei sie dachziegelartig übereinandergriffen und zugleich der Befestigungsstift verdeckt wurde. Dadurch erhielt man einen Panzer, der einen unendlich viel besseren Schutz gegen Hiebe bot, der aber auch viel schwerer und teurer war.

Der Kriegsdienst, der 802 auf der Basis von Einkommen aus Grundbesitz eingeführt wurde, war Pflicht für Eigentümer von drei Mansen (eine Manse betrug je nach Gegend 10 bis 15 Hektar). Da diese Last als zu drückend empfunden wurde, setzte man

1 Kapitularien (von »capitulum«, Kapitel): in Kapiteln abgefaßte Verordnungen.

1
2
A
B
C
D
E
F
G
3
A
B
C
D
E
F
G
H

später die Grenze auf vier Mansen fest, doch mußten nur die Eigentümer oder Nutznießer von mindestens zwölf Mansen, so bestimmten die Kapitularien von 813, zum Dienst mit der Brünne, auch Brunnika oder Panzerhemd genannt, bekleidet antreten.

Der Psalter von Sankt-Gallen aus der Mitte des 9. Jahrhunderts, dem wir unseren Drachenträger entnommen haben, zeigt in einer Gruppe von neun Reitern nur zwei Brünnenträger.

Trotz des »abschreckend« hohen Preises der Brünne erließ Karl der Große noch drakonische Verordnungen, in denen er ihren Verkauf jenseits der Grenzen untersagte.

Im Laufe des 9. Jahrhunderts bekam die Brünne kurze Ärmel und wurde so lang, daß sie nun auch die Schenkel bedeckte. Manchmal erhielt sie eine dazu passende Kopfbedeckung.

Wie spitzfindig erscheint da im folgenden Jahrhundert der Soldat aus den »Dialogues de saint Grégoire«, der, abgesehen von seiner Schuppenbrünne, den Wachen im »Thorax« Karls des Kahlen wie ein Bruder ähnelt. Vielleicht war das der erste Ansatz, einen Leibwächter mit ausgesuchter Sorgfalt zu kleiden.

Der Ringelpanzer

Neben der Brünne aus vollen Scheiben gab es eine Schutzkleidung aus ringförmigen eisernen Panzerteilchen, die ineinander verschlungen waren. Das war ein viel geschmeidigeres, leichteres Kleidungsstück, das sich angenehmer trug, aber weniger widerstandsfähig war. Wir nennen es heute das »Ringelpanzerhemd«, ein Begriff, der in den mittelalterlichen Texten praktisch fehlte.

Dieses Panzerzeug (Brünne, Haubert) scheint zuerst den Elitekriegern vorbehalten gewesen zu sein, wenn man nach den sehr genauen Zeichnungen der Bibel von Rodas (10.–11. Jahrhundert) urteilen will: Nur die Anführer haben Schuppenbrünnen, während das Gros ihrer Reitertruppen auch nicht den geringsten Panzer trägt.

DAS PANZERZEUG (II)

1. Der »Pseudo-Ringelpanzer«. Dieses eigenartige System, das ebenfalls von den meisten großen Autoren als eine weitere Form des klassischen »Ringelpanzers« angesehen wird, hatte auf Viollet-le-Duc großen Reiz ausgeübt; er fand dafür eine sinnvolle Erklärung, bei der der Panzer aus Ringen bestand, während es sich nach F. Buttin (»Du costume militaire au Moyen Age et pendant la Renaissance«, 1971) um Scheiben handelte. Dieser glänzende Autor setzt die fragliche Technik gleich mit der »besongne quasiguesnée«, die in den Statuten der Pariser Waffenschmiedemeister des 14. Jahrhunderts angeführt wird. Dieses System wird häufig dargestellt in Handschriften wie »L'Histoire du Graal« (1280), »Psautier de saint Louis« (1252–70), »Grandes Chroniques de France« (14. Jh.) sowie in viel größerem Maßstab auf Grabplatten in Kupfer graviert, womit unserer Ansicht nach bewiesen wird, daß es sich keineswegs um einen »Trick« des Ausmalers handelt, mit dem kostbare Zeit bei der langwierigen Ausführung von aus Ringen gebildeten Panzerhemden eingespart werden sollte. – A. Vertikale Anordnung (ausgemaltes Bild). – B. Horizontale Anordnung (Kupferstich in großem Maßstab). – C. Im Vergleich dazu die Panzerringe (Kupferstich in großem Maßstab). – D. Nach Viollet-le-Duc. Vorder- und Seitenansicht. – E. Rein hypothetische und vereinfachte Methode auf Scheibenbasis, die wir nur anführen, um den Leser aufzuklären.

2. Genietetes und geschnürtes Panzerzeug. Man hat viele verschiedene Arten von Scheiben (Plättchen) gefunden, manche weniger als 1 cm breit mal 2–5 cm lang. Es ist häufig sehr schwierig nachzuvollziehen, wie sie festgemacht wurden. – A. Befestigung (Niet) am oberen Rand am Bauchreifen eines deutschen Ritters und an der Hals- und Schulterpanzerung eines polnischen Armbrustschützen des 15. Jahrhunderts. Die fertige Panzerung sah genauso aus, wenn die Plättchen verschnürt wurden. – B. In der Mitte befestigte Scheiben, 15. Jh. – C. Hirnhaube, 13. Jh. – D. Rückenstück, 1395. – E. Verschnürungen, 14. Jh. – F. 15. Jh. – G. 14. Jh. – H. 15. Jh.

3. Jazeran-Harnisch des Jan Žižka, Feldherr der Hussiten, gestorben 1424. Der Jazeran, der sich aus mehr oder weniger zahlreichen metallischen Platten zusammensetzte, die untereinander durch verschnürte Panzerringe verbunden waren, bestand in Osteuropa bis zum 17. Jahrhundert fort, nachdem er von den Arabern mindestens seit der Zeit der Kreuzzüge getragen worden war.

4. Kettenpanzerhemd, heute gemeinhin »Ringelpanzer« genannt. – A. Beckenhaube mit Helmbrünne (Hals- und Schulterpanzerung) und neunteiliger Platten-Brustpanzer, Ende 14. Jh. (1380–1390). – B. Kragen mit Ärmeln, 15. Jh. – C. Umhangförmiger Kragen, »Bischofsmantel« genannt, 15. Jh. – D. Mit Panzerringen besetztes Wams, das die Schwachstellen des Vollharnischs deckte, 15. Jh. – E. Einfaches Geflecht. – F. Offenes Kettenglied vor dem Vernieten und Verschweißen. – G. Wechselständige Verkettung. – H. Ringe aus Kupfer, signiert »Bertolt von Parte«, Ende 14. Jh.

Der Leser der sich besonders für Panzerringe im allgemeinen interessiert, findet eine Fülle von Informationen in der nebenstehend genannten, erschöpfenden Studie von F. Buttin.

A
B
C
D
E
D
C
2
A
B
E
F
G
H
3
4
E
F
B
G
D
A
C
H
& F. Funcken

Das Panzerzeug

Beim Betrachten des Wandteppichs von Bayeux

Die berühmte, mehr als 74 Meter lange Stickerei, die der Königin Mathilde zugeschrieben wird, ist für das Studium der militärischen Ausrüstung im 11. Jahrhundert besonders interessant.

Dieser riesige Bildstreifen, der mit Wollfäden in acht verschiedenen Farben auf Leinwand gestickt ist, läßt vor unseren Augen die Wechselfälle der Eroberung Englands durch Wilhelm von der Normandie ablaufen, die mit überraschender Eindringlichkeit und Detailtreue dargestellt sind. Diese Bilderfolge, die oft als grob und barbarisch gearbeitet beschrieben wird, läßt uns unwiderstehlich an eine Kinderzeichnung denken, weil die Gestalten so länglich, die Gebärden so stereotyp sind. Man kann feststellen, daß die Sticker, die vermutlich nach Kartons gearbeitet haben, die Originalzeichnung ein wenig verformt und die chronologische Abfolge mancher Szenen sogar verkehrt haben.

Die summarische, zögernde Wiedergabe der Panzerungen auf den Brünnen, die von den Kämpfern beider Lager getragen werden, hat zu unzähligen Studien und ... ebenso vielen kontroversen Auffassungen geführt. Der ehrwürdige Sir Samuel Meyrick hatte geglaubt, acht verschiedene Arten von Panzerungen unterscheiden zu können. Meyricks Nachfolger reduzierten sie auf die wahrscheinlichere Zahl von drei Arten: Demmin, Viollet-le-Duc und Hewitt ... optierten für:

1) Panzerung aus dichtgesetzten Ringen;
2) Panzerung aus ovalen Schuppen, die von den nachfolgenden zur Hälfte überdeckt werden;
3) Panzerung mit rautenförmigen Teilen, die dachziegelartig übereinander liegen.

Im Jahre 1931 fegte der Engländer F. M. Kelly diese Nomenklatur beiseite, da sie seiner Meinung nach völlig frei erfunden war. Alles sollte auf ein und dasselbe System hinauslaufen: auf den metallenen

1. Aus Leder, mit Stiften beschlagen, 1125. – 2. 1150 bis 1180. – 3. Detail der Kopfbekleidung um 1180–1200. – 4. 1200. – 5. 1110. – 5a. Detail des eigenartigen Helms mit festem Naseneisen, beweglichem Nackenschutz und Wangenschutz. Diese gesamte Schutzvorrichtung bildete die »clinque«. Dieses einzigartige Stück wurde von dem berühmten Boucher de Perthes bei seinen Ausgrabungen entdeckt, mit denen er die Existenz des prähistorischen Menschen nachweisen wollte. – 6. Vollbekleidung aus Ringgeflecht, stammt aus der Rheingegend, um 1200. Die Bekleidungsart der Abb. 2 wurde noch neben diesem Modell mit Kniehose verwendet. – 7. Nach seinem Siegel soll Richard Löwenherz einen länglichen Helm rheinischen Typs (siehe Abb. 6) getragen haben. Seine Wappen wurden so, wie sie waren, von seinen Nachfolgern von 1199 bis 1340 beibehalten. – 8. Mit dem langen Waffenrock (Gambesson), mit dem das Panzerhemd vor Regen und vor dem Aufheizen durch die Sonne geschützt wurde, um 1220–30. Der Topfhelm in Glockenform ist eine seltene Form, die etwa auf 1200 zurückgeht. – 9. Mit der turbanartigen Waffenkappe aus Stoff (Helmhaube), 1220–30. – 10. Der Waffenrock wird gegen 1250 kürzer, aber bis zur Mitte des 14. Jahrhunderts gibt es viele Beispiele für lange Waffenröcke. Aus diesen Details der gepanzerten Schutzvorrichtungen ersieht man die tatsächliche Epoche.

Die Kleidung dieser »Gerüsteten«, heute Haubert genannt, hieß in den lateinischen Ländern bis zum Ende des 13. Jahrhunderts »Jazeran«. Die Brünne aus ganzen Scheiben wurde lange Zeit von den weniger Begüterten verwendet, und der teure »Ringelpanzer« bedeckte, aus Gründen der Ersparnis, nicht immer die Beine. Aber handelte es sich wirklich um ringförmige Teile, wie allgemein behauptet wird? Die meisten zeitgenössischen Künstler haben eine vereinfachte Methode verwendet, um den universellen »Ringelpanzer« wiederzugeben. Doch einer von ihnen, der Illustrator eines Medizintraktats, das in Regensburg aufbewahrt wird, hat genau »reproduziert« und in der gleichen Szene Panzerhemden aus Kettengliedern, mit Scheiben in waagerechter Anordnung, aus benageltem Leder und aus länglichen Panzerteilchen in Schuppenform zusammengefaßt.

2
3
4
5a
5
8
9
6
7
10
L. & F. FUNCKEN

Ring, der, mit anderen Ringen zu einem Gewebe verflochten, ein einfaches Maschenhemd bildete. Kellys Meinung wurde von vielen übernommen und hat noch ihre Anhänger, obgleich die besten Spezialisten von heute diese simple Auslegung keineswegs teilen.
Allein die objektive Prüfung von Dokumenten der damaligen Zeit, von denen wir einige Beispiele angeführt haben, erscheint uns mehr als überzeugend, doch möchten wir dem anspruchsvollen Leser die Lektüre der Werke von François Buttin empfehlen, die auf Studien der zeitgenössischen Texte beruhen.

Die Brünne aus Vollscheiben und das Hemd aus Kettengewebe bestanden nebeneinander, bis die erstere allmählich zurückgedrängt wurde und dann in den ersten Jahren des 14. Jahrhunderts ganz verschwand.

Der Ringelpanzer

Der Panzer aus ineinander verschlungenen Ringen war den Römern bekannt. Sie schrieben diese Erfindung den Galliern zu und nannten sie »lorica hamata« oder auch »lorica conserta hamis«, nach dem Namen für den Metallring, der »hamus« hieß. Weniger als ein Jahrhundert vor Christus definierte Varon aus Narbonne den Panzer noch klarer. Er beschrieb ihn als eine Tunika aus eisernen Ringen, »ex anellis ferrea«. Nach den Verwüstungen, die die Barbareneinfälle mit sich gebracht hatten, geriet die schwierige Technik in Vergessenheit und ging fast völlig verloren. Da sie so rar geworden war, wurde sie zu einem Gut, das nur den Begütertsten zugänglich war.

Es wurde manchmal behauptet, daß die ersten Kleidungsstücke aus ringförmigen Panzerteilchen von den Kreuzfahrern aus dem Orient mitgebracht wurden; das ist offensichtlich falsch. Die Prinzessin Anne Comnène, die sich so sehr für die Dinge ihrer Zeit interessierte, kannte dieses Kettengewebe nur, weil sie es an den Rittern gesehen hatte, die aus dem Norden gekommen waren, was sehr wohl beweist, daß es im 12. Jahrhundert verhältnismäßig selten war. Es ist jedoch erlaubt zu vermuten, daß die Kreuzritter ähnliche Schutzkleidung bald übernahmen, als sie bei den Ungläubigen diese leichten und vor allem luftdurchlässigen Rüstungen sahen, denn unter der glühenden Sonne des Orients war dies von nicht zu unterschätzender Bedeutung. Die Kreuzritter taten es übrigens umso lieber, als die Kampfweise des Feindes es auch zuließ, denn dort waren die massiven Angriffe mit der schweren Lanze und der nachfolgende Nahkampf Mann gegen Mann mit dem nicht weniger schweren Schwert der »Franken« unbekannt.

Die Schwäche des Kettenhemdes war unseren Vorfahren durchaus bekannt und sie benutzten es in großem Maßstab nur, indem sie es mit Stahl-Platten [1] bedeckten oder doch mindestens mit Platten aus Eisen, dessen Oberfläche durch aufeinanderfolgendes Erhitzen und Anfeuchten gestählt worden war. Diese Platten bedeckten Rumpf und Gliedmaßen immer vollständiger und bekamen schließlich die Form von Hohlschienen, die die Glieder völlig umschlossen, so daß die komplette Rüstung, der »blanke Harnisch« entstand.

Als im 13. Jahrhundert das Drahtziehen erfunden worden war und dadurch die Herstellung des Kettengliedes einfacher wurde, und nachdem einige Handwerker, unter ihnen der Deutsche Rudolf, noch Verbesserungen angebracht hatten, wurde der »Ringelpanzer« Allgemeingut und auch für den einfachsten Kämpfer erreichbar. Seine Struktur bot außerdem den gewaltigen Vorteil, daß man ihn leicht reparieren und den jeweiligen Körpermaßen durch Hinzufügen oder Weglassen einer Anzahl von Ringen anpassen konnte. Doch blieb er gegen heftige Stöße, die mit der Spitze der blanken Waffen geführt wurden, gegen den Pfeil des großen Bogens und vor allem gegen den gefürchteten Bolzen der Armbrust verwundbar.

1 »Plaques« werden häufig mit »plates« verwechselt, die nur zur Panzerung eines Kleidungsstückes aus Leder oder Stoff zum Schutze des Rumpfes benutzt werden: eines Schuppenhemdes oder Stahlhemdes. Der Ausdruck »armure de plates«, der häufig verwendet wird, um den Plattenharnisch (»harnois blanc« = blanken Harnisch) zu bezeichnen, ist völlig abwegig.

Dies führt uns nun zurück zu der bemerkenswerten Studie von François Buttin über den wahren Sinn des Wortes »maille« (eigentlich »Masche«, bezeichnet hier die Panzerung mit Metall-, Leder-, Hornplättchen, -schuppen, -ringen, -schilden, -ketten). Diese Studie warf alle bisher allgemein anerkannten Theorien über den Haufen. Man kann sich unmöglich einer solchen Massierung von Argumenten verschließen, die sich auf eine minuziöse Prüfung der Texte[1] stützen.

Wie in der Tat sollte man verstehen, daß die so vollständig dichte Brünne aufgegeben und durch die Kettenhemden ersetzt wurde, die einen viel geringeren Schutz boten? Sicherlich waren sie leicht, aber doch sehr verwundbar, bevor man Platten zur Verstärkung heranzog. Sollten die Kämpfer im 11., 12. und 13. Jahrhundert einfachste Sicherheitsvorkehrungen zugunsten eines gewissen Komforts vernachlässigt haben? Prüft man die mittelalterliche militärische Kleidung, so findet man, im Gegenteil, daß selbst für den kleinsten Teil des Körpers ständig nach dem vollkommenen Schutz gesucht wurde – was übrigens nicht recht vereinbar ist mit dem Begriff des Heldentums und Wagemuts, der mit den Zeiten des Rittertums verbunden ist.

Die volle Platte

Wie F. Buttin deutlich macht, ist die volle Platte, die aufgenietet oder durch Schnüren aufgebracht wurde, das Element, das an die Stelle der »Schuppen-Panzerteilchen« der alten Brünnen trat und aus dem ein Großteil jener Kleidungsstücke hergestellt wurde, die Arme und Beine formten und die man gelegentlich mit jenen Stücken verwechselt, die man heute den »Ringelpanzer« nennt.

1 »Du costume militaire au Moyen Age et pendant la Renaissance«, Real Academia de Buenas Letras, Barcelona, 1971.

Der Helm

Weil der Kopf besonders gefährdet und Schlägen ausgesetzt war, galten ihm auch die ersten Vorsichtsmaßnahmen, die der elementarste Selbsterhaltungstrieb gebot.

Der Topfhelm

Das Wort »heaume« (oder »hiaumet«, »yaume«) – abgeleitet vom deutschen »Helm« – bezeichnete bereits eine militärische Kopfbedeckung, die ein wenig dem Morion der karolingischen Krieger ähnelte. Diese Kopfbedeckung wurde durch den konischen Helm mit festem Naseneisen, der manchmal auch einen Nackenschutz besaß, ersetzt. Vermutlich ist er normannischen oder skandinavischen Ursprungs, denn man sprach von »normannischer« Form. Dieser Helm wurde bald von einem gewölbten Modell abgelöst, das aus Norddeutschland stammte, dem »Kalottenhelm«.

Was im Französischen heute genau mit »heaume« bezeichnet wird – nämlich eine Art Faß, das den Kopf rundherum bedeckt – wird von den Deutschen präziser »Topfhelm« (auch »Kübelhelm«) genannt.

Der Topfhelm, oder mindestens doch seine frühe Form, erscheint im »Hortus deliciarum« – »Garten des Vergnügens« – der Äbtissin Herrade von Landsberg[1] mit einem mit Löchern versehenen Visier, das an den konischen Helm angenietet war. Die gleiche Vorrichtung war an den germanischen Helmen mit gewölbtem Scheitelstück angebracht.

Schon gegen Ende des 12. Jahrhunderts bekam dieses Visier sehr schnell größere Maße und wenige Jahrzehnte später hatte sich unser klassischer Topfhelm herausgebildet.

Das ursprünglich flache Scheitelstück erwies sich als zu verwundbar bei Schlägen mit den schwergewichtigen Streitkolben, die durch den Niedergang des alten Rittergeistes, der in den zwei vorangegan-

1 Eine der ältesten bekannten Enzyklopädien, die gegen 1190 im Kloster Hohenburg auf dem Odilienberg, in der Diözese Straßburg, geschrieben wurde.

DER TOPFHELM UND SEINE ENTWICKLUNG (I)

1. Deutsch, 1100. – 2. Französisch, 1120. – 3. und 4. Deutsche, 1195. – 5. und 6. Deutsche, 1200. Sie zeigen die ersten Beispiele für bekannte Helmkleinodien (Zimier). Dazu gehören auch ein Flügelpaar, ein kleines Banner, eine Adlerklaue und eine Strahlenscheibe. – 7. Deutsch, 1214. – 8. Englisch, 1214. Es handelt sich vielleicht um den »neuen Helm«, der sich in der Schlacht bei Bouvines bewährte. – 9. Deutsch, 1217. – 10. Französisch, 1230. – 11. Deutsch, 1250. – 12. Französisch, 1240. – 12a. Deutsch, 1260. – Die Topfhelme 12 und 12a wurden seitlich geöffnet. – 13. Englisch, 1220. Mit Visier, das vertikal bewegt wurde. – 14. Französisch, 1270. Langgestreckte Form, die sich nicht lange hielt. – 15. und 16. Englisch, Ende des 13. Jahrhunderts. – 17. Französisch, Ende 13. Jh. – Die Abbildungen 15, 16 und 17 stellen altertümelnde Formen mit Naseneisen dar. – 18. Französisch, 1295. 19. Kreuzritter aus der 2. Hälfte des 13. Jahrhunderts. Auf den Schultern hat er Achselschilde aus Metall, Leder oder sogar ... Karton. Sie wurden in Frankreich von etwa 1250 bis spätestens 1325 getragen, nach 1300 allerdings recht selten.

1
2
3
4
5
6
7
8
9
10
11
12
12a
13
14
15
16
17
18
19
L. & F. FUNCKEN.

genen Jahrhunderten geherrscht hatte, in die Bewaffnung Eingang gefunden hatten. Das Scheitelstück wurde zunehmend konischer geformt, um die von oben nach unten geführten Schläge abgleiten zu lassen. Interessanterweise scheint der Topfhelm in Spanien wenig verbreitet gewesen zu sein. Dort wurde an seiner Stelle eine Art schalenförmige Hirnkappe getragen.

Diese beiden Helmtypen waren im wörtlichen Sinne kunterbunt bemalt mit den Wappenfarben ihrer Besitzer.

Ursprünglich wurde der konische Topfhelm auf einer Art gepolsterten Kapuze, auf einer Helmhaube oder auch auf einer ledernen oder metallenen Hirnhaube getragen. Als er eine immer höhere Form bekam, wurde er über eine kleine Beckenhaube gesetzt, welche wiederum auf der Panzerkapuze saß. Das war eine Kappe, die Kopf und Schultern bis zu den Brustmuskeln[1] bedeckte. Im Laufe des 14. Jahrhunderts wurde der Haubert durch die Helmbrünne ersetzt, die mit Seidenschnüren an der ringbesetzten Beckenhaube befestigt wurde, da sie kein Kopfteil besaß.

DER TOPFHELM UND SEINE WEITERENTWICKLUNG (II)

20. Italienisch, 1280. Genannt Helm von Pavia, in den Romanen des 13. Jahrhunderts häufig zitiert und sehr gerühmt. – 21. Deutsch, 1298. – 22. und 23. Französisch, Ende 13. Jh. Der rote Strich kennzeichnet den Ausschnitt des Helmes, der von dem beweglichen Visier verdeckt wird. – 24. Französisch, 1310. Mit Turnier-Helmschmuck. – 25. Deutsch, 1318. Mit dem Sonnenschutzhut. – 26. Französisch, 1340. – 27. Deutsch, 1344. Aus Leder und Eisen, mit »bavière« (Kinnschutz). – 28. Französisch, 1370. – 29. Französisch, 1370. Genannt »mit Krötenkopf«. – 30. Französisch, 1370. – 31. Englisch, 1370. – 31a. Flämisch, 1360. Andere Helme des gleichen Modells wie Abb. 31 und 31a sind in den Ruinen der Burg von Tannenberg, die 1399 zerstört wurde, wiedergefunden worden sowie auch in Dänemark und Österreich. – 32. und 32a. Französisch, 1380. Der Helmschmuck wurde im Kriege selten getragen; dagegen wurde die Mitra der kriegerischen Bischöfe in den Schlachten des 13. und 14. Jahrhunderts aufgesteckt. – 33. Französisch, 1400. Hier endet die Entwicklung des Topfhelmes. Er verschwindet aus den kriegerischen Gerätschaften gegen Ende des 15. Jahrhunderts, bei den Turnierspielen wird er aber bis zum 16. Jahrhundert verwendet.

34. Eduard Plantagenet, Prinz von Wales, der den Beinamen »der Schwarze Prinz« trug, 1370. Wie sein Nachbar trägt er den ritterlichen Gürtel (Waffengürtel »Dupsing«); dieser Gürtel wird in England bis 1420 getragen, während man in Frankreich auf diesen luxuriösen Schmuck 20 Jahre früher verzichtet hatte. Zu seinen Lebzeiten war der berühmte Prinz unter dem Namen Eduard von Woodstock bekannt; sein seltsamer Beiname tauchte später auf, doch niemand weiß genau wann oder warum. – 35. Der Dauphin von Frankreich (Kronprinz) Karl im Jahre 1355. Er trägt die Beckenhaube mit beweglichem Nasenschutz. Sein Topfhelm, wie auch der seines Nachbarn, wurde über die Beckenhaube gesetzt. Die Modelle 27, 30 und 31 wurden auch auf diese Weise getragen.

1 Siehe diesbezügliches Kapitel im letzten Teil des ersten Bandes.

20
21
22
23
24
25
26
27
28
29
30
31
31a
32
32a
33
34
35
L. & F. Funcken

Die Beckenhaube

Unabhängig von ihrer Verwendung als Ergänzung des Topfhelms entwickelte sich die Beckenhaube allmählich zu einem vollständigen Kopfschutz, indem sie mit Visieren verschiedener Formen ausgestattet wurde. Diese Visiere wurden entweder angehängt oder waren schwenkbar. Gegen Ende des 14. Jahrhunderts, in ihrer letzten Entwicklungsstufe, bekam die Beckenhaube ein Visier in Form einer »Hundeschnauze«, die von den italienischen Waffenschmieden um 1390–1400 besonders gut gefertigt wurde (»Hundsgugel«).

Als höchste Vollendung verstärkte man noch den Schutz des Halses, der durch die Helmbrünne nur unvollkommen gesichert war, und bedeckte diesen Körperteil mit einem eisernen Kragen. Die große Beckenhaube war geboren [1].

1 Sehr häufig wird als »große Beckenhaube« die Hundsgugel mit spitz zulaufendem Visier bezeichnet und als »kleine Beckenhaube« diejenige ohne Visier. Dann wird der Ausdruck »große Beckenhaube« wiederaufgenommen, um damit die Beckenhaube mit Kragen zu kennzeichnen, die unseres Erachtens allein diese Bezeichnung verdient.

DIE BECKENHAUBE (I)

1. Kleine Beckenhaube mit Nasenschutz aus Panzerringen. – 2. Kleine Beckenhaube mit Nasenschutz, 1370. – 3. Kleine Beckenhaube mit Nasenschutz und schwenkbarem Verschluß in Lilienform, 1370. – 4. Beckenhaube mit rüsselförmigem Visier, 1300. – 5. Beckenhaube mit wulstförmigem Visier, 1310. – 6. Beckenhaube mit Visier und Kinnreff, 1350. – 7. Beckenhaube mit italienischem Visier, 1360. – 8. Beckenhaube mit englischem Visier, 1360.

9. Günter von Schwarzburg, gestorben 1349. Er trägt auf dem Kopf eine Beckenhaube mit abklappbarem Nasenschutz. Die Rüstung bestand aus Leder, das mit vergoldetem Metall verstärkt war.

DIE BECKENHAUBE (II)
(Seite 32)

1. Deutsche Beckenhaube mit Visier, das nach Art des Nasenschutzes aufgehängt war, genannt »Klappvisier«, 1350. – 2. und 3. Deutsche Beckenhauben mit aufgehängtem Visier, von 1370 bis 1380. – 4. Englische Beckenhaube vom gleichen Typ wie die vorigen, mit dem »snap-visor«, 1370. – 5. Italienische Beckenhaube von 1390 (Hundsgugel). Die »Hundeschnauze« hatte auf der linken Seite keine Luftlöcher, um für Lanzenstiche keine Schwachstellen zu bieten (siehe Abb. 1 und 7). – 6. Italienische Beckenhaube von 1380. – 7. Italienische Beckenhaube um 1400. – 8. Große französische Beckenhaube von 1390, mit Kragen. – 9. Große französische Beckenhaube mit Kragen, 1400. – 10. Große italienische Beckenhaube »alla francese« von 1445. – Die große Beckenhaube wurde in Italien und in Westeuropa bis 1420–1430 getragen, blieb in Deutschland aber bis 1440 in Gebrauch.

11. Bertrand du Guesclin, um 1380. Der unzähmbare kleine Bretone, »besser Ochsentreiber als Rittersohn«, begann seine militärische Laufbahn im Alter von 18 Jahren. Er ist mit dem großen Schwert für den Kampf zu Fuß bewaffnet. Dieses Schwert war zu lang, als daß es an der Seite hätte getragen werden können. Deshalb hing man es am Sattelbaum auf. Es ist eine Neubearbeitung des alten »branc«, genannt Wiener oder Paveser »branc«, das den Rittern der zweiten Hälfte des 13. Jahrhunderts teuer war und in Liedern besungen wurde. Das Gesicht unserer Figurine wurde nach dem Toten in Saint-Denis gestaltet. Selten hat sich hinter einem so unansehnlichen Gesicht eine ritterlichere Seele verborgen.

1
2
3
4
5
6
7
8
9

1
2
4
3
5
6
8
7
11
9
10
L. & F. Funcken

Die Schaller

Die klassische Schaller ist deutschen Ursprungs. Der Name rührt vom deutschen Wort »Schale« her (daher »Schallern«, »Schelern« und heute »Schaller«).

Indem Demmin das italienische Wort »celata« mit »Salade« übersetzte (s. dessen genanntes Werk, S. 281, Abb. 72), hat er einen Irrtum begangen, der immer noch nachwirkt. Vor ihm hat man sich auf das lateinische »caelata cassis« – ziselierter Helm – stützen wollen, was völlig absurd ist, während das Verbum »celo« – verbergen – »celatus« ergab, was viel wahrscheinlicher ist. Die »celata veniziana« hatte die Besonderheit, daß sie den größten Teil des Gesichts durch ein kleines Naseneisen und sehr weit herumgreifende »Wangen« verbarg; dennoch wies sie keinerlei Ähnlichkeit mit der klassischen Schaller auf. Deshalb haben wir die italienische »celata« mit den Beckenhauben, ihren Zwillingsschwestern [1], zusammen eingeordnet.

Die ersten Schallern ähnelten stark dem ganz einfachen Helm, der das Gesicht freiläßt und für den gewöhnlichen Fußkämpfer bestimmt war, sie hatten jedoch einen stärker ausgeprägten Nackenschutz. Wahrscheinlich ist es übertrieben, diese schüchternen Frühformen, die wir »Beckenhauben-Schallern« nennen, Schallern zu taufen.

Als die Schallern ihre endgültige Form erreicht hatten, fanden sie riesengroßen Zuspruch. Obgleich sie viel weniger angenehm zu tragen war als ihr Konkurrent, der Visierhelm, widerstand sie ihm lange – und bemühte sich schließlich, ihm ähnlich zu werden: Diese Mischung haben wir vorstehend als »Schaller-Visierhelm« bezeichnet. Die Illustrationen machen die Schwächen des letzteren Modells klar.

1 Im Tower zu London bezeichnet der Terminus »barbuta« die »celata«.

DIE SCHALLER (I)
(Seite 34)

1. Beckenhaube, 1350. Mit den Nieten wurde das Innenfutter festgemacht. – 2. Schaller ohne Visier für den Fußsoldaten, erste Hälfte des 15. Jahrhunderts. Diese und auch die folgenden Kopfbedeckungen besaßen einen Riemen, der unter dem Kinn festgemacht wurde. – 3. Schaller mit Sehschlitz für Reiter, erste Hälfte des 15. Jahrhunderts. – 4. Schaller mit Sehschlitz für Fußsoldaten, zweite Hälfte des 15. Jahrhunderts. – 5. Schaller mit angesetztem, festem Visier. Französisches System, das einfacher zu schmieden war. Mitte des 15. Jahrhunderts. – 6. Schaller mit beweglichem Visier, 1440. Der Druckknopf mit Feder (a) hielt das Visier unten fest. – 7. Schaller mit beweglichem Visier und geschobenem Nackenschutz, eingestellt für den Kampf, 1460. – 8. Dieselbe wie oben, außerhalb des Kampfes. – 9. Französische Schaller mit beweglichem Visier, 1450. – 10. Reiter mit Schaller und einer Übergangsrüstung zum vollständigen Plattenharnisch, 1400. – Die gedrungene Form der Schaller nannte man die Schaller »nach französischer Art«. Diejenige mit dem langgezogenen Nackenschutz hieß die »deutsche«.

DIE SCHALLER (II)
(Seite 35)

1. Schaller mit Kinnschutz (»Bart«) für Fußkämpfer, 1440. Der »Bart« wurde stets am Bruststück des Harnischs festgemacht; er saß nicht an der Schaller. – 2. Schaller für Fußsoldaten, 1450. – 3. Schaller für Fußsoldaten, 1450. – 4. Schaller mit beweglichem Visier und Nackenschutz ohne Gelenk, 1460. – 5. Schaller mit beweglichem Visier von 1480. Wir weisen darauf hin, daß bei dieser Abbildung, wie bei der vorhergehenden und bei der folgenden, der Spalt nicht im Visier ausgespart ist. – 6. Schaller mit beweglichem Visier und Kinnschutz, 1480. – 7. Elegante Bologneser Schaller von 1490, mit festem Visier. In Italien nannte man das bewegliche Visier »alla tedesca« (nach deutscher Art). – 8. Letzte Form der Schaller, Ende des 15. Jh. Sie ist fast ein Visierhelm. Ihr bewegliches Visier hat ein sogenanntes »Gebläse«.
9. Vollständige italienische Rüstung von 1435. Sie wiegt 25 kg. – 10. Rüstung des Jean Poton de Xaintrailles, Gefährte der Jeanne d'Arc, gegen 1435. Sein Helm ist keine Schaller, sondern ein Eisenhut mit Kinnschutz.
Die Schaller, welche die Beckenhaube vorteilhaft ersetzte, wurde zugleich mit dem Visierhelm bis zum 16. Jahrhundert getragen.

1
2
3
4
5
a
6
7
8
9
10
L. & F. FUNCKEN

1
2
3
4
5
6
7
8
9
10
L & F. FUNCKEN

DIE ITALIENISCHE BECKENHAUBE (BARBUTA)

Die Barbuta, die italienischer Herkunft ist, wurde von ganz Europa übernommen. Man fügte jedoch ein Visier an oder, noch häufiger, eine Helmbrünne, und in dieser Form gleicht sie der kleinen Beckenhaube ohne Visier. Fachleute bezeichnen diese Art Helm auch mit Schaller (salade), während andere ihn unter dem Begriff Barbuta führen. Wir möchten den Namen Schaller für die Modelle beibehalten, die keine »Wangen« haben und bei denen der Nackenschutz ungewöhnliche Ausmaße erreicht, so daß damit die deutlich erkennbare, klassische Schaller bezeichnet wird.

1. Italienisch, 1370. – 2. Italienisch, 1450. – 3. Italienisch, 1460. – 4. Mit Nasenschutz und Visier, gegen 1400. – 5. Italienisch, 1460. – 6. Italienisch, 1470. – 7. Italienischer Armbrustschütze von 1370; er trägt eine Barbuta, die dem Helm der antiken Hopliten nachempfunden ist, und eine Jacke aus dichtem Stoff, die ihm den Panzer ersetzen soll. Das kleine Naseneisen der italienischen Barbuten hielt sich nicht über 1450 hinaus. – 8. Fußsoldat, der eine Barbuta mit Ohrenscheiben, Kinnreff mit zwei Folgen und Kragen trägt, gegen 1450.

Die italienische Beckenhaube (Barbuta)

Als typisch italienischer Helm wird die »barbuta« in Deutschland auch als »italienische Schaller« bezeichnet und in Frankreich als »französische Schaller«. Mit einem Visier versehen wird sie entweder zu einer »Beckenhaube mit Gesichtsteil« oder zu einer »Barbuta mit Visier« oder aber zu einer »Barbuta mit Ösen«[1]. Dieses bemerkenswerte Verwirrspiel ist offenbar auf die ähnlichen Formen der Beckenhaube und der Barbuta zurückzuführen, wenn man die Besonderheit der Barbuta, die »Wangen«, die das Gesicht seitlich mehr oder weniger umschließen, außer Acht läßt. Wir persönlich haben uns auf diese Eigenheit gestützt, um die notwendige Unterscheidung vornehmen zu können.

1 In dem herrlichen Arbeitsmittel, welches das »Dictionnaire du costume« des verstorbenen Maurice Leloir (Gründ, Paris, 1951) darstellt, findet man eine sogenannte »einfache« Barbuta, die Ösen und Nasenschutz hat, zwei Barbuten, die »Schaller« genannt werden und eine Schaller, die ein Topfhelm ist.

1
2
7
4
3
8
6
5
L.&F.
FUNCKEN

Der Eisenhut

Diese Art Waffenhut kam im 13. Jahrhundert auf. Zunächst handelte es sich um eine schüchterne Anleihe bei der zivilen Mode. Bald wurden seine Ränder breiter, und von oben betrachtet sah der Hut aus wie ein Rundschild. Übrigens taten die Sondermodelle mit extrabreiten Rändern, die von den Sappeuren getragen wurden, wirklich Schilddienste.

Dann bekam der Hut einen heruntergeschlagenen Rand, nachdem die Entwicklung der Waffen schon verschiedene vorübergehende Änderungen am Eisenhut erforderlich gemacht hatte. So entstand ein Modell, das der Schaller sehr nahe kam, bevor in der Mitte des 15. Jahrhunderts die waagerechten Ränder sich wieder durchsetzten. Das war die letzte Form, aus der dann der Morion, die Sturmhaube und schließlich deren Bastard, die »Morion-Sturmhaube«[1], hervorgingen.

1 Siehe Fortsetzungsband

DER EISENHUT (I)

1. Deutscher Eisenhut des 12. Jahrhunderts. – 2. Böhmischer Eisenhut, 13. Jh. – 3. Eisenkappe vom Beginn des 13. Jahrhunderts. – 4. Eisenhut von 1350. – 5. Eisenhut an eine Beckenhaube mit Kinnreff angesetzt, 1350. – 6. Eisenhut vom Ende des 14. Jahrhunderts. – 7. Englischer Bewaffneter, gegen 1330. Als Waffe trägt er eine Streitaxt. – 8. Deutscher Fußsoldat gegen 1380. Er trägt als Kopfbedeckung den Eisenhut mit Naseneisen und ist mit dem mit Flachs gepolsterten Gambeson bekleidet.

DER EISENHUT (II)
(Seite 40)

1. Eisenhut mit Kinnschutz (»Bart«), 1420. – 2. Eisenhut von Montauban. Zu Beginn des 15. Jahrhunderts kam in Frankreich, und zwar in der südfranzösischen Stadt Montauban, das Visier des Eisenhutes auf: zwei ausgesparte Sehschlitze. – 3. Eisenhut mit angenieteten Rändern, 1450. – 4. Eisenhut, 1460. – A. Diese Helme unterscheiden sich von der Schaller nur durch die regelmäßige Form der Ränder. – 5. Fußsoldat, der als Kopfbedeckung einen unüblich geformten Eisenhut trägt. Bekleidet ist er mit einer Brünne (Brigantine) mit Ärmeln, die mit Stahlplatten über der Schulter verstärkt ist. Um 1400. – 6. Soldat der Pariser Bürgermiliz gegen 1360, unter der Herrschaft Johanns des Guten. Die Truppen der großen europäischen Städte zeigten gern die Farben ihres Wappens vor und ließen sie bis zum Helm hinauf reichen. – 7. Fußsoldat mit einem Eisenhut in seiner späten Form. Bekleidet ist er mit einer senkrecht geschlitzten Brünne. 1440. – Der Eisenhut fand im Mittelalter in ganz Europa weiteste Verbreitung. Er bildete einen ausgezeichneten Schutz gegen Hiebe, die von oben nach unten geführt wurden, wie Reitertruppen sie schlugen.

1
2
3
4
5
6
7
8

1
2
3
A
4
5
6
7
F. FUNCKEN

Der Visierhelm (»armet«)

Der Terminus »armet« ist eine Verformung des alten Wortes »hiaumet« und des englischen »helmet«. Der »armet«, der Visierhelm, ist ein kleiner Topfhelm, der sich ganz natürlich aus der Beckenhaube entwikkelte und allmählich die vollkommene Form erlangte, die ihn zur letzten, absolut unübertrefflichen Kopfbekleidung des Mittelalters machte.

Man erkennt den Visierhelm auf den ersten Blick: seine runde Form, die den Kopf eng umschließt, zeichnet Kinn und Hals nach. Ein Zwitter, der aus der Schaller hervorgegangen war und von uns »salade-armet« (Schaller-Visierhelm) getauft wurde, gab dem Hals nicht so vollständigen Schutz, so daß zusätzliche Einzelteile angefügt werden mußten.

DER VISIERHELM (I)
(Seite 42)

1. Bicoque oder Bicoquet, häufig mit der großen Beckenhaube der folgenden Abbildung verwechselt. Er fand in Frankreich nur wenig Verwendung, um 1450. Er ließ sich, ein bißchen wie ein Osterei, in zwei Teile öffnen, damit man mit dem Kopf hineinschlüpfen konnte. Das Visier wurde seitlich geöffnet. – 2. Verbesserte große Beckenhaube, 1400. Sie stellt einen Übergang zwischen der Beckenhaube und dem Visierhelm dar. – 3. Verbesserte große Beckenhaube, 1410. – 4. Deutscher Visierhelm von 1440 mit seinen charakteristischen Teilen. – 5. Italienischer Visierhelm mit Ösenbesatz von 1430–40. Das Visier ist nachgebildet worden. Er weist bereits alle Kennzeichen des wirklichen Visierhelms auf. – 6. Mailändischer Visierhelm von 1450 mit verdecktem Visierscharnier und verstärktem Stirnteil. – 7. Italienischer Visierhelm von 1451. – 8. Einzigartiges Modell des Visierhelms von 1430. Die Zahnung verkleinerte die gefährliche Öffnung des Sehschlitzes, den Raum, den das herabgelassene Visier für den Blick frei ließ, beträchtlich. Das fehlende Visier ist nachgebildet worden und durch einen roten Strich gezeichnet. – 9. Derselbe Visierhelm, geöffnet, Vorder- und Rückansicht. Man sieht das Zeichen des Waffenschmiedemeisters, ein großes T, das manchmal zu Unrecht Tomasso dei Negroni zugeschrieben wird. Wir erinnern daran, daß die Ösen dazu dienten, die Helmbrünne einzuhängen, die den Übergang zwischen Helm und Brustpanzer schützen sollte. – Als die in Abb. 4, 5, 6 und 8 gezeigten Helme den Hals nachformten, wurden sie wie in Abb. 9 gezeigt geöffnet.

DER VISIERHELM (II)
(Seite 43)

1. Deutscher Vollharnisch aus der Mitte des 15. Jahrhunderts mit Visierhelm, der auf dem Kragen »umgeht«. Dieser Harnisch ist ein Wunder an Komposition und Ausführung. Er wiegt nur 25 Kilogramm. Die Beintaschen, die durch ihre ausladende Form überraschen, sind dennoch völlig für die Stellung der Schenkel zu Pferde eingerichtet. Der Harnisch, der streng »nach Maß« gearbeitet war, schmiegte sich den Formen des Trägers an und ließ sogar dessen physische Besonderheiten erkennen, speziell bei den Beinen, die für die Größe jedes Menschen ausschlaggebend sind. Man sieht hier die Rundung des äußeren dicken Schenkelmuskels a, des geraden Schenkelmuskels b, des Schneidermuskels c, des zweiköpfigen Wadenmuskels außen d und innen e, des langen seitlichen Wadenbeinmuskels f und des Wadenmuskels g. Daher rührt diese lebendige Anmut, dieses Gleichgewicht und diese menschliche Haltung, von der Stephen V. Grancsay vom Metropolitan Museum, New York (»Les Armures«), spricht und die den Nachbau dieser »hohlen Statuen« so schwierig machen. – 2. Visierhelm der Abb. 1 im Profil. Im oberen Teil der Sehspalt, im unteren Teil Atemlöcher, zusammen bilden diese beiden Teile das Visier. Dieses gab es vom Ende des 15. bis Ende des 16. Jahrhunderts, es schaltete aber nicht ganz den früheren freigelassenen Sehschlitz aus (siehe Abb. 5 und 6), der vor 1520 üblich gewesen war. – 3. Visierhelm der Abb. 1, Rückansicht. Die beiden Federzapfen sind die Halterungen für die Armzeuge. Der Helm ließ sich aufsetzen, wenn man das Kinnreff öffnete. Wenn man den Stift a abnahm, bot dies System den Vorteil, daß man das Kinn mit einem Teilstück schützen konnte. Das war günstiger als das alte System aus zwei Teilen, wie in den Abb. 5 und 6 gezeigt und wie aus den Abb. 4, 5, 6 und 8 der voraufgehenden Tafel ersichtlich ist. – 4. Visierhelm von 1470, mit einteiligem, aufgeschlagenem Visier und dem offenen Kinnreff, das um ein einziges Scharnier schwenkbar war, wie die Abb. 1, 2 und 3 zeigen. – 5. Florentinischer Visierhelm mit Verstärkungsplatte am Stirnteil, gegen 1490. Zu dieser Zeit tauchen die Ausschmükkungen auf, die eingraviert und damasziert sind. – 6. und 7. Visierhelm vom Ende des 15. Jahrhunderts. In a diente die Scheibe dazu, die Nähte an den Wangen des drehbaren Visiers zu schützen und zu verdecken. Der Stiel b bekam einen Innenriemen, mit dem der Helm am Rückenstück festgemacht wurde. – Diese Helme wogen zwischen 3 und 4 kg, jedoch die Ausführungen für das Lanzenstechen waren mehr als 5 kg schwer, obgleich sie auf den ersten Blick identisch waren (siehe hierzu im Kapitel über Turniere im zweiten Band).

1
2
3
4
5
6
7
8
9
J. F. FUNCKEN

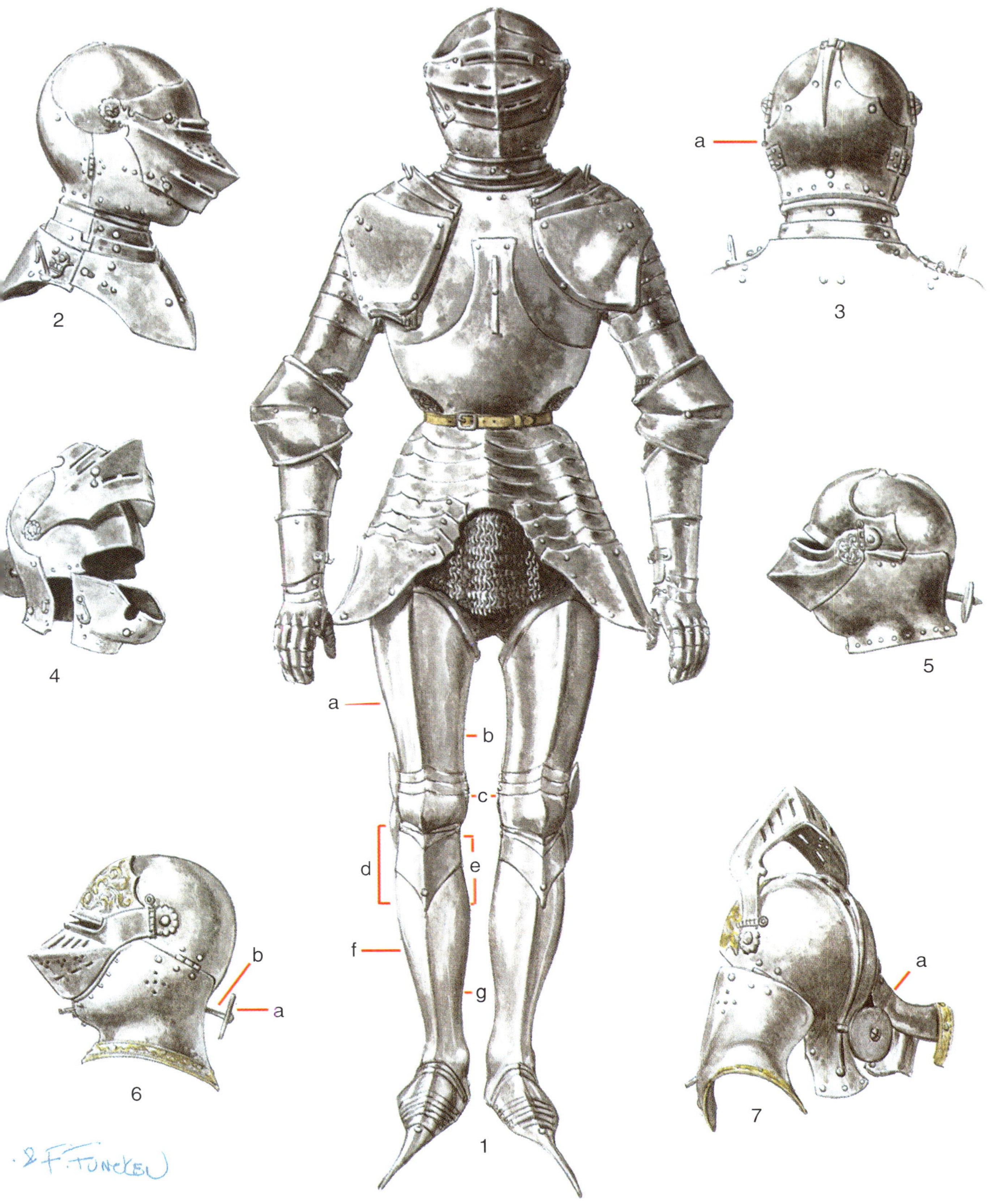

2
3
a
4
5
a
b
c
d
e
f
g
1
6
b
a
7
a
F. FUNCKEN

BURGEN

Die Burg

Die Anfänge der Burg reichen bis ins 10. Jahrhundert, in die Zeit zu Beginn des Feudalwesens, zurück. Ihre ersten Formen waren starke Holztürme, die Wohntürme oder Donjons, die auf einer natürlichen oder künstlichen Bodenerhebung, der Motte, errichtet wurden. Wir möchten noch hinzufügen, daß das französische Wort »donjon« – in alten Texten *dunio, dunjonem, domgionem* – zu allererst die Motte bezeichnete, die den Turm trug.

Die Wohntürme schossen überall wie Pilze aus dem Boden. Jeder Anführer, wenn er nur über genügend Macht verfügte, baute sich einen und manchmal so nahe am Turm seines Nachbarn, daß er im Streitfalle mit Pfeilen hinüberschießen konnte. Der Besitz eines solchen befestigten Platzes – *castellum, castrum* – ließ Lehnsherrlichkeit entstehen. Ortsnamen erinnern uns noch daran, wie häufig in Frankreich die Wohntürme auf der Motte waren: La Motte, La Motte-Beuvron, La Motte-Feuilly usw.

Sie waren regelrechte Schlupfwinkel, die alle eine Besonderheit aufwiesen und zwar ohne Ausnahme: Sie hatten zu ebener Erde keinen Eingang. Stets gelangte man in die Burg durch eine Öffnung, die in Höhe des ersten Stockwerks lag und mit einer Leiter oder einer leichten, beweglichen Brücke zu erreichen war. Zog man sie ein, konnte niemand überraschend eindringen.

Um die meisten dieser gezimmerten Türme war ein Palisadenzaun errichtet. In manchen Ortsnamen finden sich noch Spuren davon in Form von Wörtern wie »plessis« und »haie« (Le Plessis-Bourré, La Haye-Descartes...). Die bedeutendsten befestigten Plätze besaßen eine lange Brücke (Steg), die auf zerbrechliche Gestelle gelegt wurde: Sie begann an der

1. Ursprüngliche Burg des 9. bis 10. Jahrhunderts. Es gibt keinerlei Hinweis arauf, wie diese Mauerbauten im einzelnen ausgesehen haben. Im allgemeinen waren sie auf einer viereckigen, ebenen Fläche errichtet, da diese für einen Holzbau am geeignetsten war. Diese Wehrbauten vermehrten sich rasch bis zum Ende des 9. Jahrhunderts, als die Staatsmacht mit Gesetzen den Bau solcher Anlagen regelte. 1a. Ursprünglicher Donjon, wie ihn sich Viollet-le-Duc vorstellte. Über diese »Pagode« wurden viele Glossen gemacht, ohne daß jedoch irgend jemand eine Ersatzlösung anbieten konnte. – 1b. Kleines Fort aus der amerikanischen Kolonialzeit mit überkragendem Obergeschoß, um Wände und Eingang verteidigen zu können. Sicherlich ist es nicht zu kühn, wenn man den Normannen bei ihrer Kolonisierung Englands ebenso viel Klugheit zubilligt. – 2. Normannische Burg im 11. Jahrhundert. Die Gesamtanlage wies Unterschiede auf je nach Beschaffenheit des Geländes und den Mitteln des Burgherrn. Die Grundform konnte ein Quadrat oder ein mehr oder weniger langgezogenes Rechteck sein. Die natürliche oder künstliche Motte, auf die der Wohnturm gebaut wurde, war im allgemeinen 10 bis 12 m hoch, konnte aber auch eine Höhe von 35 m erreichen wie im Falle Thetfords in Norfolk. Zwischen dem aus Holz und dem aus Stein gebauten Wohnturm muß es einen Zwischentyp gegeben haben, bei dem, wie oben gezeigt, Holz und Mauerwerk verwendet wurde. Die Brücke (a) war mit Stützen konstruiert, so daß im Falle dringender Gefahr Pferde zum Bergfried aufsteigen konnten. Danach zerstörte man diese leichte Konstruktion. – 3. Typ eines niedrigen, aus Stein gebauten Wohnturms aus dem 10. Jahrhundert. War die Motte eine natürliche Bodenerhebung, setzte man an die Stelle des hölzernen Wohnturms einen solchen Bau. Eine künstliche Motte hätte das Gewicht nicht tragen können. – 4. Anglonormannische Burg vom Ende des 11. Jahrhundert. Schon im folgenden Jahrhundert wurden die Ecktürme und dann auch der Wohnturm oder Keep selbst auf eine runde ebene Fläche gebaut, um eine wirksamere Verteidigung gegen eine Untergrabung zu ermöglichen. – 5. Die Burg zu Coucy (Departement Aisne), die als Militärbau nicht ihresgleichen hat, wurde zwischen 1225 und 1230 gebaut und 1400 stark restauriert. Der Donjon und die Türme gehörten zur ursprünglichen Burg des ehrgeizigen Enguerrand III. Die Türme waren 36 m hoch und maßen 18–19 m im Durchmesser, also mehr als die königlichen Donjons mit Ausnahme des Louvre (20 m). Der ungeheure Donjon hatte eine Höhe von 54 m und einen Durchmesser von 31 m. Alles an dieser Burg war gewaltig, die Treppen, die Bänke, die Zinnen schienen gemacht für Männer von außergewöhnlicher Statur. Nachdem die Feste einem ersten Versuch der Zerstörung unter Kardinal Mazarin im 17. Jahrhundert widerstanden hatte, wurden der Donjon und die Türme 1917 von der deutschen Armee gesprengt. Heute sind von einer der außerordentlichsten Burgen Europas nur noch gestaltlose Ruinen übrig.

1a
1b
a
1
2
3
4
5

äußeren, mit Palisaden umgebenen Verschanzung und führte mit leichter Steigung bis zur hochgelegenen Schwelle der Tür des Wohnturms, der den ganzen befestigten Umkreis beherrschte.

Der Chronist Jean de Colmieu, Biograph des Bischofs von Thérouanne, Jean de Warneton, hat im 12. Jahrhundert von dem Mißgeschick berichtet, das diesem Bischof bei einem Besuch auf der Burg Merchem, die an der Straße zu seiner Diözese lag, zustieß. Weil er den schwankenden Steg zusammen mit einer zu großen Zahl von Leuten betreten hatte, fand sich der kühne Prälat mitsamt seinem Gefolge kopfüber zehn Meter tiefer im Graben wieder! Diese Tiefe war nichts Ungewöhnliches, denn man hat z.B. in Norfolk bei der Burg Thetford in Großbritannien eine Motte gemessen, deren höchster Punkt 35 Meter über dem übrigen Gelände lag.

Die Macht der Feudalherren wurde natürlich an der Prachtentfaltung ihrer Feste gemessen, und diese Feudalherren waren es, die die meisten der frühen Wohntürme aus Stein bauten ... wobei sie häufig ihren Vasallen verboten, ihrem Beispiel zu folgen, damit sie im Falle einer Rebellion den Zufluchtsort der Widerspenstigen leichter zerstören konnten.

Die Geschwindigkeit, mit der Holzburgen gebaut und wieder zerstört wurden, beschreibt uns anschaulich Suger, Abt von Saint-Denis, in seinem »Leben Ludwigs VI., des Dicken«. Im Jahre 1111 beschloß dieser Monarch, die Burg von Puiset in der Beauce zu belagern, deren Besitzer, Hugo von Puiset, sich seit Jahren unzähliger Erpressungen schuldig gemacht hatte.

Das königliche Heer fand einen Donjon vor, der mit frisch abgezogenen Tierhäuten bedeckt war und der Fleischbank eines Schlächters oder dem Lager eines Lederhändlers glich [1]. Bei einem ersten Sturmangriff erlitten die Bauern der Gemeindemilizen schreckliche Verluste. Die Belagerer dachten schon an einen schmählichen Rückzug, als ein alter Priester vorsprang und unter Ausnutzung des toten Winkels, in den die Verteidiger nicht hineinschießen konnten, einige Pfähle aus dem Palisadenzaun brach. Ein paar Pfarrkinder des Geistlichen erweiterten die Bresche, so daß den königlichen Truppen ein Weg freigemacht war. Schließlich war Hugues du Puiset oben in seinem eroberten Donjon in die Enge getrieben, er ergab sich, und sein Schlupfwinkel wurde niedergebrannt.

Der geächtete Raubritter legte so tiefe Reue an den Tag, daß der nachsichtige Ludwig VI. ihn begnadigte. Alsbald baute der unverbesserliche Räuber seinen Donjon wieder auf und sann von neuem auf Untaten, so daß ein neuer Feldzug gegen ihn unternommen werden mußte, der wie der erste mit dem Niederbrennen des Donjons endete. Hugues wurde bestraft und wieder begnadigt – und er baute zum dritten Mal! Das Maß war voll: Der Wohnturm wurde zum dritten Mal niedergebrannt, und die Beauce war endgültig von ihrem hartnäckigen Unterdrücker [1] befreit.

Liest man dieses Beispiel, so versteht man besser, wie Wilhelm der Eroberer und seine Gefährten England besetzen und mit Wohntürmen überziehen konnten, obwohl sie sich inmitten einer ihnen feindlich gesinnten Bevölkerung niederließen.

Hundert Jahre später, unter der Herrschaft Heinrichs II., wandten ihre Nachkommen, die nun Anglo-Normannen geworden waren, das gleiche Verfahren an, um Irland zu unterjochen.

Trotz der großen Feuergefahr blieben Holzbauten lange in Gebrauch. Richard Löwenherz [2], Johann ohne Land [3] und viele andere große Herren errichteten Befestigungsanlagen, in denen die »turres ligneae« noch eine Rolle spielten. Im Jahre 1301 gab es bei den Festungswällen von Brügge, die von den Franzosen geschleift wurden, noch zahlreiche Schutzbauten aus Holz. Camille Enlart berichtet uns, daß für bestimmte Befestigungen bis ins 16. Jahrhundert Holz in Verbindung mit Mauerwerk benutzt wurde.

Im 11. Jahrhundert kam eine wirkliche Kriegsbaukunst auf mit Burgen aus festem Mauerwerk, neben denen es weiterhin zahlreiche, mehr oder weniger den neuen Formen angepaßte Burgen auf der Motte gab. Die Feudalherren waren stets auf Streitigkeiten und Händel eingestellt und dachten mehr an Schutz

1 Der zum Eremiten gewordene Teufel starb während einer Bußwallfahrt ins Heilige Land.

2 In Andelys, 1197.

3 Auf dem Mont-Saint-Michel, 1204.

vor Überraschungsangriffen als an regelrechte Belagerungen, zu denen es noch sehr selten kam.

An die Stelle des kleinen, unregelmäßigen Mauerverbands der ersten Burgen trat bald zu Ende des 12. Jahrhunderts der größere und regelmäßigere Mauerverband aus schönen, sorgfältig bearbeiteten Quadern. Jeder, der ein einigermaßen geschultes Auge hat, kann sie leicht unterscheiden.

Der Wohnturm hatte bald die wichtigste militärische Funktion innerhalb der Burg, zugleich entstand der Palas des Burgherrn und seiner Ritter.

Die Ringmauern um den Vorhof, den Mittelpunkt des Lebens im Burgbereich in Kriegszeiten Zufluchtsort für die Bevölkerung, waren oft von gewaltiger Stärke. Dazu wies die Basis der Mauern und der Türme eine Abschrägung auf, an der die Geschosse abprallen sollten und die das Untergraben erschwerte.

Sämtliche Verteidigungseinrichtungen, die vom 12. bis 15. Jahrhundert angewendet und vervollkommnet wurden, finden sich in Carcassonne, das wirklich alles aufweist, was auf diesem Gebiet von Bedeutung ist.

Von der Burg Pierrefonds haben wir bereits gesprochen. Die Burg Hohkönigsburg, deren Restaurierung heftig kritisiert wurde, gibt dem Leser, der durch die elsässischen Vogesen kommt, ein eindrucksvolles Bild von einer großen deutschen Burg des 13.–15. Jahrhunderts. Die Burgen des Rheintals, obschon mit den oben genannten Anlagen nicht vergleichbar, sind gleichfalls imposant und großartige Kulturdenkmäler.

In Italien hat die Renaissance nicht allzuviele Bauten des Mittelalters bestehen lassen, aber Spanien bietet noch in der großartigen Einsamkeit der kastilischen Hochebene zahlreiche interessante Überreste von Burgen der »Reconquista«.

In England erinnert uns der »White Tower« (11. Jahrhundert.) der weiße Turm – und seine geheimnisvollen Treppen an die barbarischen Zeiten der Eroberung. Zeugnisse des Burgbaus, die älter als vom Ende des 11. Jahrhunderts sind, gibt es kaum, sieht man von den bescheidenen befestigten Rittersitzen – »manor-houses«[1] – und den winzigen »peels«, jenen befestigten Bauernhöfen an der schottischen Grenze ab. Mit ihrem Turm und ihrer

DIE BURG UND IHRE BESTANDTEILE
(Seiten 48–49)

1. Außenwerk. Wenn dieses Werk nur provisorisch war, nannte man es Landhäuschen. – 2. Palisade oder »braie«, bestehend aus fest verbundenen Pfählen, am Tor der Schlagbaum. – 3. Stechbahnen. – 4. Barbakane oder Brückenkopf. – 5. Mit Zinnenkranz besetzte Rampenwand. – 6. Haupteingang. – 7. Zugbrücke und Fallgatter. – 8. Gußerker (Bretesche). – 9. Ausgesparte Schlitze, in denen die Hurden befestigt wurden (siehe Abb. 13). – 10. Schießscharten oder Bogenscharten. – 11. Zinnenlücke oder rechtwinkeliger Einschnitt in der Brüstungsmauer. – 12. Zinne oder Mauerteil auf der Brustwehr zwischen den Scharten; vielfach verwechselt man die Zinne mit der Scharte. – 13. Hölzerne Hurden oder vorgekragte Wehrgänge. Man verwendete die hölzernen Hurden bis ins 15. Jahrhundert. – 14. Scharwachttürmchen. – 15. Kurtine oder Ringmauerteilstück zwischen zwei Türmen. – 16. Diese kleinen Anbauten, die heute häufig für Breteschen gehalten werden, sind nur ganz prosaische Latrinen. – 17. Einlaßtörchen zur Versorgung der Burg mit Zugangsrampe. Gewisse große Burgen (wie die Burg Pierrefonds) empfingen auf diese Weise ihre Verpflegung herein, um jeden Überraschungsangriff zu vermeiden und zugleich das Eindringen möglicher Spione zu verhindern. Schwere Lasten und außen geschlachtetes Vieh wurden mit einer Winde auf der Gleitschiene in der Mitte der Rampe hochgezogen. – 18. Turm mit Mauersporn oder Strebepfeiler. – 19. Gußlochreihe oder Maschikulis. – 20. Klappläden. Zusätzlich zu ihrer Schutzfunktion schützten sie den Bogen- oder Armbrustschützen auch vor Blendung durch die Sonne. Die Schützen konnten vom Feind überdies nicht gesehen werden und konnten so in aller Ruhe zielen. Man sieht auch Hurden aus Stein: Im Laufe des 14. Jahrhunderts ersetzten sie allmählich die hölzernen Hurden. – 21. Palas. – 22. Donjon. Seine Gußlochreihen sind verborgen unter den Bögen, die auf Strebepfeilern ruhen. – 23. Wachtturm oder Luginsland. – 24. Schalenturm. Er war zur Innenseite des Burgplatzes hin völlig offen. So wäre der Feind, der den Turm erobert hätte, dem Beschuß durch die Garnison voll ausgesetzt gewesen. – 25. Wetterfahnen. Die Wetterfahne war ein Vorrecht der Lehnsherren und diente auch als Aushängeschild, auf dem die Wappen des Besitzers gemalt oder eingeschnitten waren. – 26. Flankierender Turm.

1 Der Rittersitz durfte weder Turm noch Ringmauer haben. Es gab sie in großer Zahl in Frankreich, doch konnten sie den Kriegen des 15. und 16. Jahrhunderts nicht trotzen. Die übriggebliebenen wurden zum größten Teil im Laufe des 18. Jahrhunderts dem Erdboden gleichgemacht.

1
2
3
4
5
6
7
8
9
10
11
12
13
14
15
19
19
22
23
24
2

25
25
26
20
21
19
16
8
14
18
17
15

Umfassungsmauer, hinter die sich die Bauern vor den »raiders« flüchteten, die mehr auf Raub als auf Mord aus waren, stellen sie einen bescheidenen Abklatsch der Wohntürme des frühen Mittelalters dar.

DIE WOHNTÜRME
(französ. Donjon, engl. Keep)

1. Normannischer Wohnturm des 11. Jahrhunderts, 28 m hoch und 16 m Seitenlänge. – A. Lager, Brunnen und Treppe. Die Wendeltreppe stieg mit Drehung im Uhrzeigersinn an: Auf diese Weise mußte ein Eindringling die Stufen hochsteigen und kämpfen mit dem Mittelpfeiler zur Rechten, was den Gebrauch der Waffen erheblich behinderte, während der Verteidiger sich in der umgekehrten Lage befand, die unendlich viel günstiger war, denn er war links durch den Pfeiler und seinen Schild geschützt und hatte rechts Platz, um die Waffen zu führen. Der wißbegierige Leser kann das bei seinem nächsten Burgbesuch ausprobieren und wird feststellen, von welch überragender Wirksamkeit diese einfache Regelung ist. – B. Kapelle und Wachraum. – C. Großer Saal. – D. Schlafraum. – E. Scheidemauer, die letzten Widerstand gestattet für den Fall, daß der Belagerer in den einen oder anderen Teil des Wohnturms eindringen konnte.

2. Runder Wohnturm vom Beginn des 13. Jahrhunderts, 14 m breit und 45 m hoch. – A. Wohnung des Burgherrn. – B. Wehrgeschoß. – C. Wehrgang und die dazugehörigen Hurden (D) im Schnitt dargestellt.

3. Donjon von Coucy (Beginn des 13. Jh.). Durchmesser 31 m, Höhe 54 m. – A. Erdgeschoß: Vorrats- und Waffenlager. – B. 1. Stock und Wohnräume des Burgherrn. – C. 2. Stock: Unterkünfte der Garnison, die 1000 Mann fassen konnten. – D. 3. Stock, nicht überdachte Wehrplatte. – E. Öffnung des Schachtes, durch den die im Erdgeschoß gelagerte Munition hochgezogen wurde. – F. Nach außen und innen vorkragende Hurden (siehe besondere Tafel).

4. Bau des Donjons von Coucy mit der sinnvollen Wendelrampe. Durch die Rampe wurde die langsame Beförderung mit den von Hand betriebenen Hebemaschinen vermieden. Die rot gestrichelte Linie gibt die Höhe des Erdgeschosses an. – 4a. Detail der Rüstlöcher, die spiralenförmig ansteigen, und des angebrachten Gerüsts mit Geländer.

Man kann den Donjon des normannischen Burgherrn, der mehr die Höhle eines wilden Schlaukopfs ist als ein Wohnbau (Abb. 1) mit der Abb. 3 vergleichen, die eine bis in die kleinsten Einzelheiten methodische, vorausschauende und berechnete Schöpfung darstellt. Dennoch gewann im Durcheinander des finsteren Donjons des 11. Jahrhunderts, aus dem man heute nicht einmal ein Gefängnis zu machen sich getraute, der Feudalherr den Stolz des in seiner Feste unbezwinglichen Herrn und den tiefen Sinn für Familie und Überlieferungen, für die Sitten seiner Kaste. In Frankreich bedarf es der Revolution von 1789, um dem Adel die letzten seiner unmäßigen Vorrechte zu entreißen. – Die Abbildungen 1, 2 und 3 sind im gleichen Maßstab gezeichnet, so daß man sich die riesigen Ausmaße des Bergfrieds Enguerrands III. besser vorstellen kann.

4a
1
2
3

1. Große Zugbrücke für Pferde und Fuhrwerke und Zugbrücke zur Fußgängerpforte. – 1a. Detail der Gegengewichtmechanik. – 2.: a. Zugbrücke; b. ihr Hebesystem mit Winde und Gegengewicht; c. Fallgatter; d. das dazugehörige Hebesystem (siehe Abb. 4); e. Fußgängerpforte und ihre von Hand betätigten Schwenkbalken. – Bei vielen Befestigungen ist der Zugang über steile Pfade zu erreichen, was die Touristen in der Gegenwart sehr in den Knien spüren. Diese Steigung sollte den Angreifer tatsächlich behindern und die Wucht des Gegenangriffs dagegen unterstützen. – 3. Wippbaum ohne Ketten, um der Wirkung von Artilleriebeschuß vorzubeugen, der sie hätte zerstören können. Die Pfeile geben die Bewegung an, die die im Schutz des Mauerwerks gelegene Winde bewirkt. – 4. Mechanismus eines Fallgatters: a. Verriegelungsstangen, die sich mit Hilfe von ins Mauerwerk eingegossenen Pflöcken blockierten; b, c. um das Fallgatter wieder zu heben, löste man die Stangen und befestigte sie an den Ösen der seitlichen Ketten b mit Hilfe der Haken c. – 5. Klassische Zugbrücke (14. Jh.). Wenn sie den Weg in eine Stadt freigaben, galten diese Bauwerke als wenig sicher, besonders aus Furcht vor Verrat. Daher mauerte man im Belagerungsfall die Tore, denen sie vorgelagert waren, unverzüglich zu. – 6. Schießscharte für Feuerwaffen, mit Gußlochreihe (15. Jh.). – 6a. Desgleichen, im Schnitt gesehen. – 7. Scharten mit Klappläden und Gußlochreihen in Form von Scharwachttürmchen (13. Jh.). – 7a. Schnitt durch Gußloch und seine Schießscharte in Vierblattform. – 8. Hatte der Klappladen oder Schartenladen Seitenwände (Abb. 7) wurde er zum Kästchen. – 9. Verschiedene Bogen- und Armbrustscharten. Der kreuzförmige Typ stammt aus dem 14. Jahrhundert und wird im 15. Jahrhundert allgemein üblich. Rechts, im Profil gesehen: a. Direktschuß im höchsten Bogen auf große Entfernung; b. Direktschuß auf mittlere Entfernung; c. Direktschuß schnurgerade. Außerdem gestattete der waagerechte Balken des Kreuzes, das Direktschußfeld und das Schußfeld auf kurze Entfernung, nach links und nach rechts auszudehnen. Im 15. Jahrhundert verschwanden die großen Bogenscharten, weil sie die Mauern schwächten; tatsächlich genügte es, wenn ein Sappeur zwischen zwei Schießscharten grub, um das Mauerteilstück dazwischen einbrechen zu lassen. Man baute von nun an schmale, kreuzförmige Schießscharten oben an den Türmen und den Kurtinen in sehr dünnen Wänden, und die Armbrust für gezieltes Schießen ersetzte den Bogen, bis an ihre Stelle die Feuerwaffe trat. – 10. Für Feuerwaffen umgebaute Bogenscharten. – 11. Schnitt durch eine Schießscharte mit Nische mit, bei a, den Vorrichtungen, die die Pfeile des Angreifers stoppen sollten. Manchmal findet man solche in Form von »Treppenstufen«. Die Höhe der Bogenscharte darf nicht überraschen, es gibt sogar welche, die fast 7 m Höhe erreichen. – 12. Weitere Form der Schießscharte ohne Nische, für Schanzwerke kleineren Ausmaßes.

1
1a
2
a
b
c
d
e
3
4
a
b
c
5
6
6a
7a
8
9
a
b
c
10
11
12
L. & F. FUNCKEN

HURDENBAU

1. Bau einer auseinandernehmbaren Hurde zu Beginn des 12. Jahrhunderts. – 2. Feste Hurde des 13. Jahrhunderts aus Mauerwerk. Sie wurde gelegentlich mit Schiefer bedeckt. – 3. Bau zerlegbarer Hurden unter dem Dach eines Turms, 13. Jh. Dasselbe, sehr einfache System wurde auf den Wällen angewendet und stellte gegenüber der Abb. 1 eine erleichterte Form dar. – 4. Doppelte oder zweigeschossige Hurde, auseinandernehmbar, Beginn des 13. Jh. Die Innenseite ist a; die Außenseite ist b. – 5. Zerlegbare Hurde auf Kragsteinen auf dem Donjon von Coucy (13. Jh.): a. Schießscharte; b. Maschikulis; c. Schütze in einer Scharte der Hurde. – 6. Schnitt durch die Vorrichtung der Abb. 5: a. Schütze an der Scharte a der Abb. 5; Maschikulis (Gußlochreihe); c. Schütze in einer Scharte der Hurde. – Alle abgebildeten Hurden hatten im Fußboden Löcher, durch die man kochende Flüssigkeiten gießen, Steine und dgl. werfen konnte. Das war die einfachste Form von Gußlöchern.

1
2
3
4
a
b
5
a
b
c
6
a
b
c
L. & F. Funcken

Belagerungskunst (Poliorketik)

Dieser wissenschaftliche Terminus, der vom griechischen »poliorkêtikos« – von »poliorkein«, eine Stadt belagern – abgeleitet ist, bezeichnet die Kunst der Belagerung. In Westeuropa, war die Poliorketik, die seit der Zeit des Frankenkönigs Chlodwig im Niedergang begriffen war, gegen Ende der normannischen Einfälle praktisch vergessen. In Frankreich wie im übrigen Westeuropa entwickelte sie sich neu auf Grund der Erfahrungen, die die Kreuzritter bei den byzantinischen, armenischen und sarazenischen Belagerungsspezialisten sammeln konnten. Die lombardischen und genuesischen Ingenieure hatten die Traditionen der römischen Heere bewahrt und sogar verbessert: Sie trugen in hohem Maße zur Einnahme von Nizäa, Antiochia und Jerusalem zwischen 1097 und 1099 bei.

Man gewöhnte sich allmählich an lange Belagerungen, während früher das ursprüngliche Feudalsystem, das die Aushebung von Truppen nur für eine durchschnittliche Dauer von 40 Tagen im Jahr gestattete, den Lehnsherren hinter den unbezwinglichen Mauern ihrer Festen ein Gefühl der Unverwundbarkeit gegeben hatte.

Selbst der Souverän hatte Mühe, die Burgen seiner ungestümen Vasallen zu erobern, da er über kein stehendes Heer verfügte. Vom 12. bis zum 15. Jahrhundert, von Philipp August bis zu Ludwig XI. von Frankreich, mußte die nach Zentralgewalt strebende Monarchie ständige Anstrengungen unternehmen, um die Feudalherren unter ihre Herrschaft zu zwingen. Aber im gleichen Maße, in dem sich die Belagerungskunst entwickelte, wuchs auch die Kunst der Verteidigung, die in Frankreich einen außerordentlich hohen Stand erreichte. Man kann sagen, daß bis zur Mitte des 15. Jahrhunderts die Verteidigung dem Angriff überlegen blieb und daß erst die Verbesserung der Feuerwaffen die letzten Illusionen der Feudalherren hinwegfegte und sie zwang, sich der königlichen Macht zu beugen[1].

1. Sappenbau. Die Sappeure, die durch einen offenen Laufgraben (A, im Schnitt gesehen) im Schutze einer Art Decke (B, von oben gesehen) vorgingen, schlugen die Steine aus der Außenmauer (C) und gruben die inneren Bruchsteine heraus. Diese Art des Füllmauerwerks mit lose geschütteten Steinen, die ein Erbe des Oströmischen Kaiserreiches war, wurde bis ins 12. Jahrhundert fortgeführt, dann wurde sie durch eine sehr homogene und sorgfältige Bauweise ersetzt, die dem Sappeur die Arbeit sehr erschwerte. Manchmal wurde die Mauer am Fuß böschungsartig verdickt, doch die höchste Kunst, die allerdings nur selten angewandt wurde, bestand darin, den oberen Teil der Mauern von Entlastungsbögen (D) tragen zu lassen, die auf verstärkten Pfeilern ruhten und gut geschützt wurden: die Sappe blieb dann wirkungslos. Sieht man von diesem Verfahren einmal ab, kam als einzige Gegenmaßnahme gegen die Sappe der Bau einer zweiten Mauer (E) hinter der bedrohten Stelle in Frage oder, wenn es an Steinen fehlte, der Bau eines hölzernen Gußerkers (siehe Doppelbildseite zu den Belagerungsmaschinen). – 2. War die Sappe durchgeführt und abgestützt, häufte man darin Reisigbündel an, denen reichlich leicht brennbare Substanzen zugesetzt wurden, manchmal einfach Schweineschmalz. Das Feuer verbrannte die Stützbalken und die Mauer brach ein. So minierte man durch Brand. Erst seit Beginn des 16. Jahrhunderts setzte man beim Minieren Pulver ein. – 3. Widder. Wir haben hier den Großteil der Schutzbedachung abgenommen, um das Maschinengerüst zu zeigen. Je nach Größe des Widders waren acht, zehn oder zwölf Männer am Rammen beteiligt. Sie versetzten den Widder in Pendelbewegungen, die hohe Zerstörungskraft hatten. – 4. Einfacher Trypanon (Mauerbohrer) und mit Bogen gedrehter Trypanon, der hohe Drehgeschwindigkeit erreichte. Diese Geräte verwendete man unter dem Schutze von »Katzen«, »Schildkröten« und anderen Schutzdächern und Blenden.

1 Es war auch die Artillerie, die es Karl VII. ermöglichte, den Engländern 60 befestigte Plätze mit viel weniger Kraftaufwand wieder abzunehmen, als diese wenig früher bei der Eroberung hatten aufwenden müssen.

B
E
C
D
D
1
A
2
3
4

Sappen- und Minenbau

Die Zeichnungen zeigen besser als ausführliche Erklärungen, wie die Technik des Sappen- und Minenbaus aussah. Schon im 11. oder 12. Jahrhundert ließen die mächtigsten normannischen Fürsten – so der Onkel Wilhelms des Eroberers bei Arques – Gänge unter der Steinschicht ihrer Festungen ausheben, die bis unter den Grund des Festungsgrabens führten, um auf diese Weise mögliche Minenbauten des Feindes akustisch aufspüren zu können.

Bei den Truppen Philipp Augusts von Frankreich gab es bereits ein Korps von Kriegsbaumeistern, die Sappeure, Mineure und Erdbaumannschaften leiteten. Diese Truppenteile, die aus dem gemeinen Volk rekrutiert wurden, das bisher vom Waffenhandwerk ausgeschlossen war, wurden nur nach Bedarf angeworben.

Die Hurden und Maschikulis, von denen wir viele Beispiele gezeigt haben, wurden zum Kampf gegen die Sappe erfunden, und die Sappeure selbst schützten sich durch bewegliche Dachbauten, denen man die verschiedensten Namen gab: Schildkröte, Schwein, Katze, Vinea usw.

Das Verfahren war so wirksam und zu Recht so gefürchtet, daß manch eine Festung sich ergab, bevor an die Sappen Feuer gelegt wurde, wie zum Beispiel die Burg La Roche-Guyon, die 1419 von den Engländern belagert wurde. Es war üblich, daß der Belagerer den Belagerten aufforderte, zu kommen und sich selbst davon zu überzeugen, daß die Sappen bereit zum Anzünden waren, und häufig zog es der unglückliche Burgherr vor, »son évidente ruyne luy ayant esté montrée à l'œil« (»da sein offenbarer Ruin seinem eigenen Auge vorgeführt wurde«), die Feste dem Feind auszuliefern.

Die Mine, deren Bau sehr viel länger dauerte, besaß den großen Vorteil, daß sie die längste Zeit unbemerkt blieb und daß man dann mit ihr den vollen Überraschungseffekt erzielte.

Um dieser schrecklichen Eventualität vorzubeugen, legten die Baumeister manchmal im voraus einen Stollen als Gegenmine an, in die die feindlichen Mineure hineinstoßen sollten, ohne zu ahnen, welch heißer Empfang ihnen bereitet werden würde.

1. Aufsicht auf eine Mine: a. Mauer; c. Stollen; d. Minenkammer; e. Abstützungen. – 2. Mine im Schnitt gesehen: a. Mauer; b. Graben; c. Stollen, geneigt, um einen möglichen Gegenangriff mit Wasser abzuwehren; d. Minenkammer; e. Abstützung mit Rahmengerüst; f. Palisade zum Schutz und zur Tarnung der Arbeiten. Man nutzte mit Vorliebe Häuser in der Nähe des Ziels der Mine. Waren die Arbeiten beendet, ging man wie bei der Sappe vor. Sobald die Abstützungen verbrannt waren, brach das Mauerwerk, das auf die geschwächte, nicht mehr im festen Mauerverband gehaltene Außenwand drückte, mit Wucht ein. Die Trümmer, die in den Graben rutschten, bildeten eine Böschung, über die die Sturmtruppen in das befestigte Terrain eindringen konnten. Die Technik des Minenbaus war sehr viel komplizierter als die des Sappenbaus (siehe vorangehende Tafel) und war nur mit hochqualifiziertem Personal möglich. Der Minenbau hatte jedoch den Vorteil, daß er den Belagerten meist verborgen blieb. Die Männer aus den nordfranzösischen Provinzen und aus Brabant waren im Minenbau besonders geschickt. Zahlreiche befestigte Plätze des 12. bis 14. Jahrhunderts weisen noch Spuren solcher Angriffe auf, besonders die Stadt Carcassonne, wo mehrere Minenstollen erhalten blieben, die nur teilweise wieder zugeschüttet wurden. – 3. Schnitt durch einen Stollen für den Direktangriff, durch den man nachts in den befestigten Platz eindrang: a. Mauer; b. Graben; c. Stollen; d. Dicke des über dem Stollen verbleibenden, abgestützten Bodens, der erst im Augenblick des Sturmangriffs durchbrochen wurde. Diese Art Mine wurde bevorzugt in der Nähe eines Tors gegraben. Der Angriffstrupp neutralisierte die Torwache, hob das Fallgatter, ließ die Zugbrücke herunter und ließ die Hauptmasse der Angreifer herein, die nun über die Festung herfielen. – 4. Die Minenarbeiten konnten nur aufgespürt werden, indem man mit Wasser gefüllte Kübel aufstellte und diese ständig überwachte: Durch die Arbeit der Mineure kräuselte sich die Wasseroberfläche. Man begann dann schleunigst mit dem Bau einer Gegenmine.

5. Eisenhüte. Diese sehr beliebte, militärische Kopfbedeckung wurde von den Sappeuren, Mineuren und Pionieren getragen und hatte dann besonders breite Ränder.

1
a
e
e
c
d
e
e
f
b
2
a
d
c
e
5
3
d
b
a
c
4
L. & F. FUNCKEN

1
2
3
4
5
6
7
8
9

16
15
13
10
11
14
12
L. & F. FUNCKEN

BELAGERUNGEN (III)
(Seiten 60–61)

1. Vorwerk aus Erde und Strauchgeflecht. Am Fuß des Werks erkennt man die Tunnelöffnung, aus der heraus teleskopartig die Katze zum Schutz der Sappeure gebaut wird, nachdem der Graben zugeschüttet ist. – 2. Sappeurskatze, auch Vinea genannt, mit den Winden, die beim Vorwärtsbewegen helfen. Man schützte die hölzernen Maschinen vor Brand, indem man sie meist mit frischen Häuten belegte, aber auch mit Grassoden und sogar mit Mist. Eisenplatten waren ein Luxus, der selten angewandt werden konnte. Natürlich wurde das Personal an den Winden vor dem Beschuß durch die Belagerten geschützt, indem man Schirme aus Holz oder Weidengeflecht aufstellte. – 3. Einfacher Sappengraben. – 4. Belagerungskorb aus Weidengeflecht. – 5. Fahrbare Sturmwände. Die Bogen- und Armbrustschützen spielten bei Belagerungen eine äußerst wichtige Rolle. Die unzähligen Pfeile, die sie abschossen, sollten die Verteidiger daran hindern, sich an den bedrohten Stellen aufzubauen. Da diese Schützen folglich Zielscheibe Nr. 1 der Belagerten waren, verfügten sie über eine ganze Reihe von leicht transportierbaren Schutzschirmen. – 6. Schildkröte oder Wagen-Sturmwand. – 7. Sturmangriff über Leitern, mit denen die Mauern erklettert wurden. Man nannte das »Leitern«. Dieses Verfahren wurde von einigen großen Hauptleuten angewandt, zum Beispiel von du Guesclin. Man brauchte dazu entschlossene Männer. Aber es rief fast überall Entrüstung hervor, auch bei den Gefährten des berühmten Ritters, dem vorgeworfen wurde, »die Kriegskunst zu verderben«. – 8. Eine Katzenburg ist bei dem Versuch gescheitert, die Zugbrücke der Barbakane zu überwinden. Die Männer, die den Widder bedienen sollten, versuchen, sich aus der Katze dieses Schutzwagens herauszuwinden. – 9. Sturmhaken auf dem Wall. Eine andere Art Haken, eine riesige, an Seilen aufgehängte Konstruktion, diente dazu, den Kopf der Widder zu fassen, die unter einem Schaf genannten Gerät standen. Logischerweise nannte man diesen Haken Wolf oder Wölfin. – 10. Storch genanntes Gerät, das manchmal auf Rädern montiert war. Es ließ sich natürlich nur einsetzen, wenn man die Verteidiger überraschen konnte. – 11. Leiter auf fahrbarem Gerüst. Wenn man sie verwendete, wurden große Sturmwände aus Korbgeflecht rundherum gestellt. Man benutzte auch Schiebeleitern in der Art, wie unsere Feuerwehren sie haben, ineinander geschachtelte Leitern, die sich sektionsweise ausziehen ließen, usw. – 12. Blende für Sappeure. Die Sappeure näherten sich der zu sappierenden Mauer hinter dieser als Sturmwand benutzten Blende, dann drehten sie sie um und konnten nun in ihrem Schutz arbeiten. – 13. Hastig gebaute Bretesche, mit der ein durch Sappe eingestürztes Ringmauerstück notdürftig geschlossen werden soll. Die angreifenden Truppen sitzen vor diesem unerwarteten Hindernis fest. Ursprünglich bezeichnete man mit Bretesche oder Erker nur Wehrbauten und Türmchen an palisadenumbauten Ringmauern; später verstand man darunter die vorkragenden kleinen Logen aus Holz oder Stein, mit denen Tore und andere Öffnungen verteidigt wurden (siehe Tafel über die Burg). – 14. Kleine Katzenburg oder Falke, auch Kran genannt. – 15. Turm zum Angriff, Rollturm oder Wandelturm genannt, auch Stockkastell und Katze (wenn am Fuß des Turms ein Unterstand für Sappeure verborgen war), oder aber Schwein (wenn der Turm Wurfmaschinen besaß). Diese riesigen Türme wurden auf die gleiche Weise wie bei Abb. 2 bewegt. – 16. Kleine Wurfmaschinen auf der Wehrplatte. Eine von ihnen hat gerade eine Brandtonne auf den Angriffsturm abgeschossen.
Zu dieser umfassenden Sammlung menschlichen Einfallsreichtums kamen, wahrscheinlich nur in Ausnahmefällen, noch Kombinationen aus Froschmännern und Tauchern hinzu, die ganz in schwarz gehalten und mit einer primitiven Atemmaske ausgerüstet waren. Die hier gezeigten Geräte wurden in den meisten Ländern benutzt. Der Deutsche Zeitblom, der im 15. Jahrhundert lebte, hat wertvolle Zeichnungen von einigen dieser Maschinen hinterlassen, desgleichen die anonymen Zeichner der »Pyrotechnie de l'Ancelot lorrain«, des »Walturius«, der »Noticia Utraque cum Orientis tum Occidentis«, des »Recueil d'anciens poètes« usw. Andere Autoren des 15. und 16. Jahrhunderts haben eine große Zahl solcher Maschinen angegeben, die als Ansichten nach ganz alten Plänen, aber mit so viel Phantasie und so offensichtlich mangelnder Sachkenntnis gezeichnet wurden, daß man nur Fragmente der leider verlorenen Originalpläne wiederfindet. Viele Darstellungen sind nur Ausgeburten wilder Phantasie, so zum Beispiel das riesige, mit Armbrüsten bewaffnete Schaufelrad von Leonardo da Vinci, der ein großer Erfinder, aber auch ein Spaßvogel war.

BALLISTISCHE GERÄTE

1. Leichter Katapult mit Blattfedern aus Stahl, nach einer Zeichnung aus dem 15. Jahrhundert, von Zeitblom. – 1a. Ausgelöster Katapult. – 2. Kleiner »trébuchet« (Tribock) vom Beginn des 15. Jahrhunderts. Man erkennt deutlich, welche vier Stellungen der Dorn, der die Ausklinkvorrichtung hält, einnehmen kann. Mit diesen Stellungen ließ sich die Reichweite des Geräts mit einiger Genauigkeit regulieren. – 3. Kriegswagen aus der Mitte des 14. Jahrhunderts. Es gab Heere, die von diesen mehrere Hundert in Stellung brachten. Juvénal des Ursins schrieb dem Herzog von Burgund im Jahre 1411 hiervon 2000 zu. Diese Abbildung ist im gleichen Maßstab wie Abb. 2 gezeichnet. – 4. Balliste oder Petraria, auch »chaable« genannt. Die türkische Petraria war ein Gerät gleichen Typs, jedoch leichter und von geringerer Durchschlagskraft. Die von den Franzosen gegen die Flamen in der Schlacht von Mons-en-Pévèle 1304 benutzten »perdreaux« (Rebhühner) waren wahrscheinlich Petrarien kleinen Kalibers, mit denen faustgroße Kugeln geworfen wurden. Die alten Autoren verwechselten den großen »trébuchet« (Tribock) mit der Balliste.

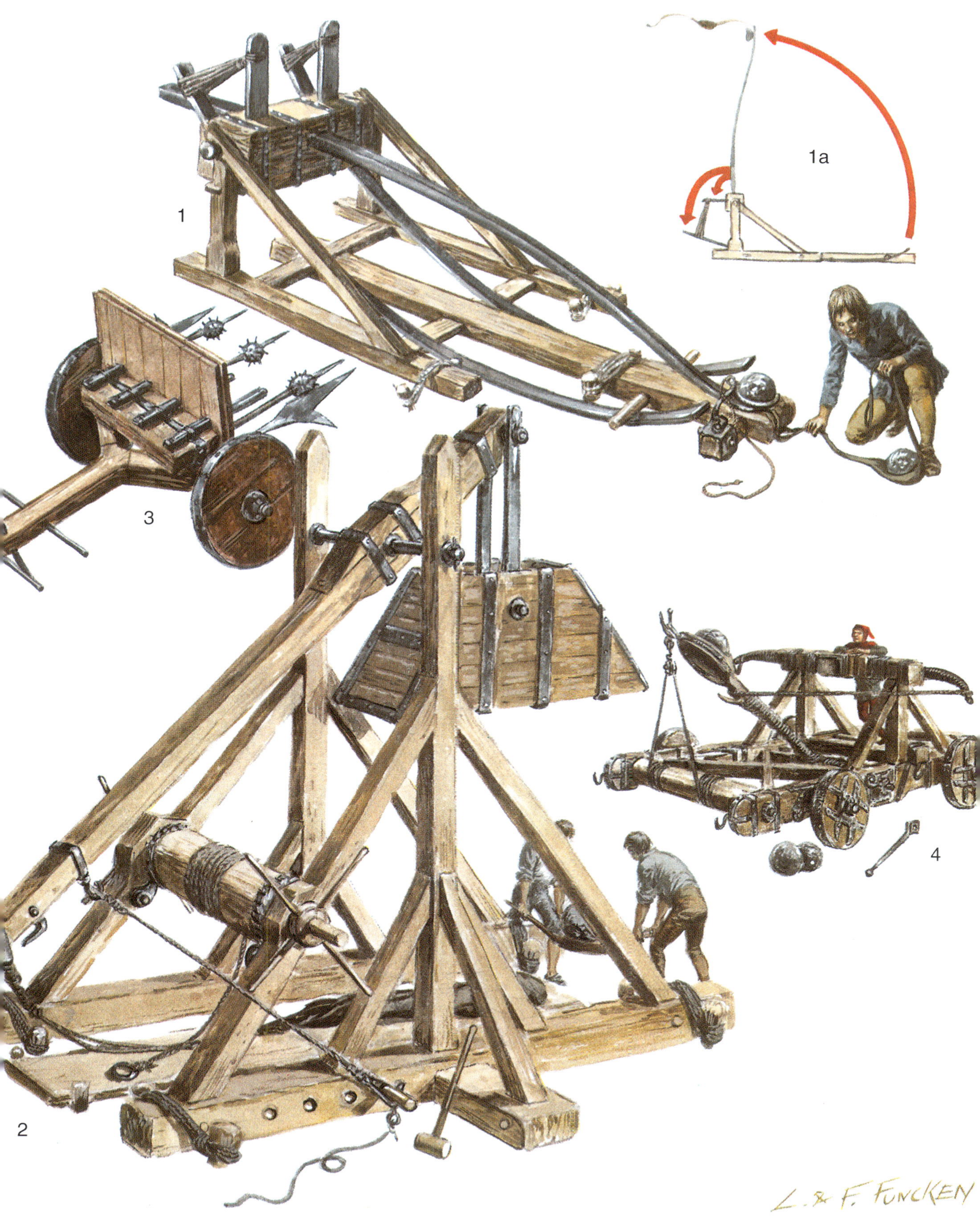

1
1a
2
3
4
L. & F. FUNCKEN

Falls der Minenstollen der Belagerer unter dem Gegenstollen weitergebaut wurde, gruben die Belagerten einen senkrechten Schacht und gossen Unmengen Wasser hinein, um die Mineure zu ertränken. Der berühmte Donjon von Coucy verfügte zu diesem Zweck über eine reichlich fließende Quelle auf der Höhe seines Gegenminenstollen.

Verfügte der Belagerte nicht über eine so wertvolle Einrichtung, blieb ihm nur die Wahl, eine Gegenmine zu graben und mit ihr den feindlichen Stollen zu erreichen. Das geschah auch in den meisten Fällen. Unzählige gnadenlose Kämpfe Mann gegen Mann fanden im schwankenden Licht der Laternen statt. Manchmal nahmen diese unerwarteten Treffen eine seltsame Wendung, denn viele edle Herren beanspruchten das Recht, unter der Erde einen Fechtkampf nur mit einem ihrer würdigen Gegner auszutragen.

Bei der Belagerung von Melun im Jahre 1420 spielten sich so an der Stelle, wo eine Mine auf eine Gegenmine traf, eine Reihe eigenartiger Kämpfe ab[1]. Nach Aufstellung einer festen Schranke zogen sich die Mineure beider Lager zurück und überließen den Platz einer ganzen Prozession von adligen Kämpfern, die einander zum Kampf herausforderten und dann der Reihe nach mit der blanken Waffe kämpften. König Heinrich V. von England und zahlreiche Lehnsherren wohnten dieser Art von Lanzenstechen bei; sie verteilten Lobsprüche und schlugen bei der Gelegenheit sogar eine Reihe der Ihren zu Rittern.

Dieses merkwürdige Ereignis, das man viel eher in einem Roman als in einem Krieg ansiedeln würde, zeigt, wie sehr der alte Rittergeist heruntergekommen war. Der Kommandant des Platzes, Armand Guilhem de Barbazan, der später von Karl VII. den Beinamen »Ritter ohne Tadel« bekam, heute aber vergessen ist, wurde nach der Kapitulation[2] mit vielen anderen acht Jahre lang eingekerkert, während eine Reihe seiner Waffengefährten, »qui avoient amis et accointances du costé des Bourguignons« (»die Freunde und Bekannte auf der Seite der Bur-

BELAGERUNGSMASCHINEN (I)

1. Großer »trébuchet« (Tribock, Wurfmaschine), auch großer »trabuc« genannt, nach Viollet-le-Duc und dem Plan des pikardischen Architekten des 13. Jahrhunderts, Villard de Honnecourt. Der Chronist und Dichter Wilhelm der Bretone beschrieb zur gleichen Zeit den »trébuchet« als eine riesige Schleuder. Das Gegengewicht a, Kasten genannt, enthielt 26 Tonnen Erde. Die Dämpfer b milderten den Stoß ab, der beim Abschuß auf die Maschine prallte. Die Schleuder ist c. Ihr Unterspanner d, der an den Ösen e der Schleuder eingehakt ist, bestimmte den Stoß, durch den das Geschoß auf den Weg gebracht wurde; je weiter oben an der Rute er eingehakt wurde, desto horizontaler verlief die Schußbahn. Mit der Winde i wurde die Rute heruntergelassen, die Winde j dagegen spannte vorher die Federn k, wie die grauen Linien anzeigen. Dazu klinkte man die rückwärts aufgerollte Winde j aus, und die gelösten Federn schlugen nun nach außen und brachten damit die Rute aus ihrer senkrechten Position. Durch die so eingeleitete Bewegung wurde der nächste Vorgang, der mit der Winde i bewirkt wurde, wesentlich erleichtert. Man befreite die Rute und das in ihr liegende Geschoß, indem man den Bolzen h mit einem Hammer herausschlug (siehe Abb. 2 und 3). Wir möchten noch erwähnen: f. Rinne der Schleuder; g. Rolle und Ausklinkvorrichtung; h. Bolzen der Ausklinkvorrichtung; l. Kugel, manchmal Bauch genannt. – 2. Detail der Ausklinkvorrichtung offen und geschlossen, mit der Rolle g und dem Bolzen h. – 3. In A: die Maschine während des Spannens. in B: schußbereit. In C: in Ruhestellung nach dem Schuß (g, h: siehe Abb. 1 und 2). – 4. Große Armbrust mit Kurbel, auf dreirädriger Lafette: a. Richtschraube auf einem eiförmigen Spurlager gelagert; es bildet einen Fixpunkt und einen Drehpunkt für das horizontale Richten; b. olivenförmige Rolle, auf der die Lafette bewegt wurde, wenn das Rad c abgenommen wurde, um die Schußbahn höher zu legen; d. Stabilisatoren, mit denen eine gleichmäßige Spannung in der Bindung der Stahlarme des Bogens erreicht wurde. Es wurden auch Armbrüste mit kleinerem »Kaliber« hergestellt, die mit einer Winde gespannt wurden. Die große Armbrust war ein bequem zu handhabendes und außerordentlich gefürchtetes Gerät wegen der hohen Durchschlagskraft seines Geschosses. Dies war ein 5 m langer Knebelspieß, Knebel genannt, der in flacher Schußbahn bis zu 50 m flog. Die große Armbrust konnte wirksam gegen massierte Fußtruppen und Reiterei eingesetzt werden und fand auch gegen Belagerungsmaschinen Verwendung.

1 »Chronik Karls VI.«, von Jean II. Juvénal des Ursins (1388–1473).
2 Er wird von La Hire befreit, fällt in der Schlacht von Bulgnéville im Jahre 1432 und wird mit königlichem Gepränge in Saint-Denis beigesetzt.

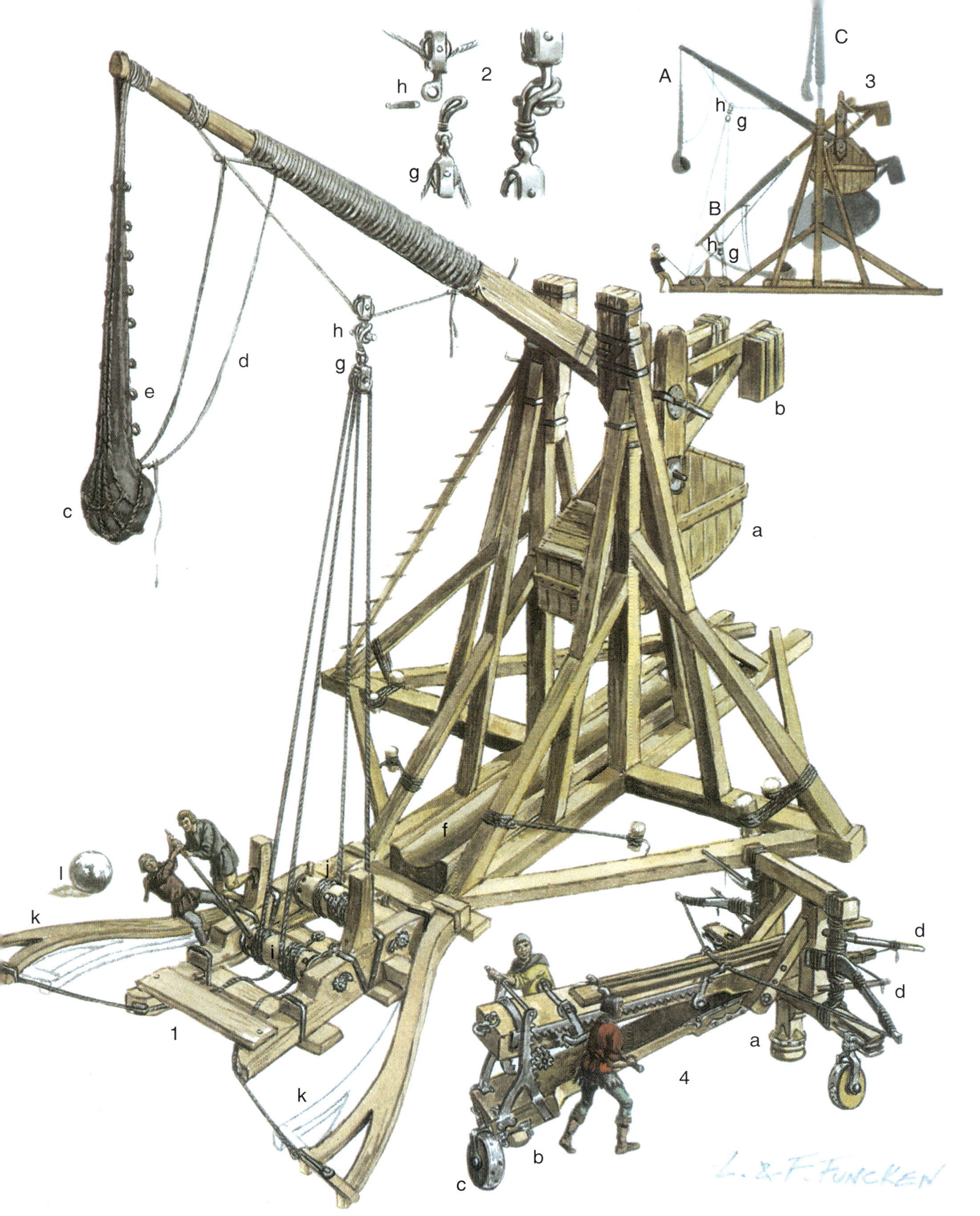

1
2
3
4
A
B
C
a
b
c
d
e
f
g
h
i
j
k
l
L. & F. FUNCKEN

gunder hatten«), frei nach Hause zurückkehren konnte.

In seinem »Quadrilogue invectif« (Schmäh-Quadrilog, eine politische Schrift) hat Alain Chartier[1] die Haltung der Herren gebrandmarkt, für die nur Lanzenstechen und schändliche Geschäfte zählten, mit denen das Land ruiniert statt geschützt wurde, die sich dem Meistbietenden verdingten, ganz gleich ob Frankreich oder Burgund, und stets zum Verrat bereit waren.

Diesem unzuverlässigen Adel waren die strenge Zucht und die Unbequemlichkeit der Feldlager zuwider, und die Adligen weigerten sich oft, unter einem erfahrenen Hauptmann Dienst zu leisten. Viele dieser anmaßenden Herren meinten, der Schutz, den eine solide Rüstung böte – der Harnisch erreichte um diese Zeit seine höchste Vollkommenheit –, komme der Erfahrung eines Altgedienten durchaus gleich. Chartier sagte über sie: »Jeder will selbst Herr und Führer sein. Und es gibt so viele Hauptleute und so viele adlige Waffenträger, daß sie kaum Knappen und Knechte finden[2]. Heutzutage reicht es, wenn man ein Schwert umgürten und einen Haubert anlegen kann, um einen neuen Hauptmann zu machen.«

In diesen wirren und dramatischen Zeiten der Geschichte Frankreichs verkörperte Johanna von Orleans eine kurze Zeit lang die Hoffnungen eines Volkes, das erschöpft war von den Bürgerkriegen, die ein übermütiger Adel ihm aufzwang, und dem Elend, das die englischen Eroberer über das Land brachten. Johanna weckt mit ihrem Heldenmut bei vielen die Idee von Vaterland und Nation.

Zahlreiche Adlige folgen ihrem Ruf: Villars, Mathias, Xaintrailles und sein Bruder Poton, Dunois, Bastard von Orleans, Jacques de Chabannes, Théaulde de Valpergue, Etienne de Vignolles genannt La Hire. ... Sie wendeten wieder die unorthodoxen, aber realistischen und wirkungsvollen Belagerungsmethoden an, die du Guesclin ein Jahrhundert vorher angewandt hatte[3].

1 Chartier (geboren 1385, gestorben 1433) war Sekretär Karls VI. und Karls VII.

2 Chartier meint damit, daß es unmöglich war, die taktische Einheit »Lanze« zusammenzubringen. Seine Zeitgenossen verstanden den Satz natürlich. Siehe im Kapitel über die »Lanze«, S. 90ff.

3 Scharf kritisierte Belagerungsverfahren, behandelt auf S. 62, »Belagerungen (III)«, 7.

BELAGERUNGSMASCHINEN (II)

1. »Mangonneau« (Mange) in Ruhestellung: a. Räder der Winde; b. Rücklaufrollen; c. Hilfswinde. Man betätigte diese Winde c, um das Zugseil d und die dazugehörige Ausklinkvorrichtung e an die Spitze der Rute zu ziehen, denn dieser Vorgang war zu gefährlich und zu mühsam für einen Mann, der sich obendrein noch dem Beschuß durch den Feind ausgesetzt hätte. – 2. Wurfbereiter »mangonneau« (Mange). Wollte man mit dem Gerät werfen, bedienten sechs Mann Spannpersonal die Räder a der Winde, und holten mit Hilfe der Rücklaufrollen b die Rute g über das Zugseil d herunter. Dann hängte man an der Spitze der Rute die Schleudertasche f mit dem Geschoß ein. Nun setzte man die Ausklinkvorrichtung e frei und die Rute hob sich durch den Zug des Gegengewichts i. Diese Bewegung wurde durch die Kraft der Männer verstärkt, die das Gegengewicht niederzogen (hier 16 Mann), und zwar nach den Anweisungen, die der links gezeigte Hauptmann des Antwerks gab. h. Außer Kugeln warf man auch Steinkartätschen, Brandsätze und sogar Haufen von Tierkadavern, die in einem Netz gebündelt wurden. Wilhelm der Bretone setzte den »mangonneau« mit der türkischen »perrière« (Balliste, Petraria) gleich, die kleiner war und geringere Durchschlagskraft hatte. – 3. Katapult, auch Skorpion genannt. Seine Durchschlagskraft war geringer als die stärker durchkonstruierten Geräte, er besaß aber den Vorteil, daß man ihn, abgesehen von den Zahnrädern und Handkurbeln, aus beliebigem Material an Ort und Stelle zusammenbauen konnte. Waren die Metallteile nicht vorhanden, konnte man die Feder aus grünem Holz mit einer Windemaschine und einem sehr einfachen Rollensystem spannen. Das auf Laufrollen schwenkbare Gestell a ermöglichte das horizontale Richten. – 3b. Detail der vertikalen Richtanlage. – 4. Kleiner »trébuchet« (Tribock). Die Bibel war ein leichtes, vereinfachtes Gerät der gleichen Art und warf faustgroße Geschosse. Seinen Namen hatte es von »biblia« (Würfelbecher).

e
d
a
c
b
1
c
i
a
g
a
e
b
d
d
b
h
2
f
3
4

Im Minenkrieg wurde seit der Mitte des 15. Jahrhunderts auch die Sprengkraft des Schießpulvers genutzt. Ein Baumeister aus Siena, Francisco di Giorgio Martini, hat uns ein sehr ausführliches Traktat über seine Verwendung hinterlassen.

Kampfschwimmer

Diese Spezialisten waren unseren Vorfahren nicht unbekannt. Wilhelm der Bretone hat erzählt, wie ein sehr geschickter Schwimmer namens Galbert mit einem Seil eine Reihe Tonvasen, die mit Bitumen wasserundurchlässig gemacht und mit Glut gefüllt waren, hinter sich herzog, um das Kastell in Brand zu setzen, mit dem die Festung Château-Gaillard in Andelys verteidigt wurde. So geschehen im Jahre 1203.

Ballistisches Gerät

Die ältesten Maschinen, die Geschosse »abfeuerten«, nutzten die Kraft des Bogens und waren den Römern wohl bekannt. In byzantinischer Zeit ahmte man sie nach und verbesserte sie. Im Laufe des 9. Jahrhunderts kamen sie nach Westeuropa, wie die Annalen des heiligen Bertin bezeugen; sie werden als »unbekanntes Gerät«, das bei der Belagerung von Angers im Jahre 873 verwendet wurde, vorgestellt.

Diese Torsionsartillerie (»sehnen-ballistische Artillerie«) wurde in zwei Geschütztypen unterteilt. Der erste Typ, mit Namen Balliste, »chaable« (lat. »chadabula«, griech. »katabolê«, Umstürzen) oder Petraria, warf Steine mit Hilfe einer löffelartigen

ARTILLERIE (I), HANDBÜCHSEN

1. Büchse vom Beginn des 15. Jahrhunderts, 15 cm lang, Kaliber 3,5 cm. Dieser Waffentyp wurde mehr im offenen Felde gegen einen Feind benutzt, der in geschlossenen Reihen vorwärts marschierte. Einige dieser Geräte, die in Salven schossen, mußten eine gewisse Wirksamkeit gegen Reiterangriffe gehabt haben. Besteht nicht eine augenfällige Ähnlichkeit zwischen der Tätigkeit unseres Artilleristen und der seines Nachfahren, des »crapouilloteur« von 1914 (Böllerwerfer) – 2. Auf Holzschaft montierte Handbüchse, Kaliber 3,5 cm, von der Mitte des 15. Jahrhunderts. – 3. Handbüchse vom Beginn des 15. Jahrhunderts. und große Pavese mit Kerbe. – 4. »Ad modum picoys« (nach Art der Piken) montiert. Den seltsamen Helm der Figurine nannte man »berruier« oder »berruyer« oder auch »capeline berruyère« und manchmal Hut aus Deutschland. – 5. Letztes Viertel des 15. Jahrhunderts. – 6. Erste Hälfte des 15. Jahrhunderts. – 7. Letztes Viertel des 15. Jahrhunderts. – 8. Handbüchse mit Luntenhahn. Die Handschrift aus dem 15. Jahrhundert, in der sie dargestellt wird, beweist, wie alt diese bedeutende Verbesserung des Zündsystems ist. – 9. Hakenbüchsenschütze im 15. Jahrhundert. – 10. Beginn des 15. Jh. – 11. Modell, das als Sichel ausläuft (Stangenbüchse), Ende des 15. Jh. – 12. Orgelbüchse mit 10 Rohren, 15. Jh. – 13. und 14. Viererorgeln vom Ende des 14. Jahrhunderts bis Anfang 15. Jh. Das kleinste hatte ein Kaliber von nur 1 cm. – Diese Waffen mit mehreren Rohren, durch die die »Feuerkraft« erhöht werden sollte, waren keine Ausnahmen. – 15. Handbüchse mit Streitaxt für Reiter, Ende des 14. Jh.

9
11
8
10
7
3
5
6
4
2
1
12
13
14
15

Rute und war durchaus in der Lage, starke Mauern zu zerstören. Der zweite Typ, eine regelrechte, riesige Armbrust, schnellte gewaltige Pfeile auf das Ziel; diese Pfeile konnten Palisaden durchschlagen und die feindlichen Kriegsmaschinen zerstören. Diese beiden Geschütze wurden in leichterer Form auch auf offenem Feld gegen Truppen eingesetzt, ganz wie die leichte Artillerie der modernen Heere.

Die Fortschritte in der Anlage von Befestigungen veranlaßten die Ingenieure, schlagkräftigere Maschinen als die Balliste zu erfinden. So entstand die Artillerie mit dem »trébuchet« (Tribock), die auf dem Prinzip der Schleuder mit Gegengewicht beruhte. Schon zur Zeit des ersten Kreuzzuges zeichneten sich »engingneurs« (Gerätebauer) wie die Genueser Guglielmo und Primo Embriarco oder der Armenier Havedic durch ihre Geschicklichkeit im Bau und in der Verwendung dieser gewaltigen Maschinen aus. Man konnte sich die wertvolle Hilfe dieser Spezialisten nur gegen höchste Bezahlung sichern und mußte dazu noch zusätzliche Ansprüche erfüllen, die häufig reine Launen darstellten.

Die Geschosse waren ganz unterschiedlich. Außer einem rohen oder behauenen Stein warf man Brandgeschosse, »Töpfchen«, kleine Töpfe aus gebranntem Ton oder aus Glas, »Granaten« [1] und »vergiftete Flaschen«, mit denen man pulverigen, ungelöschten Kalk über den Feind schüttete, Explosivstoffe, Kartätschenladungen oder Giftgase ... ja sogar die Köpfe von enthaupteten Gefangenen, eine frühe Form der psychologischen Kriegführung! [2]

ARTILLERIE (II)

1. Die Tannenberg-Büchse, die im vorigen Jahrhundert aus den Ruinen der Burg gleichen Namens ausgegraben wurde. Die Burg wurde 1399 durch die Bürgermilizen von Mainz und Frankfurt belagert und zerstört. Dieses in Bronze gegossene Handrohr ist 32 cm lang und hat ein Kaliber von 14,5 mm. Es zeigt, welchen Grad der Vollkommenheit manche Handwerker erreicht hatten, lange bevor die Masse ihrer Kollegen ihren Stand im folgenden Jahrhundert erreichte. Die Ansicht im Schnitt zeigt das Zündloch, die Ladung, die Kugel und den Wergpfropfen. – 2. Vertikales Zündloch des ersten Typs mit der Vertiefung zum Aufschütten des Zündpulvers. – 3. Zündloch des zweiten Typs, seitlich, mit Frühform der Zündpfanne. – 4. Zweiter Typ des Luntenhahns (erster siehe vorangehende Tafel), der gegen Mitte des 15. Jahrhunderts eingeführt wurde. Auch Drache oder Hund genannt, ein Name, der, mit den Steinschloßwaffen weitergeführt, bis heute geblieben ist. – 5. Dritter Typ des Luntenhahns mit Zündpfannendeckel gegen Wind und Regen, zweite Hälfte des 15. Jahrhunderts. – 6. Vierter, deutscher, Typ, mit Luntenhahn mit Federabzug, Zündpfanne und Pfannendeckel, auf dem Lauf ein Visier, hergestellt im Jahre 1475. Für jene Zeit war das eine revolutionäre Waffe. – 7. Handbüchsenschütze zu Pferde um 1470. Diese ganz primitive Waffe, die man an der Brust aufstützte (Poitrinal genannt), wurde bis zum Beginn des 16. Jahrhunderts neben den Luntenhahnwaffen verwendet. – 7a. Detail der Aufsteckvorrichtung der Waffe. Der Schütze mußte den Splint herausziehen, um seine Waffe leichter wieder laden zu können. – 8. In der Mitte des 15. Jahrhunderts wurde der fehlende Luntenhahn dadurch ersetzt, daß man dem »collineator« (Zielschützen) einen »incendiarus« (Zündschützen) zugesellte. – 9. Handbüchse vom Beginn des 15. Jahrhunderts. Einige Stücke, die zu schwer und zu explosionsstark waren, so daß man sie nicht auf die Schulter nehmen konnte, wurden auf diese Weise benutzt. Man findet ähnliche, viel derbere, die auf Holz montiert waren, die jedoch aus der gleichen Zeit stammten. – 10. Italienischer Söldner im Solde des Königs von Frankreich, Ende 15. Jh. Er ist mit einer Feuer- und Kugellanze bewaffnet. – 10a. Im Schnitt gesehen. Dieses Gerät war ein mit Eisendraht umwickelter Holzzylinder, in dessen Höhlung ein dünnes Eisenrohr saß. Man füllte es mit mehreren Ladungen, zusammengesetzt aus einer Dosis Pulver, auf das man eine Kugel aus pulvergetränktem Werg legte, dann vier Finger grobes Pulver untermischt mit griechischem Pech, zerstoßenem Glas, grobem Salz, Salpeter und Eisenspänen; dann kam eine weitere Ladung Pulver, eine Bleikugel usw. bis zur Mündung, wo man diese Art römischer Kerze zündete. Diese Waffe setzte Häuser und Vorräte in Brand, verschreckte die Pferde und stiftete Verwirrung in den Reihen der Fußsoldaten.

1 Die Sarazenen benutzten vorwiegend Petroleum. Spuren von Quecksilber, die in manchen Geschossen festgestellt wurden, lassen vermuten, daß sie Knallquecksilber gekannt haben könnten; ein starker Sprengstoff, der noch heute benutzt wird.
2 Wurde von den wackeren Kreuzrittern in Palästina praktiziert.

1
2
3
4
5
6
7a
7
8
9
10a
10

ARTILLERIE

Feuerwaffen

Schon im 13. Jahrhundert besaßen die Truppen Dschingis Khans das, was man im mittelalterlichen Europa als Vasen, »Feuertöpfe« oder »Eisentöpfe« bezeichnete. Sie erschienen auf unserem Kontinent erst Anfang des 14. Jahrhunderts, wahrscheinlich erstmals in Italien, genauer in der Toskana, dann in Süddeutschland. Schon 1314 werden sie in Flandern erwähnt und einige Jähre später, zwischen 1321 und 1326, in England und Frankreich; doch wäre es wohl eine vergebliche Mühe, wollte man festzustellen versuchen, in welcher Reihenfolge die Länder sich dieses Gerät verschafften. Sicherlich kann man hier von einem der ersten »Rüstungswettläufe« Europas sprechen. Es ist ziemlich sicher, daß sich die westlichen Nationen etwa gleichzeitig damit ausrüsteten.

Der erste französische Text, in dem unbestreitbar eine echte Artillerie erwähnt wird, geht auf das Jahr 1338 zurück. Er spricht von einer Bombarde, die als »pot de fer à traire garrots à feu, quarante-huit garrots ferrés et empaumés en deux cassez, une livre de salpêtre et demie-livre de soufre vif pour faire poudre pour traire lesdits garrots« beschrieben wird (altertümliches Französisch; etwa »Eisentopf zum Ziehen von Feuerknebeln, 48 eisenbeschlagene und befiederte Knebel in zwei Kesseln, ein Pfund Salpeter und ein halbes Pfund feurigen Schwefels, um Pulver zu machen, damit die genannten Knebel zu ziehen«).

ARTILLERIE (III)

1. Erste bekannte Darstellung eines Geschützes, nach der englischen Handschrift von Walter von Millemete aus dem Jahre 1326. Manche Fachleute haben das Datum mit Nachdruck bestritten und in Abrede gestellt, daß es zu dieser Zeit ein Zündloch, eine Öffnung zum Zünden, gegeben habe, und desgleichen, daß man rotglühend gemachte Eisen verwendete. Entgegen der allgemeinen Meinung scheint uns dieses Eisen ein Luntenhalter zu sein, wie es zweifelsfrei der vergrößerte Ausschnitt in Abb. 1a zeigt, der originalgetreu wiedergegeben wurde. Die Tracht des Ritters, die manchmal als neueren Datums als 1326 angesehen wird, ist ganz im Gegenteil altmodisch und war auf dem europäischen Festland 50 Jahre vor diesem Datum üblich. Wir möchten außerdem anmerken, daß die kleinen Schilde, die die Schultern des Ritters schützen, mit archaisch gezeichneten Löwen geschmückt sind, und daß solche Schulterschilde, die anderswo sehr häufig waren, in England sehr selten vorkommen. Die unwahrscheinliche Form der Lafette beweist, daß der Zeichner nur eine summarische Beschreibung der neuen Waffe besaß. – 1b. Rohr aus dem 14. Jahrhundert, wahrscheinlich das älteste bekannte Exemplar. Der Autor der in Abb. 1 dargestellten Zeichnung hat vermutlich versucht, eine Waffe dieses Typs wiederzugeben. – 1c. Das Geschoß der Abb. 1, naiv dargestellt, hätte niemals so verwendet werden können. Ein Basrelief aus dem Edinburger Schloß, das aus dem 16. Jahrhundert stammt, hat als Vorlage für unseren Versuch gedient, einen dieser Eisenbolzen mit Lederverstärkung darzustellen, die noch zwei Jahrhunderte später als Brandgeschosse verwendet wurden. – 1d. Brandpfeil aus der zweiten Hälfte des 16. Jahrhunderts, etwa 1,50 m lang. Der abnehmbare, befiederte Teil sollte vielleicht verhindern, daß der stark erhitzte Pfeil herausgerissen werden konnte, wenn er einmal im Ziel saß. (Nach der Schrift »Die Kunst der Artillerie« von Wolff von Senftenberg, Artilleriekommandeur von Danzig). – 2. Englischer Mörser, geschmiedet gegen 1346, Kaliber zirka 50 cm, Länge 1,22 m. – 3. Bombarde aus geschmiedetem Eisen, mit Drehzapfen. Die Zapfen (a), die ein leichtes, vertikales Richten gestatteten und einen großen Teil des Rückstoßes auffingen, sind nach allgemeiner Auffassung um 1450–70 erfunden worden. Wir haben diese Bombarde mit Drehzapfen, die an einem ihrer Verstärkungsringe festgemacht sind, in einer Ausmalung in einer der handgeschriebenen Fassungen des »Buches von Marco Polo« gefunden, die ungefähr von 1400 stammt, wie die Kleider der Figuren bezeugen. – 4. Ein »veuglaire« (Hinterlader) vom Beginn des 15. Jahrhunderts mit herausnehmbarer Pulverkammer. – 4a. Schnitt durch die mit Pulver geladene und einem Holzstopfen verschlossene Kammer, sowie durch das Langfeld mit dem Geschoß und dem davorsitzenden Pfropfen. – 4b. Im Bodenstück festgekeilte Kammer. – 5. »Veuglaire« mit Drehzapfen und herausnehmbarer Kammer (a), dem dazugehörigen Lafettenteil (b) und dem Verschlußkeil (c). Links Detail der Kammer (a) über ihrem Lafettenteil (b) mit dem Keil (c) des Bodenstücks. – 6. Bodenstück mit Wangen vom Ende des 15. Jahrhunderts, mit den dazugehörigen Keilen (a) und dem Schließkeil (b). – 7. Bodenstück mit an Scharnier beweglicher Verschluß-Stange mit seinem Schließkeil (a), Ende 15. Jh. – 8. Bügelverschluß des Bodenstükkes, Ende 15. Jh. – 9. Orgelgeschütz mit sechs in Eisen gegossenen Rohren, die vom Bodenstück her geladen wurden, in Deutschland »Todtenorgel« genannt. Dieses Geschütz, das noch im vorhergehenden Jahrhundert mit Piken versehen war, diente zur Verteidigung der Ecken von verschanzten Lagern. – 9a. Detail eines offenen Bodenstückes und eines mit einem viereckigen Verschlußstück und einem Splint verschlossenen Bodenstückes. Dieses System wurde bei Geschützen mit mehreren Rohren häufig verwandt. – 10. Deutsches Orgelgeschütz mit fünf Rohren, die von der Mündung her geladen wurden, gegen 1450.

1
1a
1b
1c
1d
2
3
a
4
4a
4b
5
a
b
c
6
7
8
9
9a
10

Desgleichen waren die »tuiaux de tonnoire de garros« (Krachrohre mit Knebeln), die sich die Stadt Lille im Jahre 1340 beschaffte, eindeutig Geschütze, die Pfeile schleuderten. Der Knebel war in der Tat nichts anderes als ein gewaltiger Brandpfeil, und obgleich er schnell von der Steinkugel verdrängt wurde, blieb dieses eigenartige Geschoß bis zum Ende des 16. Jahrhunderts in Gebrauch.

Die Rohrgießer machten schnelle Fortschritte, so daß man bald ein besser geeignetes Geschoß verwenden konnte: die Steinkugel, die ihrerseits bald durch die gußeiserne Kugel Konkurrenz erhielt. Letztere war allerdings viel teurer in der Herstellung und verbrauchte mehr Pulver. Wegen dieser beiden Nachteile wurde die Steinkugel bis zum Ende des 15. Jahrhunderts weiter benutzt. Aber mit der Metallkugel, deren einheitliche Maße ein fast dreimal so gutes Ergebnis brachten, konnte man allmählich das Kaliber der Geschütze verringern, wobei die kinetische Energie des Geschosses dank der verbesserten Herstellung des Pulvers erhalten blieb. Aber greifen wir nicht vor!

Bevor es die ersten wirklichen Geschütze gab, bestand das Arsenal in der ersten Hälfte des 14. Jahrhunderts aus Feuerbüchsen kleinen Formats, die es in keiner Weise mit dem großen ballistischen Gerät aufnehmen konnten, das erstens von sehr zahlreichem und zweitens von hochqualifiziertem Personal bedient wurde.

Die Bombarden

Die ersten »quennons«[1] (Rohre) waren aus Eisen, Kupfer, Bronze oder Messing in einem Stück gegossen. Man wendete dabei die Methode der Glokkengießer an. Da die noch primitive Technik des Gießens den Gießern nicht gestattete, Stücke großen Kalibers herzustellen, ersannen die erfinderischen Handwerker eine neue Herstellungsart. Sie fertigten »große Kaliber« aus Schmiedeeisen, wobei

1 Der Ausdruck kam zum ersten Mal im Jahre 1348 auf. Allgemein wird angenommen, daß das Wort Kanone vom lateinischen »canna« – Rohr – abzuleiten ist, doch uns scheint es eher auf das deutsche Wort »Kanne« zurückzugehen.

ARTILLERIE (IV)

1. Bombarde in ihrer ausgerundeten Lafette, Beginn 15. Jh. – 2. Große Bombarde in ihrer Lafettenkiste, 15. Jh. Diese Art Lager wurde bei den Belagerungen bis in die ersten Jahrzehnte des 16. Jahrhunderts angewandt. – Die Stücke 1 und 2 sind mit einem Röhrchen ausgerüstet, das Zündpulver enthält. Mit diesem Verfahren vermied man, daß die Öffnung des Zündloches sich abnutzte, zumindest verlangsamte sich die Abnutzung wesentlich. – 3. Während der Belagerungen waren die Artilleristen durch feste Blenden geschützt oder, wie hier, durch bewegliche Holzläden. Zu sehen ist auch die sehr solide Vorrichtung, die den Rückstoß des Rohrs auffangen sollte. Keine Mauer widerstand lange den schweren Geschossen aus diesen großen Bombarden, die heute noch von vielen bespöttelt werden. Damals kapitulierten viele Garnisonen schon, wenn diese Geschütze in Stellung gebracht wurden, denn sie wußten, was auf sie zukam. Als Beispiel die Festung Tannenberg (die bereits auf einer der früheren Tafeln erwähnt wurde): eine ihrer Kurtinen brach bereits beim zweiten Schuß aus einer dieser Frankfurter Kanonen zusammen. Links von dem Stück kann man eine Ladeschaufel und einen Setzkolben der damaligen Zeit sehen. – 4. Lafette aus zwei Teilen, die unter der Mündung durch Gelenk verbunden sind, um 1450. Das ganze Gewicht des Stückes drückte beim Richten auf den oberen Gliederteil. – 5. Rohr auf Lafette aus einem Stück, mit herausnehmbarer, verkeilter Kammer. Darunter eine verwendungsbereite Kammer. – 6. Zweiteilige Lafette, mit Gelenk hinter dem Stoßboden, um 1470. Das Richten war viel weniger mühsam, da das Gewicht der Kanone zum großen Teil auf der Radachse ruhte. – 7. Munitionskiste mit Pulverkartuschen. Diese Erfindung, die allgemein viel später angesetzt wird, haben wir einer Handschrift aus der zweiten Häfte des 15. Jahrhunderts entnommen. – 8. Mörser. Die Maler des 15. Jahrhunderts haben nur ganz ausnahmsweise akzeptable Lafetten dargestellt. Besonders die Mörser sind immer auf diese wenig wahrscheinliche und jedenfalls unvollständige Weise aufgehängt. Der Rückstoßeffekt hätte das Geschütz unfehlbar aus dieser Aufhängung herausgerissen. Es ist übrigens ganz eigenartig, daß diese Riesengeschütze die fleißigen Illustratoren niemals zur Wiedergabe angeregt haben. Die Maler waren sich eben des unschätzbaren Wertes nicht bewußt, den ihr Zeugnis für die Forscher der nachfolgenden Jahrhunderte haben würde. In Wirklichkeit mußte der Mörser etwa in der Vertikalen in eine Art massiven Kübel eingepaßt gewesen und mit Hilfe von Keilen gerichtet worden sein, um den gewünschten Schußwinkel zu erhalten. –
9. Geschütz (ribaudequin) aus der Mitte des 15. Jahrhunderts. Man kann es als Vorfahren des modernen Selbstfahrgeschützes ansehen, dessen wesentliche Eigenschaften es bereits aufweist: Geschütz, Panzerung und Antrieb. Der Name dieses Geschützes wird manchmal auf die »ribauds« zurückgeführt, die die Aufgabe hatten, die Riesenarmbrust zu spannen, mit der das Gerät früher bewaffnet war. Die Konten der Stadt Brügge für das Jahr 1340 stufen diese Waffe als »neues Gerät« ein.

1
2
3
4
5
6
7
8
9
L. & F. FUNCKEN

1. So wurde ein Geschütz vom Ende des 15. Jahrhunderts aufgestellt. – 2. »Mons Meg« auf seiner Lafette. Alle diese großen Bombarden, mit denen Breschen in Mauern geschossen werden sollten, waren auf einem soliden Schießgerüst oder Lafette aus Holz befestigt. Eine Möglichkeit zum vertikalen Richten gab es wegen des gewaltigen Gewichts nicht. Es ist dennoch anzumerken, daß ein Basrelief im Schloß zu Edinburgh einen Quadranten für Artilleristen zeigt, der in der Mündung von »Mons Meg« steckt, sowie einen Holzkeil, der zum Richten über den Stoßboden diente, doch fragt man sich, auf welche Weise sich eine so gigantische Masse anheben ließ. Diese »Margot de Mons« schoß zum letzten Mal im Jahre 1682, und zwar nicht auf ein Ziel, zu Ehren der Ankunft des Herzogs von York, des späteren Königs Jakob II. von England, in Schottland. Da das Rohr zu großzügig mit einem viel sprengkräftigeren Pulver als dem in der Mitte des 15. Jahrhunderts verwendeten geladen worden war, wurde es am Seelenboden beschädigt, genau am Endpunkt des Gewindes der Kammer (s. Abb. D), durch den Bruch von zwei Verstärkungsringen. »Mons Meg« wurde aufgegeben und bis 1754 vernachlässigt, dann kam sie mit anderen alten Geschützen, die nicht mehr verwendet wurden, in den Tower zu London. 1829 hatte der Romancier Walter Scott mit seinen patriotischen Bemühungen Erfolg, so daß nun die Bombarde nach Edinburgh zurückgebracht wurde, wo die Touristen sie noch heute bestaunen.
Riesenbombarden: A. Burgundische Bombarde mit den Wappen von Auxy, irrtümlich »von Ludwig XI.« genannt, von den Schweizern nach der Schlacht bei Morat 1476 erbeutet. Länge: 2,75 m. Gewicht: 2000 kg. Kaliber: 36,5 cm. Gewicht der Kugel: 50 kg. – B. Englische »Michelette«. Länge: 3,53 m. Gewicht: 3500 kg. Kaliber: 37 cm. Gewicht der Kugel: 75 kg. – C. Englische »Michelette«. Länge: 3,64 m. Gewicht: 5500 kg. Kaliber: 45 cm. Gewicht der Kugel: 150 kg. – Das sind wahrscheinlich die ersten Bombarden, die in unsere Hände gelangt sind. Sie wurden vermutlich in Flandern gebaut, doch ist das Herstelldatum unbestimmt. Sie wurden von den Engländern stehengelassen, nachdem diese 1434 vor den Befestigungen des Mont-Saint-Michel gescheitert waren. – D. »Mons Meg« (Margot von Mons), im Jahre 1449 von J. Cambier in Belgien geschmiedet und im Jahre 1457 von Philipp dem Guten an den König von Schottland Jakob II. geschickt. Länge: 3,90 m. Gewicht: 6600 kg. Kaliber: 50 cm. Gewicht der Kugel: 150 kg. In dem Buch »Guns« (Geschütze) versichert Erich Egg, daß die Steinkugel ungefähr 263 m weit flog. Ein anderer Geschoßtyp aus Eisen hatte wegen seines höheren Gewichts nur eine Reichweite von 129 m, wenn man einer zeitgenössischen Handschrift glauben will. – E. »Dulle Griet« (Tolle Grete), Bombarde aus Gent von der Mitte des 15. Jahrhunderts. Sie wurde 1452 bei der Belagerung von Oudenaarde von einem burgundischen Entsatzheer erbeutet, aber 1578 von den Gentern mit Gewalt zurückgeholt. Länge: 5,25 m. Gewicht: 16 400 kg. Kaliber: 64 cm. Gewicht der Kugel: 340 kg. – F. »Mahomet Gun« oder »Dardanelle Mahomet«, in Bronze gegossenes Stück, hergestellt vermutlich 1464, für Rechnung der Türken. Sultan Abd el-Asis schenkte sie 1867 den Engländern. Länge: 5,25 m. Gewicht: 7500 kg. Kaliber: 66 cm. Gewicht der Kugel: 360 kg. – Die Geschütze D, E und F ließen sich in der Höhe der Verbindung zwischen Kammer und dem langen Feld auseinanderschrauben. Dazu wurden Hebel in die Zapfenlöcher gesteckt, die auf den meisten unserer Modelle zu sehen sind. Die Modelle B und C sind so stark beschädigt, daß von den Zapfenlöchern keine sicheren Spuren geblieben sind. Dennoch nimmt der englische Experte Ffoulkes an, daß sie dem gleichen Typ zuzurechnen sind. Die Abb. A, die allerdings nicht den notwendigen Prüfungen unterzogen wurde, ist mit Zapfenlöchern zum Zusammenschrauben versehen, so daß allem Anschein nach ein Gewinde vorhanden ist. Es ist nicht sehr wahrscheinlich, daß dieses Gewindesystem das Laden erleichtern sollte. Wahrscheinlicher ist, daß durch die Teilung der Transport der gewaltigen Masse vereinfacht werden sollte. Alle diese Geschütze sind noch heute zu sehen und bezeugen die außerordentliche Kunst unserer Handwerker auf diesem und anderen Gebieten. Ihre Leistungen setzen in Erstaunen und verlangen uns ein bißchen mehr Bescheidenheit ab, was unsere modernen Produktionen betrifft, die mit ganz anderen Mitteln zustande kommen. – G. Mörser-Bombarde, genannt »Bombarde von Turin«, um genannt »Bombarde von Turin«, um 1420 aus Gußeisen hergestellt. Länge: 1,44 m. Gewicht: 1500 kg. Kaliber: 51 cm. Gewicht der Kugel: 100 kg. – H. »Bombarde von Steyr« (Österreich) aus der ersten Hälfte des 15. Jahrhunderts. Länge: 2,58 m. Gewicht: 7100 kg. Kaliber: 80 cm. Gewicht der Kugel: 700 kg. – I. Art der Herstellung von Rohren aus geschmiedetem Eisen (Abb. A, B, C, E und H). Um einen Holzkern herum legte man Eisenstangen dicht nebeneinander – wie die Dauben eines Fasses – und preßte sie dann zusammen mit einer Folge von warmaufgezogenen Ringen. – Die Abbildungen A und H sind im gleichen Maßstab dargestellt; die Silhouette des Menschen unten auf der Seite vermittelt eine Vorstellung von ihrer Größe gegenüber einem Menschen von 1,70 m. Die rot gestrichelte Linie gibt die Form der Seele und der Kammer mit dem Zündloch an.

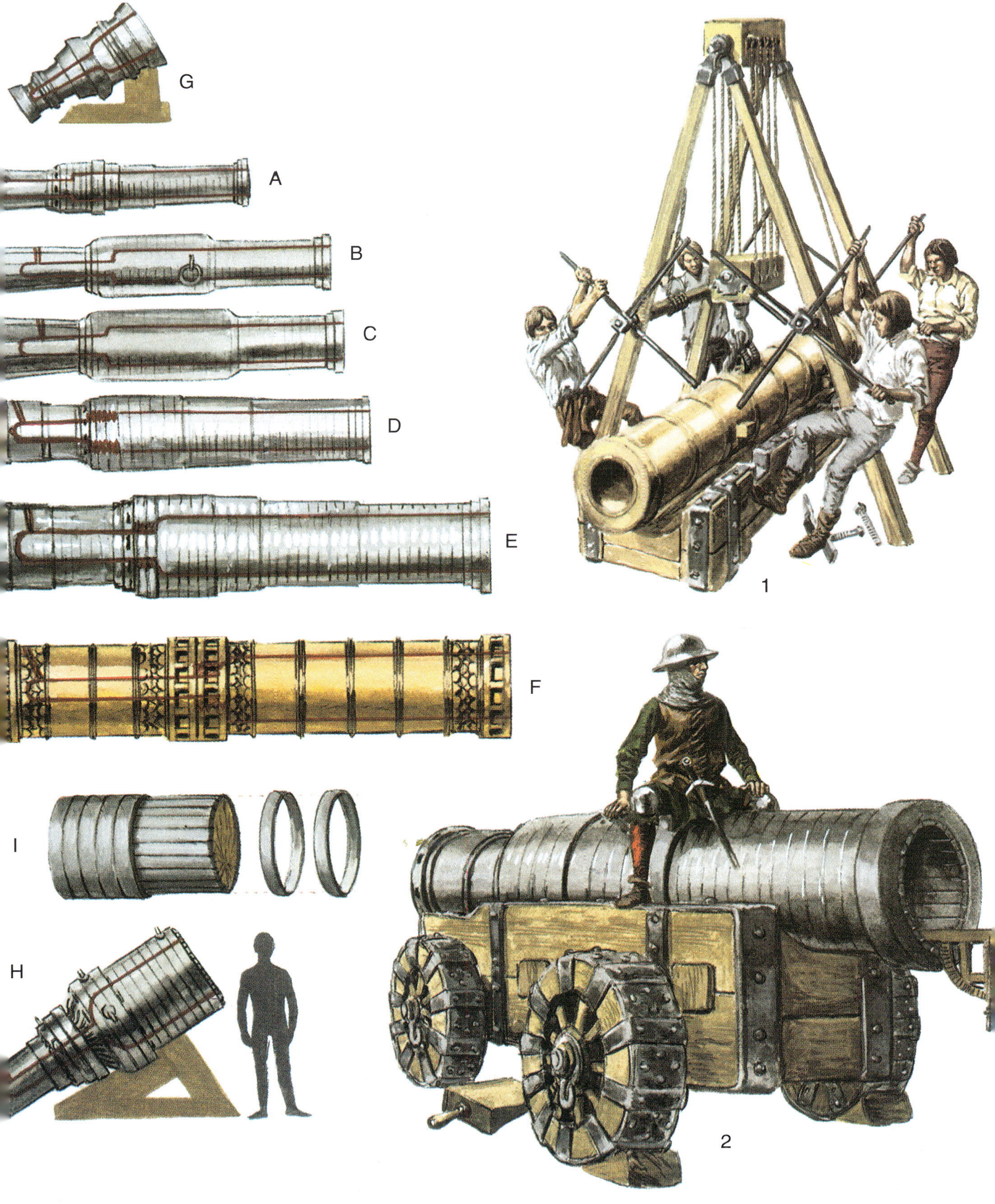
G
A
B
C
D
E
F
I
H
1
2

sie eng aneinandergelegte Stangen durch Querreifen zusammendrückten, in der Art, wie man Fässer baut. Unsere Illustrationen zeigen die Einzelheiten des Verfahrens.

So entstanden die Bombarden, ein Name, der etymologisch bedeutet: »was Lärm macht«. Die kurzen Modelle mit steiler Flugbahn wurden Mörser genannt, weil ihre Form an die Mörser der Alchimisten erinnerte. Die kleinen Bombarden in Form von Kegelstümpfen hießen »bombardelles«. Mit der Geduld, dem beweglichen Verstand und der großen Geschicklichkeit, die die Handwerker der damaligen Zeit aufbrachten, erregen sie noch immer die Bewunderung der metallverarbeitenden Experten von heute.

Die »veuglaires«

Das Wort »veuglaire«[1], das sich vom lateinischen »fulgurare« herleitet, bezeichnete ein Geschütz mittlerer Stärke, das leicht zu handhaben war und als besonderes Merkmal eine herausnehmbare Kammer zur Aufnahme der Pulverladung besaß. Man baute die »veuglaires« zuerst wie die Bombarden, dann goß man sie aus Eisen und seit 1450 aus Bronze. Diese Art Hinterladungsgeschütz, wahrscheinlich um das Jahr 1400 entstanden, blieb bis zur Mitte des 16. Jahrhunderts im Einsatz, aber auch in späterer Zeit handelte es sich dann manchmal um Modelle, die im Laufe des vorangegangenen Jahrhunderts gebaut worden waren.

Es wäre falsch, an der Wirksamkeit dieser Waffen zu zweifeln. Eine von ihnen schlug im Jahre 1453 mit einem gut gezielten Schuß dem Jacques de Lalaing, genannt »der gute Ritter«, die »hanepiere de la teste«[2] (Schädeldecke) weg. Dieser Ritter, einer der berühmtesten »berufsmäßigen Turnierkämpfer« Europas, hatte sich zu der Belagerung der Burg Poucques verirrt.

Handbüchsen

Der Gedanke, man könne auch stark verkleinerte Geschütze einsetzen, scheint zwar ganz natürlich zu sein, doch wurde er erst sehr spät verwirklicht, weil nämlich Vorurteile, Routine und vor allem die heftige Abneigung des Rittertums gegen diese Waffe vorherrschten; sie stellte alle Regeln und Wertvorstellungen der mittelalterlichen Kriege auf den Kopf.

Also kamen die »Pulvergeschosse«, die italienischen »scopètes« oder die »Faustrohre«, die »Fusstbusse« (Faustbüchsen) der Deutschen, zuerst bei den städtischen Truppen in Gebrauch. Wie sie auch immer genannt wurden, man traf sie zuerst in Italien, dann in Deutschland, in Flandern und in Brüssel an, von wo aus im Jahre 1314 Söldner im Dienste des Königs von England die Waffe weiterverbreiteten.

Gegenüber dem Bogen und der Armbrust hatte die neue Waffe den gewaltigen Vorteil, daß sie keinerlei besondere Pflege oder Instandhaltung erforderte. Auch ließ sie sich in einem halben Tage herstellen und war bei weitem nicht so teuer[3]. Die Bleikugeln konnte man leicht im Dutzend pro Minute gießen. Es gab nur ein Handikap: Die Reichweite betrug zu Beginn des 15. Jahrhunderts kaum 50 Meter ... aber sie konnten, einen Harnisch auf 20 Meter durchschlagen!

Zeitgenössische Zeugen waren beeindruckt von der Salve, die eine disziplinierte Truppe abfeuerte. So beschrieb Pietroni Belli im Jahre 1430 die verheerende Wirkung der Kugel, die zwei bis drei nicht gepanzerte Männer durchschlagen konnte. Scharfschützen waren nicht selten. Einer von ihnen, mit Namen Meister Johann, ein Lothringer, tötete während der Belagerung von Rouen im Jahre 1428 eine große Anzahl Engländer.

Schon im Jahre 1450 schossen die französischen »couleuvrines« (Feldschlangen) die gefürchteten englischen Bogenschützen zusammen. Das Schießpulver kündigte sich bereits als die entscheidende Erfindung an, die die alten Kampfweisen ändern und schließlich über den Haufen werfen sollte. Wir setzen im nächsten Band die Schilderung seiner Entwicklung fort.

1 Einige Autoren wollen darin eine Verballhornung des flämischen »vogeleer« oder des deutschen »Vogler« sehen. Im Jahre 1412 findet man im Französischen die Schreibweise »veughelaire«.

2 Hanepiere, analog zum hanepier oder hanapier, Harnischteil zum Schutze des Bauches und auch Brustharnisch genannt.

3 Ein englisches Dokument von 1353 gibt den Preis für ein kleines Rohr mit 3 Shillings an und schätzt den Preis für eine große Armbrust auf 66 Shillings.

DRITTER TEIL

TURNIERE UND WAPPEN DER RITTERSCHAFT

Karl der Große, sein Adel und seine Paladine (Palastoffiziere) hatten gleich zu Beginn des 8. Jahrhunderts die alten Fußtruppen durch eine schwer bewaffnete Reiterei ersetzt. Schon damals hatte der große Kaiser eine Elite von Kämpfern an sich gebunden, indem er sie mit »Benefizien« in Form von Landabtretungen ausstattete, wogegen sie ihm »auxilium« oder Militärdienst schuldig waren.

Die brudermörderischen Kämpfe, die die Enkel Karls des Großen untereinander ausfochten, die Einfälle der Normannen und die daraus erwachsende Anarchie veranlaßten den »senior« – den Lehnsherrn –, sich die Hilfe einer größtmöglichen Zahl von »vassi«, Vasallen, zu sichern.

Von jetzt an bestand die soziale Ordnung nur noch aus einer Hierarchie von Land besitzenden Kriegern, die einer dem andern untergeordnet waren und auf diese Weise eine Kette bildeten, die vom einfachen Belehnten, d. h. mit einem Stück Land, einem »Lehen« bedachten Ritter, bis hinauf zum König reichte. Dessen Macht erstreckte sich nur noch auf seine eigenen Güter. Der belehnte Ritter schuldete nur seinem Lehnsherrn Gehorsam und war vom König nur über diesen Herrn und Beschützer abhängig. Dieses System bezeichnet die Geschichtswissenschaft als Feudalherrschaft.

Ordensritter und Rittertum

Die wirkliche Ritterschaft, der geweihte Stand, der in den Heldengedichten besungen wird, darf nicht mit der Feudalwürde des belehnten Ritters verwechselt werden.

Diese neue, unabhängige Ritterschaft, die sogenannten Ordensritter oder Schwertbrüder, entwikkelte sich erst im Laufe des 11. Jahrhunderts. Sie stellte sich die Aufgabe, inmitten einer Gesellschaft, die von der Gewalttätigkeit, Roheit, Grausamkeit und Skrupellosigkeit der Feudalherren beherrscht war, den Gedanken des Rechts und der Gerechtigkeit in besonders unruhigen Zeiten zu verkörpern.

Die Kirche machte allerlei Anstrengungen, um den Krieg humaner zu machen: Der »Gottesfriede« von 969 schützte die Zivilbevölkerung und ihre Habe, der »Gottesfriede« von 1027 verbot den Krieg an Sonntagen und der von 1041 verlängerte das Verbot vom Mittwochabend bis zum Montagmorgen. In diesen Rahmen fügte sich der ehrgeizige Plan, Krieger und Christ in einem gleichsam idealen Wesen zu verschmelzen. Gewiß war das eine Utopie, aber sie brachte einen Lebensstil hervor, der außerordentlich fruchtbar war. Als die Kirche die Feldzüge gegen die Ungläubigen segnete, öffnete sie damit ein Ventil für den Betätigungsdrang von harten und fanatischen Männern, die dem Mystizismus zuneigten.

Der Ordensritter, der durch ergreifende Zeremonien [1] seine Weihe erhielt, stieg zu dem legendären Helden auf, als der er in unserem Bewußtsein noch heute lebendig ist.

Einer solchen Elite gehörten die fahrenden Ritter des 11. und 12. Jahrhunderts an. Diese »illustren Verrückten« durchzogen Europa als Einzelgänger, aßen rohes Rehfleisch, das sie zwischen zwei Steinen mürbe gedrückt hatten: die »Heldennahrung«! Der Chronist berichtet, es habe genügt, wenn sie vor der Pforte einer Burg ins Horn bliesen, um dort Aufnahme und Nahrung zu finden. Doch dürfte dieses Verfahren nicht immer von Erfolg gekrönt gewesen sein, denn in einigen Schriften wird erzählt, daß die

KREUZRITTER

1. Deutscher Ritter vom Ende des 12. Jahrhunderts. – 2. Französischer Ritter, Ende des 12. Jahrhunderts und frühen 13. Jahrhunderts. – 3. Italienischer Ritter, Ende 12. Jh. Der Topfhelm, der hier auf seine allereinfachste Form reduziert ist, konnte auch konische oder gewölbte Form haben und ohne oder mit Nasenschutz ausgerüstet sein. – 4. Flämischer Ritter, erste Hälfte 13. Jh. – 5. Englischer Ritter, zweite Hälfte 13. Jh. Wie bei der vorangehenden Figur, ist der Kopf mit der Hirnkappe bedeckt, deren Turbanrand ein Polster darstellte; diese Helmhaube diente dazu, den Topfhelm gerade zu halten, ohne daß Stirn und Schläfen verletzt wurden. – 6. Französischer Ritter, um 1270.
Erst nach den beiden ersten Kreuzzügen und seit 1189 wurde das rote Kreuz als Emblem aufgegeben. Nur die Franzosen behielten es bei. Die Engländer wählten damals das weiße Kreuz, die Deutschen das schwarze, die Italiener das gelbe und die Belgier das grüne. Diese Maßnahme zeigt deutlich, welche Uneinigkeit zwischen den Kreuzrittern herrschte und wie wenig vom Ideal der ersten Kreuzzüge übrig geblieben war.

1 Siehe Kapitel über den Ritterschlag Seite 86.

1
6
4
3
5
2
F. FUNCKEN

Burgherren, die bereit waren, sie aufzunehmen, zum Zeichen des Willkommens auf die Spitze des Bergfrieds einen Topfhelm setzten.

Das unabhängige Ordensrittertum besaß eine eigene Hierarchie. Es bildete ursprünglich eine brüderlich verbündete Militärgemeinschaft mit hohem Ethos. Dann verfiel es in Anarchie und löste sich auf. An seine Stelle traten militärische Orden wie die Ritter vom Heiligen Grab, die Ritter Sankt Johannis vom Spital zu Jerusalem (Johanniter), die Ritter des Heiligen Lazarus, die Tempelherren... Sie alle bildeten ein regelrechtes ständiges, kirchliches Heer. Die Kreuzzüge gegen die Ketzer führten zur Bildung weiterer militärischer Orden: der Miliz Jesu Christi, der Kreuzträger usw.

Niedergang und Erneuerung

Die Erblichkeit des Lehnsrittertums setzte sich im 12. Jahrhundert dank verschiedener Gesetze und Vorrechte durch.

Im 13. Jahrhundert entfaltete sich der »höfische« Geist: Die edle Dame wurde zum Gegenstand unbegrenzter Verehrung, die manchmal bis zur lächerlichen Überspanntheit reichte. So wird von gallischen Rittern berichtet, daß sie überzeugt waren, die Liebe ließe sie alles überwinden; manche sollen der strengen Winterkälte in so leichter Kleidung Trotz geboten haben, daß sie zu Füßen ihrer Damen erfroren!

Im 14. Jahrhundert breiteten sich Habgier und Raublust wieder allgemein aus und trieben viele Ritter dazu, ihren Kampf aufzugeben und statt dessen einen Reichen zu fangen, um Lösegeld zu erpressen. Und welch eine Verachtung hegten sie für das gemeine Volk! »Der Bauer ist ein Schwein und lebt wie ein Schwein... Niemand soll den Bauern beklagen, wenn sein Herr es ihm am Notwendigen mangeln läßt oder ihm Arme und Beine bricht«, schrieb ein sanftmütiger Trouvère [1], der wohl mit knapper Not den rächenden Mistgabeln der Pastoureaux oder der Jacques [2] entkommen ist.

1 Die Trouvères entsprachen nördlich der Loire den Troubadours in Südfrankreich und den Minnesängern in Deutschland.

2 Beinamen der Aufständischen der beiden größten Bauernrevolten im 13. und 14. Jahrhundert in Frankreich.

1. Ritter der »Compagnia della buona morte«, 1176. Obgleich diese Bruderschaft, die beispielhaft für den italienischen Überschwang ist, nicht mit dem gleichen Maß zu messen ist wie die hier dargestellten Orden, zeichnete sie sich unter der Führung von Alberto da Giussano gegen die Kaiserlichen aus. – 2. Banner des Königreiches von Jerusalem im 13. Jahrhundert. – 3. Tempelherr des 13. Jahrhunderts, mit Standarte des Tempelordens, genannt Beaucéant. Die schwarze Farbe symbolisierte die Kraft, die weiße die Reinheit. – 4. Ritter des Heiligen Grabes, 13. Jh. Analog zu den Templern zog sich diese geistliche und militärische Institution nach dem Verlust Palästinas nach Italien zurück. – 5. Ritter vom Orden der Schwertbrüder, auch Livlandorden genannt. Dieser Orden schloß sich 1237 dem Deutschen Orden an und verstärkte ihn erheblich. – 6. Ritter des Deutschen Ordens im 13. Jahrhundert. – 7. Ritter des Deutschen Ordens mit der Ordensstandarte. Dieses Emblem, das ursprünglich weiß mit schwarzem Kreuz war, bekam dazu noch das goldene Kreuz Jerusalems und die Wappen des Deutschen Reiches, die vom Großmeister des Deutschen Ordens im 14. Jahrhundert hinzugefügt wurden.

1
2
3
4
5
6
7

Von den ritterlichen Idealen, die von einem undisziplinierten Adel beschworen wurden, war nur noch ein hochfahrender Stolz geblieben, und dieser Stolz sollte dem ganzen Stand zum Verhängnis werden. Der Sinn für »Ehre«, der manchen Kriegsherren geblieben war, veranlaßte sie manchmal, eine vorteilhafte Position aufzugeben und sich im offenen Felde schlagen zu lassen, oder einen Flankenangriff zu verschmähen und den »geraden Weg« zu wählen, auf dem sie ihre Truppen ins Massaker führten. Am Vorabend seines berühmten Sieges bei Azincourt im Jahre 1415 verlangte Heinrich V. von England von seinen zum Auskundschaften ausziehenden Rittern, sie sollten sich ihrer gepanzerten Kettenhemden entledigen, um keinen Verdacht zu erregen, und dem Feind den Rücken zukehren, wenn sie ins Lager zurückkämen! Aber der gleiche Herrscher verlor bei einem falschen Alarm seinen kühlen Kopf und ließ Hunderte von Gefangenen massakrieren, u. a. sieben Fürsten und dreihundert Bannerritter.

Doch viel schlimmer waren die Wechselfälle des Kampfes zwischen den Häusern Burgund und Orleans, die Monstrelet[1] erzählt. Als Johann ohne Furcht auszog und in die Mordfalle von Montereau ging, glaubte er nicht, »daß ein solcher Herr und Fürst, Sohn des Königs von Frankreich und Anwärter auf seine edle Krone[2], andere als lautere Dinge tun wolle«. »Krieg ohne Brand ist wie Wurst ohne Senf«, sagte scherzhaft Heinrich V. »Soviele ich fange, soviele werde ich hängen«, bekräftigte Karl der Kühne nach dem Massaker in dem schweizerischen Grandson 1476. Immerhin war der Herzog von Burgund ganz in der Tradition des Rittertums erzogen worden.

Schon erwuchs eine neue Ritterschaft aus den Trümmern der alten.

Seit dem Prozeß gegen die Templer (1307–1314) waren die alten Ritterorden durch eine neue Klasse königlicher und adliger Orden ersetzt worden, deren berühmteste der Hosenbandorden in England, der Orden vom Goldenen Vlies in Burgund[3] und der Heiligen-Geist-Orden in Frankreich waren.

DIE SCHLACHT BEI WORRINGEN

In der Schlacht bei Worringen (1288), einer der bedeutendsten Schlachten im Westeuropa des 13. Jahrhunderts, trotzte ein belgischer Fürst, Johann I. von Brabant, Beschützer der allgemeinen Freiheit, den deutschen Fürsten, die das Feudalsystem verteidigten und von dem Kölner Erzbischof Siegfried von Westeburg angeführt wurden. Dieser Bischof erhob einen verhaßten Brükkenzoll auf dem Unterlauf des Rheins.

Für den Herzog von Brabant kam zu den wirtschaftlichen Interessen noch ein politisches hinzu: der Besitz Limburgs, der heiß umstritten war. Obgleich das Heer Johanns I. zahlenmäßig unterlegen war, besiegte er die feindliche Koalition, denn seine in dichten Haufen angreifende Reiterei wahrte den Zusammenhalt und fand wirkungsvolle Unterstützung bei den Bürgerwehren von Brüssel, Antwerpen, Löwen, Thienen, Jodoigne, Nivelles, Lüttich, Kleve und Jülich.

Die Szene zeigt den Grafen Heinrich IV. von Luxemburg, der Anspruch auf Limburg erhob, dessen roten Löwen er trägt. Er hat seine Lanze und sein Schwert fortgeworfen, um seinen geschworenen Feind, Johann I. von Brabant, besser erwürgen zu können, während ein brabantischer Ritter, Wauthier de Bisdom, zum tödlichen Schlag gegen ihn ausholt.

»Unglücklicher!«, sagte der Herzog später zu seinem Retter, »du hast den tapfersten Ritter dieses Tages getötet!«

Daß das Pferd Johanns I. keinen Roßpanzer trägt, erklärt sich dadurch, daß sein eigenes Schlachtroß gerade unter ihm getötet worden war.

Der Nachhall dieses Treffens war unendlich groß. Es wurde von allen Dichtern besungen, besonders von Jan van Heelu, der uns in seiner »Rymkronyk« eine äußerst farbige Schilderung der Schlacht überliefert hat.

Einerseits sicherte die Schlacht die völlige Unabhängigkeit Brabants vom Kaiserreich. Gleichzeitig legte sie den Grundstein für eine belgische Nation. Johann I., der nun an der Spitze eines mächtigen Staates stand, genoß ein politisches Ansehen, das später zur Vereinigung aller belgischen Gebiete beitrug.

Der Held von Worringen sollte im Jahre 1296 bei einem Turnier in Bar-le-Duc auf läppische Weise zu Tode kommen.

1 Enguerrand de Monstrelet, Autor einer zwischen 1422 und 1444 verfaßten »Chronik«, die die Chroniken von Froissart fortführt.

2 Der Thronfolger, der spätere Karl VII., der den Mord anstiftete.

3 Die Ordensregeln des Goldenen Vlieses bilden einen wahrhaften Kodex der ritterlichen Tugenden. Dieser Orden konnte nur »Edelleuten mit unbeflecktem Namen und Wappen« zuerkannt werden. Infolge der Vermählung Marias von Burgund mit Erzherzog Maximilian von Österreich, ging die Großmeisterstelle des Ordens an das Haus Habsburg über, und zwar in Österreich und Spanien.

Der Ritterschlag (Schwertleite)

Die Zeremonien, die von alters her mit der Ernennung eines Ritters verbunden waren, wurden im Laufe der Jahrhunderte immer komplizierter.

Die Aufnahme des Knappen erfolgte in einer imposanten Zeremonie, der die Kirche ihre Weihe gegeben hatte. Der Knappe verbrachte die vorausgehende Nacht mit Gebeten: das war die »Waffenwache«. Am nächsten Tag legte der Kandidat, mit einer braunen Soutane bekleidet, die Beichte ab, nahm das heilige Abendmahl und badete. Danach legte er weiße Kleider an, legte sich hin und empfing die zeremoniellen Besuche.

Dann zog er die Rittertracht an, das Kettenhemd und den Haubert. Er kniete nieder und schwor, daß er weder sein Leben noch sein Gut schonen würde, um Religion, Witwen, Waisen und Unterdrückte zu verteidigen. Daraufhin wurden ihm vergoldete Sporen angelegt und Schwert und Wehrgurt überreicht. Diesen Wehrgürtel hängte er sich um den Hals, wenn er nun zur Kirche ging.

Nach der Messe nahm der Priester das Schwert, segnete es und gab es dem Aufzunehmenden zurück. Der legte es nun seinem Lehnsherrn vor, der inmitten seiner Gefolgsleute saß. Der Kandidat kniete nieder und sprach einen zweiten Eid gegenüber der Ritterschaft und empfing den »Ritterschlag«, zwei oder drei Schläge mit dem flachen Schwert auf die Schulter, und war so »im Namen Gottes, des heiligen Michael und des heiligen Georg« zum Ritter gemacht.

Nun nahm der neue Ritter Besitz von seinem Helm, einem Schild und einer Lanze, schwang sich auf ein Pferd, um sich in seinem neuen Stand sofort seiner Umgebung zu präsentieren.

Verlust der Ritterwürde

Es schien uns interessant, nach der Schwertleite auch die umgekehrte Zeremonie zu beschreiben, die viel weniger bekannt ist.

Der Ritter, der »des Verrats, der Verleugnung des Glaubens oder irgendeines anderen, kapitalen und

In der Mitte, mit roter Mitra, ein Bischof.
Diese Tafel mit Illustrationen ist aus dem Werk »Le Costume et les Armes des soldats de tous les temps«, Band I, übernommen. Es wurde 1966 veröffentlicht und war – und bleibt übrigens – das erste Werk einer Reihe, die seitdem jedes Jahr reicher geworden ist und wie eine vorweggenommene Synthese des riesigen Gebiets wirkt, das L. und F. Funcken immer weiter erforschen. Dieser Rückgriff wird ihre Leser – das heißt ihre Freunde – interessieren, denn wir glauben, daß er zeigt, mit welchem Schwung und welcher Begeisterung für die Uniform – und für den Mann, den sie erheben will – sie an das Studium der behandelten Themen gehen.

(Der Verlag)

abscheulichen Verbrechens« überführt war, wurde in voller Ausrüstung auf ein Schafott gehißt und sein Wappenschild verkehrt auf der Spitze eines Mastes aufgepflanzt. Zwölf Priester sangen die Totenvigilien, wobei sie nach jedem Psalm eine Unterbrechung einlegten. Während dieser Pausen nahm man dem Eidbrüchigen jedesmal einen Teil seines Harnisches weg, vom Helm bis zu den Sporen. Das letzte Stück war der Wappenschild, der in drei Teile zerbrochen wurde.

Die Priester stimmten den 109. Psalm Davids an. Das war eine schreckliche Folge von Verwünschungen, die weder die Witwe noch die Kinder und nicht einmal die »ungerechten Ahnen« des sündigen Ritters verschonten. Selbst seine Gebete wurden ihm »als Sünde zur Last gelegt«! Der König oder der Wappenherold goß ein Becken voll Wasser über ihm aus. Mit dieser symbolischen Geste bekam er das Wasser des Reinigungsbades zurück, das ihn einst vor dem Ritterschlag reingewaschen hatte.

Nach der Verlesung des Urteilsspruches wurde der Verdammte mit einem unter seinen Achseln durchgezogenen Seil vom Schafott heruntergeholt, auf einer Leiter zur Kirche geschleift, mit einem Leichentuch bedeckt und zum Anhören der Vigilien und Gebete für die Verstorbenen gezwungen. Danach bekam ihn der Gerichtsverwalter bzw. der Henker, je nach dem, ob die königliche Justiz ihn zur Verbannung oder zum Tode verurteilt hatte.

Die Zeremonie schloß mit der Verkündigung der Herolde, daß die Kinder und Kindeskinder des Ex-Ritters »unedel und gemein, unwürdig zum Waffentragen und zur Teilnahme oder Besuch von Lanzenstechen und Turnieren, königlichen Hofhaltungen und Versammlungen sind, bei Verstoß zur Strafe nackt ausgezogen und mit Zuchtruten geschlagen werden sollen als niedere Gemeine und von einem ehrlosen Vater Gezeugte«.

Eine solche Behandlung, die für Richter wie Verurteilte gleichermaßen erniedrigend war, scheint aus den Anfängen der Feudalherrschaft zu stammen. Dennoch wurde sie noch in der Zeit der Renaissance, unter der Herrschaft Franz I., gegen den Hauptmann Franget verhängt! [1]

1 »Le Vray Théâtre d'honneur«, von Marc Wilson, Herr auf La Colombière.

Diese krank gewordene Ritterschaft, in der Gaston de Foix und Bayard als Letzte glänzten, verschwand schnell von der Bildfläche, als die ersten Feuerwaffen aufkamen. Der stille Mut der Fußsoldaten triumphierte über das stürmische Aufbegehren der letzten Ritter.

FRANZÖSISCHE KÖNIGLICHE STANDARTEN

1. Chormantel des heiligen Martin, Bischof von Tours, unter den Frankenkönigen seit dem 6. Jahrhundert. – 2. Standarte Karls des Großen, König der Franken und Langobarden. Nach der Kaiserkrönung im Jahre 800 wurde sie scharlachrot mit Kokarden in Gold, Himmelblau, Gold (von der Mitte aus gesehen) und übersät mit lateinischen Kreuzen in Gold. – 3. Standarte Ludwigs II., des Stammlers, 9. Jh. – 4. Standarte des Hugo Capet, Ende 10. Jh. – 5. Standarte Philipp Augusts, Ende 12. Jh. – 6. Oriflamme von Saint-Denis, unter dem heiligen Ludwig, Mitte 13. Jh. – 7. Standarte Johanns des Guten, zweite Hälfte 14. Jh. – 8. Standarte Karls VII., Mitte 15. Jh.

1
5
2
6
3
7
8
F. FUNCKEN

Die militärischen Strukturen und ihre Fahnen

Die Lanze, eine taktische Einheit

Die kollektive Bezeichnung »Lanze« galt der taktischen Einheit der Feudalheere, deren lebendige Kraft der Ritter war. Die »Lanze« konnte eine unterschiedliche Zahl von Männern umfassen, die sowohl zu Fuß als auch zu Pferde kämpften.

Mehrere unter dem Befehl eines Bannerherrn zusammengefaßte »Lanzen« bildeten ein »Banner« und eine bestimmte Anzahl »Banner« bildeten einen »Schlachthaufen«.

Zu Beginn des 13. Jahrhunderts, unter der Herrschaft Philipp Augusts von Frankreich, umfaßte ein »Banner« vier bis sechs »Lanzen«. Der »Schlachthaufen«, der dem Befehl eines großen Lehnsherrn[1] unterstellt war, konnte aus fünf bis zehn »Bannern« bestehen, d.h. 500 bis 1000 Reiter stark sein. Aber diese Zahlen waren starken Schwankungen unterworfen; so konnten manche sehr begüterte Bannerherren eine größere Anzahl Vasallen mitnehmen: wahrscheinlich war es das, was man im 13. Jahrhundert mit »doubles banerés«, Doppelbanner, bezeichnete.

Unter Philipp von Valois gab es für die Schlacht bei Cassel im Jahre 1328 elf »Schlachthaufen«, die 192 »Banner« umfaßten. Die Ansprüche mußten wohl allmählich gesunken sein, denn im Jahre 1452 erhielt ein gewisser Herr von Sains den Titel eines Bannerritters, als er sich mit der Mindestzahl von 25 Waffenträgern beim Kriegsheer[2] stellte.

Eigenartigerweise kann man feststellen, daß der Titel eines Bannerherrn nicht nur Rittern zuerkannt wurde; es gab auch Bannerknappen und sogar Ban-

1 Besitzer eines bedeutenden Lehens.

2 Frz. »ost«, vom lat. »hostis«, Feind, später Heer. Heer in der Feudalzeit, Militärdienst, der dem Lehnsherrn geschuldet wurde.

DIE »LANZE«, EINE TAKTISCHE EINHEIT
ERSTE HÄLFTE 14. JAHRHUNDERT

1. Das Schlachtroß oder große Roß. – 2. Der Ritter auf seinem Zelter oder Paßgänger. Der Paßgang, eine für den Reiter viel weniger ermüdende Gangart, ließ sich durch Ausbildung oder durch Ausnutzung natürlicher Veranlagungen des Tieres erreichen. – 3. Der Knappe mit dem Helm, dem Wappenschild und der Lanze des Ritters. Er reitet einen Hengst von gemeiner Rasse. Sein eigener Helm, eine Barbuta, ist hinter seinem Sattel festgemacht. – 4. Der Degenkämpfer auf einem Renner, eine Art lebhafter und kräftiger Zelter. Er ist mit der »coutille«, einem kurzen breiten Degen, bewaffnet. Das ist eine Waffe zwischen dem Dolch und dem Schwert, mit der man einem Gefangenen, der sein Lösegeld nicht beibrachte, die Gurgel durchschnitt. – 5. Einer der sechs Bogenschützen auf seinem Stutzschwanz. Er ist mit einem kurzen, breiten Schwert bewaffnet, das dem orientalischen Sarraß nachgebildet war. War es leicht gekrümmt, nannte man es »badelaire«, »baudelaire«, »bazelaire« oder »basilaire« (»Malchus«). – 6. Der Knecht auf seinem Klepper. Er ist mit einem Spieß und einem Krummsäbel bewaffnet, der auch Hieber oder Hirschfänger genannt wurde. – 7. Der »Mundschenk-Zelter«, eine Stute mit dem Spezial-Packsattel, auf der die Mundvorräte des Ritters transportiert wurden. Die Waffenträger ritten nur männliche Pferde. – 8. Klepper oder Lasttier, für das Gepäck. – 9. Zu jeder »Lanze« gehörte eine nicht festgelegte Zahl von Fußsoldaten. Dieses Fußvolk ist hier mit einer Couse mit gekrümmter Spitze a und einem Spieß mit Widerhaken (»saquebute«) b ausgerüstet. Das sind Spezialwaffen, zum Einfangen von hochgestellten Gefangenen, die dem Herrn Lösegeld brachten.
Die »Lanze« war die taktische Grundeinheit der Feudalheere seit dem 10. Jahrhundert. In der Mitte des 15. Jahrhunderts gab es diese Einheit noch, obgleich nun viel straffer organisiert, in den Ordonnanzkompanien.

1
2
3
4
5
6
7
8
9
a
b

nerherren, die keinerlei Titel führten, die aber auf Grund ihrer militärischen Fähigkeiten oder ihrer finanziellen Mittel in der Lage waren, eine bestimmte Anzahl Männer in den Krieg zu führen.

Der *Bannerherr* hatte das Recht, den Haubert [1] und das Doppelpanzerhemd [2] zu tragen.

Unmittelbar unter ihm kam der *Edelknappen-Ritter,* der unter einem Banner Dienst tat, da er keine Vasallen hatte.

Der *Edelknappe,* ein einfacher Adliger, der Ritter werden wollte und einem niedrigeren Adel und weniger hohen Rang als die vorigen angehörte, schloß sich einem Ritter an, bei dem er das Waffenhandwerk erlernte. Du Guesclin war Edelknappe, als König Karl V. ihm die Generalstatthalterschaft in seinem Heer übertrug.

Der *Knappe* begleitete den Ritter vom 14. Lebensjahr an, bis er im Alter von 21 Jahren selbst zum Ritter geschlagen wurde.

Der *Page* schließlich begann im Alter von sieben Jahren seinen Dienst als gewöhnlicher Domestik bei einem Ritter. Mit 14 Jahren »trat er bei den Pagen aus«, gürtete das Schwert um und wurde Knappe.

Im 15. Jahrhundert, im Jahre 1445, wurde die sogenannte »lance fournie«, die volle Lanze (ein Ritter mit vier bis sechs bewaffneten Knappen), von König Karl VII. auf einen Waffenträger und seinen Pagen, einen »coutiller« [3], zwei Bogenschützen und einen Knecht festgelegt. Hundert »Lanzen« bildeten eine der zwanzig »Ordonnanzkompanien«, die sich im Jahre 1446 als Kern des neuen, stehenden Heeres erwiesen.

Diese »Gendarmerie« nahm ungefähr 9000 ehemalige Räuber-Soldaten der »großen Kompanien« [4] auf und bestand fort bis zum 18. Jahrhundert, als sie in die Gendarmerie von Frankreich überging.

DIE »LANZE« IM 15. JAHRHUNDERT

1. Waffenträger, Lanzenführer. Er trägt eine gotische Rüstung im mailändischen Stil, die 35 kg wiegt. Der Dolch mit breiter, spitz zulaufender Klinge (»Cinquedea«, »Ochsenzunge«) vom Typ »anelace« hängt am Sattelbaum. Der Streitkolben gehört ebenfalls zu den vorschriftsmäßigen Waffen. – 2. Der Page des Waffenträgers. Er trägt die Lanze seines Herrn und dient ihm als Knecht. Gleichzeitig erlernt er dabei das Waffenhandwerk. – 3. Der Degenkämpfer (coutiller), ein auf Kosten des Lanzenführers bewaffneter, ausgerüsteter und mit Pferd versehener Knappe. Er trägt eine eisenbestückte Halblanze, die »Ochsenzunge« und »arme de coustille« genannt wird, in Übereinstimmung mit der Klinge des kurzen Schwertes der früheren »coustilleux«, die »coustille« hieß. – 4. Die drei reitenden Bogenschützen benutzten Bogen oder Armbrust, manchmal die Feldschlange. Ihr Dolch ist eng verwandt mit der alten »coustille« und ihren Schwestern, der »feuille de Catalogne« und der »dagasse«; es ist die »anelace« (a). Bei b handelt es sich um einen Panzerstecher, der dem alten »miséricorde«-Dolch, dem »Gnadgott« der Engländer, nachgebildet ist. Ihr Schwert ist ein Beidhänder oder auch Anderthalbhand, auch »Bastard« genannt (c). Es hängt an der rechten Seite des Sattelbaums. Schuhspitzen, lange Sporen und Schulterpolster waren ihnen verboten.
Schützen: 5. Armbrustschütze. – 6. Feldschlangenschütze. – 7. Pikenier. – Sie tragen ein Schwert, das nur vom gemeinen Fußvolk benutzt wird, genannt »passot« oder »épée de passot« oder auch »couteau de passe« oder »à plates«. Gemeinsames Merkmal dieser Schwerter ist die scharfe Spitze, die aus den zusammenlaufenden Schneiden gebildet wird. Die dritte Figur trägt einen kleinen Rundschild, der auch Faustschild genannt wird.
Zu dieser »vollen Lanze« von 1471 kam noch eine unterschiedlich große Zahl von untergeordneten Freiwilligen hinzu, die gern das Waffenhandwerk erlernen wollten.

1 Mit diesem Ausdruck wird hier die Helmbrünne, die bis zu den Schultern reichte, bezeichnet und nicht etwa das Panzer-»Hemd«.

2 Das ist der »haubergon« aus Panzerteilchen, die dachziegelartig übereinander greifen und doppelte Panzerung ergeben. Siehe weiter hinten das Kapitel über den »Haubert« und den »kleinen Haubert«.

3 Coutiller, coutilier, coustilier, coustilleux: Fußsoldat, der mit einer Halbpike, der »Ochsenzunge«, oder einem kurzen Schwert, der coutille oder coustille bewaffnet ist.

4 Auch bekannt unter den Namen Armagnacs, Routiers, 15000 oder 30000 Teufel, Schinder, Volksauspresser, Räuber usw. Sie verwüsteten Frankreich während des ganzen Hundertjährigen Kriegs. Die Mannschaften setzten sich hauptsächlich aus den jüngeren Söhnen und den Bastarden der Adelsfamilien zusammen.

1
2
a
b
3
4
c
5
6
7
L. & F. Funcken

Jede Kompanie wurde von einem Hauptmann geführt, der oft aus den schlimmen alten Banden hervorgegangen war. Ein Sohn des Grafen von Armagnac, genannt der Bastard von Bourbon, Guillaume und Antoine de Chabannes, Xaintrailles und La Hire befehligten jeder eine eigene Kompanie. In der Ordonnanzbande oder -kompanie des Herzogs von Burgund, den unsere Illustrationen zeigen, wurde der Hauptmann »conducteur« genannt. Vorbild waren dabei die italienischen »condottieri«.

Das Pennon

Das Pennon – auch »penoncel«, »penon«, »panon« oder »fanon« (vom deutschen Wort »Fahne«) genannt – schmückte die Lanze des einfachsten Ritters, jenes Ritters, dem man manchmal den Beinamen »Ritter eines Wappenschildes« gab, weil er ganz allein war. Das Recht, diesen dreieckigen Wimpel, der manchmal in zwei Zipfeln endete, zu führen, nannte man »pennonage«, und die unter einem Pennon marschierende Truppe hieß eine »Pennonie«.

Es scheint, daß das Pennon nicht nur Unterscheidungsmerkmal war, sondern auch die Handhabung der Lanze erleichterte: Indem es im Wind wehte, wenn die Lanze auf ein Ziel gerichtet war, machte es das Eisen leichter; man nannte dieses aerodynamische Phänomen »donner de la volée« (etwa: Auftrieb geben). Die Behauptung, das Pennon hätte verhindern sollen, daß das Eisen zu tief in die Wunde eindrang, ist aus der Luft gegriffen und wird von den alten Schriften widerlegt, in denen berichtet wird, daß der Stoff oft in den Körper eindrang.

Der Pennonträger hatte das Recht, eine Metallkopie davon als Wetterfahne auf seine Burg zu setzen.

Das Banner

Das Banner, manchmal auch Gonfanon genannt, zeichnete den Bannerherren aus. Das Banner, das auf dem Schlachtfeld zuerkannt wurde, entstand, indem vom Pennon des beförderten Ritters die Spitze abgeschnitten wurde, so daß je nach Fall aus dem rechtwinkeligen Dreieck ein rechtwinkeliges Trapez wurde oder aus dem gleichschenkligen Dreieck ein gleichschenkliges Trapez. Diese Amputation wurde in einer großen Zeremonie vorgenommen: man nannte das »faire de pennon bannière« (das Pennon zum Banner machen), und der frischgebackene Bannerherr erhielt den familiären Titel eines »Ritters mit der viereckigen Fahne«. Übrigens erhielt das Banner seine viereckige Form zwischen 1310 und 1350.

Der in den Krieg ziehende Bannerherr nannte dies »bouter hors bannière (außer Banner gehen), und er »hob das Banner wieder«, wenn er nach einer Zeit des Geldmangels, der es ihm unmöglich gemacht hatte, die vorgeschriebene Zahl von Waffenträgern zu unterhalten, seinen Rang wieder einnahm.

Der Titel eines Bannerherrn, der unter Philipp August aufgekommen war, verschwand mit der Aufstellung der Ordonnanzkompanien unter Karl VII. Wir möchten auch darauf hinweisen, daß der Bannerherr das Recht hatte, einen »cri d'armes« zu wählen (Wahlspruch auf dem Wappenschild) und Gold, Eisenhütchen, Hermelin, Samt und Scharlach [1] zu tragen. Seinen Rang erkannte man auch an der Wetterfahne in Form eines Banners, die er auf seiner Burg hatte.

1 Mit Scharlach wurde nicht eine bestimmte Rottönung bezeichnet, sondern ein Stoff von wunderschöner Qualität, der jede beliebige Farbe, sogar weiß, haben konnte.

Das königliche Banner und die Oriflamme

Wie man auf den Abbildungen sieht, hat das königliche Banner oft Form und Farbe gewechselt. Manchmal gab es nebenher ein großes Pennon. Das war eine Gepflogenheit, die man häufig auch bei den großen Feudalherren antreffen konnte.

Die Oriflamme, die Kennzeichen und Banner der Mönche von Saint-Denis war, wurde von Philipp I. im 11. Jahrhundert oder von seinem Sohn Ludwig VI., dem Dicken, im 12. Jahrhundert im Krieg geführt. Auf jeden Fall wurde die Oriflamme, rote Seide, die an einem vergoldeten Fahnenschaft befestigt war – daher der Name[1] –, unter der Herrschaft Ludwigs VI. zum ersten Mal beschrieben.

Die Oriflamme ging 1304 in der Schlacht von Mons-en-Pévèle verloren; die Flamen eroberten und zerrissen sie. Ein »Augenzeuge«, Guillaume Guiart, versicherte später, es habe sich tatsächlich nur um eine Kopie gehandelt ... und die echte sei 1315 unter Ludwig dem Zänker wiederaufgetaucht. Bei Azincourt sah man sie zum letzten Mal: Ihr Träger, Guillaume Martel, Herr von Baqueville, verteidigte sie bis in den Tod.

1 Vom Altfranzösischen »orie« (=vergoldet) und Flamme. Um diesen Namen zu erklären, behaupten einige Leute, sie sei mit goldenen Sternen übersät gewesen.

Pferd und Lanze

Das Pferd

Man stellt sich gern vor, daß das Kriegspferd, das »Schlachtroß« oder das »große Pferd« ein besonders großes Tier war, denn man geht von der – völlig falschen – Vorstellung aus, daß der ganze Harnisch sehr schwer war. Dennoch ist es sicher, daß das Streitroß des 15. Jahrhunderts besonders gezüchtet wurde: Die Zuchttiere wurden sorgfältig ausgewählt, um Exemplare zu bekommen, die die Vorzüge der Araberpferde und der schweren europäischen Rassen miteinander verbanden.

In Frankreich, England, Österreich und Deutschland erzielte man ausgezeichnete Ergebnisse, aber im allgemeinen störte das Schlachtroß, das ein aggressives Temperament besaß, die anderen Pferde auf der Weide und neigte auch dazu, seinen Reiter etwas »weiter nach vorn« zu ziehen, als notwendig war. Aber sein Hauptfehler war, daß es sehr leicht ermüdete. Es war unfähig, einen Galopp längere Zeit durchzuhalten, und sein Sturmschritt ähnelte mehr einem langsamen kurzen Galopp, wenn nicht gar einem Trab.

Die letztere Gangart, die für den Reiter besonders anstrengend ist, gab es als Strafe bei den Rittern des Deutschen Ordens: Eine Stunde Trab in voller Rüstung stellte anscheinend eine wahre Marter dar. Es ist also verständlich, daß die Ritter erst im allerletzten Moment »die Schlachtrösser bestiegen«.

So mächtig das Streitroß auch war, die Statur unserer heutigen schweren Pferde, der Belgier, Percheron, Shire oder Suffolk besaß es nie.

DAS STECHEN (I)

Das Stechen, das häufig zu Unrecht Turnier genannt wird, ging dem Kampf in der Menge, dem eigentlichen Turnier, voraus oder beschloß ihn.

1. Turnierreiter am Ende des 13. Jahrhunderts. Die Brechscheibe, die die Hand schützte, kam zu dieser Zeit auf. Die Ausrüstung für das Stechen beschränkte sich auf das Krönlein, das das Lanzeneisen ersetzte, und die nach vorn heruntergeschlagenen Achselschilde. – 2. Turnierritter aus der ersten Hälfte des 14. Jahrhunderts. Bemerkenswert ist der kastenartige Sattel, der sich an den Seiten schließen ließ. – 3. Turnierritter aus der zweiten Hälfte des 14. Jahrhunderts. Das Visier des Helms ließ sich nur einige Zentimeter heben. Abgesehen vom Sattel unterscheidet sich die Ausrüstung nicht von der, die im Kriege getragen wurde. – 4. Turnierritter vom Ende des 14. Jahrhunderts mit dem besonderen Stechhelm. Die Lanze konnte eine Länge von 5 m erreichen. – 5. Deutsches Stechzeug vom Ende des 15. Jahrhunderts: a. Geflecht zum Festbinden der Tartsche (siehe Abb. 6); b. Birne, mit deren Hilfe sich die Tartsche unter dem Stoß der Lanze wegdrehen konnte, so daß die Heftigkeit des Aufpralls gemildert wurde und das feindliche Krönlein abrutschte; c. Geflecht, das die »Eisenhand« e festhielt; d. Rüsthaken. – 6. Die Tartsche und die Art ihrer Befestigung im Profil gesehen (Beginn des 15. Jh.). Man stellte sie aus Linden- oder Birnenholz her, das mit einer äußerst harten Einlegearbeit aus poliertem Hirschhorn überzogen war. – 7. Deutsches Stechzeug, Ende des 15. Jahrhunderts. – 8. Mit der Planke halten die Pferde zwangsläufig ihre Linie ein, und die Lanzen treffen mit einem Winkel von maximal 75° auf, so daß die Stärke des Aufpralls mindestens um 25 Prozent abgeschwächt wird. – 9. Ohne Planke konnte eines der Pferde »kreuzen« und der Stoß kam dann frontal, wobei sich die Stärke des Stoßes und die Geschwindigkeit jedes Pferdes wie im Kriege addierten. Das Stechen ohne Planke, das in Frankreich lange Zeit geübt wurde, verlor viel von seiner Brutalität, als besondere Rüstungen und Lanzen aus leichtem Holz oder hohle Lanzen eingeführt wurden. – Die Turnierritter führen folgende Wappen: 8 links: Gordon; 8 rechts: Forbes; 9 links: Leslie; 9 rechts: Lindsay. Es waren in allen Fällen schottische Grundherren.

1
2
3
4
5
a
b
c
d
e
6
7
8
9

Die Lanze, eine Stoßwaffe

Die Lanze[1], die die wesentliche Waffe des Kriegers zu Pferde war, wurde vorzugsweise aus Esche, Weißbuche, Tanne oder Apfelholz hergestellt. Im Mittelalter nannte man sie häufig »Gleve« (vom griechischen »klados«, Ast, Stock). Zusammen mit dem Schwert war sie bei den Normannen die Waffe der freien Männer, war aber auch von den reichen Kriegern zu Pferde in früheren Jahrhunderten, den Vorläufern der späteren Ritter, beileibe nicht verachtet worden.

Nach Viollet-le-Duc und vielen modernen Autoren wurde die Lanze erst im 12. Jahrhundert, als die Sattelbäume aufkamen, in denen der Reiter einen festen Halt hatte, unter den Arm geklemmt in waagerechter Stellung verwendet. Doch lehren uns viele ikonographische Dokument des 8., 9., 10. und 11. Jahrhunderts gerade das Gegenteil. Mehr noch, das Basrelief in der Kathedrale Sankt Peter zu Angoulême[2], auf das sich der berühmte Pionier stützt, zeigt einen Ritter, der seine Lanze nicht am ausgestreckten Arm hält, sondern ganz klar unter dem Arm, und er stößt seinen Gegner mit solcher Kraft, daß der durchbohrt aus den Steigbügeln fällt.

Der Reiter der Feudalzeit, der mit seinem galoppierenden Pferd eine Einheit bildete und mit seiner Lanze unter der Achsel vorgebeugt lospreschte, durchstach die beste Brünne. Nur weil der Eisenharnisch aufkam, wurde der Hinterpauschen notwendig, damit der Reiter Halt für die Hüften bekam und die länger und schwerer gewordene Lanze, die mit einem ausgeklügelten eisernen »Harnischbohrer«[3] bewehrt war, besser »stoßen« konnte.

Vor dieser Zeit wurde der starre und leichte Schaft, der »fraisnin« oder »fresnout« (von »frêne« = Eschenholz) oder »charmin« (von »charme« = Weißbuchenholz) genannt wurde, genau auf die gleiche Art geführt wie bei den Lanciers von Napoleon I. bis zum Ersten Weltkrieg, d. h. beim Angriff unter den

1 Französisch »arme d'hast«, vom lateinischen »hasta«, Lanze, Lanzenschaft. »Arme d'hast« (Stangenwaffe) nennt man jede Waffe, deren Eisenspitze auf einen langen Schaft gesetzt ist.

2 Fries aus dem 12. Jahrhundert, rechts vom Hauptportal.

3 Die Lanzenspitzen werden im nächsten Band dieses Werks dargestellt.

1. Stechzeug aus der zweiten Hälfte des 15. Jahrhunderts. Dieses deutsche Modell war im rechtsrheinischen Gebiet schon vor 1450 in Gebrauch. Der an der rechten Seite angeschraubte »Rasthaken« diente dazu, den Schaft der Lanze zu stützen und die Lanze in der Waagerechten zu halten, ohne daß man den Arm zu Hilfe nehmen mußte. – 1a. Der Helm, aus der 3/4-Rückansicht gesehen, mit der Vorrichtung zur Befestigung am Rücken des Harnisches. – 1b. Position des Kopfes im Helm. Luft bekam der Ritter, indem er die Seitenklappe öffnete. Wollte er angreifen, mußte er den Rumpf nach vorn neigen, um durch den engen Sehschlitz blicken zu können. – 2. Deutscher Stechhelm, Ende 14. Jh. Er wiegt 9,8 Kilogramm. Bemerkenswert sind die abgerundeten Nieten, die dem Krönlein der Lanze keinerlei Kante boten. Die mit Kupfer eingefaßten Löcher dienen zum Hören und Belüften. – 3. Französischer Stechhelm vom Ende des 14. Jahrhunderts. – 4. Englischer Stechhelm vom Beginn des 15. Jahrhunderts. – 5. Stechschaller. Rechts eine häufig verwandte Art der Dekoration. Wahrscheinlich lehnten sich der Chirurg Bier und der Waffenschmied Marx an einen Helm dieser Art an, als sie den deutschen Helm für den Grabenkrieg von 1916 schufen. – 6. Eisen auf den Stechlanzen: a. bis zur Mitte des 15. Jahrhunderts; b und c. Mitte bis Ende des 15. Jahrhunderts. Man nannte diese Eisen Krönlein. – 7. Turnierritter in voller Ausrüstung für das Geschifttartschenrennen, mit auf der Brust befestigter Tartsche, zweite Hälfte 15. Jh. – 8. Detail des Helms und der auf der Brust befestigten Tartsche: a. Aufprallpunkt, durch den das Zerspringen der Tartsche in 8 Stücke bestimmt wurde; b. Auslösemechanismus, der in einem Stoßdämpferkissen versenkt saß. – 9. Schaller mit abnehmbaren Verstärkungsteilen für die Stirn. Man mußte die gabelförmige Halterung a hochnehmen. Um 1470. – 10. Schaller mit Kinnschutzrolle (a), die zum Reihenrennen getragen wurden. b gibt das Loch an, in dem die schleierartige Helmdecke oder ein Federbusch befestigt wurde. – 11. Die Rolle gestattete, die Schaller im Augenblick des Angriffs hinter den »Bart« (Kinnschutz) zu schieben. – 12. Detail der Rolle und der Klemmen a, an denen die Öse eingehakt wurde. – 13. Turnierritter in der Ausrüstung zum Reihenrennen, zweite Hälfte 15. Jh. Das Bein steckt in einem Beinschutz, der es vor der Berührung mit der Planke schützen soll. Das Pferd wurde blind gemacht, um zu verhindern, daß es etwa zur Seite auswich. – 14. Italienische (Mailänder) Rüstung für den Kampf zu Fuß, um 1475. Durch den Tonnenrock erhielt die Rüstung den Namen Tonnenharnisch. Im 2. Band dieses Werks wird dieses Kapitel ausführlich fortgesetzt.

1
1a
1b
2
6
a
3
4
b
c
5
7
8
a
b
a
9
10
b
a
12
a
a
13
14

Arm geklemmt oder wie ein kleiner Wurfspieß im Handgemenge am ausgestreckten Arm geführt.

Als die Lanze dicker wurde, mußte man ihren Durchmesser an der Stelle, an der sie mit der Hand umfaßt wurde, verringern. Die Brechscheibe, eine Art Schild zum Schutze der Hand, war ein Jahrhundert zuvor, Ende des 13. Jahrhunderts, aufgekommen. Da die Lanze nun zu schwer war, um nur durch Muskelkraft unter dem Arm gehalten zu werden, legte man sie seit Ende des 14. Jahrhunderts in einen kleinen, am Harnisch befestigten Haken, und seit der Mitte des 15. Jahrhunderts auf eine große, zuerst unbewegliche, dann klappbare Vorrichtung. Diese Halterung, die lange und manchmal noch bis heute »faucre« (Lanzenstütze) genannt wird, ist der Rüsthaken. Man verwechselt sie häufig mit dem Lanzenschuh [1].

1 Die Lanze, der Lanzenschuh und der Rüsthaken werden im folgenden Band behandelt.

Gestech und Turniere

Die Vorliebe für Kriegswaffen und Heldentaten, die Notwendigkeit, sich ständig zu üben, und der Wunsch, seine Geschicklichkeit und physische Kraft öffentlich zu zeigen, führten sehr früh zur Entwicklung von Kriegsspielen.

Sicherlich war das Gestech, ein Kampf, der von zwei Reitern mit der Lanze ausgetragen wurde, die früheste, weil einfachste Form dieser höfischen Kämpfe. Wahrscheinlich wurde auch schon bei den ersten Stechen vereinbart, daß besondere Lanzenspitzen oder leichte Lanzenstangen verwendet werden sollten, denn es ist nicht einzusehen, warum die Ritter, die wohl glänzen wollten, aber die Ausübung dieses Kraftsports auch als Training verstanden, diese einfache Vorsichtsmaßnahme außer acht gelassen hätten.

Offenbar konnten solche Treffen dennoch eine andere Wendung nehmen, wenn die Gegner dabei persönliche Ränke austrugen, was recht häufig vorgekommen sein muß. Aber selbst unter diesen Umständen verlangten die Regeln des Lanzenstechens und des Rittertums, daß nur auf den Helm oder den Schild gezielt werden durfte. Viel wahrscheinlicher ist die Annahme, daß zwei Todfeinde einen verborgeneren Ort wählten, um ihren Streit auszutragen, oder statt des loyalen Duells lieber einen gewöhnlichen Hinterhalt legten. Man wäre im Irrtum, wollte man sich ein gar zu sublimes Bild vom Rittertum machen: Diese von so vielen höfischen Romanen besungene Epoche steckte voll von Gemeinheiten.

Die Abbildungen zeigen, wie sich das Stechen im Laufe des Mittelalters entwickelte und vervollkommnete: Es erreichte höchstes Raffinement und sorgte zugleich für ständig größere Sicherheit des Kämpfers, so daß dieser am Ende des 15. Jahrhunderts in einer Art Bunker saß. Zu dieser Zeit war das Gestech zu einem wirklichen Sport geworden, und wahrscheinlich haben junge deutsche Protestler, die sich mit einer solchen Verweichlichung nicht abfinden wollten, deshalb das »Rennen mit dem rost« erfunden, wobei die Kämpfer barhäuptig und ohne Harnisch, nur mit einem auf der Brust befestig-

DAS TURNIER (I)
(Seite 102–103)

1. Tribüne der Kampfrichter. – 2. Tribünen, auch Gerüste genannt, für die Damen. – 3. Banner der beiden Ritter, die als Kampfrichter fungieren. Die beiden anderen Ecken der Rennbahnen waren mit den Bannern der Kampfrichter-Knappen geschmückt. – 4. Links: Banner und großes Pennon des Herausforderers (Herzog der Bretagne); rechts: Banner und großes Pennon des Verteidigers (Herzog von Bourbon). – 5. Links: Banner der Ritter aus der Partei oder dem »Schlachthaufen« des Herausforderers; rechts: Banner der Ritter, die zur Partei oder zum »Schlachthaufen« des Verteidigers gehören. – 6. Ehrenritter mit der Helmdecke, mit deren Hilfe er jederzeit und auf Bitten der Damen jeden zu heftigen Angriff auf einen Turnierspieler, der in Bedrängnis war, aussetzen konnte. – 7. Helm des Ehrenritters. – 8. Dieser Ritter, der die Damen beleidigt hatte, wurde von ihnen dazu bestimmt, daß er »im Turnier geschlagen« werden sollte. Nach einer tüchtigen Tracht Prügel wird der »Angeklagte« aus dem Kampfspiel herausgenommen, bevor er von den Pferden zertreten wird. – 9. Turnierkämpfer, der wegen einer Verletzung der Vorschriften bestraft wurde. Wer einen Gegner, der seinen Helm verloren hatte, schlug, wurde vom Turnier verbannt und mußte seinen Harnisch und sein Schlachtroß abliefern.

Wir weisen darauf hin, daß die Ritter beider Parteien weder einen Haubert noch einen Ringelpanzer tragen. Der zweite Ritter von rechts trägt eine erstaunliche Schaller, die bereits auf den Morion vom Ende des 16. Jahrhunderts hinweist.

Diese so treffend benannten »Gestampfe« umfaßten häufig eine viel größere Zahl von Teilnehmern. Die Hitze des Kampfes hatte manchmal zur Folge, daß die Turnierspieler noch nach Abschluß des Festes auf dem Weg in ihre Unterkunft weiterkämpften. Das gestatteten ihnen die Regeln.

PLVS EST EN VOVS
PLVS
1
2
3
4
5
8

EN VOVS
PLVS
EN VOVS
7
2
6
9

ten Gitter, dem »Rost«, antraten und sich mit dem Krönlein der Lanze das Gitter abreißen sollten. Daß dies mit Todesgefahr verbunden war, läßt sich ausmalen!

Es war übrigens üblich, vor dem Treffen auf dem Kampfplatz einen offenen Sarg aufzustellen.

Die Lanzenstechen, die sich bei den Zuschauern höchster Wertschätzung erfreuten, fanden zu Beginn oder zum Abschluß der Turniere statt. Gab es Stechen außerhalb der Turniere, nannte man sie »große und vollständige Stechrennen für jedermann«.

Wie die Lanze zu handhaben war, lernte man natürlich bei anderen Gelegenheiten als bei diesen gefährlichen und zeremoniellen Anlässen. Das Stechen wurde mit einer Stechpuppe geübt, einer Puppe, die mit einem Schild und einem Streitkolben bewaffnet war. Traf man sie ungeschickt, drehte sie sich und versetzte dem Reiter einen heftigen Schlag.

Das Turnier, das früher auch als »tournoyement«, »trespignée«, »tupineis«[1] oder Kampf in der Menge bezeichnet wurde, ist nach allgemeiner Meinung französischen Ursprungs. Der Historiker Nithard, ein Enkel Karls des Großen, hat uns aus dem 9. Jahrhundert eine Beschreibung des Turniers zu Straßburg hinterlassen, in dessen Verlauf um 842 sich zwei gleiche Parteien aus Sachsen, Basken, Austrasiern und Bretonen gegenüberstanden. Dennoch wird ein Treffen gleicher Art schon aus dem Jahre 811 in Barcelona erwähnt, und die meisten bedeutenden Turniere zwischen dem 10. und dem 12. Jahrhundert haben in Deutschland stattgefunden, wo Heinrich I., der Vogler (876–936), als ihr Förderer angesehen wird.

Diese brutalen Manöver gingen so oft tödlich aus, daß der Papst Eugen II. sie im 9. Jahrhundert mit dem Bannstrahl belegte. Das gleiche taten später auch seine Nachfolger Innozenz II., Eugen III. und Alexander III. im 12. Jahrhundert, Innozenz IV. im 13. Jahrhundert und Klemens V. zu Beginn des 14. Jahrhunderts. Sie exkommunizierten alle Turnierkämpfer und verboten die Bestattung der Opfer in geweihter Erde. Doch das half alles nicht, das Blut-

1 In der wallonischen Sprache des Hennegau gibt es noch das Verb »turpiner«, trampeln, in Bewegung sein, sich in der Runde drehen.

1a. Wappenkönig des Herzogs der Bretagne, der ein Turnier organisieren soll. Er trägt den Waffenrock des »herausfordernden« Adligen und das Turnierschwert sowie die Liste der Ritter und Knappen, welche die vier Kampfrichter stellen sollen, die der »Verteidiger« auswählt. An den Füßen trägt er die Reitstiefel. – 1b. Derselbe Wappenkönig, nachdem er die Zustimmung des »Verteidigers« erhalten hat. Auf der linken Schulter trägt er ein Pergament, das mit dem Bild der beiden Adligen, des Herausforderers wie des Verteidigers, bemalt ist. Sie sind die Turnierchefs. In den Ecken sind die Wappen der Kampfrichter dargestellt; oben die der Ritter, unten die der Knappen. Insgesamt gesehen handelt es sich hierbei um einen regelrechten Aushang. – Der Wappenkönig nahm die Spitze in der Hierarchie des Heroldswesen ein. Unter ihm gab es, selten allerdings, den Marschall. Dann kam der Herold, danach der Persevant (Heroldshelfer). – 2. Herold und, links, sein Persevant, der die Aufgabe hatte, das Turnier im Namen des Wappenkönigs auszurufen und auszuposaunen. Jeweils drei oder vier solche Paare begleiteten den Wappenkönig. Bemerkenswert sind die frei hängenden Ärmel des Trompeters. Diese Ärmelform findet bis ins 18. Jahrhundert allgemeine Verbreitung. – 3. Einer der vier Kampfrichter mit dem weißen Stab, der sein Abzeichen ist, mit seinem Fußsoldaten, seinem Trompeter und seinem Persevanten, der einen Waffenrock mit seinem Wappen trägt.

1a
2
3
1b
L. & F. FUNCKEN

bad ging weiter, obgleich Geoffroy de Preuilly zu Beginn des 11. Jahrhunders strenge Regeln aufgestellt hatte.

Die Chroniken haben die Namen der berühmtesten Opfer dieser gefährlichen Leidenschaft überliefert: Geoffroy de Magneville, Graf von Essex, im Jahre 1216; Florent, Graf vom Hennegau, und Philipp, Graf von Boulogne, im Jahre 1223; der Graf von Holland im Jahre 1234; Gilbert von Pembroke 1241; Hermand de Montigny 1258; Johann von Brandenburg 1269; Johann, Herzog von Brabant, 1294. Im Turnier von Neuss, bei Köln, kamen im Jahre 1240 sechzig Ritter und Knappen um; sie wurden von ihren Pferden zerstampft oder erdrückt. Das jämmerlichste Drama war der Tod von William Montagu, der im Jahre 1382 von seinem eigenen Vater getötet wurde. Aber neben diesen Unglücklichen entwickelten sich bereits Spezialisten, die durchaus unseren modernen Tennis-Champions vergleichbar sind. Sie zogen durch ganz Europa und sammelten nur durch ihre Geschicklichkeit in diesem gefährlichen Spiel Lorbeeren und Vermögen. Im 13. Jahrhundert erzielte Reichsmarschall Wilhelm von Pembroke, während der Minderjährigkeit Heinrichs III., der spätere Regent Englands auf diese Weise beträchtliche Gewinne.

Nach den Päpsten verboten die Könige selbst manchmal die Turniere, doch stets nur für gewisse Zeit. In England wurden sie im 12. Jahrhundert von Heinrich II. untersagt, doch von seinem Nachfolger, Richard I., wieder zugelassen. Eduard I. schaffte sie 1299 von neuem ab, während er doch selbst im Jahre 1274 zum Turnier von Châlons 80 Ritter mitgebracht hatte. Glanzvoller als je lebten die Turniere unter Eduard III. wieder auf. Den Franzosen, die seinen Rittern in einem höfischen Kampfspiel gegenübertreten wollten, sicherte er mitten im Hundertjährigen Krieg, zwei Jahre, bevor er sie 1346 bei Crécy vernichtend schlug, freies Geleit zu. Wenig später wurde auch, im Verlaufe eines neuen Turniers, der berühmte Hosenbandorden gestiftet.

In Frankreich verboten Philipp der Schöne im Jahre 1313 und Philipp der Lange im Jahre 1318 die »tupineiz«, und zwar vor allem, weil es zur Gewohnheit geworden war, die Sieger zu Rittern zu schlagen.

DAS TURNIER (III)

1. Der Herr von La Gruthuyse in der vollen Ausrüstung eines Turnierkämpfers, dessen klassische Haltung er einnimmt: in den Steigbügeln stehend und das Gleichgewicht mit Hilfe des Handgriffs am Schutzgestell wahrend. Die Holzkeule, auch Kolben oder Schlegel genannt, war viel weniger gefährlich als das Schwert ohne Spitze und Schneide und wurde nur für das Vorspiel benutzt, um sich sozusagen warm zu spielen.
2. Turnierhelm: a. zerlegt; b. zusammengesetzt; c. mit dem Helmaufsatzhalter aus gelbem Leder; d. Mit dem Helmaufsatz aus Karton oder Holz. In der Originalhandschrift haben die Aufsätze, die eine zivile Kopfbedeckung darstellen oder eine Krone mit einschließen, niemals den »tortil« genannten Turban. Das lang herabflatternde Stück, die Helmdecke, ist hier von besonderem Schnitt (vgl. Helmdecken der Doppelbildseite). – 3. Turnierhelme, weitere deutsche Typen des 15. Jahrhunderts. – 4. Schwerer Turnierhelm, unter dem noch eine Beckenhaube mit Kinnschutz und Lederhalsberge getragen wurde, wie es in Flandern, Hennegau und Deutschland Mode war. – 5. Unter- und Oberarmzeuge (a. aus Eisen; b. aus Leder), mit verschiedenen Arten von Handschuhen. – 6. Leichter, luftdurchlässiger Panzer, »Tönnchen« genannt. Er war völlig vom Waffenhemd bedeckt. Wir geben hier die Formen von Viollet-le-Duc wieder, die Originalhandschrift zeigt jedoch ein einfacheres Modell, das nicht so ausgeprägt gotisch ist, ohne Krümmung und mit halbmondförmigen Bauchreifen. – 7. Schutzgestell für das Pferd und die Beine des Turnierritters: (Stechkissen) a. Vorderansicht; b. Innenseite. Es war vollständig unter der mit den Wappen bemalten Pferdedecke verborgen. c. Sack des Schutzgestells. Wie der Sack liegt, ist in Abb. a mit der roten punktierten Linie angegeben und auf der Abb. b ebenfalls zu erkennen.

2
a
b
c
d
3
1
4
5
a
b
6
7
a
b
c
L. & F. FUNCKEN

Darin sahen sie einen Angriff auf eine edle Institution, den sie nicht dulden konnten.

Im Laufe der Zeit waren die Regeln und das Zeremoniell, nach denen diese kriegerischen Feste abliefen, immer komplizierter geworden. Durch den wachsenden Einfluß der Frauen wurden viele Gefahrenquellen ausgeschaltet, und schon im 15. Jahrhundert wandelte sich das Turnier zu einem halb galanten, halb sportlichen Fest. Auf der doppelten Bildseite zeigen wir, wie sich im wesentlichen ein Turnier abspielte.

An der Spitze der Rangfolge der Herolde stand der Wappenkönig, der jeweils für eines der heraldischen Gebiete (Marken) verantwortlich war, in die das französische Königreich unterteilt war. Diese Gebiete – es gab 18 im Jahre 1396, acht im Jahre 1420 und 15 im Jahre 1455 – umfaßten jeweils eine nicht festgelegte Zahl von »Heraldien«.

Wir möchten noch unterstreichen, daß all diese Spezialisten gegen die allgemeine Regel nicht verstießen und zahlreiche Irrtümer begingen, ohne daß sie übrigens zur Entwicklung der Heroldskunst viel beigetragen hätten.

Herolde und Wappenkönige

Die ersten Herolde gab es zur Zeit der Herrschaft Philipp Augusts, wo sie bei Turnieren den Namen des Siegers verkündeten. Offiziell existierten sie jedoch erst seit 1285, als sie in die königlichen Rechnungen eingetragen wurden. Auch gab es vor dem 14. Jahrhundert weder eine wirkliche Hierarchie noch genau umrissene Funktionen.

Der Herold wurde, meist nach einer Schlacht, unter den »Persevanten« genannten Heroldshelfern ausgewählt und erhielt seinen Titel durch die Stimmen der Herolde und Wappenkönige. Der Neuernannte erhielt einen besonderen Namen, der von einer Stadt, einer Festung oder einer Provinz herrührte. So findet man Namen wie Jerusalem, Leicester, Windsor, Agincourt, Guyenne, Navarra, Berry. Doch während seiner Lehrzeit nannte sich der »Persevant« nach dem Wappen seines Lehnsherrn, zum Beispiel »Vert-Eagle« (Grüner Adler) oder »Croissant« (Zunehmender Mond).

Die Hauptaufgabe des Herolds bestand darin, den Adel zu zählen, die Wappenkunde zu pflegen und zu lehren und neue Wappen zu bilden ... Schon beim kleinsten Turnier war er unerläßlich, doch noch viel wertvoller war seine heraldische Gelehrtheit auf den Schlachtfeldern, wo er die adligen Opfer[1] identifizierte.

1 Nach Crécy verzeichneten drei Herolde und zwei Sekretäre auf diese Art elf Fürsten und 1200 französische Ritter, die im Laufe der Schlacht getötet worden waren.

HERALDIK (I)

A. Farben: 1. Rot. – 2. Purpur. – 3. Blau. – 4. Grün (frz.: sinople, von Sinop, einem türkischen Hafen, dessen grüne Bäume die Kreuzritter in Erstaunen versetzten). – 5. Schwarz (frz. sable, von Sabellis pellis, einem kleinen Tier, das in der Nähe der heiligen Stätten in großer Zahl anzutreffen war, oder vom polnischen sabol, Zobel). – 6. Orangegelb (Orangegelb und Blutrot sind nur in Großbritannien gebräuchlich). – Die schraffierten Rechtecke geben den Farbkode an, der bei Schwarz-Weiß-Reproduktionen benutzt wird.
B. Metalle: 1. Gold. – 2. Silber.
C. Pelze: 1. Hermelin. – 2. Gegenhermelin. – 3. Feh. – 4. Gegenfeh. – 5. Gegenfeh in Plätzen geschacht. – 6. Eisenhütchen. – 7. Gegen-Eisenhütchen.
D. Die wichtigsten Teilungen: 1. Gespalten. – 2. Geteilt. – 3. Schrägrechts geteilt. – 4. Schräglinks geteilt. – 5. Geviert. Eine Kombination von gespalten und geteilt. – 6. Rautenförmig (schräg) geviert. Eine Kombination der Schrägrechts- und Schräglinksteilung. – 7. Geständert. Eine Kombination aus waagerechter und senkrechter Teilung und Einbeziehung der Schräglinien. – 8. Zweimal gespalten. – 9. Balken oder Binde. – 10. Schräglinksbalken. – 11. Schrägrechtsbalken. – 12. Sparren. – 13. Deichselschnitt. – 14. Spitze. – 15. Zweimal gespalten und geteilt in 9 Plätzen. – 16. 8 Felder. – 17. Geschacht.
18. Heraldische Darstellung des Königs von England Heinrich VI. in Turniertracht, gegen 1450. Nach dem »Armorial équestre de l'Europe et de la Toison d'or«. Der Künstler hat seinen Helden wunderbar stilisiert in seinem Bemühen, die Wappen leichter lesbar zu machen. Dennoch hat er kein wesentliches Teil der Turnierausrüstung vernachlässigt, die im einzelnen auf den hierfür vorgesehenen Tafeln dargestellt ist. Man sieht aber, unter der Pferdedecke herausragend, den Fuß des Monarchen, der in einem Schnabelschuh steckt, dessen äußerste Spitze »umgebogen« wurde, um Unfälle zu vermeiden.

1 2 3 4 5 6
1 2 1 2 3 4 5 6 7
2 3 4
18
5 6
7
9 10 11 12 13 14 15 16 17

Heraldik

Die Heraldik oder Wappenkunst, die lange Zeit als die oberste Wissenschaft angesehen wurde, erforderte sehr bald ein spezielles, eigenartiges Vokabular, eine technische Ausdrucksweise, einen regelrechten Fachjargon, der auf einen Laien entmutigend wirkt, aber die Beschreibung eines jeden Wappens möglich macht.

Seit dem 12. Jahrhundert führten die Turnierkämpfer ihre Wappen auf ihren Schilden und seit dem darauffolgenden Jahrhundert auf den Zimieren ihrer Helme. Das erste Buch in der Bibliothek eines Edelmanns war unfehlbar ein Traktat über die Heraldik, und selbst der Mann aus dem Volke erkannte seine Champions ebenso sicher, wenn nicht besser, wie die Fußballfans heute die Farben ihrer Lieblingsvereine kennen.

In Frankreich, dem Land der Turniere par excellence, war das heraldische Vokabular besonders entwickelt und verbreitete sich von hier aus auf die anderen Länder. Dennoch gab es auch dort eigene Bräuche. So wurde zum Beispiel häufig gegen die geheiligte Regel verstoßen, daß niemals Farbe auf Farbe und Metall auf Metall verwandt werden sollte, besonders in Italien, Deutschland und Spanien.

Unsere Illustrationen zeigen einen großen Teil der verschiedenen Heroldsbilder und Schildfiguren. Wir möchten jedoch darauf hinweisen, daß es neben unseren wenigen Beispielen für Kreuze noch mehrere Dutzend andere gab!

Unter den anderen »Schildfiguren« weisen die Amseln ohne Füße und Schnabel, die Münzen und Muscheln wie die einfachen Kreuze auf einen Adel hin, der auf die Kreuzfahrer zurückgeht. Neuere »Schildfiguren« gibt es hundertfach.

E. Heroldsbilder: 1. Schildhaupt. – 2. Schildfuß. – 3. Pfahl. – 4. Balken. – 5. Schrägrechtsbalken. – 6. Schräglinksbalken. – 7. Rechte Flanke. – 8. Linke Flanke. – 9. Bord. – 10. Einfaches Kreuz. – 11. Andreaskreuz. – 12. Erniedrigter Sparren. – 13. Deichsel. – 14. Winkelhauptpfahl. – 15. Umzug (innere Schildeinfassung). – 16. Herzschild. – 17. Frei Viertel. – 18. Galgen. – 19. Rechtes Obereck (kleines Feld). – 20. Raute. – 21. Steigender Keil. – 22. Verkürzte Spitze. – 23. Querliegende Spitze, nach links zeigend. – 24. Querliegende Spitze, nach rechts zeigend. – 25. Erniedrigte steigende Spitze. – 26. Ständer. – 27. Gestürzte Spitze. – 28. Winkelhaupt. – Gelb und Weiß stellen die Metalle Gold und Silber dar, die hier wechselweise, aber völlig austauschbar verteilt sind. Die Zone, die sie auf dem Schild einnehmen, ist jedoch unwiderruflich, so daß man besonders die gestürzte fallende Spitze (22) und die gestürzte Spitze (27) unterscheiden kann.

F. Mischungen und Modifizierungen der Schildteilungen (vorstehende Tafel, Reihe D) und der Heroldsbilder (E): 1. Fünffach gespalten. – 2. Fünfmal geteilt. – 3. Drei linke Schrägbalken. – 4. Drei rechte Schrägbalken. – 5. Vier Stäbe. – 6. Fünf Balken. – 7. Sechs linke Schrägbalken. – 8. Sechs rechte Schrägbalken. – 9. Parallel laufende Leisten. – 10. Gespalten und dreimal geteilt. – 11. Schrägrechts geteilt und schräglinks dreimal geteilt. – 12. Geteilt und dreimal gespalten. – 13. Drei fallende, spitz zulaufende Pfähle. – 14. Drei Sparren. – 15. Gesparrt. – 16. Gewellter gestürzter Sparren. – 17. Gegittert. – 18. Gerautet. – 19. Geweckt. – 20. Geschacht. – 21. Wolkengegenfeh versetzt, dreimal geteilt. – 22. Unten gezahnter Balken. – 23. Zackenbalken. – 24. Balken unten mit Zinnenschnitt. – 25. Gegenzinnenbalken. – 26. Gegenzinnenbalken versetzt. – 27. Balken oben ausgekerbt. – 28. Gerauteter Balken. – 29. Schräger rechter Balken mit ausgerundeter Kante. – 30. Pfahl unten gespitzt. – 31. Schräger rechter Balken, den Schildrand nicht berührend. – 32. Sparren mit ausgebrochener Spitze. – 33. Bord. – 34. Bord mit ausgerundeter Kante. – 35. Umzug. – 36. Bord geständert. – 37. Spitzenschnitt. – 38. Drei Wellenbalken. – 39. Drei Balken, die Schildränder nicht berührend. – 40. Geblümter Innenbord. – 41. Schwebendes Krückenkreuz. – 42. Schwebendes, innen ausgehöhltes Weckenkreuz. – 43. Ankerkreuz. – 44. Schwebendes Prankenkreuz geschweift.

45. Philipp der Gute, Herzog von Burgund, Stifter, erster Großmeister und Souverän des Ordens vom Goldenen Vlies. Wappen: Geviert, 1. und 4. Feld in Blau, besät mit goldenen Lilien, Bord silber und rot geständert (Burgund modern); im 2. Feld schräge rechte Balken Gold auf Blau, rund herum roter Bord (Burgund alt) und schwarz mit goldenem Löwen rot bewehrt und bezungt (Brabant); im 3. Feld Burgund Alt; daneben in Silber roter Löwe golden bewehrt und gekrönt, blau bezungt, mit gespaltenem, gekreuztem Schweif (Limburg); darauf ein Herzschild in Gold mit rot bezungtem und bewehrtem schwarzen Löwen (Flandern). – 46. Guillaume de Vienne, Herr von Saint-Georges, Landeshauptmann von Burgund. Bei Gründung des Ordens vom Goldenen Vlies in Brügge 1429 erhielt er das Patent Nr. 2 eines Ritters vom Goldenen Vlies, die Nr. 1 kam seinem Souverän zu. Wappen: goldener Adler in Rot.

1 2 3 4 5 6 7 8 9 10 11 12 13 14
15 16 17 18 19 20 21 22 23 24 25 26 27 28
F
6
7
8
9
10
45
46
12 13
14 15 16
18 19 20 21 22 23 24 25 26 27 28 29 30
32 33 34 35 36 37 38 39 40 41 42 43 44

G. Figuren: 1. Münzen. – 2. Pechkränze. – 3. Schindeln. – 4. Vierecke. – 5. Ringe. – 6. Monde. – 7. Sterne. – 8. Sonnenschatten. – 9. Komet in Pfahlstellung. – 10. Fünfblättrige Blüte. – 11. Dreiblättrige Blüte. – 12. Drei Haselnüsse in ihrer Schale. – 13. Granatapfel. – 14. Distel. – 15. Rose. – 16. Geneigter Löwe. – 17. Geneigter Löwe gedreht. – 18. Geneigter Löwe mit eingezogenem Schweif. – 19. Schreitender Löwe. – 20. Löwen Rücken an Rücken. – 21. Einander ansehende Löwen. – 22. Leopard. – 23. Gelöwter Leopard. – 24. Adler. – 25. Kleine Adler ohne Schnabel und ohne Krallen. – 26. Kleine Adler mit ausgebreiteten Flügeln, ohne Füße und Schnabel. – 27. Greif. – 28. Drachen. – 29. Einhorn. – 30. Pferd. – 31. Bär. – 32. Wildschwein. – 33. Wildschweinskopf. – 34. Osterlamm. – 35. Ochsenkopf von vorn gesehen. – 36. Eichhörnchen. – 37. Laufendes Windspiel. – 38. Stier. – 39. Delphin. – 40. Kaulköpfe. – 41. Barben Rücken an Rücken. – 42. Chimära. – 43. Sirene. – 44. Mohrenkopf. – 45. Rechte Hand. – 46. Rechte Hand mit Unterarm. – 47. Treue. – 48. Eiche im Boden stehend. – 49. Orangenbaum. – 50. Olivenbaum. – 51. Entwurzelter Baum. – 52. Nordwind. – 53. Amsel ohne Füße und Schnabel. – 54. Entchen. – 55. Tauben. – 56. Rabe. – Zusätzlich zu diesen 56 Figuren findet der Leser einige weitere bei den Wappen der Ritter vom Goldenen Vlies, die auf den Heraldiktafeln dargestellt sind.

Ritter vom Goldenen Vlies: 57. Jean de Roubaix. Hermelin mit rotem Schildhaupt. Die eigenartige Helmzier stellt ein Paar geharnischter Beine dar. – 58. René Pot. Geviert, im 1. und 4. Feld goldener Balken in Blau (Pot); im 2. und 3. Feld silber und schwarz geschacht, darauf zwei mit goldenen Schnallen besetzte rote Rittergürtel, die zwei in roter Scheide steckende Krummsäbel mit goldenen Nieten halten, angeordnet übereinander in Schrägrechtsstellung (Courtejambe). – 59. Roland d'Uytkerke. Schwarzes Kreuz in Silber, belegt mit fünf goldenen geöhrten Muscheln. – 60. David de Brimeu. Geviert, im 1. und 4. Feld drei rote Adler mit blauen Schnäbeln und Läufen auf Silber (Brimeu); im 2. und 3. Feld roter Schrägrechtsbalken in Silber (Mingoral). – 61. Hugues de Lannoy. Drei grüne Löwen mit goldenen Kronen und roten Zungen und Krallen in Silber. Das Wappenschild ist mit einer roten ausgerundeten Kante umrahmt. Sein jüngerer Bruder ist auf der folgenden Tafel, Abb. 3, aufgeführt. – 62. Jean de Commines. Rot, mit goldenem Sparren und goldenem Rand, belegt mit drei silbernen, schwarz gestrichelten Muscheln.

1 2 3 4 5 6 7 8 9 10 11 12 13 14
5 16 17 18 19 20 21 22 23 24 25 26 27 28
57
58
59
60
61
62
L. & F.
FUNCKEN
9 30 31 32 33 34 35 36 37 38 39 40 41 42
3 44 45 46 47 48 49 50 51 52 53 54 55 56

1
2
3
4
5
6
7
8
9
10

1
2
4
5
6
7
L. & F. FUNCKEN
8
9
10

HERALDIK (IV)
(Seite 114)

1. Antoine de Toulongeon. Geviert, 1. und 4. Feld rot mit drei goldenen, gewellten Balken; 2. und 3. Feld rot mit drei silbernen Doppelleisten. – 2. Jean de La Trémouille. Gold, mit Schildrand und Sparren in Rot, dazu drei blaue Adler mit roten Läufen und Schnäbeln. – 3. Gilbert de Lannoy. Silber, mit drei grünen Löwen, die goldene Kronen und rote Zungen und Krallen haben. Wappen am Rand mit roter, gerundeter Zierleiste geschmückt; quer darüber ein blauer Turnierkragen mit drei gleichlangen Zinken. – 4. Johann von Luxemburg. Silber, mit rotem Löwen mit gekreuztem, gespaltenem Schweif, goldenen Krallen und Krone und blauer Zunge, quer darüber ein blauer Turnierkragen mit drei gleichlangen Zinken. Die Helmzier stellte einen Drachen mit herausgestreckter, scharlachroter Zunge dar. – 5. Jean de Villiers de L'Isle-Adam. Gold, mit blauem Schildeshaupt, darauf rechte Hand mit Hermelin und übergehängter Hermelinbinde. – 6. Antoine de Croÿ. Geviert, 1. und 4. Feld silber, mit drei roten Streitäxten (Renty); 2. und 3. Feld silber, mit drei roten Balken (Croÿ). – 7. Robert de Mamines. Blau, mit goldenem Löwen, der rote Krallen und rote Zunge zeigt und auf der Schulter eine rote Lilie trägt. – 8. Jacques de Brimeu. Silber, mit drei roten Adlern mit blauen Schnäbeln und Läufen, dazwischen im Herzen ein roter, wachsender Löwe. – 9. Pierre de Bauffremont. Geviert, 1. und 4. Feld Wolkenfeh gold und rot (Bauffremont); 2. und 3. Feld rot mit drei goldenen fünfblättrigen Blüten (Vergy); mitten darin roter Schild mit drei kleinen silbernen Schilden (Charny). – 10. Philippe de Ternant. Rot und gold geschacht. Die Helmzier stellt eine Dame mit zusammengelegten Händen dar.

Der Orden vom Goldenen Vlies wurde am 10. Februar 1429 zum Lob und Ruhm der Jungfrau Maria und des heiligen Andreas in Brügge gestiftet. Er zählte ursprünglich 31 Ritter, von denen keiner Franzose und Untertan des Königs von Frankreich sein durfte. Beim Tode Karls des Kühnen im Jahre 1477 ging die Großmeisterstelle an Maximilian von Österreich, den Gemahl Marias von Burgund. Das Ordenszeichen ist einem blau geschmelzten, funkensprühenden Feuerstein nachgebildet, mit der Devise »Ante ferit quam flamma micet« – er schlägt, bevor die Flamme leuchtet –, an dem ein goldenes Widderfell hängt. Es ist das Fell aus der Sage des Phrixos, der das Meer auf einem Widder mit goldenem Fell überquert hatte und dieses Fell dann im Tempel zu Kolchis aufgehängt hatte, von wo es die Argonauten raubten.

HERALDIK (V)
(Seite 115)

1. Friedrich, Graf von Meurs. Geviert, 1. und 4. Feld schwarz mit silbernem Doppeladler mit goldenem Schnabel und goldenen Läufen (Saarwerden); 2. und 3. Feld gold mit schwarzem Balken (Meurs). – 2. Simon de Lalaing. Rot mit zehn gefüllten, silbernen Rauten, von denen die erste einen roten jungen Löwen trägt. – 3. Jean de Melun. Blau, mit sieben (drei, drei, eins) goldenen Münzen belegt, goldenes Schildhaupt. – 4. Jacques de Crèvecœur. Rot, mit drei goldenen Sparren. – 5. Jean de Vergy. Rot, mit drei goldenen, durchstochenen fünfblättrigen Blüten belegt, silberner Bord. – 6. Guy de Pontailler. Rot, mit rot bezungtem und bewehrtem goldenen Löwen. – 7. Baudot de Noyelles. Rot, mit drei silbernen Doppelleisten; darüber ein silberner Turnierkragen. – 8. Johann von Luxemburg, Bastard von Hautbourdin. Silber, mit rotem Löwen mit gespaltenem, gekreuztem Schweif, goldener Krone und goldenen Krallen sowie blauer Zunge. Darüber ein blauer, schrägrechter Bastardfaden. – 9. Karl von Burgund, Graf von Charolais. Große burgundische Wappen (siehe Philipp der Gute) mit dem Turnierkragen des ältesten Sohns darüber. – 10. Theobald von Neuenburg. Rot, mit silbernem schrägrechtem Balken.

Alle diese Ritter waren Hauptleute und Kriegsherren, die von ihrem Herrn mit Ehren und Reichtümern überschüttet wurden. Einige fielen im Kampf, z. B. Jean de Villiers, Robert de Mamines und Theobald von Neuenburg. Hugo de Lannoy wurde der Veteran des Ordens und starb im Alter von 72 Jahren. Der wildeste »Lanzenstecher und Turnierkämpfer« war Simon de Lalaing. Einer seiner berühmten Gegner war Karl von Burgund, der ihm im Alter von 18 Jahren erfolgreich gegenüberstand. Johann von Luxemburg wurde auf Befehl von Ludwig XI. enthauptet. Die Ritter vom Goldenen Vlies kämpften gegen die Flamen und die Lütticher, die Engländer und die Truppen des Königs von Frankreich, manchmal sogar gegen die Türken und Tataren.

VIERTER TEIL

BÖGEN, ARMBRÜSTE UND STANGENWAFFEN

Der Bogen

Der Bogen ist seit dem frühesten Altertum bekannt [1] und war eine in ganz Europa verbreitete Waffe, bis die Feuerwaffen aufkamen, und sogar noch über diese Zeit hinaus. Kardinal Richelieu setzte noch im Jahre 1627 englische Bogenschützen-Söldner für den Angriff auf die Insel Ré ein!

Bei den meisten Barbarenvölkern wurde der Bogen in Kriegen nicht verwendet, denn sie betrachteten ihn als eine hinterlistige, kindische Waffe [2], doch wurde diese Meinung zum Beispiel von den Kelten, den Galliern und den Hunnen ganz und gar nicht geteilt.

Bögen gab es in unterschiedlichen Größen, und sie wurden aus verschiedensten Materialien hergestellt. Der berühmteste aller Bögen war der »long bow« der Engländer. Sie hatten ihn im Laufe ihrer ständigen Auseinandersetzungen mit den wilden Galliern schätzen gelernt. Während des Feldzugs von 1280 stellte Eduard I. seine ersten Bogenschützeneinheiten auf – nach dem gallischen Vorbild und mit beträchtlich verbesserter Taktik. Bei den Galliern war der Einsatz des Bogens auf den Krieg aus dem Hinterhalt begrenzt: An ihre Stelle setzte Eduard I. das Schießen in Salven und in großer Zahl.

Im Idealfall sollte der englische Bogen eine Länge haben, die der Größe des Schützen gleichkam. Um seine Maße noch genauer bestimmen zu können, wurde der Abstand zwischen den Spitzen der Mittelfinger bei waagerecht ausgestreckten Armen gemessen. Dieses Maß, das der Größe eines richtig proportionierten Mannes entspricht, gestattete es, auch bei

1 Bestimmte Autoren meinen, daß es ihn schon seit 50 000 Jahren gibt.

2 Vertrauter ist uns der Bogen der nordamerikanischen Indianer, der nur mäßige Wirksamkeit besaß.

weniger gut gebauten Personen die geometrische Idealfigur zu erzielen, die der Bogen, seine Sehne und der Pfeil im Zeitpunkt des Abschusses bilden. Der Bogen war also genau, man möchte sagen nach wissenschaftlich-morphologischen Erkenntnissen, dem Schützen angepaßt.

Kommt zu dieser persönlich angepaßten Waffe noch ein intensives, methodisches Training hinzu, ergibt das einen vollkommenen Bogenschützen. Gerade dies geschah in England, nach einer kurzen Spanne des Niedergangs unter der Herrschaft Eduards II. Sein Sohn Eduard III. hielt sein Volk mit Nachdruck zum Üben an und konnte für seine siegreichen Züge von 1331 und 1333 gegen die Schotten über eine große Zahl von Bogenschützen verfügen.

Jeder Bürger übte das Zielschießen aus dem Stand, und man kann sich vorstellen, mit welcher Begeisterung die Knaben den Erwachsenen nacheiferten: auch sie erhielten Bögen, die ihrer Körpergröße angepaßt waren.

Der Bogen wurde aus Eibenholz hergestellt, nicht aus dieser »guten englischen Eibe«, von der die Überlieferung wissen will, sondern vielmehr aus Eibe, die aus Italien und Spanien eingeführt wurde. Weißulmen-, Haselnuß-, Eschen- und Walnußbaumholz war gleichfalls verwendbar. Der älteste Bogen, den wir entdeckt haben, stammt vom Beginn des 13. Jahrhunderts. Er ist im British Museum ausgestellt.

Der Pfeil wurde, wie man sich vorstellen kann, mit größter Sorgfalt gefertigt.[1] In Frankreich gab es folgende Bezeichnungen für ihn: darde, barbelle, flic, flich, flique, flise, flesse, eslingue, pile, gourgon, passadouz, passador, passadour, passadous, passadoux, sayette, saette, songnolle, raillon, reillon (daher raillonnade = Pfeilschuß). Man sprach von espener oder espenher (mit Pfeilschüssen belegen) in Anspielung auf die Befiederung (empennage, auch empanon, panon, pennon, penne, penart, pennet oder empenne genannt) des Pfeilschaftes.

In Frankreich war die Stadt Mâcon berühmt für die Herstellung von Pfeilen. Der Pfeilmacher nannte sich flégier oder fléchier.

1 In England gab man dem Kiefernholz aus Norwegen den Vorzug vor jedem anderen, z. B. dem Birkenholz.

DER BOGEN (I)

1. Französisch, 10. Jh. – 2. Französisch, 9. Jh. – 3. Italienisch, 10. Jh. – 4. Normannisch, 12. Jh. – 5. Normannisch, 11. Jh. – 6. Italienisch, 11. Jh. – 7. Spanisch, 13. Jh. – 8. Deutsch, 13. Jh. – 9. Französisch, 13. Jh.

Die Kleidung war in unendlich vielen Farbtönen gehalten, doch sollten sie meist neutral sein. Deshalb ist es erforderlich, die Dokumente zu erklären. Die Fig. 6, zum Beispiel, ist einer Handschrift der Geroneser Schule entnommen. Der schwungvolle Autor verfügte lediglich über gelb, blau und rot: er hat diese Farben auf seine Figuren verteilt und dabei lediglich auf die ästhetische Wirkung geachtet und hat ohne zu zögern ein Pferd blau gemalt! Dagegen hat der spanische Miniaturenmaler, der uns als Vorlage für die viel feiner abgestufte Abbildung 7 diente, seinen Bogenschützen stets die gleiche rote Mütze gegeben, was man als Merkmal für ihre Waffengattung ansehen könnte.

1
2
3
4
5
6
7
8
9
L. & F. FUNCKEN

Im Mittelalter hatte der Bogen in Großbritannien einen hervorragenden Stellenwert. Man findet das auch durch zahlreiche Familiennamen bestätigt wie Fletcher (Pfeilmacher), Arrowsmith (Pfeilspitzenschmied), Bownocker und Stringer (beziehen sich auf die Sehne), Archer und Bowman (Bogenschütze), Bowyer (Bogenmacher).

DER BOGEN (II)
DER ENGLISCHE LANGBOGEN

1. und 2. Einzeldarstellung des Vorgangs, wie man die Sehne auf den Bogen legt. Das Abnehmen ging in umgekehrter Reihenfolge entsprechend vor sich, von 2 nach 1. – 3. Das Schießen. Beim Spannen seines Bogens »zog« der Bogenschütze mehr oder weniger 50 kg. Die englischen Bogenschützen (hier des 15. Jh.) hielten sich in Wirklichkeit hinter den schützenden, in den Boden gerammten Pfählen auf. Die Anordnung wurde hier der besseren Verständlichkeit wegen verändert.
Das Schießen: A. Kurze Entfernung. – B. Mittlere Entfernung. – C. Große Entfernung. – Die rote Linie führt auf den Punkt, den das Auge des Bogenschützen über die Pfeilspitze anvisiert. Der weiße Strich gibt die Fluglinie des Pfeils an. Der Pfeil legte etwa 50 Meter zurück, bevor seine Flugbahn durch die Schwerkraft eine Krümmung erfuhr. Unterhalb dieser Entfernung mußte man deshalb einen Punkt *unter* dem Ziel anvisieren (Abb. A). Bei größerer Entfernung mußte man den Schußwinkel höher legen und einen immer höher *über* dem Ziel liegenden Punkt anvisieren (Abb. C). Die richtige Wahl der jeweiligen Punkte ließ sich nur durch jahrelanges, ununterbrochenes Üben erlangen, bis der Schütze endlich »instinktiv« schnell und genau schießen konnte. – Neben dem Zielschießen gab es noch das Winkelschießen, wobei der Pfeil in möglichst großem Winkel 40 bis 50 Meter hoch geschossen wurde. Der Pfeil durchflog dann eine schräge Bahn, beschrieb am höchsten Punkt eine kurze Parabel und fiel dann senkrecht herunter, wobei er große Durchschlagskraft besaß. Mit diesem Verfahren gelang es, den hinter seinem Schild verborgenen Feind zu erreichen. Die Engländer führten das Verfahren in ihren Festungen in Frankreich ein und die Franzosen übernahmen es im Laufe des 15. Jahrhunderts.

Der Bogenschütze

Weil auch die geringste unserer modernen leichten Waffen schreckliche Wirksamkeit besitzt, neigen wir dazu, die Leistung einer einfachen Waffe zu belächeln, die sich in den Händen von Filmhelden auffällig und wirkungsvoll ausnimmt. Welch ein Irrtum! Denn in diesem Fall bleiben die Filmhelden mit Pfeil und Bogen weit hinter der Wahrheit zurück, und der englische Langbogen gewann gleich zu Anfang des Hundertjährigen Kriegs (1337–1453) den Ruf einer furchtbaren Waffe.

Der englische Bogenschütze bezwang die stolze, geharnischte Ritterschaft bei Crécy (1346), Poitiers (1356) und Azincourt (1415) und wurde mit Recht der gefürchtetste Kämpfer Europas. Besonders bei Crécy entschieden König Eduards III. sechstausend Bogenschützen das Schlachtenglück in einem 90-minütigen Kampf.

C
B
A
2
3
1

Diese durchschlagende Wirksamkeit ist leicht erklärlich, wenn man bedenkt, daß jeder Bogenschütze – man wählte die Kräftigsten und Geschicktesten unter den Männern aus, die diesen National-»Sport« betrieben – in der Lage war, in einer Minute sechs gezielte Schüsse auf eine wirksame Entfernung von mindestens 200 Yards (etwa 183 Meter), aber auch auf eine Entfernung bis 400 Yards, abzugeben!

Diese Leistung, die von modernen Historikern angezweifelt wurde, konnte ein amerikanischer Bogenschütze, Dr. Saxton Pope[1], bestätigen. Ihm gelang es, sieben Pfeile in die Luft zu bringen, bevor der erste am Ziel einschlug. Im Jahre 1924 machte ein anderer amerikanischer Fachmann, General Thord-Gray, zwölf Meister im Pistolenschießen lächerlich, indem er von 72 Pfeilen 70 auf eine 70 cm Durchmesser große Zielscheibe plazierte, die 75 Meter entfernt stand, während es seine Gegner zusammengenommen nicht einmal auf seine Punktzahl brachten. Folglich kann man den Behauptungen aus der damaligen Zeit Glauben schenken, was die Gewandtheit von Elite-Bogenschützen betrifft: Sie sollen ein menschliches Ziel in einer Minute über eine Entfernung von 200 Yards zwölfmal getroffen haben!

Im allgemeinen werden die Kraft des Pfeils und seine Durchschlagskraft ebenfalls unterschätzt. Die Berichte der Chronisten, besonders die von Gérald de Galles – er erzählt vom Mißgeschick eines Ritters, der von einem einzigen Pfeil mit einem Durchschuß durch beide Schenkel an sein Pferd genagelt worden war –, schienen ins Reich blühender Phantasie zu gehören.

Die von modernen Fachleuten durchgeführten Versuche haben ergeben, daß der mit Gänsefedern befiederte Pfeil, der bei einer Länge von 90 cm 700 bis 800 Gramm wiegt, auf kurze Entfernung ein neun Zentimeter dickes Eichenbrett durchdrang und dann noch ein 2½ cm dickes Brett aus dem gleichen Holz in 200 Metern Entfernung durchschlug!

1 Sein Buch »Hunting with the Bow and Arrow« (1923) trug kräftig zur Entwicklung des Bogenschießens in den Vereinigten Staaten bei.

1. Deutsch, aus Eiche, 13. Jh. – 2. Orientalisch, aus Stahl, 14. Jh. – 3. Italienisch, 15. Jh. – 4. Italienisch, aus Stahl, 15. Jh. – 5. Französisch, mit Gegenkrümmung, 10. Jh. – 6. Französisch, 13. Jh. – 7. Französisch, orientalisches oder türkisches Modell, 12. Jh. – 8. Desgl. 14. Jh. – 9. Französisch, vom 13. bis 14. Jh. Dieses große Modell sollte den englischen Bogen ausstechen: Es wurde behauptet, er schieße genauer und weiter. Aus Mangel an Übung gelang es dem französischen Bogenschützen nie, es seinem Rivalen gleichzutun. – 10. Englischer Langbogen, 14. Jh.
Pfeile: 11. Aus dem 15. Jahrhundert, 74 cm lang, von der Insel Rhodos stammend. Er gehört zum »Passadoux«-Typ, mit flacher, dreieckiger Eisenspitze. – 12. Französisch, 15. Jh., mit loser Spitze. Der Schaft (a) des Pfeiles war dadurch leichter zurückzuholen. – 13. Englisch, 15. Jh., vom Typ »Darde« mit schwerer Eisenspitze mit Tülle. – A. Befiederung im Schnitt.
Pfeilspitzen: 14.–17. Typ Kniekehlenschneider oder Seilschneider. Abb. 14 nannte man den kleinen Mond und Abb. 15 den großen Mond. – 18. Brandpfeilspitze. – 19.–21. und 26.–28. 14. Jh., aus Eisen mit Widerhaken. Pfeile mit solchen Spitzen nannte man »barbillons« (eigentlich »Widerhäkchen«). – 29.–33. 15. Jh., desgl. – 22, 25, 35, 37–40. Diese Modelle durchdrangen den Ringelpanzer und die gewöhnlichen Panzer. – 31. und 38. Die Eisen mit viereckigem oder dreieckigem Ausschnitt gaben dem Pfeil den Namen »Boujon«, eine Bezeichnung, die jedoch häufiger bei den Waffen des Armbrustschützen vorkommt. – Die Eisen mit Tülle wurden bis zum 15. Jahrhundert benutzt, dann wurde diese Befestigungsart durch Seide ersetzt (Abb. 12, 14, 15, 16, 17, 21, 25, 32, 33 und 37).
41. Fingerschutz. Nach 1500 benutzte man ein Modell für drei Finger.

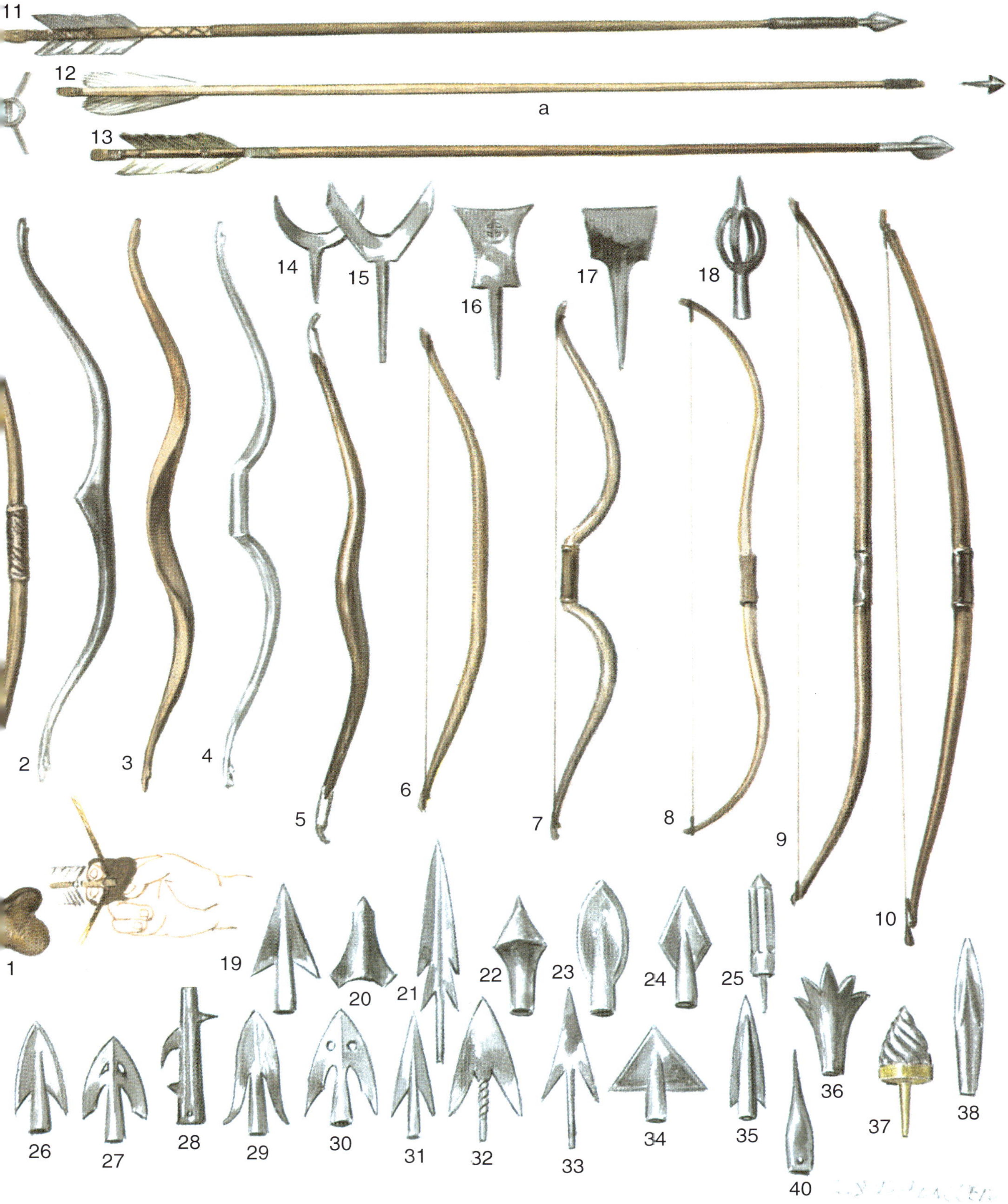

11
12
a
13
14
15
16
17
18
2
3
4
5
6
7
8
9
10
1
19
20
21
22
23
24
25
26
27
28
29
30
31
32
33
34
35
36
37
38
40

Auf eine geringere Entfernung widerstand kein Ringelpanzer und bis zu hundert Metern wurde auch der eiserne Harnisch durchbohrt. Den schlagendsten Beweis für diese unglaubliche Wirksamkeit finden wir in den zahlreichen Bemerkungen, mit denen Harnische je nach ihrer Widerstandskraft gegen Geschosse als »fest« oder »halbfest« eingestuft wurden.

Der Leser wird nun besser verstehen, was die Salve von 6000 Bogenschützen bei Crécy bewirken konnte, zumal da nach 12 Sekunden die nächste folgte ... das heißt fünfmal 6000 Pfeile – 30000 – in sechzig Sekunden! Jeder Bogenschütze trug zwei Dutzend Pfeile bei sich: »Ich habe 24 Schotten in meinem Gürtel«, sagte er. Das Bogenschützen-Korps Eduards III. konnte 144000 Pfeile in vier Minuten abschießen ... womit man auch den entschlossensten Gegner zum Stehen bringen konnte.

Eine solche Schlagkraft bewog die Franzosen, ihrerseits ein Bogenschützen-Korps aufzustellen. Da es an geübten Männern fehlte, wurden Söldner eingestellt, zumeist Italiener, »soudoyers« (Gekaufte oder Gedungene) genannt, die jedoch den englischen, burgundischen oder brabantischen Bogenschützen bei weitem unterlegen waren.

Nach der Niederlage von Poitiers wurden Freikompanien aufgestellt, doch der Adel beeilte sich, sie wieder auflösen zu lassen. Er betrachtete diese aus den unteren Ständen rekrutierten Schützen mit Argwohn. Freimütig erklärt Juvénal des Ursins das so: »In kurzer Zeit waren die Bogenschützen von Frankreich zu so geübten Schützen geworden, daß sie die Engländer übertrafen; und in der Tat, wenn sie sich zusammengetan hätten, wären sie mächtiger gewesen als die Fürsten und die Adligen, und deshalb wurde der König dazu gezwungen, daß er damit Schluß mache.«

Aber der Bogen hatte bereits den Niedergang der schweren Reiterei eingeläutet. Als die Feuerwaffe aufkam und ihr Besitz sich beim einfachen Volk unaufhaltsam verbreitete, hatte die Stunde der stolzen Ritterschaft geschlagen.

Im englischen Heer überlebte der Bogen bis 1595. In diesem Jahr wurde seine militärische Verwendung endgültig durch einen hochoffiziellen »order of council« untersagt.

DER BOGEN (IV)

1. Französisch, 15. Jh. – 2. Deutsch, 14. Jh. Das gleiche Hutmodell konnte auch aus Eisen sein. – 3. Französisch, Mitte 15. Jh. – 4. Deutsch, Anfang 14. Jh. – 5. Englisch, Anfang 15. Jh. – 6 und 7. Französisch, Mitte 15. Jh. – 8. Französisch, Ende 15. Jh. Der Bogenschütze ist nur noch ein leichter Kämpfer zweiter Ordnung. Er war vom Schützen mit der modernen Feuerwaffe verdrängt worden. – Das weiße Kreuz, das auf den Abb. 3 und 8 zu sehen ist, kennzeichnete den französischen Kämpfer seit dem Beginn des 14. Jahrhunderts, als der König von England, Eduard III., seine auf das Festland entsandten Truppen mit einer weißen Tunika ausgerüstet hatte, die auf Brust und Rücken ein rotes Kreuz aufwies. Zur gleichen Zeit führten die Schotten das weiße Kreuz des heiligen Andreas ein. Waren die Kreuze zu Anfang sehr groß gewesen, verringerten sich ihre Maße allmählich aber auf die in Abb. 5 gezeigte Größe. – 9. und 10. Freie Bogenschützen des Königs von Frankreich, Karl VII., (Mitte 15. Jh.). Die Schaller, die den Kopf schützt, hatte ein Klappvisier (Abb. 10) oder ein festes Visier (Abb. 9). Im letzteren Fall konnte man die Schaller in den Nacken zurückschieben, um das Gesicht frei zu haben.

1
2
3
4
5
6
7
8
9
10
L. & F. FUNCKEN

Die Armbrust

Die Armbrust, deren Name sich aus dem Lateinischen, von »arcubalista« herleitet (»arcus« – Bogen, »balista« – Wurfmaschine) und auch Armrust, Armborst oder Armbrost genannt wurde, fand schon seit der Mitte des 10. Jahrhunderts im Kriege Verwendung. Wilhelm der Eroberer hatte für die Schlacht bei Hastings 1066 neben seinen Bogenschützen wahrscheinlich auch Armbrustschützen zur Verfügung.

Zu Beginn des 12. Jahrhunderts setzten sich die Truppen Ludwigs des Dicken teilweise aus Armbrustschützen zusammen. Mehr als ein Jahrhundert später benutzte König Eduard I. von England diesen Kämpfer noch in großem Umfang bei seinem Feldzug von 1265 gegen die Gallier. Die Autorin der Alexiade, Prinzessin Anna Komnena, erwähnt den Gebrauch dieser Waffe voller Wohlwollen, und auch Wilhelm von Tyros, der um 1190, etwa 40 Jahre nach ihr, starb, vermerkte die Armbrust in seiner »Geschichte der Kreuzzüge«, einem Werk, das ungewöhnlich aufrichtig und unparteiisch war.

Von der zweiten Lateransynode von 1139 wurde die Armbrust als »artem mortiferam« – todbringende Kunst – und »Deo odibilem« – von Gott gehaßt – mit dem Bannfluch belegt. Das Verbot galt aber nicht für die Verwendung der Waffe gegen die Ketzer. In einem Breve sprach Innozenz III. das Verbot noch einmal aus. In Wirklichkeit zielte es darauf ab, dem gemeinen Volk eine gefährliche Waffe aus der Hand zu nehmen. Philipp August und Richard Löwenherz[1] schlugen die Warnungen in den Wind und rüsteten sich in hohem Maß mit Armbrustschützen aus.

Die unlautere Waffe, die es dem letzten Feigling im Hinterhalt erlaubte, den edelsten der Ritter zu töten, wurde in Frankreich ständig verwendet, und man rüstete Kompanien zu Fuß und zu Pferde damit aus. Es wurde sogar der Titel eines Großmeisters der Armbrustschützen geschaffen, und sein erster bekannter Träger war Thibaud de Montléart. Ludwig der Heilige gab diesen begehrten Posten an Mathieu de Beaume, und der letzte Großmeister war Aymar de Brie, der 1534 starb[2].

1. Ursprüngliche Armbrust, schußbereit: a. Bogen, b. Einbindung, c. Fußbügel, d. drehbare Nuß, e. Säule, f. Abzugstange, g. unterer Säulenhaken (zum Einhängen des Spannseiles des Rollenspanners). – 2. Arbeitsweise des Rollenspanners: a. Unterer Säulenhaken, b. Seilhakenrolle, c. Sehne, d. Nuß. – 3. Zweifingeriger Spannhaken. – 4. Einfingeriger Spannhaken. – 5. Anglonormannischer Armbrustschütze aus dem 12. Jahrhundert: a. Unterer Säulenhaken, b. Seilhakenrolle, c. Sehne. Der Bogen der Waffen bestand wahrscheinlich aus Steinbockhorn. – 6. Gebrauch des Fußbügels und des Spanngürtels mit Spannhaken, Beginn des 13. Jahrhundert. – 7. Hakenspannvorrichtung, Mitte 13. Jh. Am Boden liegt ein Brandbolzen. – 8. Armbrustschütze mit seiner vollständigen Ausrüstung, Ende 14. Jh. – 9. und 10. Bolzen. – 11. Köcher.

1 Richard I. starb durch einen Schuß aus einer Armbrust während der Belagerung der Burg Châlus im Limousin, 1199.

2 Im Jahre 1515 wurde der Posten mit dem des Großmeisters der Artillerie zusammengelegt, der unmittelbar nach dem höchsten Rang, dem Konnetabel, kam.

5
b
a
2
d
b
c
3
4
6
e
d
g
a
f
b
1
c
7
9
10
11
8

Karl IX., von 1560 bis 1574 König von Frankreich, ließ die Armbrust aus der Bewaffnung verschwinden mit dem folgenden Erlaß: »damit nun Bögen und Armbrüste nicht mehr als Wehr verwendet werden, sollen von jetzt an alle Armbrust- und Bogenschützen die Arkebuse anstelle der Bögen und Armbrüste tragen...«

DIE ARMBRUST (II)

1. Armbrust mit Seilwinde a. Windknebel b. bestimmte Armbrüste waren mit einem elastischen Hornplättchen ausgerüstet, das auf das Geschoß drückte und es bis zum Abschuß in der richtigen Lage hielt. – 2. Detail des Flaschenzugsystems der Seilwinde. – 3. Französischer Armbrustschütze vom Ende des 14. Jahrhunderts. – 4. genuesischer Armbrustschütze mit seinem typischen Schild in Form eines langgezogenen Herzens, der ihn schützte, wenn er sich umdrehte, um seine Waffe zu spannen. Man sagte dazu, daß der Soldat »beschildet« sei. – 5. Englischer Armbrustschütze, 15. Jh. Man sieht die Tragegriffe und die Seile, mit denen der Schild über den Rücken gehängt wurde (»Schildfessel«). – 6. Armbrustschütze beim Spannen seiner Waffe. Bei der Seilwinde handelt es sich hier um ein sehr vereinfachtes System ohne Flaschenzug (15. Jh.). – Wir weisen hin auf die Ausbuchtung im Schaft der Armbrüste in den Abb. 3, 4 und 5. Sie ähnelt der Vorrichtung an modernen Gewehren zum Scheibenschießen. Bei beiden gestattet sie, lange und ohne Ermüdung zu zielen, da der linke Arm abgestützt werden kann.

Entwicklung der Armbrust

Die Armbrust wurde dadurch verbessert, daß man ihren Bogen verstärkte und zugleich immer kräftigere Spannvorrichtungen einführte. Zuerst war die Armbrust aus Eibe, junger Ulme oder Ahorn gebaut worden. Später verwendete man Fischbein, Tiersehnen oder auch Holz- und Hornplatten, die sorgfältig verleimt wurden. Zu Beginn des 15. Jahrhunderts werden diese Materialien durch den Stahl verdrängt.

3
a
a
b
4
2
1
5
6

Vorzüge und Nachteile

Die Armbrust hatte den gewaltigen Vorteil, daß man für sie kein langes Training und keine besonderen Körperkräfte benötigte. Sie eignete sich ganz ausgezeichnet für den Belagerungskrieg, denn der Schütze konnte seinem Ziel lange auflauern und es ohne die geringste Ermüdung aufs Korn nehmen. Der Bogenschütze dagegen mußte 50 kg »ziehen«. Das ist eine Anstrengung, die man nicht länger als einige Sekunden durchhalten kann.

Je nach Stärke der Waffe durchbohrte das Geschoß aus der Armbrust auf 60 bis 100 Meter die meisten Panzer.

Dagegen waren das Gewicht der Armbrust und die langsame Schußfolge – höchstens zwei Pfeile in der Minute – im offenen Gelände ein Handikap. Bei Crécy wurde das Gewicht, das der genuesische Armbrustschütze im Dienste des Königs von Frankreich zu tragen hatte, auf 40 kg geschätzt, Waffen, Ausrüstung und Schild eingeschlossen. Man begreift, warum er bei diesem verhängnisvollen Treffen so völlig unwirksam blieb, wenn man sich vorstellt, in welcher Verfassung er nach einem vorausgegangenen Marsch von 30 km gewesen sein muß!

DIE ARMBRUST (III)

1. Geißfuß-Armbrust. Sie hat starke Ähnlichkeit mit der Winden-Armbrust auf der folgenden Tafel. Man erkennt sie an der Stellung der Geißfußknebel (a), die viel näher an der Nuß (b) liegen. An diesem Merkmal lassen sich die beiden Waffen am sichersten unterscheiden, denn sie sind häufig ohne ihre Winde und ohne den Geißfuß überliefert worden. Am Punkt c gibt es jetzt einen Aufhängering und nicht mehr einen Bügel, der bei dieser kurzen Waffe nicht mehr verwendbar ist. – 2. und 3. Arbeitsweise des Geißfußes, auch Hirschfuß (»pied de biche«) oder Hundsfuß genannt. Bei a liegen die Knebel, bei b die Nuß. – 4. Vereinfachter Geißfuß aus Holz. – 5. Armbrustschütze des 15. Jahrhundert mit Geißfuß-Armbrust. – 6. Armbrustschütze im Schutze seines Schildes, um 1400.
7.–22. Armbrustbolzen. Die Abb. 13, 20 und 21 sind Pfeile mit schraubenförmiger Befiederung. Das dickbauchige Modell auf Abb. 13 wurde manchmal als »dondaine« (»valleri« in Liedkehrreimen) bezeichnet und besaß häufig eine Befiederung aus Kupferblättchen. Die Abb. 20 zeigt ein Geschoß des Typs »demi-dondaine« (Halbdondaine). Der früher so verbreitete Liederkehrreim »lafaridondon, lafaridondaine« stammt aus den Soldatenliedern und bedeutete: »a féri dondaine« (die »dondaine« hat getroffen).

2
7
8
a
9
b
a
3
b
c
a
5
1
4
b
a
a
20
19
15
21
6
17
22

Pavesen und Sturmwände

Auf unseren Abbildungen zeigen wir verschiedene Typen großer Schilde, die man Pavesen nannte. Diese sehr leichten Schilde, ohne die man sich den Armbrustschützen nicht vorstellen kann, besaßen eine Armierung aus Leichtholzlatten, die geschickt verleimt waren. Jede Schildseite wurde mit Pferde-, Esels- oder Damwildleder überzogen, das sorgfältig aufgeleimt wurde, d.h. mit einem stark haftenden Klebstoff, Leim, aufgebracht und mit einer Schicht Farbe oder Lack wasserdicht gemacht.

Trotz ihrer relativen Zerbrechlichkeit bildete die Pavese einen ausgezeichneten Schutz. Sie gab nach beim Aufprall der feindlichen Pfeile, so daß sie viel schwieriger aufzuschlitzen war als ein richtiger Bukkelschild, der für den Kampf Mann gegen Mann gedacht war.

Dagegen waren die großen schweren Sturmwände aus sehr hartem Holz oder Eisen. Man verwendete sie bei längeren Belagerungen.

DIE ARMBRUST (IV)

1. Winden-Armbrust: a. Kurbelarm; b. Radkasten; c. Klauen (»Krappe«); d. Zahnstange; e. Windfaden, Bausch; f. Windknebel. Die Winde wie der Geißfuß werden in Frankreich fast immer mit der Bezeichnung »cranequin« angegeben. Tatsächlich bezeichnete vom 14. bis zum 16. Jahrhundert der »cranequin« – vom wallonischen »crènekin« = Armbrust – eine Reiter-Armbrust, die mit Hilfe des Geißfußes oder der Winde gespannt wurde, denn diese Vorrichtungen waren einfacher zu handhaben als das Flaschenzugsystem der großen Armbrust, die sich zu Pferde nicht gebrauchen ließ. – 1a. Arbeitsweise: A. Die nach hinten geführte Sehne a bringt die Nuß b zum Kippen und die Abzugstange d faßt in die Abzugsraste c; bei A^1, Ansicht der eingeklinkten Nuß; B. Drückt man den Abzug e, gibt das Stangenende d die Abzugsraste c frei und die Nuß läßt die Sehne vorschnellen, die damit das Geschoß abschießt; die Nuß hat gleichzeitig die neutrale Position eingenommen, aus der die Waffe erneut nach Schema A geladen werden kann; bei B^1, Ansicht der ausgeklinkten Nuß.
2. Cranequinier oder Crennequinier (Armbrustschütze) der Leibwache Karls des Kühnen im Jahre 1473. – 3. Große Pavese für die Belagerung, geschweift, vom Beginn des 15. Jahrhunderts. – 4. Sturmwand für die Belagerung, 15. Jh. – 5. Berittener Armbrustschütze aus einem Ordonnanztrupp Karls des Kühnen, 1473.

1a
a
b
c
d
e
A
B
A1
B1
1
a
b
c
d
e
f
2
3
4
5

Stangenwaffen und Kriegsvolk

Streithämmer (je nach Größe des Hakens nannte sich der Hammer Papageienschnabel, Habichts-, Falken- oder Rabenschnabel): 1. Englisch, 1420. – 2. Deutsch, zweite Hälfte 15. Jh. – 3. Deutsch, Ende 15. Jh. – 4. Deutsch, Ende 14. Jh. – 5. Französisch, zweite Hälfte 15. Jh. – 6. Französisch, Mitte 15. Jh. – 7. Schweizerisch, 15. Jh. – 8. Französisch, Ende 15. Jh. – 9. Hussitisch, 15. Jh. – 10. Deutsch, Mitte 15. Jh. – 11. Französisch, Ende 14. Jh. – 12. Französisch, Mitte 15. Jh. – 13. Französisch, 15. Jh. – 14. Deutsch, 14.–15. Jh. – 15. Englisch, Ende 14. Jh. – 16. Französisch, genannt Klopfkeule oder Schlegel, Ende 14. Jh. – 17. Französisch, Piker genannt, 1350. – 18. Französisch, Schlegel genannt, 1440. – 19. Italienisch, 1480. – 20. Deutsch, 15. Jh. – Die in Abb. 7, 8, 13, 15, 16, 17 und 18 dargestellten Waffen waren auf lange Schäfte montiert und dienten nur den Fußsoldaten.

Streitkolben: 21. Englisch, 1470. – 22. Deutsch, zweite Hälfte 15. Jh. – 23. Englisch, 1300. – 24. Französisch, Mitte 15. Jh. – 25. Französisch, Ende 14. Jh. – 26. Französisch, Ende 12. Jh. – 27. Englisch, Mitte 15. Jh. – 28. Deutsch, 14. Jh. – 29. Französisch, Anfang 15. Jh. – 30. Französisch, Ende 15. Jh. – Obgleich diese Waffen so einfach aussehen und ziemlich klein sind, waren sie unendlich viel gefährlicher als Lanze und Schwert. Immer wieder wurde versucht, sie verbieten zu lassen, denn auch für die besten Rüstungen waren sie verheerend. Die Harnische bekamen durch sie tiefe Beulen und wurden auch eingeschlagen. Sie verschwanden erst, als die Pistole aufkam. Man fragt sich, warum die Ritter ständig, wenn auch vergeblich, Versuche unternahmen, diese Waffen loszuwerden. Da sie Krieger par excellence waren, hätte man von ihnen eher entgegengesetzte Bemühungen erwartet, nämlich die Suche nach wirksamen Waffen. Auch die Keule, eine Abart des Streitkolbens (Abb. 26), triumphierte über die bei den Feudalherren bis zum 13. Jahrhundert geltenden Abkommen.

Kriegsflegel: 31. Deutsch, 15. Jh. – 32. Hussitisch, 15. Jh. – 32a. Diese Waffe, die mit nagelbesetzten Kugeln ausgestattet war, nannte sich in England und Deutschland Skorpion. Unter dem Namen »étrier d'armes« wurde die Waffe auch in Flandern und Nordfrankreich verwendet. – 32b. Bestückung einer Kriegspeitsche. – 32c. Bestückung einer Ketten-»Plommée« (eine Art Streitkolben aus Blei). – 33. Französisch, 12. Jh. – 34. Deutsch, Mitte 15. Jh. – 35. Französisch, Anfang 15. Jh. – 36. Hussitisch, 15. Jh. – 37. Schweizerisch, 15. Jh. – 38. Französisch, 14. Jh. – 39. Deutsch, Mitte 15. Jh. – 40. Schweizerisch, mit Rute oder mit Lenkstange, 15. Jh. – Filmemacher und Zeichner zeigen uns häufig spektakuläre Flegel mit langen Ketten, an deren Ende der Kolben eindrucksvolle Kunststücke vollführt. In Wirklichkeit waren diese Ketten höchstens drei Viertel so lang wie der Stiel, so daß der Kolben nicht auf die Hand des Benutzers der Waffe zurückschlagen konnte. Die Engländer haben diese Waffe humorvoll »holy water sprinkler« (Weihwasserspender) getauft.

41. Fußsoldat im Schutz der Pavese und mit dem Streithammer mit langer Spitze und Stichblatt bewaffnet, 1440.

1
2
3
4
5
6
7
8
9
10
11
12
13
14
15
17
18
19
20
21
22
23
24
25
26
27
28
29
30
31
32
32a
32b
32c
33
34
35
36
37
38
39
40
41

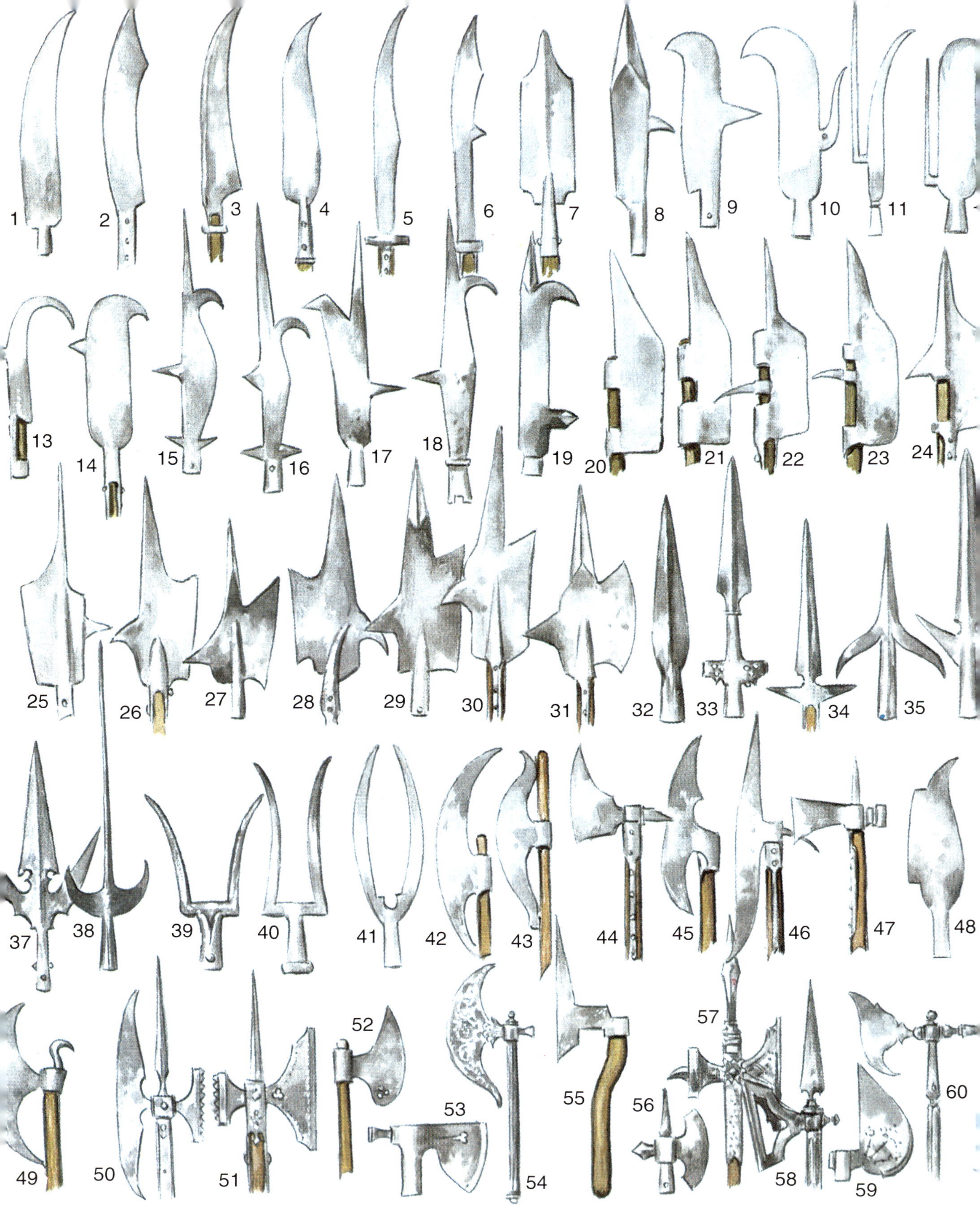
1
2
3
4
5
6
7
8
9
10
11
13
14
15
16
17
18
19
20
21
22
23
24
25
26
27
28
29
30
31
32
33
34
35
37
38
39
40
41
42
43
44
45
46
47
48
49
50
51
52
53
54
55
56
57
58
59
60

BLANKWAFFEN (II)

1.–3. Kriegssensen aus dem 14. Jahrhundert. Diese einfachen Waffen, die aus einer um 90 Grad aufgerichteten Sensenklinge bestanden, lassen sich keinem bestimmten Land zuordnen. Sie waren improvisierte Stichwaffen, die sich das Volk bei seinen ersten Aufständen verschaffte.
Hippen: 4. Schweizerisch, 14. Jh. – 5. und 6. Französisch, auch Breschenmesser genannt, 15. Jh. – 7. Englisch, Ochsenzunge genannt, 15. Jh. – Aus dem ursprünglichen Ackerbaugerät ist ein Kriegsgerät geworden, das fast nicht mehr zu erkennen ist, so daß es gelegentlich andere Namen bekommt, die den Träger mehr befriedigten als die Bezeichnungen Hippe oder Sichel, aus denen sich die bäuerliche Herkunft der Waffen zu deutlich ablesen ließ. So verschwanden diese Namen in den letzten Jahren des 15. Jahrhunderts.
Glefen (»Roßschinder«) 8. Französisch, Ende 14. Jh. – 9. Französisch, auch »goyard« genannt, Anfang 15. Jh. – 10. Italienisch, Schwertbeil genannt, 15. Jh. – 11. Englisch, Schwertbeil genannt, Ende 15. Jh. – 12. Französisch, »bédoil« oder »bedouche« genannt, Anfang 14. Jh. – 13. Schweizerisch, 13. Jh. – 14. Schweizerisch, Ende 15. Jh. – 15. Schweizerisch, Mitte 15. Jh. – 16. Englisch, zweite Hälfte 15. Jh. – 17. Italienisch, Mitte 15. Jh. – 18. Englisch, zweite Hälfte 15. Jh. – 19. Schweizerisch, Ende 15. Jh.
Frühe Helmbarten: 20. Schweizerisch, 1300. – 21. Deutsch, Mitte 14. Jh. – 22. Deutsch, zweite Hälfte 14. Jh. – 23. Schweizerisch, zweite Hälfte 14. Jh. – 24. Französisch, Ende 14. Jh. – Die Klinge, die sichtlich von der Pflugschar hergeleitet ist, entwickelte sich zu verfeinerten Formen weiter, wie es auch die Kriegssense tat. Sie bekam einen Haken und begann damit ihre langsame Wandlung, die aus ihr die berühmte Helmbarde werden ließ. Diese Verwandlung vollendete sich unserer Meinung nach in dem Augenblick, als sich das Eisen samt Spitze, Beil und Haken aus einem einzigen Stück schmieden ließ.
Helmbarden: 25. Französisch, Beginn 15. Jh. – 26. Deutsch, erste Hälfte 15. Jh. – 27. Schweizerisch, erste Hälfte 15. Jh. – 28. und 29. Deutsch, Mitte 15. Jh. – 30. Deutsch, zweite Hälfte 15. Jh. – 31. Deutsch, Ende 15. Jh.
Knebelspieße und Korseke (Runka): 32. Englischer Knebelspieß, 15. Jh. – 33. Italienischer Knebelspieß, 15. Jh. – 34. Deutsche Korseke, 15. Jh. – 35. Burgundische Korseke, 15. Jh. – 36–38. Italienische Runkas, 15. Jh. – Die Korseke, corsecque oder corsesque wurde »Fledermaus« genannt, wenn die Ohrlöffel gezahnt und aufgerichtet waren (Abb. 37); waren die Ohrlöffelchen nach unten gebogen, nannte man sie manchmal »roncone«. Aus diesen Waffen hat sich die Partisane der folgenden Jahrhunderte entwickelt (siehe Band II), obgleich der Name Partisane im 15. Jahrhundert in Deutschland für die unter Abb. 34 gezeigte Waffe verwendet wurde.
Kriegsgabeln: 39. Hussitisch, 15. Jh. – 40. 1450. – 41. Deutsch, 15. Jh.
Streitäxte (Stangenwaffen): 42. 1250. – 43. 1260. – 44. Deutsch, Ende 14. Jh. – 45. Deutsch, 15. Jh. – 46. und 47. Schweizerisch, 15. Jh. – 48. Deutsch, 15. Jh. – 49. Schottisch, 15. Jh. – 50. 1450. – 51. Mitte 15. Jh.
Reiterstreitäxte: 52. 1200. – 53. 1400. – 54. Türkisch, Ende 15. Jh. – 55. 15. Jh. – 56. Erste Hälfte 15. Jh. – 57. Zweite Hälfte 15. Jh. – 58. 1470. – 59 und 60. Ende 15. Jh.

DIE FLÄMISCHEN BÜRGERWEHREN IM 13. JAHRHUNDERT

(Seite 138)

1. Fußsoldat mit dem »goedendag« – flämisch für: »Guten Tag« –, grausamer Spitzname für eine Stichwaffe, deren pfriemartige Spitze mit einer Zwinge auf einem Schaft befestigt war. Sie ließ sich leicht herstellen und war höchst wirkungsvoll. Der Goedendag, leicht entstellt auch »godendac«, »godendaz« und »godendart« genannt, ist von Froissart beschrieben und auf den Fresken von Leughemeete dargestellt worden. Manche Autoren wollten in dieser Waffe eine Art Hellebarde sehen, andere einen Sauspieß. – 2. Soldat der Gemeindemiliz von Gent, der der Zunft der Tuchscherer angehörte. Die Geste der Bürgerwehrsoldaten, »die ein wenig Heimaterde an die Lippen hoben«, als die berühmte Schlacht bei Courtrai begann, ist häufig beschrieben worden. Sehr wahrscheinlich bestand diese Zeremonie vielmehr darin, daß ein Brocken Erde in den Mund geschoben wurde, um anschaulich zu machen, daß die Soldaten zum Opfer ihres Lebens bereit waren. – 3. Milizsoldat von Alost. – 4. Bannerträger der Zunft der Brügger Fleischer. – 5. Zu Fuß kämpfender Ritter mit verkürzter Lanze. Da die Reiterei zahlenmäßig klein war, hat man zu Unrecht oft daraus gefolgert, daß das städtische Patriziat und der Adel sich an den Bürgerheeren nicht beteiligt hätten. – 6. Banner der Weber von Brügge. – 7. Banner von Flandern. Es wurde einem besonders tapferen Ritter anvertraut. – 8. Banner der Gemeinde Gent. Der Bannerträger war Ritter und gehörte zur Klasse der Rentiers. – 9. Banner von Ypern. – 10. Armbrustschütze. Diese Kämpfer standen wie die Bogenschützen in dem Ruf, große Geschicklichkeit zu besitzen. Er trägt das Wappen des Jean de Namur, der den Flamen für die Schlacht von Courtrai zu Hilfe geeilt war. Die Flamen erhielten noch weitere Unterstützung, z. B. von Jean de Renesse, Guillaume de Juliers, Henri de Lonchin.
Die Gemeindemilizen spielten schon im 11. Jahrhundert eine entscheidende Rolle. Besonders die Milizen des Fürstentums Lüttich widersetzten sich den Absichten des deutschen Königs Heinrich V., des Grafen von Namur Heinrichs des Blinden und des Herzogs von Brabant Heinrichs I. Die brabantischen Milizen Johanns I., des Schützers der gemeindlichen Freiheiten, entrissen ihrerseits Limburg den deutschen Fürsten, die für die Feudalherrschaft eintraten. Danach erhob sich Flandern gegen die Herrschaft Frankreichs und vernichtete 1302 das Heer Philipps des Schönen bei Courtrai in der berühmten Schlacht der goldenen Sporen. Der militärische Wert der Gemeindemilizen wurde jedoch zu hoch eingeschätzt: Es fehlte ihnen an Homogenität, Ausbildung und Disziplin. Sie siegten nur durch zahlenmäßige Überlegenheit. Gegenüber einem gut geführten Gegner und einer immer besser werdenden Artillerie erlitten sie Niederlage auf Niederlage; die Flamen bei Cassel im Jahre 1328 und bei der Belagerung von Tournai im Jahre 1340, die Lütticher bei Waleffe im Jahre 1347, die Brabanter im Jahre 1372, die Flamen noch einmal vor Oudenaarde 1379, bei Nevele 1381 und schließlich bei Roosebeke 1382, wo das französische Heer Philipps des Kühnen den Niedergang der städtischen Macht besiegelte. Die Lütticher bezahlten 1408 bei Othée, die Genter bei Gavre im Jahre 1453, die Dinanter 1466, und noch einmal die Lütticher bei Brusthem 1467 und bei Lüttich 1468 die letzten Versuche zur Verteidigung ihrer demokratischen Autonomie mit schrecklichen Blutbädern.

1
2
3
4
5
6
7
8
9
10
L.-F. Funcken

1
2
3
4
5
6
7
8
9

KRIEGER DES 14. UND 15. JAHRHUNDERTS
(Seite 139)

1. Mitte 14. Jh. – 2. Mit dem Kettenhemd (Ringelpanzer), Mitte 14. Jh. – 3. Mit dem Waffenrock, 1370. – 4. Mit Gambesson und eisernem Brustharnisch, 1400. – 5. Mit dem Waffenrock und der Darde oder kurzen Lanze, 1420. – 6. Mit Leinenüberhemd, 1425. – 7. Mit Kettenhemd und Brigantine, 1440. – 8. Mit Überhemd und kleinem Rundschild, »boce« genannt, 1440. Daß diese Figur keine Beinschienen trägt, liegt nicht an irgendeiner Vorschrift, sondern daran, daß der Fußsoldat sie nicht tragen mag. – 9. Ritter gegen Ende des 14. Jahrhunderts mit der als »Krebs« bezeichneten Waffengarnitur.

ENTWICKLUNG DER RÜSTUNG DES 15. JAHRHUNDERTS

1. Übergangsrüstung zwischen Ringelpanzer und ganzem Harnisch, mit dem Samtpanzerhemd, das mit gehärteten Stahlplatten verstärkt war. 1400. Rechts davon das Profil der Beckenhaube mit ihrem Gesichtsteil in Form der »Hundeschnauze«, der »Hundsgugel« der Deutschen. – 2. Aufkommen des Brustharnischs und seiner Verstärkung, des »volant«, dem Vorläufer der »pansière«, (des unteren Schiftstückes). 1420. Rechts daneben das Profil des Visierhelms mit dem Ösenbesatz der ersten Modelle, an denen noch die Helmbrünne festgemacht wurde. – 3. Mit dem Helm, genannt »bicoquet«. 1440. – 4. Mit der großen Beckenhaube, 1450. – 5. Mit einer Schaller mit Visier, dem Visierhelm ähnelnd. 1480. – 6. Rüstung mit den Brechrändern. Der größere auf der linken Schulter wurde der »große Brechrand« genannt. 1490. Der Visierhelm zeigt im Profil seinen »Sperlingsschnabel«, den »becco di passero« der Italiener. – Auf den anderen Tafeln werden viele Zwischentypen gezeigt sowie auch zahlreiche Abarten mit ihren nationalen Eigenheiten.

FÜNFTER TEIL

DIE RÜSTUNG

Haubert und kleiner Haubert

Auf den ersten Seiten haben wir von der Ausrüstung der frühen Ritter [1] und der Entwicklung der Brünne zu einer den ganzen Körper bedeckenden Schutzkleidung aus Ringgeflecht gesprochen.

Der Haubert

So bezeichnet man heute allgemein das Gewand in Form einer Tunika mit Kapuze, das mehrere Jahrhunderte lang getragen wurde, bevor man begann, sie mit immer mehr und schließlich den Körper ganz umschließenden Leder- oder Metallstücken zu verstärken.

Man sollte hier die Ansicht nicht unerwähnt lassen, die François Buttin [2] geäußert hat und die auf die ursprüngliche Bedeutung des Begriffs Haubert zurückgeht. Der Haubert, abgeleitet von »Hals« und »bergen« – verstecken, in Sicherheit bringen, war eine Kopf, Hals und Schultern bedeckende Kappenform. Nur der Ritter hatte das Vorrecht, ihn zu tragen.

1 Das Wort »adoubement« (im Original verwendet, d. Ü.) hat zwei Bedeutungen: die Zeremonie, in der der junge Adlige zum Ritter geschlagen wurde, und (wie hier) die Ausrüstung, die er bei dieser Gelegenheit erhielt.
2 »Du costume militaire au Moyen Âge et pendant la Renaissance.«

1

2

3

4

5

6

Einen Beweis unter vielen für diese Ansicht liefert uns der berühmte Chronist Jean, Sire de Joinville (1224–1317), der zur Zeit Ludwigs des Heiligen lebte. In seinen »Mémoires« erklärt er, warum er nicht an der Schlacht von Taillebourg (1242) teilgenommen hat: da er erst im Jahre 1245 zum Ritter geschlagen wurde, hatte er vorher nicht das Recht, den Haubert zu tragen: ». . . car je n'avoie onques lors haubert vestu«.

In dieser kriegerischen Epoche war die Stammrolle in Friedenszeiten dieselbe wie in Kriegszeiten. Die großen Lehnsträger hatten als Gefolgschaft ihre Barone, die ihrerseits Bannerritter hatten, welche wiederum unter ihrer Fahne die einfachen Ritter zusammenfaßten. Diese Ritter, die wesentlichen Glieder einer »Lanze«, einer taktischen und gewachsenen Einheit[1], bekamen jeder Grundbesitz als Lehen, genannt Ritterlehen oder Haubertlehen. Auf diesem Grundbesitz lebten sie. Wäre der Haubert das berühmte »Ringelpanzerhemd« gewesen, hätte diese Bezeichnung keinerlei Sinn gehabt, da ja alle Kämpfer damit ausgerüstet waren.

Der Haubert, der mit dem konischen Helm getragen wurde, verschwand in dem Augenblick, da die Beckenhaube eingeführt wurde. Dieser Helm, der sich besser einpassen ließ und der vorzugsweise mit einer Helmbrünne getragen wurde, war an seinem Befestigungssystem zu erkennen: an den Befestigungsösen. Nun verlor der Haubert allmählich seine Bedeutung als Erkennungszeichen und Symbol und wurde im Laufe des 14. Jahrhunderts sozusagen »Gemeingut«. Er diente nun nur noch den einfachsten Kämpfern, dem gewöhnlichsten Fußvolk als Bedeckung.

GANZER HARNISCH IM 15. JAHRHUNDERT

1. Vorderansicht: a) Helmschmuck; b) Helmglocke; c) Sehschlitz; d) Visier; e) Wangenschutz; f) Kinnreff; g) Kragen; h) Brechrand; i) Schulter (Vorderflug); j) Rüsthaken; k) Schnallriemen; l) Oberarmröhre; m) Armkachel; n) Brust, geschiftet; o) Unterarmröhre; p) Fausthandschuh (Hentze); q) Bauchreifen; r) Beintasche; s) Diechling; t) Muschel des Kniebuckels; u) Kniebuckel; v) Beinröhre; w) Schuh. – 2. Rückansicht: a) Stielscheibe; b) Schulter (Hinterflug; die Hinterflüge waren nicht immer geschoben); c) Rücken, geschiftet; d) Gesäßreifen; e) Gesäßtasche; f) Flankentasche; g) unterer Teil des Ringelpanzers.
3. Visierhelm im Profil. Der rote Strich gibt die Linie des hochgeschlagenen Visiers und den Ausschnitt des Kinnreffs an; x bezeichnet das Loch, in dem der Federbusch befestigt wurde. – 4. Die rechte Armkachel im Profil gesehen. – 5. Die linke Armkachel im Profil. Dieses Teil, wie auch die linke Schulter, war stärker entwickelt, um die Seite, die den Hieben am meisten ausgesetzt war, besser zu schützen. – 6. Ansicht des linken Kniebuckels mit seiner Muschel.
Dieser Harnisch basiert auf einem italienischen Modell von etwa 1450. Das war die Zeit, in der die Plattner den Gipfel ihrer Kunst erreicht hatten. Diese nach Maß gearbeiteten Harnische wogen ungefähr 25 kg für einen etwa 1,60 m großen Mann.

1 Wir haben diesen Begriff bereits früher genau erläutert

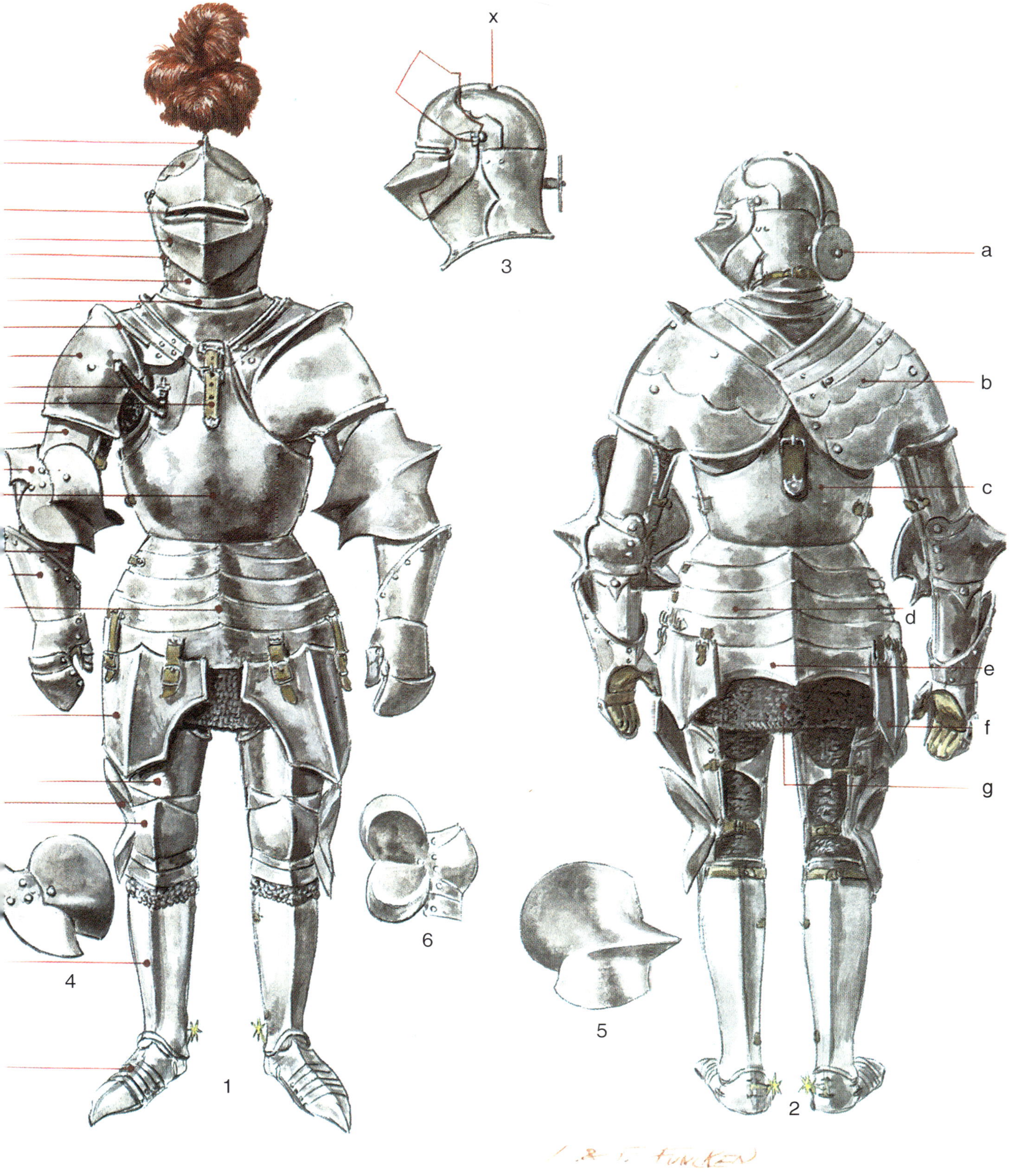
x
3
a
b
c
d
e
f
g
1
2
4
5
6
L. & F. FUNCKEN

Der kleine Haubert

Der »haubergon« – von »haubert-gone«[1] –, der heute als ein kleiner Haubert[2] angesehen wird, war ein Kleidungsstück, das bis zu den Knien hinabreichte, angesetzte Ärmel und eine Kapuze hatte, die den Kopf umschloß. Er stellte die erste Kriegsuniform dar, die schon im 12. Jahrhundert vorgeschrieben war, und die erst in der zweiten Hälfte des 16. Jahrhunderts verschwand. Ihr hat die moderne Sprache den Namen Haubert gegeben. F. Buttin hat sich über dieses Thema ausführlich und kompetent geäußert.

Mit viel bescheidenerer Argumentation wollen wir zur Stützung dieser These einen berühmten Abschnitt aus »Pèlerinage de la vie humaine« vom Ende des 13. Jahrhunderts anführen. Er zeigt uns einen Waffenträger, der sich für den Kampf vorbereitet und die verschiedenen Teile seiner Ritterrüstung anlegt. Man sieht dort den »haubergon« – und dazu den Satz: »Donc le haubergeon je pris« – in Form einer schweren und langen Tunika, in allen Punkten unserem modernen »haubert« vergleichbar und in keiner Weise ein »Haubert von reduzierten Ausmaßen«.

Ein schönes Studienthema für die Philologen!

DEUTSCHE RÜSTUNGEN IM
13. UND 14. JAHRHUNDERT

1. Bannerträger Rudolfs von Habsburg im Jahre 1285. – 2. Ritter, 1360. – 3. Bannerträger der Pfalzgrafen bei Rhein im Jahre 1350. – 4. Arme und Beine sind durch Leder geschützt, das mit Eisenschienen gepanzert ist. 1360. – 5. Äußere »Eisenbrust«. 1360. – 6. Man sieht hier, wie auf den Schienbeinen schüchtern Metallplatten auftauchen. 1370. – 7. Rüstung aus Plattenteilen, genannt »Spangenharnisch«, kombiniert mit der eisernen »Brust« und ihren vier Waffenketten. Die Eisenbrust wurde im allgemeinen unter dem Waffenrock verborgen. 1350.
Alle diese Rüstungen bilden einen Übergang zwischen dem Ringelpanzer und dem ganzen Harnisch. In Deutschland wurden die Waffenketten besonders viel benutzt und Ringelpanzer länger getragen als anderswo. Diese übertriebene Vorliebe wurde dadurch begünstigt, daß ein Handwerker aus Nürnberg, mit Namen Rudolf, Ringe aller Größen und Arten zu niedrigen Preisen herstellen konnte.

1 »Gone« oder »gonelle« bezeichnete eine Tunika mit Ärmeln, die bis zu den Knien reichte (vgl. englisch »gown«, Kleid).
2 Es handelt sich um den Gegenstand, der in französischen Nachschlagewerken (Littré, Große Enzyklopädie Larousse, »großer« Robert) als »haubergeon« (mit einem e) geführt wird. In den Lexika kommt die Form »haubergon«, die wir gewählt haben, nicht vor.

1
2
3
4
5
6
7

Entwicklung der Rüstung

Statt eines Textes, der durch die zahlreichen Abbildungen von Rüstungen in diesem Band überflüssig wird, möchten wir dem Leser eine tabellarische Chronologie über die Entwicklung von Rüstung und Helm zwischen dem 13. und 15. Jahrhundert bieten.

	Rüstung	Helm
um 1250	Aufkommen der Schulterschilde	Topfhelm
um 1300	Aufkommen der ersten Verstärkungen mit gestählten »Platten« auf den Schultern (Achselschilde), an den Knien (Kniebuckel), den Ellbogen (Ellbogenkacheln), den Schienbeinen (Beinröhren)	Topfhelm
1300	Aufkommen eines Vollschutzes für die Arme »in Röhrenform«, 50 Jahre vor der allgemeinen Verbreitung; die Brust wird mit mehr oder weniger zahlreichen, gewölbten Platten geschützt, die mit Gewebe bedeckt sind (Rüsthemd, »cuirassine«, Lederpanzer, »cuirasse«)	Erste Beckenhauben mit knollenförmig gewölbten oder rüsselförmigen Visieren
um 1350	Aufkommen der »Eisenbrust« mit ihren Ketten (1 bis 4), an denen Dolch, Schwert, Schild und Topfhelm hängen; Arme und Beine voll umschlossen	Topfhelm; die Beckenhaube mit Helmbrünne und Nasenschutz wird allgemein üblich; Beckenhaube mit Visier, Eisenhut, Schaller

DEUTSCHE RÜSTUNGEN DES 14. UND 15. JAHRHUNDERTS

1. Banner des Heiligen Römischen Reiches deutscher Nation. Der Ritter trägt einen Harnisch mit Kastenbrust. – 2. Standarte der Reiterei der Herzöge von Bayern, gegen 1450. Der Ritter ist behelmt mit einer Schaller mit Bart, die eine Helmdecke und einen Helmschmuck hat, wie es bei den großen Topfhelmen üblich war. Für die Schaller ist das eine Ausnahme. – 3. Banner der sächsischen Reiterei, um 1430. – 4. Banner Böhmens. – 5. Große Standarte der hussitischen Reiterei. – 6. Infanteriefahne der Hussiten. – 7. Hussitische Standarte. Gans und Kelch waren die Embleme der Anhänger des Jan Hus, die unter der Führung des Jan Žižka kämpften. – 8. Rüstung für den Kampf zu Fuß, mit Tonnenrock und Kastenbrust, um 1450. Der Rüsthaken, der die Lanze stützen soll und hier überflüssig ist, läßt den Schluß zu, daß der Tonnenrock abnehmbar war und sich durch die klassischen Bauchreifen ersetzen ließ, so daß dieser Harnisch auch zu Pferde getragen werden konnte. – 9. Fußsoldat aus der ersten Hälfte des 15. Jahrhunderts, mit einem Panzer aus dachziegelartig übereinandergreifenden Plättchen.

1
2
3
4
5
VERITAS VINCIT
6
7
8
9

	Rüstung	Helm
um 1360	Aufkommen des Rüsthakens, der die gerichtete Lanze stützen sollte	
um 1370	Erstes Auftreten des ganzen »blanken Harnisch«	Topfhelm mit »Krötenkopf«; Beckenhaube mit Visier
um 1380	Bauchschutz mit Plattenteilen (»Folgen«), Spangenharnisch	Beckenhaube mit »Hundeschnauze« (»Hundsgugel«), Barbuta
um 1395	Aufkommen der Beintaschen	Große Beckenhaube, der Kriegstopfhelm kommt außer Gebrauch
um 1410	Rüstungen mit Brust- und Bauchreifen	
um 1430	Die Kannelüren an den Muscheln der Ellbogenkacheln und der Kniebuckel erscheinen	
um 1450	Der ganze Harnisch erlangt Vollkommenheit	Bicoquet, Visierhelm mit Ösenbesatz, dann mit Kragen; die Schaller macht dem Visierhelm Konkurrenz
um 1460	Kurze geschobene Beintaschen	
um 1475	Die Kannelüren werden Allgemeingut und zahlreicher, bes. in Deutschland; Italien und Deutschland liefern die schönsten, die sog. ›gotischen«[1], Stücke	Die elegante Schaller wird allgemein eingeführt

ENGLISCHE RÜSTUNGEN (I)
13., 14. UND 15. JAHRHUNDERT

1. Eisenhut mit Kinnschutz, Lederpanzer (genannt »cuirie«), Ellbogenkacheln und Kniebuckel aus Metall. 1220. Zu erkennen ist der »Pseudo-Ringelpanzer« (quasiguénées), und zwar an dieser Figur wie auch an Nr. 3, 5 und 6. – 2. 1277. Der an der Stirn des Mannes sichtbare Lederriemen diente dazu, das Visier oder den Kinnschutz des Hauberts festzumachen, auf dem der zylindrische Topfhelm saß. – 3. und 4. 1325. – 5. 1327. – 6. 1330. Die Kette, die über die linke Schulter läuft, hält den auf den Rücken gehängten Topfhelm. – 7. 1360. – 8. 1364. – 9. 1384. – 10. 1397. – 11. 1401. – 12. und 13. 1410.
Diese Tafel zeigt die Entwicklung der Rüstung, die zunächst auf Ellbogenkacheln und Kniebuckel beschränkt ist und dann allmählich die Glieder und den ganzen Rumpf bedeckt. – Die Figuren 1–6 tragen den Haubert; die Figuren 7–13 die Beckenhaube, deren Helmbrünne an den Helm mit Hilfe des Ösenbesatzes angehakt wurde. Für den Kampf setzten die Figuren 7–11 den großen Topfhelm über die Beckenhaube der Figuren 3, 4, 5 und 6. – Während die übrigen Figuren ein Wehrgehenk tragen, haben die Figuren 7–11 den ritterlichen Waftengürtel (Dupsing), den nur die Ritter tragen durften. Diese wertvollen Gürtel wurden zuerst in England eingeführt und dort hielten sie sich auch am längsten, nämlich bis 1420. Sonst verschwanden sie im Jahre 1400.

1 Die weitere Entwicklung der Rüstung und ihr schneller Niedergang werden im nächsten Band dieses Werkes dargestellt.

1
2
3
4
5
6
7
8
9
10
11
12
13

In der Mitte des 15. Jahrhunderts erlangt der ganze Harnisch den höchsten Grad der Vollkommenheit. Uns sind nur sehr wenige vollständige Stücke erhalten: Die meisten Rüstungen dieser Zeit, die in den großen Sammlungen unserer Museen stehen, sind sogenannte »zusammengesetzte« Stücke, d. h. sie wurden mit Teilen vervollständigt, die aus mehreren unvollständigen Stücken stammten. Dennoch vermitteln sie ein sehr gutes Bild von diesen eleganten Harnischen.

Zur Herstellung eines Vollharnischs bedurfte es großer Erfahrung und höchster handwerklicher Geschicklichkeit. In einigen europäischen Städten (Poitiers, Bourges, Paris, Arras, Gent) hatte sich das Plattnerhandwerk einen guten Ruf erworben, doch die großen Zentren von Augsburg und vor allen Dingen Mailand produzierten riesige Mengen Rüstungen, die sich großer Wertschätzung erfreuten, obgleich sie ungeheuer teuer waren.

Mancher Edelmann ruinierte sich, um einen »blanken Harnisch« von Missaglia, Negroni oder Helmschmied zu besitzen. Das waren berühmte Namen unter den regelrechten Dynastien von Plattnern und Maestri armaoli.

Neben diesen ganz berühmten Meistern muß man gerechterweise aber auch an Meister erinnern, die ebensogute Arbeit leisteten, wie Hans Grünewalt, Valentin Siebenbürger und Wilhelm von Worms aus Nürnberg, Conrad Seusenhofer und Adrian Treitz aus Innsbruck oder die Colmanns aus Augsburg. Und zahlreiche Rüstungen waren das Werk von Unbekannten, die in bescheidenen, über ganz Westeuropa verstreuten Werkstätten arbeiteten. Sie führten keine Marke und kein Stempelzeichen und legten doch Zeugnis von hohem meisterlichen Können ab. Diese anonymen Stücke, die manchmal mit Argwohn betrachtet werden, unterscheiden sich von Nachahmungen durch ihre reinen Linien, ihre Maße, ihre »lebensnahe« Haltung, denn die Fälscher sind im allgemeinen nicht in der Lage, diese Eigenschaften zu erbringen. Eine Garantiemarke oder ein Meisterzeichen wären leicht nachzuahmen und wären an sich noch keine Garantie für Echtheit und würden die Fachleute auch nicht täuschen können.

ENGLISCHE HARNISCHE (II)
14. UND 15. JAHRHUNDERT

1. 1413. Der Ritter trägt am linken Bein den Hosenbandorden (siehe auch Abb. 5, 6 und 12). Zu erkennen sind auch die Achselschilde dieser Figur und der Figuren 2, 5 und 12: Sie hießen auf englisch »small plates« oder »palettes« und dienten demselben Zweck wie die Schwebescheiben am Brustharnisch der Figuren 3, 4, 6 und 8. – 2. 1420. – 3. 1414. – 4. 1425. – 5. 1416. Das Banner ist das des Königs Richard II. und umfaßte, wie er es manchmal verwendete, das Wappen mit dem an den Enden verdickten Kreuz seines Vorfahren Eduard des Bekenners. – 6. 1419. Die an mehreren Figuren sichtbaren Halsketten wiesen häufig auf die Zugehörigkeit zu einem Fürsten oder einer Partei hin, besonders während des Krieges der Weißen und der Roten Rose im 15. Jahrhundert. 7. 1465. – 8. 1410. – 9. 1458. – 10. 1473. – 11. 1430. – 12. 1425. – 13. 1488. – 14. 1460. – 15. Große Beckenhaube, Ende des 14./Anfang des 15. Jahrhunderts. Mit ihr waren wahrscheinlich die Figuren 1–8 ausgerüstet. Siehe untenstehender Text.
Auffallend sind die Proportionen der Armkacheln bei den Abb. 9 und 14. Eine so unmäßige Größe scheinen diese Teile nur in England erreicht zu haben. – Die meisten Figuren auf dieser Tafel wie auch auf der vorhergehenden sind nach Totenbildern erstellt worden, die im allgemeinen mit größter Sorgfalt in Kupfer gestochen waren. Dennoch stellt man beunruhigt fest, daß keinerlei Visier vorhanden ist, woraus zu schließen wäre, daß zum Kampf der zylindrische Topfhelm über die Beckenhaube gesetzt wurde. Obgleich die Tradition will, daß dieser Topfhelm, der noch auf dem Grabe Heinrichs V. in der Westminsterabtei zu sehen ist, bei Azincourt 1415 getragen wurde, scheint es uns unendlich viel plausibler, hier die in Abb. 15 gezeigte große Bekkenhaube mit Visier zu sehen. Die Bildhauer der damaligen Zeit hätten danach, in dem Wunsch, das Gesicht des Toten zu zeigen, das Visier weggelassen, das übrigens perspektivisch schwer darzustellen war. Wir möchten noch einmal daran erinnern, daß der große Topfhelm Ende des 14. Jahrhunderts verschwunden war und nur noch in der Stechrüstung fortbestand. Er war mit der ganzen Rüstung, dem »blanken Harnisch«, zu einem lächerlichen Anachronismus geworden.

1
2
3
4
5
6
7
8
10
11
12
13
14
15

Die Harnische, die in unseren Museen stehen, stammen meist aus dem 16. Jahrhundert und sind in den Größen sehr unterschiedlich. Erstaunliche Besonderheiten: Heutzutage gelingt es einem Mann mittleren Wuchses im allgemeinen nicht, in einen Harnisch normaler Größe zu »steigen«. Besonders die Diechlinge und die Beinröhren, das gesamte Beinzeug, passen nicht[1]. Im 16. Jahrhundert sagte man, daß ein Franzose an seinen dünnen Beinen zu erkennen ist.

Damit sind wir recht weit entfernt von den eindrucksvollen Kolossen, die in den historischen Romanen oder Erzählungen vorkommen. Unsere Vorfahren waren deshalb aber keine Schwächlinge, sondern Menschen von mehr hagerer und muskulöser Statur, in den lateinischen Ländern durchschnittlich 1,60 m groß und in den germanischen Ländern deutlich größer.

FRANZÖSISCHE HARNISCHE DES 14. UND 15. JAHRHUNDERTS

1. Krieger vom Ende des 14. Jh., mit Beckenhaube mit beweglichem, zweiteiligem Visier, das mit einem Drehknopf verriegelt wurde. Der geflochtene Gambeson und der Beinschutz bestehen aus Leder. – 2. Gendarm der Ordonnanzkompanien Karls VII., gegen 1450, mit der persönlichen Standarte des Königs. Der Harnisch des Reiters und des Rosses sind im gleichen gotischen Stil gearbeitet, im Stil der Harnische auf der letzten Tafel, haben aber ein deutlich höheres Gewicht: 88 Kilogramm. Es ist das Paradebeispiel des unnützen Aufbäumens der Rüstung gegen die ersten Feuerwaffen. Paradoxerweise konnte diese Elite-Kavallerie, die erste stehende französische Truppe, nur kurze Angriffe führen und war wenig manövrierfähig. Zudem waren diese deutschen Harnische so übermäßig teuer, daß man sie nicht bei jeder Gelegenheit einsetzen mochte, und folglich wurde die Einheit meist zu spät eingesetzt. – 3. Ritter in Feld- und Prunkharnisch aus der Mitte des 15. Jh. Der erste hat eine geschiftete Brust mit Stoffbezug. Der zweite trägt auf dem Kopf die große Beckenhaube, den Vorläufer des Visierhelms, und einen festlichen Umhang, der mit einem Pelzrand, »létice« genannt, geschmückt ist. – 4. Banner der Jeanne d'Arc im Jahre 1430. Da die Jungfrau von Orléans keineswegs Bannerritter war, hatte sie keinen Anspruch auf ein Banner, und das wurde ihr bei ihrem Prozeß vorgeworfen. Die andere Seite des Banners trug das Bild der Maria, der ein Engel eine Lilie darbringt. – 5. Persönliche Standarte Ludwigs XI. – 6. Banner von Frankreich unter Karl VII. – 7. Standarte Karls VIII.

1 Diese Feststellung wurde bereits im vergangenen Jahrhundert von den Pionieren der militärischen Archäologie getroffen.

4
5
6
7
2
3
1
L. & F. FUNCKEN

Rüstung und Rittergeist

Am Ende dieses Bandes ist es sicherlich nicht fehl am Platze, die Rüstung und ihre Entwicklung auch vom »moralischen« Standpunkt her zu betrachten.

Beunruhigt stellt man fest, daß der Niedergang des Rittertums sich in dem Maße beschleunigt, wie die Rüstung an Vollkommenheit zunimmt. »Ist es nicht eigenartig,« schrieb P. Lacombe[1], »daß dieser Fortschritt, diese komplizierten Vorkehrungen, die eigene Haut zu schützen, just aus der sogenannten ritterlichen Ära stammt... Mir scheint der kleine Fußsoldat unserer Zeit dem militärischen Ideal näher zu sein ... als der eisenumwickelte und gepanzerte Baron. Zu seinen Zeiten gab es das Wort, das gebe ich zu, doch was die Sache betrifft, gäbe es etwas dagegen zu sagen.«

Natürlich sollte man nicht verallgemeinern und die Mehrheit der Feudalherren als feige hinstellen, obgleich das Schauspiel ihrer Taten zu vielen subjektiven Urteilen verführt. Es ist ebenso offensichtlich, daß das Tragen eines alles bedeckenden Panzers den Gebrauch der Waffen eigentümlich begünstigte und die damit verbundenen Gefahren beträchtlich verringerte!

Man könnte den Waffenträger mit den amerikanischen Football-Spielern vergleichen, die einen Lederpanzer tragen. So geschickt und mutig der einzelne Spieler auch sein mag, »entblößt« wäre er völlig unfähig, seine Sportkarriere über ein einziges Treffen hinaus fortzusetzen: er würde nicht einmal die Lehrzeit überstehen. So absurd unser Vergleich auf den ersten Blick erscheinen mag, so frappierend ähnlich laufen die Dinge. Für den Football-Spieler ist der Panzer ein unerläßliches Instrument zur Ausübung eines harten Sports, wie er es für den kriegerischen »Sport« des Lehnsherrn war. Weder entwertet noch verbürgt der Panzer den Wert seines Trägers.

Unter diesem Blickwinkel muß man die wirkliche Rolle des Panzers sehen und es dem Champion überlassen, uns seine moralischen Eigenschaften und seinen physischen Mut zu beweisen.

ITALIENISCHE, SCHWEIZERISCHE UND DEUTSCHE HARNISCHE DES 15. JAHRHUNDERTS

1. Italienischer Harnisch von 1450 für Mann und Roß, der älteste, der uns heute bekannt ist. Bei dem Helm handelt es sich um eine Beckenhaube in der letzten Form ihrer Wandlung zum Visierhelm. Es ist der »gran bacinetto« der Italiener. – 2. Schweizer Fußsoldat in einem Harnisch vom Ende des 15. Jahrhunderts, mit dem Banner des Kantons Unterwalden. Als Kopfschutz trägt er eine Schaller mit ausgeschnittenem Sehschlitz vom Typ der Schaller der Figur 3 und er ist mit einem Harnisch bekleidet, den er sicherlich einem feindlichen, toten Ritter ausgezogen hat (das war oft der Fall). Seit Morgarten im Jahre 1315 hatte das anmaßende Rittertum schwere Niederlagen einstecken müssen durch den bäuerlichen schweizerischen Fußsoldaten, der zum Vorbild für die europäische Infanterie wurde. – 3. Italienischer Harnisch von 1480. – 4. Deutscher Harnisch von 1480. Leicht lassen sich die beiden Stile vergleichen, die die herrlichen Produktionen dieser großen Lieferanten von Harnichen, die wir heute als »gotisch« bezeichnen, kennzeichnen. – 5. Banner von Bologna im Jahre 1380. – 6. Banner von Venedig, 15. Jh. – 7. Banner von Florenz, 15. Jh. – 8. Banner von Bern, 15. Jh.

1 Bereits zu Beginn dieses Bandes erwähnter Autor.

6
7
8
LIBERTAS
LIBERTAS
LIBERTAS
SANCTVS MARCVS
5
1
2
3
4

Im folgenden Band soll gezeigt werden, wie die Rüstungen immer mehr zu Prestigeobjekten werden. Diese wunderbaren Kunstwerke kündigen dennoch den Niedergang der Schutzharnische an, die vor den Kugeln aus den Feuerrohren allmählich verschwinden.

HARNISCHE AM ENDE DES 15. JAHRHUNDERTS

1. Ganzer deutscher Roßharnisch, gegen 1480 in Landshut geschmiedet. Mit den für die damalige Zeit typischen Kannelüren. – 2. Wiederhergestellter Harnisch aus der gleichen Zeit wie der vorige. Manchmal wird er den Missaglia aus Mailand zugeschrieben, obgleich er an verschiedenen Stellen die Marke des Jörg Treytz aus Innsbruck und zwei seiner Kollegen trägt. Merkmal des italienischen Stils ist eine gedrungenere Schaller und weichere Formen. Dennoch gibt es zahlreiche Beispiele für eine Mischung beider Stilarten, die von den Waffenschmieden beider Länder hergestellt wurde. – 3. Deutscher Harnisch von 1480, ein Meisterwerk des berühmten Helmschmied aus Augsburg, der Stadt, die mit Mailand um die Palme in der Kunst des Waffenschmiedens stritt. Der deutsche Stil war durch spitzere Formen und die häufige Verwendung von Kupferbeschlägen gekennzeichnet. – 4. Königliche Standarte von England im 15. Jahrhundert. Den gleichen Dekor wies sie während der Herrschaft Eduards III., im Jahre 1339, und bis in die Regierungszeit der Königin Elisabeth auf. Beim Tode Elisabeths im Jahre 1603 kommen die Wappen Irlands und Schottlands hinzu. – 5. Standartedes Herzogs von Lancaster, des künftigen Königs Heinrich VII., während des Krieges der Weißen und der Roten Rose.

6. Marken auf Harnischen des 15. Jahrhunderts: a. Jörg Treytz aus Innsbruck; b. Tomasso Missaglia, aus der berühmten Dynastie Mailänder Plattner; c. Domenico Negroli aus Mailand; d. Nürnberger Beschauzeichen; e. Lilienmarke. Die Lilie wies durchaus nicht auf einen französischen Ursprung hin, sie erscheint auch auf deutschen und italienischen Erzeugnissen.

Diese unerhört kostspieligen Harnische waren in Frankreich sehr geschätzt und entgegen dem Anschein waren sie relativ leicht: Das Pferd trug, das Gewicht des Reiters eingeschlossen, etwa 130 Kilogramm. Zum Vergleich sei angeführt, daß das Pferd des Kürassiers von 1914 im Durchschnitt 128 kg trug.

4
5
2
1
6
a
b
c
d
e
3

Band II

Ritter und Landsknechte

15.–16. Jahrhundert

ERSTER TEIL

DIE INFANTERIE, KÖNIGIN DER SCHLACHTEN

Die Schweizer

Morgarten

Am Ende des 14. Jahrhunderts, als der flüchtige Glanz der Bürgerwehren[1] erlosch, besaß eine kleine Nation eine gefürchtete Infanterie. Sie war etwa ein Jahrhundert zuvor aus dem 1291 zwischen den drei Urkantonen – den Waldstätten Uri, Schwyz und Unterwalden – gegen die Herrschaft der Habsburger geschlossenen Bündnis hervorgegangen und hatte den österreichischen Rittern 1315 an einem Engpaß am Morgarten die Stirn geboten.

Das stolze Heer Leopolds I.[2], das einen mehr als einen Kilometer langen Zug bildete, war unvorsichtigerweise in einen Engpaß hineingeritten. Von den darüber liegenden Höhen hatten die »Alpenhirten« den Eindringling mit einer Lawine aus Felsbrocken und Baumstämmen zermalmt. Drei Viertel der 2000 Mann waren erschlagen worden, während die in Zug und Zürich ausgehobene österreichische Infanterie sich aus dem Staube machte.

Sempach

Der Herzog von Österreich Leopold[3], erbittert über die empfindlichen Niederlagen, die sein Haus in den Kämpfen gegen die Schweizer einstecken mußte, sammelte mit Mühe den schwäbischen und aargauischen Adel hinter sich und entfachte 1386 den Krieg von neuem gegen die verbündeten Kantone, denen sich Luzern, Zürich, Glarus und Zug angeschlossen hatten. Bern, dem die Waldstätte 1339 bei Laupen gegen die Feudalaristokratie des Jura und der Waadt zu Hilfe geeilt waren, führte geschickt viele gute Gründe an, um sich seinen Rettern nicht anschließen zu müssen. Der schweizerische Historiker Müller war durchaus gerecht, als er äußerte, daß die Berner zu dieser Zeit, vor und nach der Kriegserklärung, sehr geschickt bei der Erweiterung ihrer Herrschaft waren, die Schlacht von Sempach aber immer ihrem Ruhm fehlen werde.

Ein »Kommando« junger Luzerner, die die Geldeintreibungen des gierigen Hermann Grimm von Grünenberg satt hatten, unternahm eine waghalsige Expedition gegen die Stadt Rothenburg und stiftete Aufruhr; Leopold, der gerade siegreich aus dem Elsaß zurückkehrte, beschloß, die freche Eidgenossenschaft zu vernichten und schickte ihnen in zwölf Tagen nicht weniger als 53 Kriegserklärungen!

Der Herzog und seine Verbündeten, ein Heer von 4000 Kämpfern – Ritter und Fußsoldaten in seinem Sold –, bemächtigten sich Reichensees und massakrierten die gesamte Bevölkerung, dann drangen sie in den oberen Aargau ein, um Luzern und die Waldstätten zu überraschen, während die Aufständischen sie vor Zürich erwarteten. Als die Schweizer ihren Irrtum begriffen, eilten sie sofort zu Verteidigung ihres bedrohten Landes herbei und stellten sich am 9. Juli 1386 in einem Wald auf, der den Sempacher See beherrschte.

1. Siehe Band 1, Bildtexte auf Seite 137
2. Leopold I. von Habsburg, genannt der Glorwürdige, 1290–1326.
3. Enkel des Besiegten von Morgarten, Leopold III. von Habsburg, wurde 1351 geboren und starb bei Sempach.

SCHWEIZERISCHE INFANTERIE UM 1500

Die schweizerische Infanterie, die am Ende des 14. Jahrhunderts aufkam, als die Macht der flandrischen Bürgermilizen im Niedergang war, sollte vorbildlich für ganz Europa werden. Die Fußkrieger der Eidgenossenschaft, die durch ihre Aufstellung im Gevierthaufen etwas von der griechischen Phalanx hatten, warfen durch ihre drei Reihen Langspieße die Taktik des Feudalkrieges über den Haufen. Es muß ein besonders eindrucksvolles Schauspiel gewesen sein, wenn diese einigen, disziplinierten Krieger in völligem Schweigen ihren Angriff im Tritt vortrugen. Die Verwundeten durften nicht aus dem Kampf ausscheiden, ja nicht einmal klagen, und die Feigen wurden von ihren Nachbarn sofort niedergemacht.

Die beiden ersten Fahnen von links sind Schwyzer Standarten, dann folgen die aus Nidwalden, Uri und Bern.

L. & F.
FUNCKEN

Leopold ließ, da Gewappnete zu Pferd nicht bergauf angreifen können, seine Ritter absitzen. Die langen Lanzen steckten im Lanzenschuh.

Im krassen Gegensatz dazu standen die Schweizer, 6000 bis 8000 Mann insgesamt. Als häufigste Waffe führten sie die bei Laupen eingeführte Helmbarte, mit deren Hilfe sie dort 80 Barone und mehrere hundert vollständig bewaffnete Reiter niedergerungen hatten. Rüstungen hatten sie überhaupt keine: Das bäuerische Wesen der Bergbewohner vertrug sich nicht mit den schweren und kostspieligen Harnischen, und sie setzten ihre ganze Selbstachtung daran, keinerlei Eisen zu tragen, es sei denn an der Spitze ihrer Waffen. Ein stramm sitzendes Wams und eng anliegende Beinkleider, die meist rot mit blau, grün oder weiß »geviertelt« waren, bildeten – mit einer Art Baskenmütze aus aufgerauhter Wolle und mit einigen oder gar vielen Federn besetzt – ihre ganze Kleidung. Als Abwehrwaffe trug die erste Reihe am linken Arm befestigt ein Brettchen oder zusammengebundene Zweige.

Die geschlossene Phalanx der Feudalherren erwartete den Angriff, wobei die gerichteten Lanzen ihrer vordersten vier Reihen eine unüberwindliche Sturmegge bildeten. Der Baron von Hasenburg, der ein erfahrener, alter Krieger war, hatte inzwischen die Angreifer gemustert und seine Besorgnis ausgedrückt. Er erntete nur einen Schwall von Protesten, und der unvermeidliche Witzbold der Kompanie rief: »Hasenburg, Hasenherz!«

Nachdem die Schweizer ein kurzes Gebet gesprochen hatten, stürzten sie, aus Ungestüm oder Taktik, in keilförmiger Schlachtordnung auf die feindliche Eisenmauer los. Sie zerbrachen buchstäblich daran, verloren beim ersten Anprall etwa 60 Luzerner, darunter ihren Anführer, den Avoyer[1] Petermann von Gundoldingen.

Da opferte sich, wie es in der Sage heißt, ein Mann aus Unterwalden, Arnold Strutthan von Winkelried, und indem er alle Lanzen, die er fassen konnte, mit den Armen gegen seinen Körper drückte, neutralisierte er einige Augenblicke lang einen Teil der feindlichen Abwehr. Dadurch konnten seine Gefährten dort die entscheidende Bresche schlagen[2]. Die mit Kraft und Geschick geführten Helmbarten massakrierten die Ritter, die sich in ihren unnützen Rüstungen nur schwerfällig bewegten und von ihren für den Nahkampf zu langen Lanzen behindert wurden. Von einander getrennt, verloren sie den Kopf, gerieten in Panik und riefen nach ihren Pferden, doch ihre Knappen waren mit verhängtem Zügel geflohen.

Die Niederlage schlug um ins Desaster. Leopold und die meisten illustren Herren seines Heeres kamen in der Schlächterei um. Sein Wunsch war in gewisser Weise erhört worden, denn hatte er nicht gerade erklärt: »Ich will auf meinem Erbe siegen oder sterben!«

Einmal mehr hatte ihr unsinniger Stolz die Feudalherren zugrunde gerichtet. Ihr Gegner kämpfte um sein Leben und das seiner Angehörigen. Brüderliche Solidarität schweißte die Gefährten gegenüber einem unerbittlichen Feind zusammen, der sogar die Stricke mitgebracht hatte, mit denen er das überlebende Gesindel hängen wollte.

Die im Norden gegen die Habsburger gewonnene Unabhängigkeit festigten die Eidgenossen durch den Sieg bei Näfels im Jahre 1388, dann wandten sie sich nach Süden.

Arbedo

Ihr nächstes Ziel waren das Wallis und die Alpensüdseite: So legten sie sich mit den mächtigen Herzögen von Savoyen und Mailand an.

INFANTERIE ZU BEGINN DES 16. JAHRHUNDERTS

1. Hussitischer Karren, gegen 1420. Zu der Zeit, als die Schweizer den Langspieß von 18 Fuß einführten, um die Reiterei zum Stehen zu bringen, ersann Jan Zizka den Wall aus befestigten Karren, der fünf Kreuzzügen der deutschen Feudalherren trotzte. – 2. Hussitischer Trommler. Die Maße der Trommel wurden bis zum 17. Jahrhundert immer größer. – 3. Hussitischer Reiter, um 1420. Bemerkenswert sind seine Stiefel mit den großen Umschlägen. – 4. Kärrner, Beginn des 16. Jahrhunderts. Sein Erscheinungsbild hat sich ein Jahrhundert lang nicht gewandelt. – 5. Trommler der Landsknechte, um 1515. – 6. Sergeant, um 1550. – 7. Querpfeifer der Landsknechte, um 1515. – 8. Chirurg beim Einrichten eines Bruches, 1517.

1. Avoyer: Titel der beiden höchsten Beamten in bestimmten schweizerischen Kantonen.
2. Winkelried ist in der Schweiz genauso berühmt wie Wilhelm Tell, doch ist er anderswo praktisch unbekannt, während sein halb mythischer Genosse in der ganzen Welt bekannt ist. Ein Lied vom Sieg in 64 Strophen besingt Winkelrieds Opfer; es ist eines der interessantesten Beispiele für den deutschen Dialekt, der im 14. Jahrhundert in der Schweiz gesprochen wurde.

4
3
2
7
5
6
8

Ein Condottiere[1] in Mailands Diensten bekam 1422 den Auftrag, die Schweizer mattzusetzen. Sein Name war Carmagnola. Der gewandte Italiener überraschte sie bei Arbedo, in der Nähe von Bellinzona. Sie wurden von der kriegstüchtigen Reiterei der Condotta eingekesselt und mit den langen Lanzen angegriffen, so daß sie nicht fähig waren, mit ihren Hellebarden und Spießen[2] Widerstand zu leisten.

Die helvetischen Fußsoldaten wurden dezimiert, doch kämpften sie sich frei und zogen sich in ihre Berge zurück.

Die Geburt der Infanterie

Die Lektion saß. Nun wurde beschlossen, daß das Heer mit Langspießen aus Eschenholz von 18 Fuß Länge, d. h. 5,83 Meter, ausgerüstet werden sollte. Dieser Spieß war lang genug, um die Brust eines Pferdes zu treffen, bevor die Lanze des Reiters den Spießer erreichte. Die Helmbarten[3], deren breite, hakenförmige Eisen sich leicht verhakten und im Handgemenge in den Kleidern hängen blieben, wurden in der Zahl beträchtlich reduziert und für den späteren Einsatz vorbehalten: Mit dem Langspieß wurde das Pferd zum Stehen gebracht, mit der Helmbarte danach der abgesessene Reiter angegriffen.

Als Schußwaffen waren seit langem Bögen und Armbrüste in Gebrauch, und seit dem Ende des 14. Jahrhunderts gab es mit »Pulvergeschoß« oder Handbüchse ausgerüstete »Schützen«. Allmählich verdrängte das Pulvergeschoß Pfeil und Bolzen, als um 1450 die »sclopette« – die Stutzbüchse – und die Hakenbüchse – die Arkebuse – aufkamen[4].

Die Schweizer benutzten die Feuerwaffen jedoch nur mit großer Zurückhaltung, sie verringerten ihre Zahl sogar im Kampf gegen die Burgunder nach der Schlacht von Grandson im Jahre 1476, da die Burgunder den Spieß viel mehr als die Kugel fürchteten.

Bei der schweizerischen Infanterie gab es vom Höhepunkt bis zum Niedergang ihres militärischen Ruhms unterschiedlich viele Arkebusiere: ein Drittel der Truppen im Jahr 1476, ein Zehntel im Jahre 1480 und ein Viertel zu Beginn des 16. Jahrhunderts.

Die Rüstung

Als die Feuerwaffen besser wurden, mußten die Eidgenossen ihre lange zur Schau getragene stolze Verachtung für die Rüstung aufgeben. Immerhin warteten sie bis 1465 und beschränkten auch da noch ihre Verwendung auf die Pikiere der ersten Schlachtreihe.

Zunächst wurde nur der Rumpf geschützt, aber bald mußten auch Kopf und Arme bedeckt werden angesichts der seit 1501 angewandten Taktik der Reiter, die erste Schlachtreihe zuerst mit der Armbrust und später mit der Pistole zu beschießen.

Die Rüstung konnte ohne die geringste Schwierigkeit eingeführt werden: Die Arsenale quollen über von Harnischen, die man dem Feind abgenommen hatte, es gab nur die Qual der Wahl!

Den Kopf schützten die Schweizer mit der eleganten Schaller oder mit einer einfachen Hirnhaube, die unter dem Barett getragen wurde.

DAS FANGEISEN

Zum Einfangen reicher Krieger, denen man hohe Lösegelder abpreßte – 1388 wies der Chronist Froissart schon auf diese systematischen »Geiselnahmen« hin, die heute wieder in Mode kommen –, brauchte man Spezialwaffen, von denen wir einige Beispiele auf Seite 87 des vorhergehenden Bandes gezeigt haben. Als die Rüstungen glatt und völlig dicht geworden waren, erfanden die Fachleute dieses einträglichen Gewerbes mit Federn besetzte Gabeln, sogenannte Fangeisen. Die Deutschen verwendeten diese sinnreichen Fangeisen, die in den Museen rechts des Rheins zahlreich vertreten sind, mit größter Geschicklichkeit.

Die Figurine im Vordergrund hat eine vierrohrige Handbüchse, die mit einer Keule kombiniert ist, Schießprügel genannt. Die beiden Reiter tragen maximilianische Rüstungen, die eine »à costume« (mit geraden Beintaschen), die andere mit Tonnenrock, aus den Jahren 1515–1520.

Aufmerksame Leser könnten darüber erstaunt sein, daß einige unserer Fußsoldaten so anachronistisch ausstaffiert sind: Die Schaller mit Kinnschutz, die der Mann im Hintergrund trägt, und der gotische Harnisch der mittleren Figur z. B. sind jeweils 30 bis 40 Jahre alt. Noch erstaunlicher ist der mittelalterliche Ringelpanzer, der zu einer Infanterierüstung neuester Mode getragen wird. Ganz offensichtlich hatten viele Ausrüstungsteile häufig mehrere Kriegergenerationen geschützt.

1. Condottiere: Söldnerführer. Als regelrechter »Kriegsunternehmer« vermietete er sich zusammen mit seiner »condotta« seit dem 14. Jahrhundert an unzählige Feudalherren des italienischen Mosaiks.
2. Die schweizerische Lanze maß damals erst 8 bis 9 Fuß Länge – 2,60 bis 2,90 Meter – und hatte damit die gleiche Länge wie die Helmbarte.
3. Siehe weiter unten im Kapitel über Stoßwaffen, Seite 174.
4. Siehe weiter unten im Kapitel über Feuerwaffen, Seite 200.

Bürgerkriege

Die militärischen Kenntnisse der Schweizer waren nicht spontan entstanden, sondern hatten sich im Laufe von Jahrhunderten langsam entwickelt. Der von jeder feudalen Behinderung freie Bürger war aus Bürgerpflicht mit der Handhabung der von ihm gewählten Waffe schon lange vor den brudermörderischen Kämpfen vertraut, die dem Bündnis der drei Urkantone vorangegangen waren.

Im ersten Drittel des 15. Jahrhunderts zerfleischten sich die Eidgenossen gegenseitig. Zürich rief Österreich im Jahre 1440 zu Hilfe, im Jahre 1443 dann Frankreich: 30 000 »Schinder«, die vom späteren Ludwig XI. geführt wurden. Der Friede kam im Jahre 1450 durch Schiedsspruch zustande und vereinte die feindlichen Brüder, die nun bereit waren, Österreich im Jahre 1468 von neuem entgegenzutreten!

Grandson

Siegmund von Tirol, der an chronischem Geldmangel litt, war gezwungen gewesen, seine elsässischen Besitzungen und einige rheinische Städte für ein Darlehen von 50 000 Gulden an den prunkliebenden Karl den Kühnen zu verpfänden. Dieser nutzte nun die Gelegenheit, die beiden Teilstücke seines Gebiets, Burgund und Flandern, miteinander zu verbinden. Er fiel in das an das Elsaß angrenzende Herzogtum Lothringen ein und wollte so das alte Königreich Lotharingien wiedererstehen lassen, dessen Königskrone er zu erlangen hoffte. Er »versuchte sich in so vielen großen Dingen«, sagte Commines[1], »daß sein Leben nicht ausreichen konnte, um sie zu Ende zu führen, und sie waren nahezu unverdaulich, denn halb Europa hätte nicht genügt, um ihn zufrieden zu stellen«.

Der König von Frankreich, Ludwig XI., sah hier eine Chance, sich eines gefürchteten Feindes zu entledigen. Ohne Schwierigkeiten überredete er den jungen René de Vaudémont[2] dazu, die Rückeroberung Lothringens zu versuchen, zahlte Siegmunds Schulden und stachelte die Schweizer zum Krieg an.

Schon 1473 schlossen die elsässischen Reichsstädte Colmar, Mülhausen, Schlettstadt und Straßburg mit Basel eine Verteidigungsliga, der sich Siegmund, der sich mit den Schweizern versöhnt hatte, ein Jahr später mit seinen Truppen anschloß. Die Schweizer griffen als erste an und bemächtigten sich mehrerer Städte wie Grandson, Orb, Jougne und Murten.

An der Spitze einer mächtigen Armee von 40 000 Mann und der besten Artillerie, die man sich vorstellen konnte, zog Karl ins Feld. Seine Schätze führte der Herzog in seinem Gefolge mit, Juwelen, Zierat, goldenes und silbernes Geschirr – das letztere allein wog 12 237,5 Kilogramm!

Yverdon fiel, danach, 1476, Grandson, dessen auf 412 Mann reduzierte Garnison unbarmherzig ausgelöscht wurde. Die zu spät eintreffenden Entsatzheere stießen am 2. März auf 14 000 Burgunder, die ihnen entgegengezogen waren. Die 20 000 Bauern, die von Kriegskunst ja nichts verstanden, glaubte Karl im Spaziergang bezwingen zu können, wenn sie es schon wagten, einen Strategen wie ihn, der die Kriegskunst Cäsars und Vegetius' kannte, anzugreifen.

Ein erster Angriffskeil der schweren Reiterei blieb in den Langspießen der schweizerischen Vorhut stecken. Der rauhe Ton des »Stiers von Uri« und der »Kuh von Unterwalden«, jener Hörner »von wunderbarer Größe«, die ihnen angeblich einst Pippin und Karl der Große geschenkt hatten, kündigte nun das Hauptheer der Eidgenossen an. Ihr Anblick reichte aus, um die burgundische Infanterie mit Schrecken zu erfüllen. Ein Gegenangriff der Reiterei wurde von den schweizerischen Karrees mit Elan hinweggefegt. Karls prächtiges Heer floh in alle Winde; es hatte nur 400 Mann verloren, überließ dem Feind aber eine gewaltige Beute[3].

Karl gelang es nicht, die Panik einzudämmen, er mußte

1. 1447–1511. Autor von Memoiren über die Regierungszeiten Ludwigs XI. und Karls VIII.

2. 1451–1508. Es ist der spätere René II., der 1473 Herzog von Lothringen wurde.

3. 600 Banner, 420 Kanonen, 800 Arkebusen, 1500 Karren, 10 000 Pferde, tonnenweise Gold und Silber … das die Schweizer als Kupfer und Zinn verkauften, und den riesigen Diamanten des Großmoguls gaben sie für einen Taler weg!

KÖNIGSGARDEN

1. Edelmann von Franz I., mit Rabenschnabel, 1520. – 2. Armbrustschütze zu Pferde aus der Garde Franz I., 1520. – 3 und 4. Schottische Gardisten Heinrichs II., 1559. Als Kopfbedeckung trugen sie den albanischen Filzhut. – 5 und 6. Französischer und schottischer Gardist Franz I., 1520. – 7 und 8. Französischer und schottischer Gardist Heinrichs III. im Jahre 1580.

9. Fahne Franz' I. (1515–1547). – 10. Fahne Heinrichs II. (1547–1559).

9
10
1
2
3
4
5
6
7
8

sich zur Flucht bis Jougne an der Straße durch den Jura entschließen. Sein Narr erklärte treffend: »Ach, Herr, da sind wir nun recht hannibalisiert!«

Murten

Innerhalb eines Monats war jedoch die burgundische Armee wie von Zauberhand neu erstellt. Sie umfaßte etwa 20000 Soldaten: Männer aus der Pikardie, Engländer, Lombarden, Waadtländer, Savoier, Burgunder und Süditaliener richteten sich im Juni 1476 unter den Mauern von Murten ein. Die kleine Garnison von 2000 Mann leistete entschlossenen Widerstand, bis das helvetische Entsatzheer eintraf, das noch durch seine elsässischen und lothringischen Verbündeten mit dem jungen René, dem Herzog ohne Herzogtum, verstärkt wurde.

Dieses Heer von 22200 Fußsoldaten und 1800 Reitern[1] marschierte um 22 Uhr von Bern ab und traf zur Zeit der Frühmette vor Murten ein.

Den zusammengefaßten Schweizern stellte Herzog Karl geteilte Streitkräfte gegenüber, die jedoch durch gute, mit Artillerie wohl bestückte Verschanzungen gedeckt waren. Ein erster Angriff der Schweizer wurde zurückgeschlagen, doch der Herzog war ein schlechter General, der seine Ehre darein setzte, »nicht vom Fleck zu weichen«, und nutzte diesen Anfangserfolg nicht zu einem Gegenangriff. Die rechte Seite überflügelnd nahm die schweizerische Vorhut nun mit einem Schlag die burgundische Artillerie und kehrte sie gegen den Feind.

Die Schlacht dauerte schon mehr als drei Stunden an. Karl der Kühne, der völlig verblüfft war, wie geschickt die feindlichen Haufen manövrierten, versuchte vergeblich, die Lage zu stabilisieren. Seine Reiterei rannte die Reiter des Herzogs René über den Haufen, mußte aber vor den zu Hilfe geeilten Spießern weichen. Murtens Garnison machte einen kraftvollen Ausfall, und die Nachhut der Eidgenossen marschierte um die burgundische Armee herum und ließ ihr nur einen einzigen Ausweg: den See!

Es gab ein entsetzliches Blutbad, bei dem die meisten der 8000 oder 10000 Getöteten kaltblütig niedergemacht wurden, als sie im Schlamm herumpatschten. Die Gebeine der Besiegten bildeten eine scheußliche Gedenkstätte am Ort der Schlacht[2].

Nancy

Brachte der Tag von Murten den Schweizern großen Ruf und allgemeine Bewunderung ein, so ruinierte er gleichzeitig das Prestige Karls des Kühnen und löste Erbitterung bei dessen Vasallen aus, zumal Karl auf ein Viertel ihres Besitzes Anspruch erhob, um eine neue Armee von 40000 Mann aufstellen zu können.

Es waren aber dann nur 6000 mühsam zusammengetrommelte Soldaten, mit denen der gekränkte Despot beschloß, die Scharte auszwetzen.

Er machte sich an die Belagerung Nancys, dessen schwache Garnison aus Engländern und Burgundern soeben, am 6. Oktober 1476, Herzog René II. die Tore geöffnet hatte, da keine Hilfe zu erwarten war.

1. Die Zahlen sind wie immer ungewiß. Möglicherweise waren die Eidgenossen etwas zahlreicher als die Burgunder, ausgenommen bei der Artillerie. Commines spricht von 31000 Mann, davon 4000 Reiter. Die Italiener schätzten die burgundische Streitmacht auf 20000 oder 22000 Mann und die burgundischen Autoren nennen Zahlen von 28000 oder 30000 Mann.
2. Sie blieb drei Jahrhunderte bestehen, bis 1798, als sie paradoxerweise von den französischen revolutionären Invasoren der Bataillone aus den Departements Yonne und Côte-d'Or (im alten Burgund; Anm. d. Ü.) zerstört wurde.

DER LANGSPIESSER IM 16. JAHRHUNDERT

1. Italiener, 1500. Das Barett konnte gegen eine Barbuta ausgetauscht werden (siehe Band 1, Seite 37, Abbildungen 2 bis 6) oder gegen eine einfache, schalenförmige Hirnhaube. – 2. Schweizer, 1510. Sein Halbharnisch für Fußtruppen ist typisch für die damalige Zeit. Dieser Harnisch besteht aus einem Brustpanzer und einem Rückenteil, besitzt aber außerdem zwei kleine Seitenplatten, die über die Rippen geklappt wurden und mit Scharnieren am Rückenpanzer befestigt waren. – 3. Schweizer, 1530. Er trägt eine erbeutete Rüstung, von der er die Vorder- und Hinterflüge und den unnützen Rüsthaken sowie die Beinschienen weggelassen hat, um beweglich genug zu bleiben. Sein Spieß ist mit einer Brechscheibe ausgestattet. – 4. Deutscher, 1555. Sein Schwert ist eine italienische Schiavone. Zu dieser Zeit erreichte die extravagante Hosenmode ihre schlimmsten Auswüchse. – 5. 1570. Der leichte Brustharnisch, der mehr oder weniger ausgeschmückt war, blieb bis zur Mitte des 17. Jahrhunderts in Gebrauch, doch war seine Qualität dann so abgesunken, daß die Beintaschen aus einem einzigen Stück bestanden und die Lamellen und Nieten nur simuliert waren. Sie wurden mit der Presse auf einen Schlag aus einem Blech gestanzt, das etwa so widerstandsfähig wie Pappe war! – 6. 1582. Der leichte Brustpanzer hat keine Schultern mehr und kein Gansbausch (siehe Abbildung 5). Die Sturmhaube und die Rüstung zeigen schon an, wie schnell die Erzeugnisse der Plattner an Güte einbüßen.

1
2
3
4
5
6

Da René die für eine geordnete Feldschlacht notwendigen Truppen nicht besaß, wandte er sich um Hilfe an die Schweizer. Der außerordentlich harte Winter setzte den Belagerern stärker zu als den Belagerten: 400 Burgunder erfroren in der Weihnachtsnacht. Sein Heer verfluchte ihn, aber Karl blieb hartnäckig und schwor, daß er das Dreikönigsfest im eroberten Nancy feiern werde.

Und am 5. Januar 1477 erschien Herzog René an der Spitze einer Vorhut von 7000 Fußsoldaten und 2000 Reitern, sämtlich schweizerische Elitesoldaten, denen sich unterwegs noch elsässische, französische und lothringische Abteilungen angeschlossen hatten. 10 000 Schweizer blieben ein wenig zurück. Der Herzog von Burgund hörte nicht auf die Ratschläge seiner Hauptleute und beschloß, diese »gemeinen Bauern«, diese »Trunkenbolde« würdig zu empfangen. Selbst als sein bester Freund, der napolitanische Condottiere Campo Basso, ihn verriet, änderte er seine Absicht nicht.

Herzog René und die Reiterei eröffneten die Schlacht mit einem kühnen Frontalangriff auf die feindliche Artillerie. Dahinter trug die Infanterie einen massiven Angriff vor, der den rechten Flügel der Burgunder durchstieß. Dem linken Flügel erging es nicht besser, und gleichzeitig machte die Garnison von Nancy einen Ausfall und beteiligte sich am Massaker.

Das Heer des großen Herzogs war in Stücke geschlagen, in alle Richtungen zerstreut und verfolgt. Es hatte aufgehört zu bestehen. 400 Flüchtlinge versuchten, über die Brücke von Bouxières zu entkommen, doch der abtrünnige Campo Basso trieb sie gegen die Schweizer zurück.

Karl selbst hatte sich wie ein Löwe geschlagen und war im allgemeinen Zusammenbruch zu den Sümpfen des Teichs von Saint-Jean mitgerissen worden. Dort identifizierte am 7. Januar ein junger italienischer Page aus der berühmten Familie der Colonna die entblößte Leiche seines Herrn. Sein Kopf war vom Ohr bis zum Mund gespalten, Schenkel und Kreuz von Schlägen mit der schrecklichen Helmbarte[1] zerhackt.

1. Wie es oft mit außergewöhnlichen Persönlichkeiten geht, wurde behauptet, daß die entstellte Leiche nicht die des Herzogs sei. Einige Historiker wiesen auf diese Möglichkeit sogar hin, doch mehrere Vertraute des Tyrannen identifizierten ihn eindeutig anhand mehrerer alter Narben, seines Gebisses und eines Ringes, dessen Stein den Fledderern zu klein erschienen war. Der Verräter Campo Basso, der sicherlich mehr als irgendein anderer über das Ende seines Herrn wußte, »lenkte« die Nachforschungen.

Bräuche

Bei den Schweizern war es Brauch, vor dem Kampf zu einem Gebet niederzuknien. Das machte die Burgunder bei Grandson einen Augenblick glauben, daß sie um Gnade bäten!

Im Kampf dagegen scherten sich die Schweizer nicht um die Ritterregeln, die im Adel üblich und, das muß man wissen, ausschließlich für ihn aufgestellt waren. Es gab weder Lösegeld noch Gefangene! Diese unerbittliche Härte übten die Schweizer auch in den eigenen Reihen: gegen Feiglinge, Deserteure und Männer, die sich dem Dienst im Heer entziehen wollten.

Im Dienste des Auslands

Die Siege der Eidgenossen fanden ein gewaltiges Echo und bald warb man um ihre Dienste.

Als erster Souverän nahm Ludwig XI. sie in Anspruch. Schon 1453 warb er 6000 Schweizer für die Eroberung der Freigrafschaft Burgund an. Als 1480 der Friede geschlossen war, setzte er sie als Instrukteure für seine neue Miliz ein, aus der die berüchtigten »pikardischen Banden«, die Ahnen der französischen Infanterie, hervorgingen.

Am Ende des Jahrhunderts kämpften die Schweizer in Italien, für oder gegen Venedig, an der Seite der Konkurrenten des Herzogs von Mailand und im Heer von Papst Julius II., wo sie schon 1506 die berühmte Pontifikalgarde stellten, »pro custodia palatii nostri« (zur Bewachung Unseres Palastes), wie es in den Statuten heißt.

DER HELLEBARDIERER IM 16. JAHRHUNDERT

1. Deutscher, 1520. – 2. Im Jahre 1520. Der Brustpanzer mit Kugelbauch ist typisch für die Zeit von 1510–1515. – 3. Hauptmann der schweizerischen Infanterie, 1525. Er trägt eine maximilianische Rüstung in sehr schöner Ausführung, die aus der Zeit von 1510–1515 stammt. – 4. Deutsche, 1500 und 1510. Es sind die ersten, typischen Landsknechte. – 5. 1546. Mit dem »Bischofsmantel« aus Kettengeflecht. – 6. Deutscher, 1560. – 7. Schweizer, 1584. – 8. Spanier, 1572. Sie wurden im französischen und im belgischen Flandern und im Hennegau rekrutiert. Sie waren die gefürchtetsten Fußsoldaten ihrer Zeit.

1
2
4
5
6
7
8
L. & F. FUNCKEN

Karl VIII., Ludwig XII. und Franz I. warben Schweizer in großer Zahl an. Der zweite hatte im Jahre 1500 24 000 in seinem Sold, der dritte jedoch versuchte, vielleicht aus Sparsamkeit, Leute aus der Grafschaft Gruyère anzuwerben, die sich entgegen allen Erwartungen als äußerst schlecht erwiesen! Der Erfolg hatte zum Hochmut geführt und mit ihm hatte sich ein übertriebenes Vertrauen bei ihnen herausgebildet, ohne Reiterei und Artillerie siegen zu können, was den Eidgenossen noch böse Überraschungen bereiten sollte, wie bei Marignano im Jahre 1515 und bei Bicoque im Jahre 1522.

Zu schweren Krisen kam es auch, als sich schweizerische Truppen in zwei feindlichen Lagern gegenüber standen: bei Novara zum Beispiel überließen sie 1500 den Herzog von Mailand, Ludovic Sforza, auf Gnade und Ungnade Ludwig XII. Sie waren anspruchsvoll und eigensinnig, lehnten es manchmal ab, sich auf unebenem Gelände zu schlagen, oder verlangten höheren Sold und ließen sich nicht mit Worten abspeisen, woraus die Redensart entstand: »Kein Geld, keine Schweizer.« Aber ein anderes Sprichwort sagte auch: »Hat man die Schweizer nicht für sich, hat man sie gegen sich.« Deshalb mußte sich mehr als ein Monarch dazu entschließen, sie in Dienste zu nehmen.

Die Bildung einer nationalen Infanterie wurde durch die Bedürfnisse des Krieges manches Mal hinausgeschoben, aber nicht nur deshalb, sondern auch, weil der Dörfler, der Soldat wurde, aus der Untertänigkeit in die Freiheit kam und sich seinem Herrn nicht wieder unterordnete, wenn der Friede gekommen war. Wie dem auch sei, das Heer Heinrichs II. umfaßte 1552 bereits zwei Armeen aus dem eigenen Land, die 25 000 bis 28 000 Mann stark waren, gegen ein drittes Heer »aus Allemannen« von 7000 bis 8000 Mann.

Durch die Fortschritte der Artillerie, dann aber auch durch die Nacheiferer, die die Schweizer fanden, nämlich in den Landsknechten und nationalen Truppen, verblaßte der Stern der Erben von Morgarten. Wenn auch ihr Mut nicht um ein Quentchen abnahm, wurde ihre Rolle auf den Schlachtfeldern doch geringer, weil nun auch andere auf ihre Art kämpften.

Die Schweizer dienten Frankreich ruhmreich bis 1830 unter König Louis Philippe, sie dienten England von 1690 bis 1856, Österreich im 15. und 16. Jahrhundert und wieder im 18. Jahrhundert, Spanien von 1515 bis 1823, Holland von 1676 bis 1828, Preußen, Rußland und Italien ... eine erstaunliche Liste!

Landsknechte

Ursprünglich waren es Troßbuben und gleichzeitig Domestiken, Stallknechte und Söldner, die einen Ritter begleiteten. Hier wie anderswo vergrößerte sich ihre Zahl durch die Erfordernisse des Krieges, und als sie in mehr oder weniger großen Trupps zusammengefaßt wurden, bildeten sie die Infanterie. Nach dem Vorbild der schrecklichen schweizerischen Infanterie und oft im schweizerischen Sold angelernt, schuf Kaiser Maximilian I. am Ende des 15. Jahrhunderts eine Infanterie, die »Landsknechte«. Das Wort leitete sich her von »Land« (flaches Land, Ebene) und Knecht (Dienender), d. h. »Männer der Ebene« im Gegensatz zum schweizerischen »Mann der Berge«.

Bald genoß diese neue Infanterie in ganz Europa hohes Ansehen; alle Herrscher wollten Landsknechte in ihren Diensten haben, besonders nachdem die Schweizer in den Schlachten von Marignano und Pavia, 1515 und 1525, schwere Niederlagen einstecken mußten, durch die ihr Ruf stark litt.

DER SCHILD

1. Adliger Kämpfer mit Tartsche und Turnierhelm, ausgerüstet für einen gerichtlichen Zweikampf, Mitte des 15. Jahrhunderts. Man benutzte auch den klassischen Vollharnisch. – 2. Kriegstartsche, 1435, mit Kerbe, in die man die Lanze legte. – 3. Rundschild mit Eisenbrechhaken, 1520. – 4. Fausttartsche, um 1500. – 5. Fechter mit Rundschild in Ziegelform, 1560. – 6. Parierarm, Beginn des 16. Jahrhunderts. – 7. Gerichtlicher Zweikampf zwischen deutschen Bürgerlichen, 1443. Die Kampfschilde wurden in den Fechtsälen angelegt. – 8. Rundschild mit Laterne, Beginn des 16. Jahrhunderts. – 9. Spanischer Soldat mit der Adarga, 1540. – 10. Rundschild-Pistole, 1550. Diesen »Gadget« gibt es heute noch in mehreren Exemplaren. – 11. Derselbe, von innen gesehen, mit dem Bodenstück des Laufs und dem Deckel. – 12. Rundschildträger (Rontartschier), Beginn des 17. Jahrhunderts. – 13. Panzerarm, Beginn des 16. Jahrhunderts. – 14. Parierarm, Beginn des 16. Jahrhunderts. – 15. Adeliger Offizier aus der Kompanie des Königs Heinrich III. im Jahre 1580, mit einem Prunkschild.

1
2
3
4
5
7
8
10
11
12
13
14
15
L. & F. FUNCKEN

Wegen der langen Spieße, mit denen die neuen Söldner ausgerüstet waren, wurde in Frankreich aus dem »Lands« ein »lans« – Lanze, so daß man dort »lansquenet« schrieb. Diese Deutung fand auch in Deutschland selbst Eingang in die Volkssprache, und indem »Lanz« an die Stelle von »Lands« trat, entstand das Wort »Lanzknecht«. Die Engländer zimmerten sich einen »lance-knight«, wobei der Bauer zum Ritter wurde! Die Semantik hatte wieder einmal einen kräftigen Knuff einstecken müssen, aber die nationale Eigenliebe eines jeden war gewahrt.

Organisation

Die neue Infanterie wurde nach dem Vorbild der Schweizer von Georg von Frundsberg aufgestellt und wurde das militärische Machtinstrument der habsburgischen Länder und des Heiligen Römischen Reiches Deutscher Nation. Deutschland selbst war ein kraftloses politisches Gebilde, das in eine Vielzahl kleiner Einzelstaaten, Bistümer oder reichsfreier Städte zerstückelt war. Die abenteuerlustige Jugend, der niedere arme Adel und das unvermeidliche Diebsgesindel traten in die Dienste von Obersten aus dem Adel – oder gar aus dem Bürgertum, was für die damalige Zeit etwas Außergewöhnliches war.

Diese Obersten kommandierten 10 bis 16 Fähnlein von jeweils 400 Mann, die einem Hauptmann unterstellt waren. Dieser wurde von Leutnanten und Fähnrichen unterstützt. So entstanden die Fundamente des modernen Militärsystems, und diese »Banden« bildeten die ersten wirklichen Regimenter gegen Ende der Regierungszeit Karls V. Sie bestanden einheitlich aus 8 Fähnlein mit jeweils 300 Mann.

Die Rheinkreise lieferten Landsknechte in großer Zahl, doch die besten kamen aus Schwaben.

Die Landsknechte bildeten überall das solide Gerüst der Infanterie und dienten den ersten nationalen Regimentern als Vorbild.

Bewaffnung

Die Hauptwaffe war der Langspieß. Man faßte ihn am Ende an, um möglichst viel Länge einsetzen zu können. Der Landsknecht griff in einer charakteristischen gekrümmten Haltung an und stach mit tief geführtem Spieß, während der Schweizer und der Franzose den Spieß in Brusthöhe hielten und ihn etwa in der Mitte anfaßten, um eine gute Gewichtsverteilung zu erreichen[1].

Die Doppelarkebuse mit Lunte und die leichte Arkebuse mit Radschloß scheinen viel weiter verbreitet gewesen zu sein als bei den Schweizern, desgleichen der Brustharnisch und die typische Sturmhaube. Das breite, kurze Schwert, Katzbalger oder Lansquenette genannt, war das Gegenstück zum Schweizerdegen der Schweizer.

1. Natürlich in den Kämpfen gegen die Infanterie.

BIDENHÄNDER

1. »Bidenhänder« aus der 2. Hälfte des 16. Jahrhunderts. Die Klinge war oft geflammt, weil man meinte, daß sie dann schwerere Verletzungen verursache. – 2. Bidenhänder, Ende des 11. Jahrhunderts. – 3. 2. Hälfte des 15. Jahrhunderts. – 4. Ende des 15. Jahrhunderts. – 5. 1500. – 6. Mitte des 16. Jahrhunderts. Es ist das »spadone a due mani« der Italiener. – 7. Mitte des 16. Jahrhunderts.

8. 1520. Bemerkenswert sind die S-förmigen Parierringe. – 9. Doppelsöldner im ganzen Harnisch, 1520. – 10. Schotte des 16. Jahrhunderts mit seinem »claymore« oder »claidheamh-mor« (großes Schwert). Der Bidenhänder wurde im allgemeinen so getragen. – 11. Doppelsöldner, 1580. Die Altgedienten, die mehr oder weniger gepanzert in der ersten Reihe kämpften, erhielten doppelten Sold, daher der Name Doppelsöldner.

Oft wurde auf die Gefahr hingewiesen, die die Bidenhänder mit ihren schrecklichen Radschlägen für ihre Gefährten heraufbeschworen, doch allem Anschein nach griffen diese Kämpfer nur in besonderen Fällen ein. Sie machten nur einen geringen Prozentsatz unter den Fußsoldaten aus. Auf einer Zeichnung Hans Holbeins d. J. sieht man unter etwa 30 Langspießern und Hellebardieren nur einen einzigen Schwertspieler.

1
2
8
9
10
11
L.&F. FUNCKEN
3
4
5
6
7

Bräuche

Vor jedem Kampf wurde gebetet und eine Handvoll Staub geworfen oder der Boden geküßt. Diese gottesfürchtige Handlung hinderte sie aber nicht daran, ohne Unterschied sowohl der protestantischen als auch der katholischen Sache zu dienen.

Den oberdeutschen Landsknechten schlossen sich Abenteurer von überall her an, Niederdeutsche, aus den deutschsprachigen Gebieten rechts der Maas, aus Luxemburg usw. Sangen sie nicht gern:

Wir haben gar keine Sorgen
Wohl um das römische Reich...

Daher trafen sie bei den kaiserlichen Landsknechten auf keinerlei Gnade.

Die schreckliche Grausamkeit dieser »bösen Schlingel« ist keine Legende. Ihr Ungestüm mache sogar dem Teufel Angst, sagten sie. Während der Kriege in Italien und in den Niederlanden und in den Religionskriegen begingen die Landsknechte namenlose Scheußlichkeiten. In Belgien wurde 12 belgische Landsknechte auf Befehl ihrer spanischen Hauptleute hingerichtet zur Strafe für die Verbrechen, die sie an ihren Landsleuten begangen hatten.

Am Ende des 16. Jahrhunderts hörte man damit auf, Landsknechte im Sold zu haben; in Deutschland verschwand ihr Name mit dem Dreißigjährigen Krieg im Jahre 1618.

Nationale Infanterie

Die anstößigen Wörter, mit denen der Fußsoldat im allgemeinen bezeichnet wurde, verraten deutlich genug, mit welcher Geringschätzung die Feudalherren auf ihn herabblickten. Die Bauernbefreiung führte zur Schaffung von Milizen, die oft recht schlagkräftig waren, aber keine Disziplin besaßen und wenig geneigt waren, sich für andere als ihre eigenen Interessen zu schlagen.

Freischützen (Francs-archers)

In Frankreich stellte Karl VII. die Francs-archers – Bogenschützen auf, über die sich der Adel bald lustig machte und sie »Francs-taupins« (Freimaulwürfe) betitelte, womit auf ihre Feigheit angespielt wurde. Sie verkrochen sich nämlich wie die Maulwürfe in allen Löchern. Man muß freilich berücksichtigen, daß diese Unglücklichen nicht lösegeldfähig waren und nur durch die Flucht ihr Leben retten konnten. Einige Male war dieses »Maulwurfspack« auch widerspenstig und wurde schließlich aufgelöst.

Unter Ludwig XI. wurden wieder 28 Kompanien zu je 500 Francs-archers aufgestellt, die aus Beilträgern, Spießern und Armbrustschützen bestanden. Das war im Jahre 1466, doch nach der einzigen bedeutenden Schlacht, an der sie teilnahmen, Guinegate im Jahre 1479, wurden sie wegen mangelnder Disziplin entlassen. Unter Karl VIII. kehrten sie 1485 noch einmal zurück und verschwanden endgültig unter Ludwig XII. im Jahre 1508.

Im 15. Jahrhundert bestand die Ausrüstung aus einer Schaller und einer Jacke, die mit 25 bis 30 Lagen Leinwand gefüttert war, oder einer mit Platten verstärkten Brünne.

Reguläre Fußtruppen

Da die Schweizer sehr teuer waren, beschlossen die Könige von Frankreich, Scharen regulärer Infanterie auszuheben. Sie bestanden meist aus Gaskognern, »die soviel Menschliches wie reißende Tiere haben«, und Bretonen, die sich »nach Art der Galgenvögel« kleideten mit ausgefransten und zerfetzten Hosen. Bei vielen war die Lilie

ROHRSCHÜTZEN UND MUSKETIERE

1. Englischer Arkebusier, 1520. – 2. Rohrschütze der Landsknechte, 1520. – 3. Arkebusier, 1530. Zu dieser Zeit verwandte man noch die Arkebuse ohne jeden Mechanismus, so daß sie mit einer Handlunte gezündet werden mußte. – 4. Arkebusier der Landsknechte, 1560. – 5. Französischer Musketier, 1585. – 6. Französischer Musketier, 1590. – 7. Musketier, 1580.

Wir weisen auf die Gabel hin, die die Musketiere brauchten, um ihre schwere Waffe richten zu können.

4
1
5
6
2
3
7
L. & F. FUNCKEN

mit dem rotglühenden Eisen auf der Schulter eingebrannt, oder sie verbargen unter einer struppigen Perücke, daß der Henker ihnen die Ohren abgeschnitten hatte. So erstaunt es nicht, daß man diese beunruhigenden Haufen als Lümmel und Fledderer bezeichnete.

Ludwig XII. gelang es jedoch, diese Trupps durch eine harte Disziplin zu bessern. Der Adel und besonders ruinierte Ritter, »lanspessades« genannt, verschmähten es nicht, als Kader in diese neue Infanterie einzutreten[1], die immer dringender gebraucht wurde. Tatsächlich hatte sich schon unter dem Vorgänger Ludwigs XII. die Erkenntnis durchgesetzt, daß »Kämpfer zu Pferde ohne Kämpfer zu Fuß nicht leicht große Taten vollbringen können«. Dennoch nahm Ludwig XII. auf seinen Italienfeldzug nur 13 000 Fußsoldaten mit, seine Reitertruppen dagegen waren 29 000 Mann stark.

Banden von hüben und Banden von drüben

Franz I. zog zunächst ausländische Söldner dieser nationalen Infanterie vor, in der bereits die berühmten »Banden von Piemont« glänzten, die von einem spanischen Überläufer, Navarre, nach dem Vorbild der »soldados« seiner Heimat abgerichtet wurden. Als sich 1521 die Feindseligkeiten ausweiteten, wurden vier große Militärbereiche geschaffen: Champagne, Picardie, Piemont und Guyenne.

Die Banden aus der Picardie und der Champagne, »Banden von hüben« genannt, kämpften im Norden, während die aus Piemont und Guyenne, die »Banden von drüben«, den Süden verteidigten. Die vier ersten Regimenter der französischen Infanterie waren geboren.

»Legionäre«

Der Kampf gegen Kaiser Karl V. machte es im Jahre 1523 erforderlich, die alte Institution der Francs-archers, die in allen französischen Kirchspielen ausgehoben wurden, noch einmal zu beleben. Mit seiner Vorliebe für die Antike gruppierte Franz I. diese neuen Truppen in 7 »Legionen« mit je 6000 Legionären:

1.: Normandie
2.: Bretagne
3.: Picardie
4.: Languedoc
5.: Guyenne
6.: Burgund, Champagne und Nivernais
7.: Dauphiné, Auvergne und Lyonnais.

Jede Legion gliederte sich in 6 Kohorten, die wiederum in 12 Fähnlein mit ebenso vielen Hauptleuten unterteilt waren und zum ersten Mal von einem Obersten (colonel[2]) befehligt wurden. In diesen Legionen waren die Arkebusiere insgesamt durch 12 000 Doppelsöldner vertreten.

Die Legionäre waren den alten Truppen nur im Plündern ebenbürtig. Sie waren ungehorsam und feige und verursachten nichts als Verdruß.

Heinrich II. versuchte im Jahre 1558, sie neu aufzustellen, doch sie verschwanden im Strudel der Religionskriege. Die alten Banden[3] mit ihren »Brustharnischen« – Spießern und Hellebardieren – und ihren Arkebusieren »mit Pickelhaube« oder »mit Hut« umfaßten nur noch 15 000 Mann[4].

Karl IX. stellte im Jahre 1560 die ersten wirklichen »Regimenter« auf, deren Anführer den Titel »mestre de camp«[5] erhielten, denn der Titel »colonel« war den Anführern der ausländischen Regimenter vorbehalten. In

1. Montluc und Bayard selbst übernahmen Kommandos bei diesen Fußsoldaten.
2. Man sagte damals »coronnel« oder »coronel«.
3. Nur Champagne, Picardie und Piemont blieben auch in Friedenszeiten bestehen.
4. Einzelheiten über Mannschaftsstärken werden in den Kapiteln über Helme, Feuerwaffen, Blankwaffen usw. angegeben.
5. Die für den Krieg ausgehobenen Regimenter führten den Namen ihres »mestre de camp« (Obersten).

MUSIKER DER INFANTERIE

1. 1520. – 2 und 3. 1572. – 4–6. 1580. – 7. Brustpanzer. Dieser heimliche Harnisch wurde oft im »Höcker des Policinello« (»Gansbauch«) verborgen, der auch als Behälter für die verschiedensten Gegenstände diente.

Die Querflöte, die orientalischen Ursprungs ist, war über Byzanz nach Europa gekommen. Sie wurde von den Schweizern und den deutschen Landsknechten gern gespielt, deshalb war sie auch bekannt unter den Namen »Schweyser Pfeiff« oder »flauste d'Allemaigne«. Die Flöte gab es in vier Typen mit verschiedenen Diapasonen.

1
2
3
4
5
6
7

der Organisation von 1569 wurde die Aufstellung der Regimenter Gardes françaises, Picardie, Piemont, Champagne und Navarre, endgültig festgelegt.

Heinrich IV. behielt sie bei als Bestandteil einer sehr ungleich zusammengesetzten Infanterie. Die Zahl der Fähnlein schwankte ebenso wie die der Mannschaftsstärken, die in Kriegszeiten statt der vorgesehenen 300 Mann kaum mehr als 200 pro Fähnlein betrug.

Spanien und Italien hatten wie England, Schweden und Österreich seit langem ein stehendes nationales Heer.

Die königlichen Garden

Zu seinen »gardes à masse« oder »sergents d'armes« verpflichtete Philipp August »gardes écossais«, schottische Gardisten, die seit 1453 allein die königliche Garde bildeten.

Ludwig XI. errichtete dazu eine Kompanie aus 100 gewöhnlichen Edelleuten für die königlichen Haustruppen, genannt »mit dem Rabenschnabel«. Er war es auch, der im Jahre 1475 die »Hundert-Schweizer« aufstellen ließ. Ludwig XII. vergrößerte die »Hundert Edelleute« um eine Kompanie; sie hießen fortan die »große Garde du corps«.

Unter Franz I. dienten die nun auf 200 Mann verstärkten Edelleute mit dem Rabenschnabel im Krieg als reitende Armbrustschützen der Garde. Doch Heinrich IV. hielt es für klüger, »diese alten Ligisten« (Anhänger der französischen heiligen Liga) zu entlassen, und fügte seinen Garden eine Kompanie Chevau-légers hinzu. Vor ihm hatte Karl IX. im Jahre 1563 das berühmte Regiment der Gardes françaises errichtet.

Franz I. hatte seit 1515 eine besondere Garde aus 60 französischen Bogenschützen und 24 schottischen Bogenschützen.

Die berühmten englischen yeomen gab es seit 1509 für den Schutz Heinrichs VIII. Vor ihm hatten allein die »sergeants at arms« für die Sicherheit der Könige von England gesorgt, und zwar von Richard Löwenherz bis Richard III. (1189–1485).

1. Schild der Ritter im Mittelalter (lateinisch »scutum«, Schild). Die Symbole und Embleme, die man darauf malte, sind ursprünglich Heroldsbilder aus Wappen (franz. »écu«), und sie erscheinen seit dem heiligen Ludwig auf bestimmten Münzen, die man deshalb »écu« nannte.

Der Schild (Buckelschild, »bouclier«)

Das Wort »bouclier« ist aus dem mittellateinischen »bucularium«, »buculerius« oder »buclarius« hervorgegangen oder vielleicht aus dem altdeutschen »Buckel«. Wie dem auch sei, der Schild (Buckelschild) war seit dem frühesten Altertum die unerläßliche Ergänzung für den Kämpfer. Die großen Modelle wurden mit der »guiche« oder »guige«, einem Riemen, um den Hals gehängt. Alle (Bukkel-)Schilde besaßen Riemen, »énarmes« genannt, in die Arm und Hand hineingesteckt wurden.

Entwicklung

1230: Die Länge des Schildes nimmt ab, sie geht selten über 1 m hinaus (siehe Band 1).

1260: Die Entwicklung der Schutzplatten gestattet es, den Wappenschild[1] leichter zu machen und seine Maße auf ein gleichseitiges Dreieck von ungefähr 60×60 cm zu verringern. Die Wappenschilde sind vom Ende des 13. bis zum Beginn des 15. Jahrhunderts in reichem Maße mit Wappen bemalt, die großflächig und von weitem sichtbar sind (siehe Band 1).

Beginn des 14. Jahrhunderts: Der Wappenschild wird noch kleiner, wird aber länger als breit.

1320–1350: Das Schildhaupt, das in der Heroldskunst immer häufiger werdende Heroldsbild, führt dazu, daß zwei parallele, vertikale Linien in Viertelhöhe auf das Wappenschild gesetzt werden, damit die rechteckige Fläche des Schildhauptes klar herauskommt (siehe Wappen auf den heraldischen Tafeln in Band 1).

DIE HUNDERT-SCHWEIZER (CENT-SUISSES)

1 und 2. »Cent-Souysses« der Garde im Jahre 1507, unter Ludwig XII. Die Tracht nannte man »gespalten« oder »geviert«. Die Schuhe der Abbildung 2 nannte man »escafignons«. – 3. Hundert-Schweizer, 1520. – 4. Hauptmann der Hundert-Schweizer im Jahre 1520, unter Franz I. – 5. Unter Heinrich II., 1559. – 6. Unter Karl IX., 1571. – 7. Unter Heinrich III., im Jahre 1580.

1
2
3
4
5
6
7
L. & F. FUNCKEN

1360–1380: Der Wappenschild, der sich in diesem Zeitraum nicht spürbar verändert hat, beginnt sich stärker in vertikaler Richtung zu krümmen, gleichzeitig wird er oft größer (siehe Band 1). Man hängt ihn mit Hilfe des Tragriemens hoch, so daß die linke Hand frei bleibt zum Zügelhalten.

Mitte des 14. Jahrhunderts: Die Spitze des Wappenschilds wird konkav und ragt nach vorn vor. Das rechte Feld hat häufig einen Einschnitt, in den der Lanzenschaft eingelegt wird (siehe Band 1). Neben dieser Besonderheit hat der Schild häufig eine senkrechte Kante, eine stark aufgeworfene »Falte«. In Paris, Rouen, Nürnberg, Wien und Gent gab es ausgezeichnete Handwerker.

Mitte des 15. Jahrhunderts: Der Wappenschild wird nur noch bei Turnieren und bei Stechrennen getragen, wo dann die Tartsche seinen Platz einnimmt. Durch die Verbesserung der Rüstung wurde der (Buckel)-schild eher lästig als nützlich.

Die Pavese

Die Pavese, französisch »pavois« und früher auch »pavais« oder »pavart« genannt, war der typische Schild des Fußsoldaten (siehe Band 1).

In Westeuropa gab man ihn Ende des 15. Jahrhunderts auf, doch in Osteuropa blieb er bis ins 17. Jahrhundert in Gebrauch.

Die Rondache

Dieser kleine Rundschild, der im 12. und 13. Jahrhundert »rouele« genannt wurde, wurde in Südfrankreich nur ausnahmsweise zu Pferde, selten nördlich der Loire benutzt, war aber im Orient wie in Osteuropa weit verbreitet.

Die echte Rondache aus Eisen oder gekochtem Leder, die im 13. Jahrhundert aufkam, hatte einen Durchmesser von nicht mehr als 30 cm und wurde nur zu Fuß, vom »Gemeinen« benutzt. Ein noch kleinéres Modell, »boce« oder Faustschild genannt (siehe Band 1, Seite 93 und 139) nannte man in Italien »rotellino«. Gegen Mitte des 16. Jahrhunderts stellte man Rondachen fürs Fechten her, die mit einem Degenbrecher ausgestattet waren. Die Rondache, die Ende des 16. Jahrhunderts bei fast allen Heeren außer Gebrauch kam, blieb bei den »Rondartschieren« der Infanterie in Holland bis zum Beginn des 17. Jahrhunderts erhalten.

Die Tartsche

In unseren beiden Bänden haben wir die Tartsche häufig dargestellt. Lange Zeit war das Wort Tartsche bei unseren alten Dichtern nur ein Synonym für den Wappenschild und selbst die kleinen runden Buckelschilde nannte man »targes réondes« (runde Tartschen).

Im 16. Jahrhundert verwendeten die Fechter kleine quadratische, rechteckige oder trapezförmige Tartschen, die »targettes à poing« (Fausttartschen) genannt wurden.

Die Adarga

Die typisch spanische Adarga war maurischen Ursprungs und sehr alt. Sie wurde aus doppelten Lederstücken hergestellt, die gegeneinander verklebt und vernäht waren.

Anwendung fand die Adarga hauptsächlich in der iberischen Reiterei und überlebte erstaunlicherweise alle Konkurrenten: Noch am Endes des 19. Jahrhunderts verwandte man sie in Mexiko!

ENGLÄNDER, SCHOTTEN UND IREN

1. Edelmann aus der Provinz, 1548. Er trägt Teile moderner und archaischer Rüstung bunt gemischt, wie den Haubert und den kleinen Haubert (siehe Abbildung 7). – 2. Yeoman der berittenen Eskortengarde im Jahre 1575, unter Elisabeth I. – 3 und 4. Yeomen der Garde, 1520 und 1575. Die Initialen ER treten nicht vor 1570 auf, obgleich Elisabeth schon 1558 den Thron bestiegen hatte. – 5. Offizier der Garde, 1520. – 6. Leichte schottische Kavallerie, 1580. – 7. Schotte, um 1580. – 8. Irischer Anführer zur Zeit Elisabeths.

1
2
3
4
5
6
7
8
F. FUNCKEN

DIE REITEREI

Französische Ordonnanzkompanien

Die Ritter waren besonders in Frankreich seit langem sozusagen die exklusive Basis des Heeres, denn der Adel behielt sich eifersüchtig das Recht vor, seinen Besitz und seine Vorteile zu verteidigen.

Die übermütigen Feudalherren von gestern, die durch den Hundertjährigen Krieg ruiniert worden waren, sahen sich zu Dienstleistungen gezwungen und ließen sich für die ganz neuen »Ordonnanzkompanien« Karls VII. anwerben (siehe Band 1). Doch wenn der Wunsch, an hoher Stelle zu dienen, häufig auch aus einem unbehebbaren Geldmangel entstanden war, muß man doch anerkennen, daß er dem Adel zur Ehre gereichte.

Mehr als ein Ritter verwandte seine letzten Taler darauf, sich die schönste Rüstung und das beste Roß zu beschaffen. Denn so rechnete er sich die besten Chancen aus, daß er von den königlichen Kommissaren ausgewählt wurde und in die Elite der »Kompanien der großen Ordonnanz« von 1439 eintreten konnte. Dort erhielt er einen Sold von 31 Pfund pro Monat und »Lanze«, wobei jede »Lanze« aus dem Ritter und seinen fünf Untergebenen bestand. Die Abgewiesenen konnten einen Platz in den neuen Kompanien »der kleinen Ordonnanz« von 1449 finden, die bezeichnenderweise auch »mit kleinem Sold« genannt wurden.

Auch dem bedürftigsten Ritter wäre es nie eingefallen, sich um den Dienst beim »Fußgängerpack« zu bewerben. Der war gut für Leute »aus nichtadligem und niederem Stand«.

Jede der 15 Kompanien »der großen Ordonnanz« bestand im Prinzip aus 100 Rittern, die Führer einer Lanze waren, und 500 leichter ausgerüsteten Reitern, die sich wie folgt verteilten: 100 Pagen oder Reitknechte, 300 Bogenschützen und 100 Degenkämpfer. Der Ritter hatte 4 Pferde, die vom Staat unterhalten wurden, der Page nur 1 Pferd, der Bogenschütze 2 und der Degenkämpfer auch 2, also insgesamt 900 Pferde pro Kompanie.

Die Ritter, die wie ihre Pferde vollkommen gepanzert waren, operierten getrennt als schwere Reiterei, gefolgt von Pagen und Degenkämpfern. Man unterschied sie von ihren Adjunkten durch den Titel »maître«, ein Ausdruck, der in der französischen Kavallerie lange beibehalten wurde. Das Gefolge der Maîtres operierte nach Art der leichten Reiterei. Als Anhängsel hierzu gab es noch eine unterschiedlich große Zahl von »Freiwilligen«, die ohne Sold dienten und auf einen frei werdenden Platz warteten.

Die Mannschaftsstärke der Lanze änderte sich oft. Ludwig XI. legte sie auf 5 Berittene fest, Ludwig XII. im Jahr 1489 auf 7, im Jahre 1513 dann auf 8. Unter Franz I. fiel diese Zahl 1530 auf 6, dann schwankte sie zwischen 6 und 8 im Jahre 1550 unter Heinrich II., doch gab es manchmal auch 10 bis 12. Unter Karl IX. gab es im Jahre 1561 in 65 Kompanien nicht mehr als 2590 Männer. Nur 4 Kompanien verzeichneten noch die ursprünglichen 100 Reiter, während die meisten anderen nur noch 33 Mann zählten. Während der Religionskriege, von 1562 bis 1570, gab es im Durchschnitt 34 Mann pro Kompanie, und ihre Kampfkraft ließ immer weiter nach.

SCHWEIZERISCHE REITEREI

Die zahlenmäßig kleine schweizerische Reiterei diente hauptsächlich als Aufklärung für das Hauptheer der Eidgenossen und übernahm auch den Schutz der Artillerie oder der Flanken. Man sieht sie hier am Morgen vor der Schlacht von Nancy, am 5. Januar 1477, bei deren Beginn sie zum ersten Mal in geschlossener Formation angriff.

Diese Reiter haben in der Mehrzahl nichts gemein mit den herkömmlichen Rittern. Sie sind Fußkrieger zu Pferde und ziehen die Helmbarte der langen Lanze vor. Meist hatten sie statt eines Schwertes einen Krummsäbel. Der Fußknecht trägt einen Mantel aus Lodenstoff, der häufig für eine moderne Schöpfung unserer Textilindustrie gehalten wird, den es aber schon seit den ersten Jahrhunderten unserer Zeitrechnung gibt.

L & P. FUNCKEN

Durch Apathie und Überläufer wurde die Rittertruppe zum schlechtesten Teil der ganzen Armee; sie verkam so sehr, daß zahlreiche Bürgerliche sich bei der Anwerbung zu Adligen machten und der schlimmste Bauernlümmel, der auf einem Pferd sitzen konnte, sich Edelmann nannte!

Heinrich III. sah sich gezwungen, deutsche Reiter anzuwerben. Er »importierte« zwölf Regimenter von ihnen. Heinrich IV. unterzog die Reiterei einer regelrechten Säuberung, in der die Untauglichen ausgemerzt und dafür ausgezeichnete hugenottische »maîtres« aufgenommen wurden. Die letzten Ordonnanzkompanien, die diesen Namen verdienen, wurden durch das Edikt von 1600 zerschlagen und durch die Ausschaltung der »Ritter«, deren Erfahrung sich auf die Jahre des Bürgerkriegs beschränkte, auf dünnste Mannschaftsstärken reduziert.

Ausrüstung

Der Harnisch für Ritter und Roß hatte sich natürlich entsprechend der jeweiligen Mode verändert, und die Maîtres, die so wenig Geld hatten, daß sie aus der Mode gekommene Rüstungen trugen, mußten sehr selten gewesen sein.

Unter Ludwig XI. wurde zwischen 1461 und 1483 der Luxus vorübergehend aus den vornehmen Kompanien verbannt durch das strenge Verbot, dort Samt und Seide zu tragen. Mehr als einem putzsüchtigen Edelmann wurde das Gehalt entzogen, weil er es gewagt hatte, gegen das königliche Verbot zu verstoßen! Der Luxus, der aus den Heeren des Königs von Frankreich ausgeschlossen war, flüchtete sich in die Armeen des Herzogs von Burgund, wo jedes Raffinement, die kostspieligsten Launen sich frei entfalten konnten.

Die »nach Art der Helmzierde« gebundenen Federbüsche, die Ludwig XII. aus den Italienkriegen mitgebracht hatte, machten den zarteren Federbüschen der Zeit Franz I. Platz, der Roßpanzer wurde leichter, indem mit einer Verordnung aus dem Jahre 1534 der Mähnenpanzer abgeschafft wurde. Doch die Ritter hatten diese schweren, sperrigen Schutzstücke schon lange fortgelassen, weil es zu lange dauerte, sie anzulegen; sie stellten sie vollständig nur bei den Truppeninspektionen durch die königlichen Kommissare zur Schau[1].

Burgundische Ordonnanzkompanien

Johann der Unerschrockene, Philipp der Gute und Karl der Kühne[2] hatten erfahren müssen, wie sehr ein undiszipliniertes, schlecht ausgebildetes und vor allem unständiges Heer die ehrgeizigen Ziele ihrer Politik gefährden konnte.

In einer Verordnung vom 31. Dezember 1470 beschloß Karl, eigene Ordonnanzkompanien aufzustellen. Zunächst sollten es 1000 Ritter sein, doch dann stieg ihr Kontingent auf 1250. Im Jahr 1473 setzte sich die Or-

1. Siehe Kapitel über das Roß und den Roßpanzer, Seite 230.
2. Sie regierten jeweils von 1405–1419, von 1419–1467 und von 1467–1477.

DEUTSCHE REITER IN FRANZÖSISCHEN DIENSTEN

1. Reiterharnisch, 1540. – 2. Harnisch mittlerer Güte, 1580. – 3. Harnisch schlechter Qualität, 1560. – 4. Reiterharnisch mit geschlossenem Burgunderhelm (bourguignotte), 1580. Die langen Diechlinge, die zum Unterleib hin immer fugendichter werden, kündigen das nahe 17. Jahrhundert und die letzte Form des Harnischs an, während die Brechränder und der gekrümmte Brustharnisch die alten Merkmale aufweisen. – 5. Harnisch der leichten Reiterei mit einem Rüsthaken für die Lanze. Das halbe Armzeug dieser Figur und der Figur 2 und 3 nannte man »à moignons« (»Spangröls«). – 6. Deutscher Reiter in französischen Diensten, 1540. Die Radschloßpistole wurde von diesem Typ des deutschen leichten Reiters bei der Reitertruppe eingeführt. Wegen dieser Waffe mußten die Gantelets mit beweglichen Fingergliedern wieder eingeführt werden, da sie sonst nicht zu bedienen war; die Figur 1 hat Stutzhandschuhe. Die dicke schwarze Farbe, die den größten Teil des Harnisches bedeckt, wurde aufgetragen, um den Gestehungskostenpreis zu senken, indem man das Polieren umging und Fehler im Metall verdeckte; durch die aufgetragene Farbe vereinfachte sich auch die Instandhaltung beträchtlich. Harnische von hoher Qualität wurden dagegen warm geschwärzt.

Die deutschen Reiter in französischen Diensten, die die Beinamen »Schwarzröcke«, »Schwarzharnische«, »schwarze Teufel« oder »Geschwärzte« trugen, liebten die blanken und die schwarzen Harnische. Das Gewicht aller hier gezeigten Modelle liegt bei 12 Kilogramm einschließlich Helm. Wir erwähnen aber noch, daß diese Art Harnisch auch bei der leichten Reiterei, mit und ohne Rüsthaken, und bei der Infanterie weit verbreitet war.

1
4
2
5
6
L. & F. FUNCKEN

donnanzkompanie oder -bande aus 100 »Lanzen« zusammen; jede dieser Lanzen umfaßte 1 Ritter, 1 Knappen, 1 Degenkämpfer, 3 Bogenschützen und 3 zu Fuß kämpfende Schützen[1]. Einziger Unterschied zur französischen »Lanze«: Der Lanzenführer war kein »maître«, sondern ein »condotier« oder Anführer nach dem Vorbild des italienischen Condottiere.

Die Kompanie war in 4 Eskadronen mit je 25 Rittern geteilt, und die Eskadron setzte sich aus 4 Kammern mit je 6 Rittern zusammen. Der übrig bleibende Ritter war der Eskadronschef. Auf dem Marsch teilten sich die Bogenschützen jeder Kompanie, 300 insgesamt, in 4 Eskadronen zu je 75 Mann. Die Infanterie bestand aus einer Kompanie von 300 Kämpfern, die in 3 »Hundertschaften« (»centenies«) von 100 Mann gegliedert waren, die jeweils von einem Hauptmann (»centenier«) befehligt wurden. Die Hundertschaft umfaßte 3 »Dreißigschaften« (»trentenies«), an deren Spitze jeweils ein Zugführer (»trentenier«) stand.

Der Kompanie schloß sich noch eine Kohorte von nicht besoldeten Freiwilligen an, so daß die Zahl der Kämpfer einer Kompanie manchmal bis auf 1500 stieg. So kommen begreiflicherweise Unklarheiten zustande, und es ist deshalb auch unmöglich, die Zahl der Kämpfer nach den zeitgenössischen Chroniken genau zu bestimmen, denn die Chroniken geben die Mannschaftsstärke in »Lanzen« an, die aber nicht 10 Mann umfaßten, sondern zwischen 12 und 15 Mann. Berücksichtigt man dies bei 200 oder 300 »Lanzen« und bringt noch die Hunderte von problematischen Kämpfern ins Spiel, so wird es völlig unmöglich, genaue Angaben über die Heeresstärken zu machen, die an irgendeiner Schlacht teilnahmen, denn die Freiwilligen gab es praktisch überall.

Die Ordonnanzbanden oder -kompanien Burgunds scheinen einen etwas höheren Wert als die Frankreichs gehabt zu haben. Es war dort nicht nur die Disziplin strenger, sondern es gab in ihnen auch sehr viel weniger Herren von hohem Stand, die sich stets unabhängig und widerspenstig gebärdeten.

1. Siehe Band 1.
2. Journade: Wallender Rock mit weiten, geschlitzten Ärmeln. Huque: langes, wallendes Gewand. Manteline: eine der Journade ähnliche Paradekleidung.
3. Siehe Band 1: »Der Eisenhut«.
4. Siehe Band 1: »Das Panzerzeug«.

Ausrüstung

Die »condotiers« trugen eine Kleidung, daß es einem die Augen blendete. Die Tracht entsprach etwa der der französischen »maîtres«, übertraf sie aber mit den »journades«, »huques« oder »mantelines«[2], aus Samt, Seide, golddurchwirktem Tuch oder Satin.

Man errät, daß Karl der Kühne nicht der unscheinbarste Ritter in dieser prunkvollen Truppe war; er trug Helme[3] aus massivem Gold und Helmbrünnen[4] aus goldenen Panzerringen. Schwerter, Schwertgehänge und Harnisch waren verschwenderisch mit Edelsteinen und Perlen übersät. Aber leider bürgt die »Bravour in den Kleidern« nicht für ein mutiges Herz, und diese ganze prachtvolle Reiterei schmolz dahin wie Schnee in der Sonne in drei Treffen mit dem schweizerischen Fußsoldatenpack!

Österreichische Ordonnanzkompanien

Als im Jahre 1477 Kaiser Maximilian die schönen Lande in Besitz nahm, die ihm die Tochter Karls des Kühnen, Maria von Burgund, als Mitgift in die Ehe gebracht hatte, fand er nur die Trümmer einer zerrütteten Armee und Provinzen vor, die ihrer jungen Herrscherin die Rückkehr zu den alten Sitten des feudalen Militärdienstes abgepreßt hatten.

LEICHTE REITEREI (I)

1. Reitender Armbrustschütze, 1540. Er trägt eine Sturmhaube (bourguignotte) mit dreifachem Helmkamm. – 2. Argolit, 1560. Der Argolit, bei dem man spanische Einflüsse bemerkt, wurde um 1590 durch die Einführung einer kürzeren Waffe, der einen Meter langen Stutzbüchse, zum Karabinier. Der Argolit hieß nach der griechischen Landschaft Argolis und der Karabinier nach dem arabischen Wort Karab für Feuerwaffe. – 3. Reitender Arkebusier, 1590. – 4. Pistolenschütze, 1560. – 5. Deutscher Einspänniger im Halbharnisch, Mitte des 16. Jahrhunderts. Die Sturmhaube »ungarischen« oder »orientalischen« Typs war eine typisch deutsche Arbeit. – 6. Reitender Arkebusier, auch »ferentario« genannt, um 1590.

1
2
3
4
5
6
F. FUNCKEN

Obgleich die Ordonnanzbanden bis auf einen kargen Rest zusammengeschrumpft waren, waren diese berühmten »Legionen des Mars« doch nicht entlassen worden. Maximilian behielt sie, reduzierte sie jedoch auf 50 Ritter, 50 reitende Bogenschützen und 50 Bogenschützen zu Fuß und gab ihnen als Chef nicht mehr einen Condotier, sondern einen richtigen Hauptmann. Die Kompanien blieben so legal bestehen, aber sie wurden niemals mehr zusammengelegt, noch für den Krieg verwendet.

Im Jahre 1522 legte Karl V. die Stärke dieser Ordonnanzreiterei auf 8 Kompanien zu je 50 Rittern und 100 Bogenschützen fest. Neue Banden, »bandes de crue«, wurden ihnen beigestellt, jedoch nicht mit ihnen verschmolzen. Sie waren nur für Kriegszwecke gedacht. Die Ordonnanzkompanien »aus dem Lande hüben« blieben die Waffenschule des Adels und nahmen Adlige sogar bei den einfachen Bogenschützen[1] auf. Alle waren Untertanen Seiner Majestät und aus den Niederlanden gebürtig.

Die Ordonnanzbanden wurden im Jahre 1545 auf 19 Kompanien vergrößert, im Jahre 1547 dann auf 15 verringert. Jede bestand aus 10 »Lanzen«. Die »Lanze« von 1547 hatte 5 Reiter: 1 Ritter, 1 Pagen, 1 Degenkämpfer, 2 Bogenschützen. Die Kompanie umfaßte also 50 Mann, dazu kamen ein Hauptmann, ein Leutnant, ein Fahnenträger, ein Standartenjunker, ein Hauptmann der Schützen, ein oder zwei Trompeter und ein Kaplan. Die Teilung in Eskadronen und Kammern, die Karl der Kühne eingeführt hatte, wurde beibehalten.

Obgleich die Infanterie verwaltungsmäßig den Banden angeschlossen war, bildete sie auf dem Marsch getrennte Korps, die von ihren eigenen Führern befehligt wurden.

Ausrüstung

Der Ritter trug die Rüstung der damaligen Zeit unter einem Waffenrock, dem »vollständigen Waffenrock« mit kurzen Ärmeln und einem dicken, in grobe Falten gelegten Röckchen, oder nur mit dem Röckchen, Halbwaffenrock genannt. Der Bogenschütze, in Wirklichkeit ein Chevauléger, trug einen Halbharnisch und führte den »bon espieu«, den guten Spieß, oder die »hacquebute«.

Alle Herrscher aus der Nachkommenschaft Karls V., Philipp II., Pilipp III., Pilipp IV. und Karl II., wußten in ihrer Regierungszeit, zwischen 1555 und 1700, die Institution der Ordonnanzbanden zu schätzen und hielten sie auf dem bestmöglichen Stand. In der Zeit, die uns interessiert, bekämpfte diese prächtige Reiterei Frankreich von 1520 bis 1559, kämpfte 1567 und 1568 auf Seiten der Liga, bei Arques im Jahre 1589 usw., wobei sie im Namen Ihrer Sehr Katholischen Majestäten schwere Opfer brachte.

1. Wenn der Ausdruck auch noch fortbestand, war der Bogen doch seit langem nicht mehr in Gebrauch.

Die Condotta

Die Vielzahl kleiner Staaten und Fürstentümer, in die Italien nach den Kriegen zwischen Welfen und Gibellinen und zwischen Papsttum und Kaiserreich zerstückelt war, nahmen alle Söldner in ihre Dienste. Katalanen

ESTRADIOTEN UND GENETAIRES

1. Estradiot mit eroberter hugenottischer Standarte, um 1570. – 2. Maurischer Genétaire im Dienste Spaniens, wo er eine dem italienischen und französischen »Stradiot« vergleichbare Rolle spielte. Er war mit dem Türkensäbel und der leichten »jineta« bewaffnet. Manche meinen jedoch, daß sein Name nicht von dieser Lanze abzuleiten ist, sondern von den beiden Pferden (»genets«, eine besondere spanische Züchtung von arabischem Hengst und spanischer Stute), mit denen er in den Kampf ritt. – 3–5. Estratioten, Anfang des 15. Jahrhunderts. Die Kerbe im Schild, eine sogenannte »böhmische Tartsche«, diente nicht zum Einlegen der Lanze, wie oft behauptet wird, sondern der Reiter beobachtete durch sie den Feind während des Kampfes. Die sehr leichte Lanze wurde übrigens nach orientalischer Art wie eine Sagaje am ausgestreckten Arm geführt. Sie konnte drei Meter lang sein.

Die Estradioten – vom griechischen stratiôtês (Soldat) – waren Söldner vom Balkan, die nach Italien emigriert waren, wo sie der König von Frankreich Karl VIII. in seinen Sold nahm, als er 1495 einen Feldzug nach Neapel machte. Diese »Stradiots« oder »Corvats« (Kroaten) oder auch »Albaner«, wie man sie gemeinhin nannte, verschwanden während der Religionskriege, als sie in der Schlacht von Coutras 1587 vollkommen aufgerieben wurden. Sie gehörten zur Armee Heinrichs III., die vom Herzog de Joyeuse befehligt wurde und von den protestantischen Truppen Heinrichs von Bourbon, des späteren Heinrichs IV., geschlagen wurde.

1
2
3
4
5
L. & F. FUNCKEN

waren es, mit denen die Condottieri im 14. Jahrhundert ins Rampenlicht traten: Ihre Kompanie Almugavares[1] mit ihrem »capdil« – Chef, Führer auf katalanisch – diente in Aragonien, Katalonien, Italien und Byzanz. Sie unterschieden sich jedoch recht deutlich von der italienischen »condotta«, die mehr regional kämpfte.

Man kennt die berühmten Condottieri und ihr oft tragisches Schicksal: Piccinino, Vitelli, Vigate, Carmagnola nehmen nicht das friedliche Ende des berühmtesten unter ihnen, Bartolomeo Colleoni, des gefeierten Colleone, der durch das Reiterstandbild von Verocchio in Venedig unsterblich gemacht wurde, aber niemals einen glänzenden Sieg errungen hat. Man vergißt oft, daß ihre Vorgänger Deutsche waren, wie Urslingen, Hanneken und Baumgarten, oder Engländer, besonders die Brüder Hawkwood. Im Jahre 1379 treten mit Alberico di Barbiano und seiner Kompanie von Sankt Georg die ersten großen italienischen Condottieri in Erscheinung.

Das Wort Condottiere beschwört unfehlbar das Getöse von heldischen Treffen und wilden Schlachten herauf ... und dennoch gingen diese Begegnungen fast immer mit sehr wenig Blutvergießen ab, ja manchmal gab es keinen einzigen Verletzten. Der Condottiere führte einen »guten Krieg«, der mit berechneter Langsamkeit und Vorsicht durchgeführt wurde; er nahm eher Diplomatie und »combinazione« zu Hilfe als die Gewalttätigkeiten des »schlimmen Krieges«, den die Schweizer und die Deutschen führten. Er vergaß niemals, welch wertvolles Kapital seine Soldaten darstellten, denen er oft selbst die Waffen und Pferde gekauft hatte.

Die Condotta, an deren Spitze ein Hauptmann stand, setzte sich aus einer unterschiedlichen Zahl von Bannern zusammen. Ein solches Banner wurde von einem »bannererius« oder Connétable befehligt und bestand aus 25 »Lanzen«. 20 »Lanzen« bildeten eine Schwadron (»squadron«, 10 ein Fähnlein, das von einem Dekurio geführt wurde. Der »Posten« umfaßte 5 »Lanzen«, die unter dem Befehl eines Korporals standen.

Die taktische Einheit »Lanze« bestand aus dem Ritter, seinem Knappen und seinem Pagen. Die wenigen Fußgänger konnten sich der Kompagnie anschließen: Man nannte sie »fanti«, wovon sich das französische Wort »fantassin« (Fußsoldat) ableitet.

1. Aus dem Arabischen el-mughawar, derjenige, der Streifzüge in Feindesland macht.

Leichte Reiterei

Die ersten organisierten leichten Reiter kamen im 9. Jahrhundert mit den reitenden Bogenschützen, später den reitenden Armbrustschützen auf, die schon am Ende des 14. Jahrhunderts in den mit »Pulvergeschoß« schießenden Schützen Konkurrenz bekamen. Wir bringen in den vorliegenden beiden Bänden zahlreiche Beispiele dafür.

Chevaulégers

Die Bogenschützen der Ordonnanzbanden gaben durch ihr Beispiel den Anstoß zur Aufstellung getrennter Korps Elitekompanien, die den Namen Chevaulégers bekamen. Für die Plätze der Bogenschützen gab es viele überzählige Bewerber, die sich nun der neuen Formation zuwandten.

DER KÜRISSER (SCHWERER REITER)

1. Kürisser um 1600, in einer Rüstung mit Diechlingen nach Krebsart. Der Brustpanzer zur Verstärkung bildete einen Doppelküraß, der »haubergeois« genannt wurde. Er machte ein wenig die schlechte Qualität dieser Art Soldatenrüstung wett, die manufakturmäßig zu möglichst geringen Kosten hergestellt wurde. Solche Rüstungen wogen nicht mehr als 12 Kilogramm. – 2. Man sieht hier, wie die abnehmbare Gesäßtasche oder Gesäßreifen angebracht werden. Die Diechlinge wurden auf die gleiche Weise angehängt (siehe Figur 1). – 3. Sieht man von der fehlenden Lanze ab, so gab es keine Unterschiede zwischen dem Kürisser und dem Lanzierer, es sei denn ein minderwertigeres Pferd, ein schwereres Schwert und Pistolen mit größerem Kaliber. – 4. Rüstung vom Typ »Kürisser«, um 1595. Unabhängig von den Ziselierungen zeigt die feine, blanke Ausführung bereits die unendlich viel bessere Qualität gegenüber dem Soldatenharnisch der Abbildungen 1 bis 3. Sie wog fast 30 kg. Der Kürisser, der zu Beginn des 17. Jahrhunderts noch »corasse«, »Kyrisser« oder »corassier« genannt wurde, bildete die »Angriffsreiterei« oder »gendarmerie« zusammen mit dem Lanzierer, der ab 1560 seltener wurde, da es nicht genügend gute Pferde, ausreichenden Sold und folglich Ausbildung gab. – Dieser Typ Harnisch »nach Krebsart«, der häufig ganz unzutreffend »demi-armure« (halber Harnisch zu deutsch) genannt wird, obgleich nur die Schienbeinröhren fehlen, heißt in England »three quarter armour« oder »cuirassier's armour«, in Italien wird er »armatura da corazza« genannt.

3
4
1
2

Ihre Defensiv- und Offensivbewaffnung war immer leichter als die der schweren Reiterei der Ritter der Gendarmerie. Da Unterhaltung und Ausrüstung der Chevauléger weniger kostspielig und ihre Pferde häufig kleiner waren, wurden immer mehr von ihnen aufgestellt. Sie waren in Schwadronen von 100 bis 250 Mann organisiert. Man nannte sie manchmal die »Schallern«, aber auch »chevalseurs« und »chevaucheurs«, bis sich schließlich ihre gewöhnliche Bezeichnung durchsetzte.

Arkebusierreiter

In Frankreich war dieser Kämpfertyp dem Chevauléger und dem Ritter in kleinen Banden von 10 bis 50 Mann zugeordnet. Franz I. bestimmte in einer Verordnung von 1534 ihre Bewaffnung: eine kleine Arkebuse von 2,5 bis 3 Fuß Länge (0,81 bis 1,07 Meter) hing in einem Etui aus Kochleder am rechten Sattelbaum, links hing eine Keule; das Schwert vervollständigte dies Arsenal.

Dragoner, Karabinier und Argoliten

Der Älteste dieser drei »Spezialisten« ist der Argolit. War er unter Ludwig XI. Bogen- oder Armbrustschütze gewesen, bekam er im 16. Jahrhundert die leichte Arkebuse und erwarb sich schnell den Beinamen »Schafsfresser« sowie die Verachtung des übrigen Heeres. Es gab ihn bis zu Karl IX.

Die ersten Dragoner-Lanciers und Dragoner-Arkebusiere wurden Ende des 16. Jahrhunderts in Deutschland aufgestellt. Mit dem Ausdruck »Dragoner« bezeichnete man in Frankreich manchmal den reitenden Arkebusier.

Der Karabinier, der in den Schriften zur Zeit Heinrichs II. auftaucht, entsprach dem spanischen Argoliten. Von ihm hat der moderne Karabiner seinen Namen. Dennoch benutzte der Karabin sehr wahrscheinlich eine Stutzbüchse von mindestens 1,17 m Länge. Dies war eine Waffe mit gezogenem Lauf[1], die wegen ihrer Präzision und ihrer Durchschlagskraft gefürchtet war.

Die Arkebusierreiter, die bürgerlicher Herkunft waren, erfreuten sich niemals der Wertschätzung der schweren oder leichten Reiter aus dem Adel, zumindest in Frankreich, wo man ihnen untergeordnete Aufgaben und die undankbarsten Arbeiten zuwies.

Estradioten

Diese wahren »Kosaken des 15. Jahrhunderts« waren in Frankreich seit der Schlacht bei Fornovo (1494) bekannt. Man nannte sie mal »Albaner«, mal »Stradioten« oder »Estradioten« – nach dem griechischen »stratiôtês (Soldat) – und sie waren, wie Commines sagt, »alle griechisch, kamen von Plätzen, welche die Venetier in Morea und bei Duras[2] haben. Gekleidet waren sie zu Fuß und zu Pferde wie die Türken, ausgenommen am Kopfe, wo sie nicht dieses Tuch tragen, das man Toliban (Turban) nennt«.

Die Estradioten schützten sich gegen Schüsse aus der Arkebuse mit ihrem gepolsterten Kaftan und dadurch, daß sie ... das erste Kapitel des Evangeliums nach Sankt Johannes bei sich trugen. Später glichen dann Kettenhandschuh, Stahlhandschuh, danach Harnisch und Sturmhaube den schwachen Schutzeffekt der Heiligen Schrift aus.

LEICHTE REITEREI (II)

1. Deutscher Dragoner-Pikenier, 1600. Zusammen mit dem Dragoner-Musketier bildete er einen Typ beritten gemachte Infanterie, die in kleinen Einheiten in Deutschland eingesetzt wurde. – 2. Ungarischer Husar, 1600. Außer Lanze und Schwert ist er mit einem »Hegyestör« oder Pikenschwert bewaffnet, mit dem gegen die geharnischte Reiterei gekämpft wurde. (Siehe auch Tafeln mit den Schwertern.) Es entspricht dem alten abendländischen »branc«, der in Band 1 dieses Werkes abgebildet ist. – 3. Bandelierreiter, manchmal französisch auch »bandolier« oder »bandoulier« genannt. Als Waffe trägt er eine Radschloßarkebuse. Man sieht das vollständige »Bandelier« (Schultergehänge) mit Kugelsack, Schlüssel für das Radschloß und die Flaschen mit Zündpulver (die kleine) und Ladung. Die Waffe hing mit einer Stange am Gleitring des Bandeliers. Den Namen Bandelier bekam später der Patronentaschenriemen, in dem die fertigen Ladungen der Arkebusiere und Musketiere zu Fuß steckten (siehe besondere Tafeln). Der Harnisch ist tiefer ausgeschnitten, damit der Soldat sicherer anlegen konnte. – 4. Reitender Arkebusier, um 1600. Er ist mit einer Luntenarkebuse bewaffnet und besitzt, vom Schlüssel abgesehen, das gleiche Lederzeug wie Abbildung 3. Die Waffe mußte wie abgebildet geladen werden.

1. Siehe gezogene Waffen im Kapitel Feuerwaffen, Seite 206.
2. Durres (italienisch Durazzo), albanischer Hafen.

1
2
3
4

Als Kopfbedeckung trugen diese rauhen Reiter einen hohen Filzhut »nach Albanerart«. Die Venetier zahlten ihnen als Sold einen Dukaten ... pro Kopf eines Franzosen! Ludwig XII. warb 2000 dieser Söldner an, von denen Jean Marot sagte: »Vont de si roide sorte qu'il semble bien que tempête les porte« (Sie kommen so ungestüm daher, als ob der Sturm sie trüge) (aus »Voyage de Venise«). Unter Heinrich IV. verschwanden sie wieder.

Deutsche Reiter in französischen Diensten

Die aus Deutschland stammenden Reiter wurden ursprünglich vom Ritter unter seinen Hörigen gezogen. Der Hörige wurde nach Riten, die sich von alten germanischen Weihezeremonien herleiteten, freigesprochen und wurde Meister, eine Art Bannerherrnknappe. Jeder Ausgewählte erhielt einen Knecht, der unter den nicht freigesprochenen Hörigen[1] ausgewählt wurde.

Schon im 16. Jahrhundert begannen die »reîtres«-Kompanien der berühmten »schwarzen Banden«[2] bekannt zu werden. Spanien und Frankreich mieteten ihre Dienste, besonders während der Religionskriege. Und ihre neue Waffe, die Radschloßpistole, bewirkte Wunder gegenüber den traditionellen Ritterheeren, denen es widerstrebte, andere Waffen als Lanze und Schwert, die Ritterwaffen par excellence, zu gebrauchen.

Man hat behauptet, daß die Adelsreiterei, die Gendarmen, sie manches Mal über den Haufen gerannt habe, doch der ehrlichste und bestplacierte der Chronisten, La Noue, bestätigt in seinen »Discours politiques et militaires« (1585) das Gegenteil. Brantôme überliefert uns, daß sie »estoient armez jusques aux dents et bien empistolez«, bis an die Zähne bewaffnet und gut mit Pistolen versehen waren, weshalb man sie häufig mit dem Namen Pistoliers oder Pistolenteufel belegte.

Sie bildeten Eskadronen von manchmal bis 1000 Reiter und griffen gliederweise (20 bis 30 Glieder) an, die nacheinander ihre Pistolen abfeuerten und sich sofort hinten an ihre Eskadron wieder anschlossen. Dieses Manöver nannte man Caracole, »Schnecke« oder »Karussell«. Die Eskadron gliederte sich in Kompanien, die von einem Rittmeister befehligt wurden. Die Mannschaften wurden hauptsächlich im Raume Braunschweig, in Sachsen und Rheinland-Pfalz geworben.

Der »schwarze Teufel« tat seinen Dienst nur gegen gutes Geld. Er erhielt eine Anwerbeprämie, Laufgeld genannt, sodann ein Wegegeld, das Aufreisegeld, und, sobald er an Ort und Stelle war, den gewöhnlichen Sold.

Der Stand des »Geschwärzten«, »barbouillé«, des »chaffouré«, wie man auch sagte, war so einträglich, daß zahlreiche junge Franzosen von guter Geburt zum Erlernen der deutschen Sprache in Familien, die mit einem Rittmeister verwandt waren, geschickt wurden, um so die Möglichkeit zu bekommen, sich bei der einen oder anderen Kompanie einschreiben zu können. »Da das ganze Geld Frankreichs dazu diente, die deutschen Reiter zu bezahlen, hoffte man so, daß die eigenen Kinder beim Ausheben von deutschen Reitern Beschäftigung fänden.«

Die deutschen Reiter waren am Kampf von Renty 1554 beteiligt, und unter Heinrich II. Im Jahre 1558 zählte man 7000. Von 1562 bis 1569 kämpften sie in hugenottischen und königlichen Lagern, doch das Jahr 1587 sollte ihnen zum Verhängnis werden: Bei Auneau, in der Nähe von Chartres, wurden sie praktisch aufgerieben. Man füllte die Gräben des Schlosses mit den Helmen und Harnischen der Toten, und zwei Jahrhunderte lang holten sich die Bauern aus dieser »Eisengrube« das Alteisen, das sie zur Instandsetzung ihrer landwirtschaftlichen Geräte brauchten. Der Speicher des Schlosses barg noch im 18. Jahrhundert eine riesige Menge Überreste von diesem unheilvollen Tag.

1. Man nimmt an, daß im 15. Jahrhundert aus diesen Knechten die Landsknechte hervorgegangen sind, während die Reiter im Ausland Dienste nahmen.
2. Dieser finstere Beiname ging einfach zurück auf die Symbolfarbe der deutschen Hugenotten.

LEICHTE REITEREI (III)

1. Lanzierer, 1550. – 2. Reitender Arkebusier mit dem Bandelier und den getrennten, gebrauchsfertigen Ladungen, 1600. – 3. Lanzierer, 1550. – 4. Kürisser, 1550. Die Schwebescheiben am Brustharnisch, die die Achselhöhlen schützten, gab es mehr als 100 Jahre nach ihrer Einführung. – 5. Arkebusier mit der »mandille«, einer Art Dalmatika mit Ärmeln, die eigenartigerweise der Lakaienkleidung entlehnt war. Diese Mode machte zwischen 1570 und 1580 in ganz Europa Furore. Man zog die Mandille unter den Schultern der Armzeuge durch (siehe auch Abbildung 1), die Ärmel hingen im allgemeinen lose herunter.

2
4
5
L. & F. FUNCKEN

Kürisser und Lanzierer

Die »corasses«, später »cuyrasses« und schließlich »cuirassiers«, Kürisser, genannt, kamen in der Mitte des 16. Jahrhunderts auf. Diese Reiterei war ein Zwitter, den man geschaffen hatte, um dem Mangel an schwerer Reiterei abzuhelfen, der durch die Verluste an Rittern und geeigneten Pferden entstanden war. Zahlreichen Edelleuten, die durch die Kriege an den Bettelstab gebracht worden waren, gelang es nicht, sich neue Reittiere nach ihren Wünschen zu beschaffen, und abgerichtete Pferde waren praktisch unauffindbar.

Aber gab es denn den Lanzenreiter selbst noch? Die wachsende Feuerkraft der Infanterie hatte mehr als einen Kriegshelden abschrecken[1] müssen. Seit der Regierungszeit Heinrichs II. hatten auch die schönen Kompanien der Ordonnanzgendarmerie an Wert eingebüßt. Der Angriff im Trab, zu dem man gezwungen war, weil gute Pferde fehlten, nahmen der Lanze jede Wirkung, so daß La Noue schreiben konnte: »Die Pistole kann die Defensivwaffen brechen, die Lanze nicht.« (»Quinzième discours«, 1590.)

In den österreichischen Niederlanden hatten die Reiter der Ordonnanzkompanien am Ausgang des 16. Jahrhunderts ihren Titel Gendarme gegen den eines Lanzierers eingetauscht, und in Frankreich gab es zur gleichen Zeit echte Lanzenreiter nur noch bei den Truppen der Liga mit ihren spanischen und italienischen Söldnern.

Wallhausen schrieb im Jahre 1618[2]: »Der Kürisser ist eine Erfindung unserer Zeit, die vor 50 oder 60 Jahren in Gebrauch gekommen ist, weil die Lanzierer in Frankreich und den Niederlanden zu fehlen begannen und man nicht mehr genug davon auftreiben konnte, so daß man gezwungen war, an ihrer Stelle Kürisser zu nehmen … Nehmt dem Lanzierer seine Lanze und sein gutes Pferd, gebt ihm ein weniger schweres und für einen plötzlichen Angriff unbrauchbares, dann habt ihr einen Kürisser.«

1. Ein spanisches Sprichwort sagt: »Ist das Pferd tot, ist der Reiter verloren.« Das Pferd war die vor allem gesuchte Zielscheibe.
2. »Kriegs = Kunst zu Pferd«.

DRITTER TEIL

WAFFEN, PFERDE UND TURNIERE

Die Handfeuerwaffen

Die Arkebuse

In unserem ersten Band haben wir gesehen, wie sich die grobe Feuerwaffe zu einem Gerät entwickelte, das bereits starke Ähnlichkeit mit der Arkebuse hatte, deren Erscheinungsbild bereits untrüglich an das moderne Gewehr denken läßt.

DIE PISTOLE

1. Mit Luntenschloß, um 1460. – 2. Radschloßpistole mit zwei übereinanderliegenden Ladungen, um 1560. Der kugelförmige Knauf, der sich öffnen ließ, enthielt Ersatz-Schwefelkies. – 3. Eigenartiges deutsches Modell, das rechtwinklig konstruiert war, um 1550. Die kugelförmigen Knäufe, die häufig für Keulen gehalten wurden, sind meist viel zu leicht, um zu solchen Zwecken brauchbar zu sein. – 4. Pulverflasche mit Schlüssel zum Spannen des Radschlosses, um 1550. – 5. Italienisch, 1590. – 6. Spanisch, mit Aufzug mit Kurbelstange, um 1550. Hier bestand nicht die Gefahr, daß man den Aufziehschlüssel verlor, der zum Spannen der Radschloßfeder gebraucht wurde (siehe Mechanismus auf der folgenden Tafel). – 6a. Kolbenaufzug, 1550. – 7. Deutsches Zwergmodell von 5 cm Länge. Es feuert dennoch eine Kugel von 2 mm Durchmesser ab. Dieselbe Form des Kolbens gab es auch bei den normal großen Modellen (7a), 1570. – 8. Deutsch, 1591. – 9. Französisch, 58 cm lang, 1580. – 10. Mailändischer Typ, 1580.
11. Pistolier, mit vier Pistolen bewaffnet, um 1580. Diese Feuerkraft, die höher war als bei einem gewöhnlichen Reiter, sollte ihm einen bedeutenden taktischen Vorteil verschaffen. Dieser »pistoyer« ist mit einem Kettenpanzerumhang bekleidet, der »Bischofsmantel« genannt wurde und in Deutschland im 16. Jahrhundert besonders beliebt war.

Die Kriegspistolen waren selten verziert, da eine Dekoration zu teuer gekommen wäre. Wegen ihrer Schlichtheit sind sie praktisch ganz verschwunden, während es von den Luxusmodellen heute noch recht viele gibt.

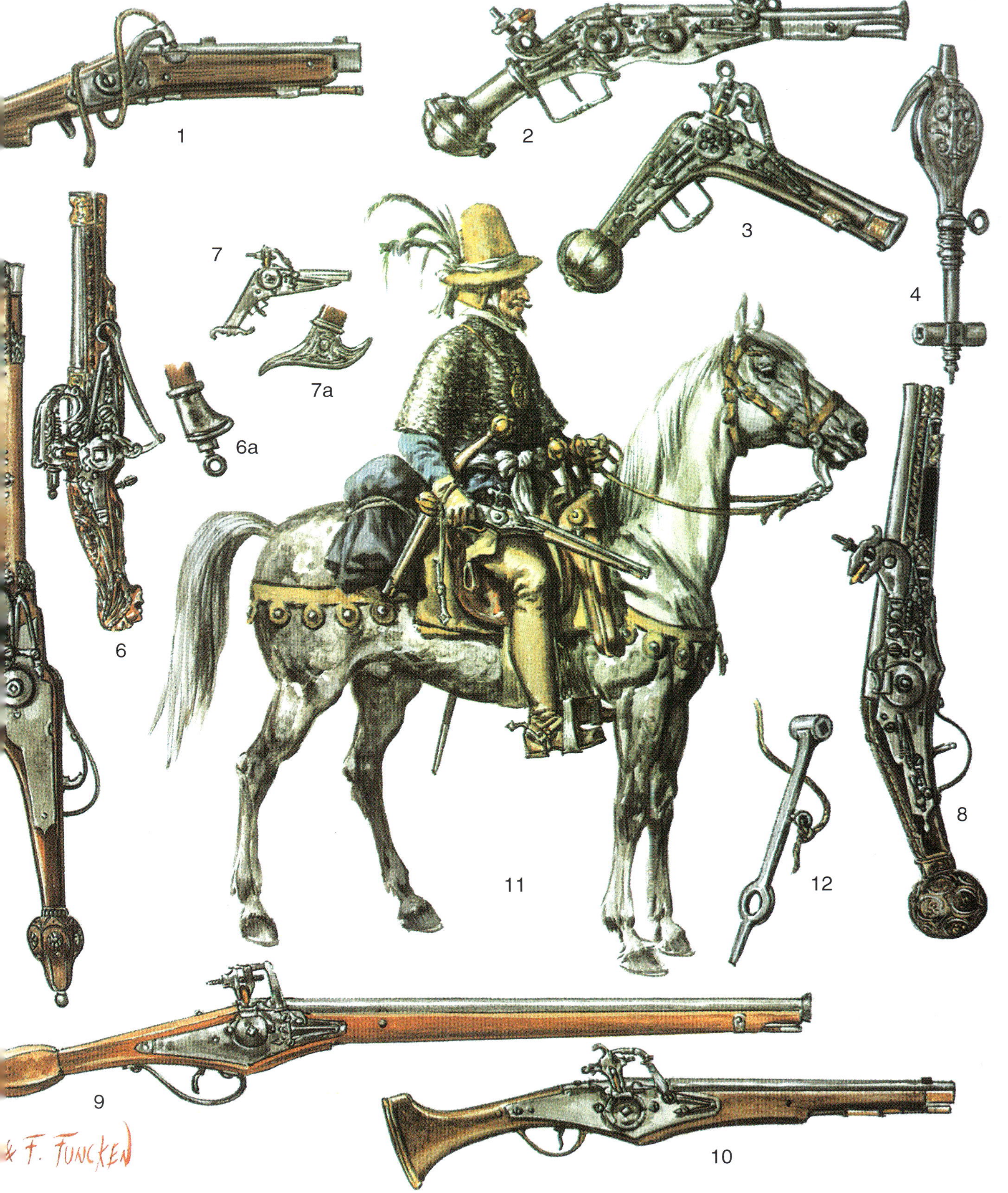
1
2
3
4
6
6a
7
7a
8
9
10
11
12
& F. FUNCKEN

Ihr Name leitet sich von dem italienischen »archibuso« ab, das wiederum eine Verformung des niederländischen »hakebusse«, des deutschen Wortes »Hakenbüchse« ist. Dieser Haken ist nur der Ansatz unter dem Lauf, mit dem der mächtige Rückstoß der Waffe mit Hilfe eines Lafettengestells oder einfach durch Auflegen auf die Befestigungsmauer abgefangen werden sollte (siehe Band 1). Einige der besten Autoren dehnen den »Haken« auch auf den Luntenhahn und auf den Kolben aus, die beide die Form eines Hakens hatten. Es ist jedoch anzumerken, daß die ersten »haquebuses« keinen gekrümmten Kolben hatten. Desgleichen ist unserer Ansicht nach der Ausdruck »Doppelhaken« nicht anwendbar auf den doppelten Luntenhahn, sondern auf das doppelte Kaliber der schweren Arkebusen, die auf den Festungswällen eingesetzt wurden.

In England wurde die Arkebuse nebeneinander »hagbuse«, »hackbushe«, »hackbut«, »harkbutte«, »hagbut« usw. genannt. Man sieht, wie sich das »hack« fortentwickelt und wie »but« oder »butte« an die Stelle der Originalbezeichnung »Büchse« tritt. Aber man findet im modernen Englisch »butt« mit ganz verschiedenen Bedeutungen: Ziel, Baumstumpf, Gewehrkolben, Stoß mit dem Horn...; »hag« wiederum bedeutet Hexe, alte Fee. Ist es zu kühn, sich vorzustellen, daß die Engländer zu Beginn des 16. Jahrhunderts die neue Waffe mit einer Art schädlicher Magie assoziierten?[1] Schädlich war sie, und wie!

Trotz der Proteste der edlen Ritterschaft, die nun verwundbar war für jeden hergelaufenen Troßbuben mit einer Arkebuse, verbreitete sich diese teuflische Waffe, obgleich sie als abscheulich galt. Bayard selbst, der tapfere Ritter, befahl, daß jeder gefangene Arkebusier aufgehängt werden sollte! Am 30. April 1524 starb der große Held durch einen Schuß aus einer Arkebuse, der ihm das Rückgrat brach.

Die gewöhnliche Hakenbüchse, oder haquebuse oder Hacquebutte, wog zu Beginn des 15. Jahrhunderts noch 20 bis 30 Kilogramm. Aber sehr bald kam eine leichtere Waffe auf, die sich schultern ließ und von einem einzigen Mann abgefeuert werden konnte. Und seit 1475 wurde in Deutschland die Arkebuse mit Lunte, Zündpfannendeckel und Federabzug industriell hergestellt. Um 1510 kam als letzte Verbesserung der Feuerschirm[2] hinzu, mit dem die Augen des Schützen vor glühenden Teilchen geschützt wurden, die bei der Verbrennung des Zündpulvers in der Zündpfanne weggeschleudert wurden. Mit dieser Arkebuse wurde die Infanterie bis etwa 1700 ausgerüstet, zumindest in den nicht so reichen Ländern.

1. Mögen unsere Freunde, die großen britischen und irischen Spezialisten W. Carman, A. Mollo und G. Thompson diesen gefährlichen, aber verführerischen Versuch von Semantik verzeihen.

2. Auch Flammenschirm genannt, (pare-feu und pare-flamme). In altem Englisch: fyre-garde oder fyreshielde.

Das Luntenschloß

Dieses Schloß, das ganz einfach ist und durch die Zeichnungen leicht verständlich, besaß einen Hahn, in den eine langsam brennende Lunte geklemmt wurde. Die mußte so justiert werden, daß beim Niederdrücken der Funke genau in die Zündpfanne neben das Zündloch

DIE SCHLÖSSER (I)

1. Hakenbüchse mit Luntenschloß, zweite Hälfte des 15. Jahrhunderts. Man nennt sie auch arquebuse à croc oder arquebuse butière (Wallbüchse oder Standbüchse). Der Haken diente dazu, mit Hilfe des Festungswalles oder des Gestells, auf das die Waffe zum Schießen gelegt wurde, den Rückstoß aufzufangen. – 2. Arkebuse mit Luntenschnappschloß, um 1500. Der Abzug hat die Form eines Knopfes (a). – 3. Arkebuse mit Luntenschloß, um 1580. Länge 1,36 m. – 4. Muskete mit Luntenschloß, um 1590. Länge 1,78 m. Wegen ihres Gewichts (10 kg) mußte man sie auf eine Gabel stützen. a. Kolben; b. Schloß; c. Abzug. – 5. Arkebuse mit Lunte und Trommel für 10 Schuß, um 1530. Das gleiche System fand bei der Pistole Anwendung. – 6 und 7. Arkebuse mit Luntenschloß als Hinterlader, um 1540. – 8. Büchse mit Radschloß, 16. Jahrhundert. Sie besitzt einen Abzug mit Stecher fürs Präzisionsschießen. – 9. Mönchsbüchse, Beginn des 16. Jahrhunderts. Diese einfache Waffe, die bei einem Kaliber von 1,2 cm 29 cm lang war, wurde oft mit lächerlich übertriebenen Maßen dargestellt. Ihr Reibeisen (a) macht sie zum Vorläufer des Radschloßsystems. Beim Schießen bewegte man den Ring b. Mit Hilfe des Ringes c wurde die Waffe gerichtet. d zeigt den Aufhängehaken. – 10. Radschloßkarabiner, Ende des 16. Jahrhunderts. – 11. Kleine Radschloßwaffe schlesischen Typs, »Teschinke« genannt, um 1600. Durch seinen außen liegenden Mechanismus war die Pflege leicht, doch war das Gerät stoßempfindlich. – 12. Außen- und Innenansicht eines Luntenschlosses vom Ende des 16. Jahrhunderts, mit dem Feuerschirm (a), der verhinderte, daß glühendes Zündpulver herausgeschleudert wurde. – 13. Innenansicht (Schußstellung) und Außenansicht (Ladestellung) eines Radschlosses.

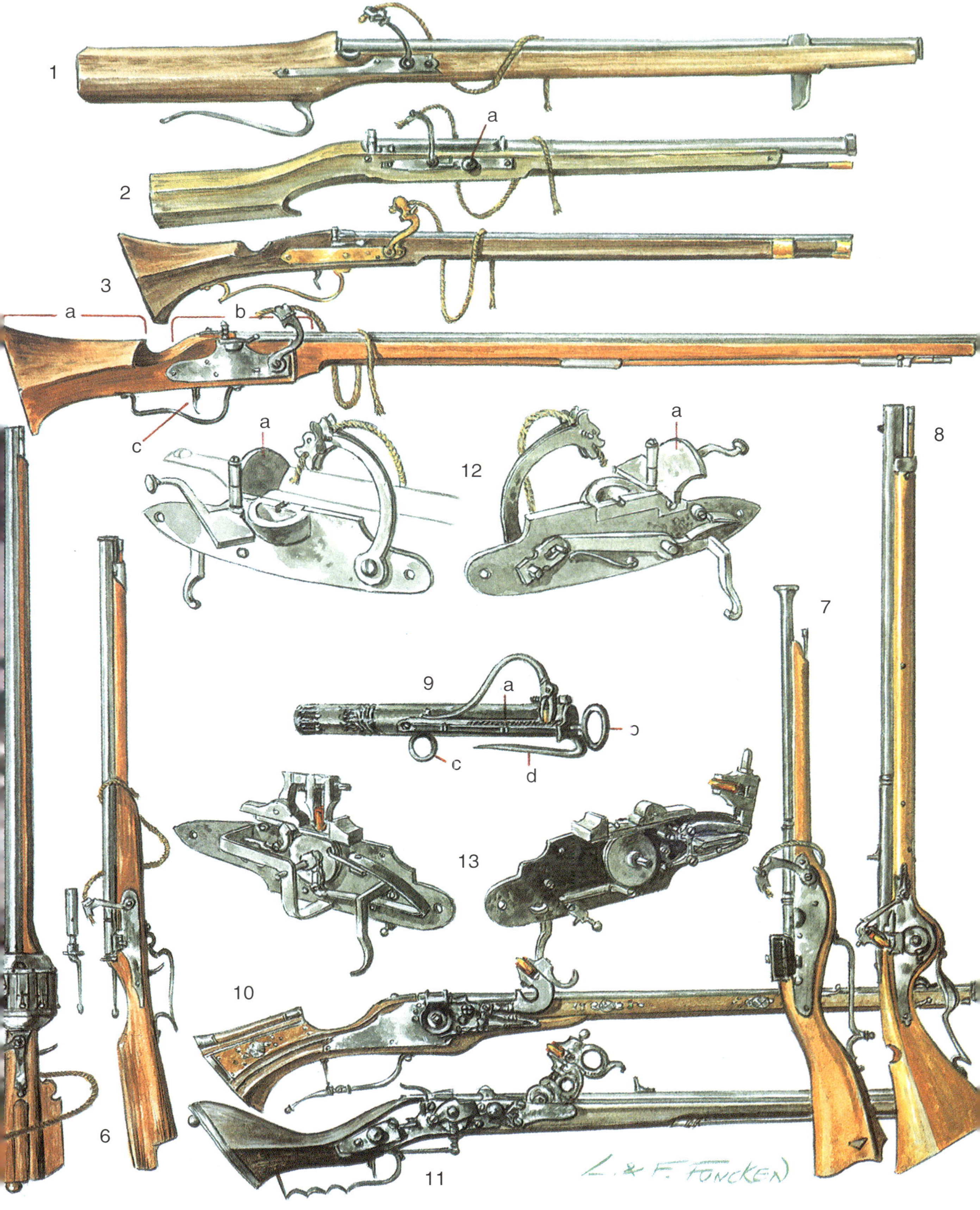

1
a
2
3
a
b
c
a
12
a
8
9
a
c
d
13
7
10
6
11
L. & F. Funcken

des Laufes fiel, durch das die Hauptladung gezündet wurde.

Die Geschosse aus Stein, später aus Blei, lagerten in einem kleinen Sack, doch pflegte man beim Schießen zwei bis vier im Mund zu haben, um Zeit zu gewinnen. Das war eine so geläufige Praxis, daß die Truppen, die bei der Kapitulation freien Abzug mit kriegerischen Ehren zugestanden bekamen, das Vorrecht hatten, mit den Kugeln im Mund abzumarschieren[1]. Das Lederzeug des Arkebusiers wurde ergänzt durch die Zündpulverflasche, einer größeren Flasche für das Ladungspulver und zwei bis drei Meter Reservelunte. Dieses komplizierte »holländische« Lederzeug blieb bis zum Beginn des 16. Jahrhunderts erhalten.

Um es etwas zu vereinfachen, dachte man sich kleine Holzrohre[2] aus, die eine fertige Ladung enthielten, manchmal sogar mit der Kugel. Oft wird die Meinung vertreten, daß diese aufgereihten Ladungen erst zu Beginn des 17. Jahrhunderts aufkamen, doch sind sie älter. Die deutschen Stiche aus den ersten Jahrzehnten des 16. Jahrhunderts zeigen uns mit ihrem ausführlichen und genauen Stil diese Ladungsreihen an Landsknechtsarkebusieren.

Ein Bild von Melchior Feselen stellt übrigens Arkebusiere des Heiligen Römischen Reiches Deutscher Nation dar, die Arkebusen vom primitivsten Typ ohne Hahn bis zum neuesten Modell mit Radschloß benutzen. Selbstverständlich wurden aus Ersparnisgründen die veralteten Waffen bis zum völligen Verschleiß weiterbenutzt, und wahrscheinlich hat man sie sogar weiter hergestellt, da ihr Herstellungspreis gegenüber den »Neuheiten« sehr niedrig war.

Das Radschloß

Ein zweiter beträchtlicher Schritt in der Entwicklung des Zündsystems wurde zwischen 1515 und 1520 von den aktiven deutschen Waffenschmieden in Nürnberg getan: Sie fertigten das Radschloß, bei dem das Rad durch Reibung an einem Schwefelkies (Pyrit)[3] den Funken erzeugt. Die erste Idee hatte Leonardo da Vinci zwischen 1480 und 1485 dargelegt. Vor ihm hatte zu Beginn des 15. Jahrhunderts bereits ein Unbekannter die Eigenschaften des Schwefelkieses für die Mönchsbüchse, die wir in unseren Illustrationen zeigen, ausgenutzt.

Beim Radschloßsystem war ein gerändeltes Rad mit einem Federkettchen verbunden, das mit einer Vierteldrehung des Schlüssels aufgezogen wurde. Zum Schießen legte man den Hahn mit dem Schwefelkies über den Zündpfannendeckel. Durch Druck auf den Abzug glitt

1. Die Sitte war noch 1750 in Gebrauch.
2. Holz wurde dem blanken Eisen oder dem Kupfer vorgezogen, weil die Metalle zu laut waren und das Pulver weniger gut »frisch« hielten.
3. Der gelbe Schwefelkies oder kubische Schwefelkies (Pyrit) ist ein Eisendisulfid, das in Form kubischer Kristalle vorkommt. Er sieht metallisch aus, und wenn er poliert wird, kann er einen schönen Glanz entwickeln, der dem des Goldes sehr ähnlich ist. Man nannte ihn früher Martialschwefelkies oder Arkebusenstein.

DIE SCHLÖSSER (II)

1. Muskete mit Zwillingsschloß, in dem Schnappschloß und Luntenschloß vereint sind, Mitte des 16. Jahrhunderts. – 2. Arkebusier-Bandelier mit Schutzdecke. Jede Röhre enthielt eine Ladung Pulver. Die Kugeln befanden sich im Säckchen. – 3. Arkebusier-Bandelier mit Zündpulverflaschen und seinen »12 Aposteln« (Behälter für die Pulverladungen), deren Zahl manchmal geringer, manchmal auch höher lag. Es konnten bis zu 15 Kartuschen sein. Darunter (a), ein offener Behälter. – 4. Deutsche Pistole mit außenliegendem Mechanismus vom Schnappschloßtyp, 1580. Der sollte in Deutschland niemals das Radschloß entthronen. – 5. Schottische Pistole mit holländischem Schnappschloß vom Beginn des 17. Jahrhunderts. – 6. Tromblon mit Schloß »à la Miquelet«, Ende des 16. Jahrhunderts. – 7. Pistole »à la Miquelet«, Beginn des 17. Jahrhunderts.

8. Außen- und Innenansicht eines Schnappschlosses italienischen Typs, um 1600. – 9. Schnappschloß schottischen Typs. – 10. Schnappschloß holländischen Typs mit dem charakteristischen Zündpfannenknopf. – 11. »Spanisches« Schloß, genannt »à la Miquelet«, das um 1587 erfunden wurde. Dies ist die letzte, dem berühmten Steinschloß sehr nahe Etappe. Das Steinschloß kam 1630 auf und wurde allmählich in ganz Europa eingeführt. Es wurde universell verwendet bis nach den Napoleonischen Kriegen (siehe »Historische Uniformen, 18. Jahrhundert«, Band 1, Seite 21). Der Ausdruck »à la Miquelet« setzte sich Mitte des 17. Jahrhunderts in Frankreich durch, als das spanische Schloß bei den »Miquelets« Aragoniens und Kataloniens gebräuchlich war. (Die »Miquelets« waren Soldtruppen, nach Miquelot de Pratz benannt; A. d. Ü.).

12. Gabelschwert des Musketiers mit Radschloßpistole, Ende des 16. Jahrhunderts. – 13. Gabelschwert des Musketiers, Ende des 16. Jahrhunderts.

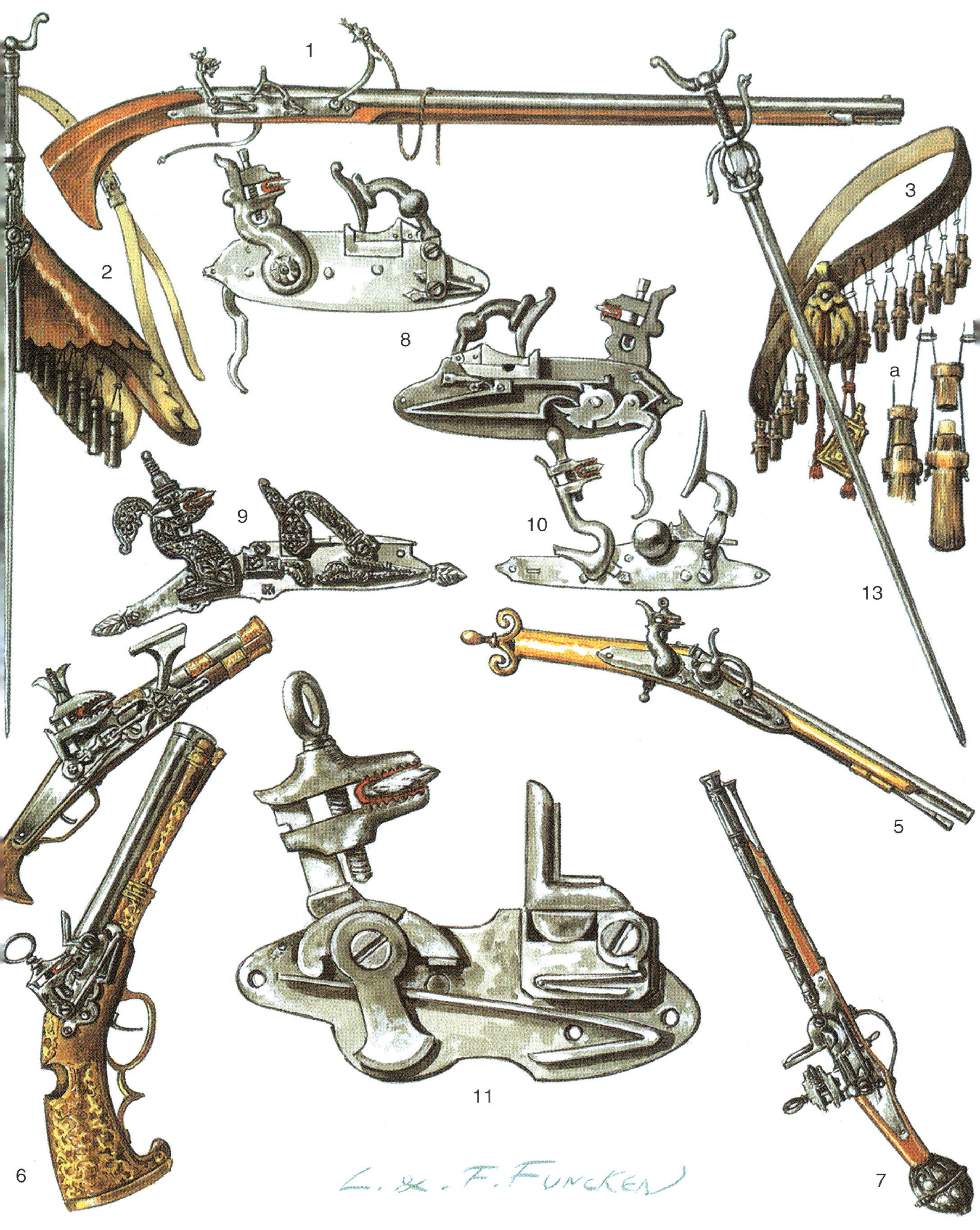
1
2
3
8
a
9
10
13
5
11
6
7
L. & F. FUNCKEN

der Pfannendeckel beiseite und gleichzeitig drehte sich das Rad, dessen Rinnen dem Stein die zur Zündung notwendigen Funken entrissen. Man hätte den Feuerstein verwenden können, doch nutzte er das Rändelrad schnell ab. Der Schwefelkies dagegen war sehr bröckelig und ließ viel Abrieb zurück, der dem ordentlichen Funktionieren des empfindlichen Mechanismus abträglich war, so daß ständige, sorgfältige Instandhaltung nötig war.

Man kann sich denken, daß dieses Schloß teuer in der Herstellung war. Nach unseren Schätzungen mußte eine ganz gewöhnliche Radschloßarkebuse im Jahre 1580 mindestens 1500 schwere Francs gekostet haben, während eine Luntenarkebuse nur 350 bis 400 Francs kostete.

Zum hohen Kaufpreis kam noch ein ungewisser »Kundendienst« hinzu, und eine Waffe nach Nürnberg oder Mailand zurückzuschicken, muß in jenen unruhigen Zeiten ein riskantes Unternehmen gewesen sein. In Deutschland, wo es nicht die gleichen Probleme gab, wurde das Radschloß sehr lange benutzt, bei den Jagdwaffen sogar noch nach Erfindung des Steinschlosses.

Das Schnappschloß

Das Schnappschloß kam in Deutschland in der 2. Hälfte des 16. Jahrhunderts auf und in Holland schon 1530. Von dort aus kam es nach England, wo die 1580 nach Irland geschickten Truppen damit ausgerüstet wurden.

Das Schnappschloß wirkte durch den Schlag eines Schwefelkieses auf eine gerillte Schlagplatte. Der Schwefelkies wurde sehr schnell durch den Feuerstein ersetzt, durch den aus dem Schnappschloß das vorletzte Stadium vor dem modernen Steinschloß wurde. Da sein Herstellungspreis 25 % unter dem des Radschlosses lag und da es robust war und einfach funktionierte, breitete es sich in ganz Europa aus.

Das Schloß »à la Miquelet«[1]

Dieses Schloß, das das letzte Stadium vor dem richtigen Steinschloß bildete, wurde um 1587 erfunden. Damals war es unter der Bezeichnung »spanisches Schloß« bekannt: Sein Erfinder Marquart arbeitete in Spanien, gehörte aber zu der Familie der Markwart in Augsburg.

Es ist verblüffend, mit welcher allgemeinen Gleichgültigkeit dieses revolutionäre System bedacht wurde, das bis auf »ein Haar« an dasjenige herankam, das in Europa vom 17. bis 19. Jahrhundert bei allen Infanteriewaffen Anwendung fand!

Die Muskete

Sie ist eine Arkebuse großen Kalibers[2], manchmal von doppeltem Kaliber und Gewicht als die gewöhnliche Arkebuse. Sie tauchte in den Händen der Spanier im Jahre 1567 unter dem Namen Muskete auf. Ihr Name rührt entweder vom italienischen »moschetto« (einstmals eine Art Sperber[3]) her oder vom spanischen »mosca« (Funken). Über ihren genauen Ursprung ist nichts bekannt. Sicher ist, daß sie Aufsehen erregte, weil sie mit schrecklicher Wirksamkeit Harnische durchschlug[4].

ARKEBUSIERE UND MUSKETIERE, BEGINN DES 17. JAHRHUNDERTS

1. Arkebusier beim Einfüllen des Zündpulvers in die Pfanne. Nur die Arkebusiere trugen noch einen Helm, die Musketiere, die schwerer ausgerüstet waren, bevorzugten einen leichten Hut. – 2. Arkebusier, der auf den Befehl zum Anlegen wartet. Er bedeckt die Zündpfanne mit zwei Fingern, um zu verhindern, daß die auf dem Hahn liegende Lunte vorzeitig zündet. Das Zündpulver und das Ladungspulver sowie die Kugeln werden getrennt getragen am sogenannten »holländischen Bandelier«. – 3. Musketier »beim Hochstellen seiner Gabel«, um nach dem Laden seine Waffe daraufzulegen. Diese und die folgenden Figuren zeigen das Bandelier und die fertigen Ladungen. Die kleine Flasche diente nur dazu, Pulver auf die Zündpfanne zu schütten. – 4. Musketier auf dem Marsch. Die Gabel wird wie ein Stock benutzt. – 5. Der geübte Musketier konnte seine geladene Waffe auf der Gabel mit Hilfe nur der linken Hand im Gleichgewicht halten.

1. Wir erklären diese Bezeichnung anhand der Abbildung 11, Seite 203.
2. Die Muskete schoß eine Kugel von etwa 60 g, eine Arkebuse dagegen Kugeln von 30 g.
3. Hieß in altem Französisch »moschet«, »mouchet« und in modernem Französisch »émouchet«. Bekanntlich ist es sehr üblich, den Waffen Tiernamen zu geben, zum Beispiel die »fauconneaux« (junge Falken = Falkonetten), die »couleuvrines« (couleuvre = Natter, couleuvrine = Feldschlange) (Littré).
4. Schon 1520 wurde in Spanien eine schwerer gemachte Arkebuse für Festungswälle eingeführt. Sie bewies ihre Wirksamkeit bei der Belagerung von Pavia im Jahre 1524, wo sie mit ihren 60-g-Kugeln die besten Harnische durchschlug. Das war bereits eine Muskete.

1
2
3
4
5

Wegen ihres Gewichtes brauchte man ein Unterlage, um sie richten zu können: die Gabel. Als allmählich der Harnisch verschwand, konnte man die Muskete leichter machen, so daß die Arkebuse überflüssig wurde, und man behielt von nun an noch den Namen Muskete[1] bei.

Von allen Nationen sträubte sich Frankreich am längsten gegen die Einführung erst der Arkebuse und später der Muskete.

Franz I. zog ihr zu Beginn seiner Herrschaft noch die Armbrust vor. Um 1534 führte er 20 Prozent »haquebutiers« – schwere Arkebusiere – und »haquebousiers« – gewöhnliche Arkebusiere – bei seinen »Legionen« ein. Heinrich II. hatte im Jahre 1552 einen Anteil von 30 Prozent. Karl IX. führte 1572 trotz Bedenken die Muskete ein. Im Jahre 1580 schoß die Muskete noch lediglich eine Kugel von 31,35 g und die Arkebuse eine Kugel von 10,18 g, doch Heinrich II. führte 1590 die mächtige Muskete »monté à la wallone« (nach wallonischer Art geschäftet) ein, mit der er seine halbe Infanterie ausrüstete.

Die Pistole

Nach einigen Luntenmodellen, die, so scheint es, seit 1460 gebaut wurden, kam in Deutschland um 1517 oder in Italien um 1521 die Radschloßpistole auf.

Die deutschen Reiter in französischen Diensten machten die Pistole bekannt. Der Name leitet sich ab von Pistoia, der Stadt ihres »Erfinders« Camelio Vetelli, oder aber von dem spanischen Goldstück Pistole[2] oder, was wahrscheinlicher ist, von dem italienischen Wort »pistallo«, Sattelknopf, an dem man die Pistole aufhängte, bevor man sie in die Halfter steckte. In England verwandte man den Ausdruck »dag« oder »dagge«, der aus »demi-hagbutt« – Halbarkebuse – zusammengezogen war.

Gleich nach der Erfindung des Schnappschlosses, das viel billiger und unkomplizierter war, wurde das Radschloß abgelöst[3].

1. Im Jahre 1600 wog die Arkebuse 5 kg und die Muskete 8 kg. Die Kugel der Arkebuse wog 25 g und die der Muskete etwa 50 g.

2. Desgleichen nannte man eine kleine, kurze Pistole Terzerol, nach der Bezeichnung für eine italienische Münze, die »terzarolo«.

3. Die Pistole schoß auch Bolzen, kleine Stahlpfeile. Unter geharnischten Rittern erfolgte das Schießen aus nächster Nähe, die Waffe wurde buchstäblich auf den Harnisch des Gegners gesetzt.

4. Bei Rohren mit Zügen brauchte man einen Eisenstab und einen Hammer, um die Kugel ganz unten ins Rohr zu drücken.

Die gezogenen Waffen

Die ersten Züge kamen im Laufe der zweiten Hälfte des 15. Jahrhunderts auf, ziemlich wahrscheinlich in Deutschland. Der Österreicher Gaspard Kollner führte sie im Jahre 1498 in Leipzig vor. Es gibt von 1460 datierte Arkebusen, die acht, zehn und mehr Züge besitzen, parallel zur Achse des Rohrs. August Cotter aus Nürnberg erfand wenig später die Spiralzüge.

Belustigt stellt man fest, daß Cotters Nachfolger, oder vielmehr seine Nachahmer, den Sinn dieser für die Ballistik entscheidenen Entdeckung überhaupt nicht begriffen: Sie machten Züge in die Waffen, wie es ihnen gerade einfiel, und man kann sich vorstellen, welche jämmerlichen Ergebnisse das brachte! Glücklicherweise nahmen schon 1530 erfahrenere Waffenschmiede Cotters Idee wieder auf und verbesserten sie stetig. Da jedoch die gezogene Waffe unerschwinglich teuer war und das Laden lange dauerte[4], wurde sie vor 1630 kaum im Kriege verwandt.

STANGENWAFFEN (I)

1. Teile des Hellebarden-Helmbarteneisens, nach einem Modell aus der 1. Hälfte des 16. Jahrhunderts: a. Spitze (Stoßklinge); b. Marke; c. Klinge oder Beil; d. Schnabel, Haken; e. Schuh; f. Zwinge; g. Schaftfedern.

2. Schweizerischer Hellebardierer und Bannerträger des Kantons Uri (schwarzer Stierkopf mit einem roten Ring in den Nüstern). Der Helm, den der Hellebardierer trägt, ist eine herrliche italienische Schaller von etwa 1470.

3–5. 1. Hälfte des 16. Jahrhunderts. – 6–9. Mitte des 16. Jahrhunderts. – 10. 2. Hälfte des 16. Jahrhunderts. – 11 und 12. Mitte des 16. Jahrhunderts. – 13. 2. Hälfte des 16. Jahrhunderts. – 14. Mitte des 16. Jahrhunderts.

1
a
b
d
e
f
2
3
4
5
6
7
8
9
10
11
12
13
14
L. & F. FUNCKEN

Die Stangenwaffen

Hellebarde (Helmbarte)

Dieses Wort läßt uns gerne an eine Operettenwaffe denken, die von einem Statisten in »Egmont« oder in »Hamlet« spazieren getragen wird. Diese Helmbarte, das Beil an einem Stiel – von »Helm« (Stiel) und »Barte« oder »Parte« (Beil) – entwickelte sich in gerader Linie aus dem Sauspieß, der wiederum von dem Beil am langen Schaft der Krieger des 11. Jahrhunderts stammt.

Es wurde manchmal behauptet, daß sie im Laufe des 15. Jahrhunderts aus China nach Dänemark importiert wurde und von dort nach Deutschland und dann weiter in die Schweiz gewandert ist, von wo die Eidgenossen sie in die Heere Ludwigs XI. nach Frankreich mitbrachten. Ein Blick auf unsere Tafel mit Stoßwaffen in Band 1 beweist, daß die fragliche Waffe die Militärkunst der Chinesen nicht benötigte, um sich logisch zu entwickeln und die Form zu finden, die sie zur Erfüllung ihrer mörderischen Aufgabe vom Anfang des 15. Jahrhunderts bis zur Mitte des 16. Jahrhunderts brauchte.

Zu dieser Zeit begann die Helmbarte, die nun von der Arkebuse verdrängt wurde, die Eigenschaften einer Nahkampfwaffe zu verlieren. Da das Beilstück immer kleiner wurde, büßte sie ihre Spaltkraft ein, während die Spitze übermäßig lang wurde und sich im Laufe der zweiten Hälfte des 16. Jahrhunderts zu einem zugespitzten Stoßdegen wandelte. Sie verliert damit auch ihre alte Bezeichnung Helmbarte und wird in der neuen Form meist Hellebarde genannt. Parallel zu dieser Verwandlung, die auf die neuen Kampfmethoden der Infanterie und der Kavallerie zurückzuführen war, gab es weiterhin die halbwegs traditionelle Form. Dieses Modell, das im großen und ganzen seine alten Merkmale beibehielt, ist uns am vertrautesten mit seinem auf verschiedene Arten ausgezackten Beil, das mehr dekorativ als einsatzfähig war. Mit ihr waren die königlichen Garden der damaligen Zeit bewaffnet; sie beschließt ihre lange Karriere im 17. Jahrhundert als reich verzierte Prunkwaffe.

Der Langspieß

Der lange Spieß der Griechen, der lange Zeit aus der Militärgeschichte verschwunden war, wurde von den Schweizern wiederentdeckt und warf die mittelalterliche Strategie des 14. Jahrhunderts über den Haufen, wie wir im Kapitel über die Schweizer gezeigt haben. Er war eine ganz einfache Waffe, die meist aus einem Eschenschaft bestand, auf dem eine Eisenspitze mit einer kurzen Tülle oder Federn saß, deren mehr oder weniger lange Enden mit Schrauben oder Nieten an der Stange befestigt waren. Die Eisenspitzen hatten mit Vorliebe die Form eines Salbeiblattes oder waren mehr oder weniger spitz zulaufend drei- oder vierkantig und damit selbst für die besten Harnische besonders gefährlich.

Die ungeheuer lange Stange der schweizerischen Spieße ermöglichte es den Soldaten in der vierten Reihe, ihre Spieße noch mindestens zwei Meter über die Brust ihrer Gefährten in der ersten Reihe hinausragen zu lassen. Die so von Spießen starrenden vier Reihen bildeten für die Reiterei ein unüberwindliches Hindernis; die nachfolgenden Reihen hielten ihre Spieße senkrecht, bereit, eine mögliche Bresche zu schließen.

Bevor die Spieße von den Schlachtfeldern verschwanden, wurden sie noch länger, manchmal mehr als sieben Meter. Das war ein ganz unnützer Gigantismus, wenn man davon absieht, daß er kriegsunerfahrenen Fußsoldaten Trost spendete.

STANGENWAFFEN (II)

1–6. Zweite Hälfte des 16. Jahrhunderts. – 7 und 8. Beginn des 17. Jahrhunderts. – 9. Partisane, Ende des 16. Jahrhunderts. – 10. Wellenförmige Partisane, Glefe, Beginn des 17. Jahrhunderts. – 11. Glefe aus dem 16. Jahrhundert. Es ist der »falcione« der Italiener. – 12. »Brindestoc« oder »brin d'estoc« aus dem 16. Jahrhundert, mit Beil und Rabenschnabel. Es handelt sich um den italienischen »brandistocco«. – 13. »Brindestoc« mit Widerhaken, 16. Jahrhundert. Dieser Waffentyp barg einen langen Stachel in sich, der durch Zentrifugalkraft aus dem hohlen Stiel hervorschoß, wenn mit dem Handgelenk eine kräftige Halbdrehung vollzogen wurde. Er wurde vor allem in Italien und Frankreich verwendet. – 14. Kriegsgabel, auch »harpin« genannt, Beginn des 17. Jahrhunderts.

15. Venezianischer Arkebusier zu Beginn des 16. Jahrhunderts mit Brindestoc-Gabel mit versenkbarer Klinge. – 16. Deutscher Hellebardierer, Beginn des 16. Jahrhunderts.

1
2
6
5
4
7
9
10
15
16
8
11
12
13
14
L. & F. FUNCKEN

Durch die Feuerwaffe wurden der Spieß und auch die anderen Stangenwaffen verdrängt. Die Soldaten waren lange Zeit in der Mehrzahl Spießer gewesen. Ab Mitte des 16. Jahrhunderts nahm ihre Zahl in den Heeren laufend ab und machte am Ende des Jahrhunderts nur noch ein Drittel der Infanterietruppen aus.

An die Stelle der geharnischten »Doppelsöldner« der ersten Reihe und der einfach bezahlten »picques seiches« (Trockenpiken) in den übrigen Reihen der Spießer versuchte man einen Spießertyp zu setzen, der einheitlich mit einem leichten Brustharnisch gepanzert war und dann Pikenier genannt wurde. Da aber die Durchschlagskraft der Kugel zunahm, die Truppenzahlen größer wurden und die allgemeine Panzerung der Soldaten riesige Kosten verursachte, wurden immer mehr schlechte, praktisch unwirksame Harnische herangezogen, deren sich der Soldat bei der ersten Gelegenheit entledigte[1].

Die Partisane

Neben der Helmbarte und dem langen Spieß entwikkelte sich eine ganze Reihe Stangenwaffen, die vom Spieß bis zur eleganten Partisane reichten. Im erfindungsreichen, üppigen Italien wurde eine Vielzahl an Waffen mit Eisenspitzen produziert, die eher auffällig als wirksam waren, wie die Korseken (siehe Band 1, Seite 136) oder die Sauspieße (in Band 1) und die Glefen neuen Stils, die mit prächtigen Gravuren verziert waren. In Deutschland wurden diese schweren Luxusklingen an vielen Höfen verwendet, doch meist hatte man die Partisane[2], vom kriegstüchtigen Modell bis zu den Kunstschmiedestücken der großen Hauptleute oder der Garden prunkliebender Herrscher.

An zahlreichen europäischen Höfen gab es diese Waffe bis ins 18. Jahrhundert, desgleichen bei den Offizieren und Unteroffizieren.

1. Wir möchten anmerken, daß nach einer Art stillschweigender Übereinkunft der Musketier den Musketier bekämpfte und der Pikenier den Pikenier angriff, dessen Waffe den Harnisch nicht leicht durchdringen konnte. Hier lebt eigenartigerweise eine alte Tradition zwischen »gens de métier« (Handwerksleuten) weiter.

2. Französisch auch »pertuisane«: von »pertius« (Öffnung) in Anspielung auf die klaffenden Wunden, die sie verursachte, oder einfach von »partisan«.

3. Siehe Band 1, vierter Teil.

Bogen und Armbrust

Durch das Pulver waren diese Waffen[3] schon zu Beginn des 16. Jahrhunderts verdrängt worden. Doch obgleich der Bogen einen Anachronismus darstellte, tauchte er, nicht ohne Erfolg, von Zeit zu Zeit wieder auf. So benutzten ihn die Mauren bei der Belagerung Algiers im Jahre 1541 und die Engländer vor Boulogne im Jahre 1549!

Die Lanze, eine Stoßwaffe

Die Lanze des Ritters, die wir bereits in unserem Band 1 vorgestellt haben, war lange Zeit die ausschlaggebende Waffe gewesen, mit der der vernichtende Angriff gegen die Infanterie geführt oder der Einzelkampf gegen den gegnerischen Ritter ausgefochten wurde.

LANZE UND RÜSTHAKEN

A. Lanzenspitzen: 1–3. 12. Jahrhundert. – 4 und 5. 1250. – 6 und 7. 1270. – 8 und 9. 1350. – 10. Ende des 14. Jahrhunderts. – Alle diese Spitzen sind im gleichen Maßstab gezeichnet. Sie sind zwischen 7 und 36 cm lang.

B. Rüsthaken: 1. 1350, mit Clip. – 2. 1415. – 3. 1425, als einfacher Haken. – 4. 1440. – 5. 1450. – 6–8. 1480. – 9. 1490, mit Dämpfungsvorrichtung aus Weichholz – es wurde auch Blei verwandt – in die sich der Schaftring (siehe Lanze C1, bei a) eindrückte. – 10 und 11. 1500. – 12 und 13. 1510. – 14. 1540. – 15. 1550. – 16. 1560. – 17. 1570. – 18. 1590.

C. Lanzen: 1. Ende des 14. Jahrhunderts, mit dem Ring bei a. Länge: 5 m. – 2 und 3. 1300. – 4. 15. Jahrhundert. – 5. Ende des 15. Jahrhunderts. – 6 und 7. 1510. – 8. 1520 – 9–11. 16. Jahrhundert. – 12. Beginn des 16. Jahrhunderts. Länge: 3,40 m.

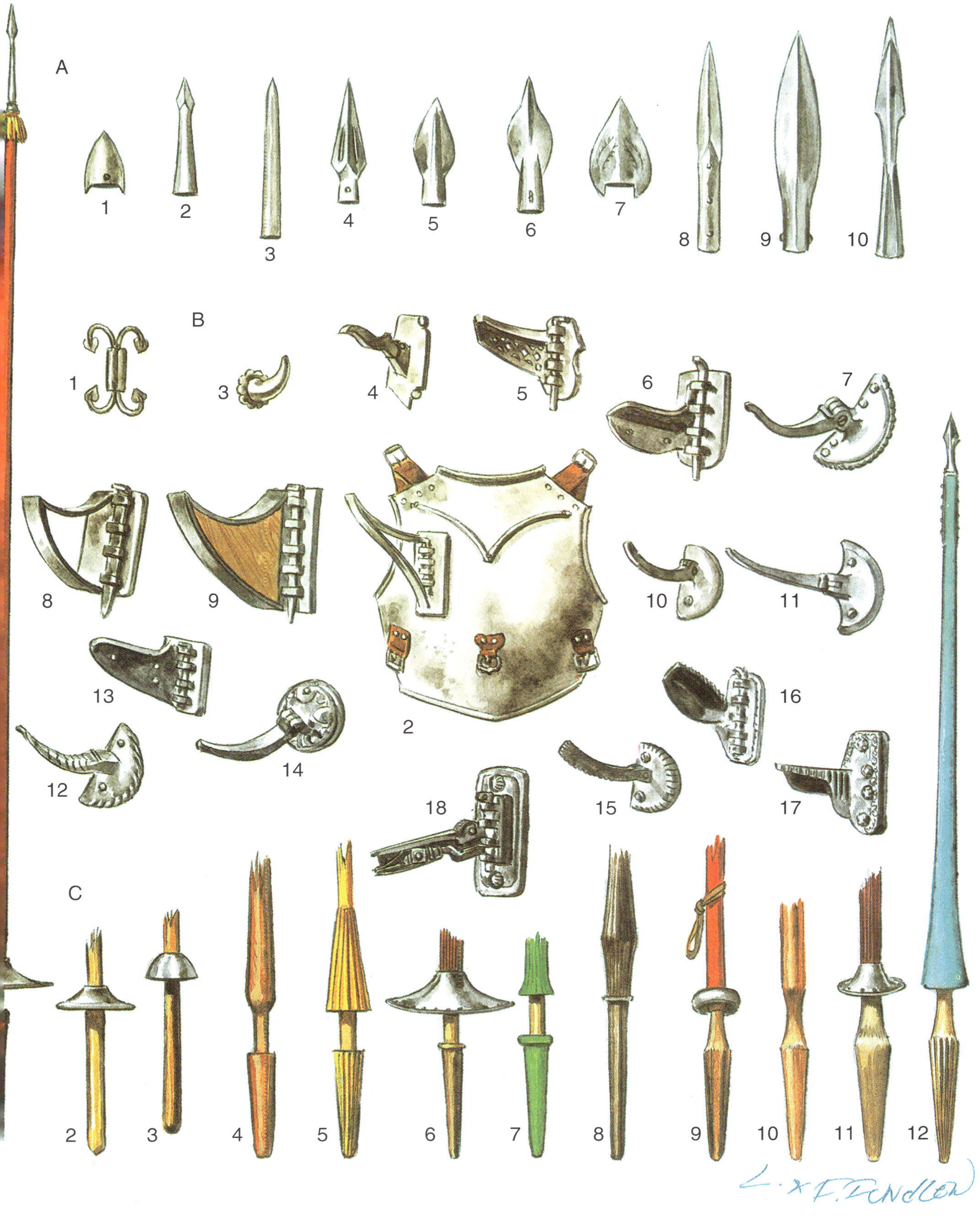
A
1
2
3
4
5
6
7
8
9
10
B
1
3
4
5
6
7
2
8
9
10
11
13
16
12
14
15
17
18
C
2
3
4
5
6
7
8
9
10
11
12
L. & F. Funcken

Bis zum 14. Jahrhundert war die Lanze drei bis vier Meter lang; da jedoch die Panzerung der Kämpfer zunahm, wurden gleichzeitig auch immer schwerere Lanzen eingeführt und auch die Lanzenspitzen verbessert. Seit dem 15. Jahrhundert wurden die Waffen auch etwas länger und erreichten 3,50 bis 4,50 m[1]. Natürlich benutzten die Heere Waffen, deren Dicke und Länge von einem Land zum anderen stark schwankten.

Die Engländer waren während des Hundertjährigen Kriegs die ersten, die ihre Lanzen kürzten und ihre Ritter zu Fuß kämpfen ließen. Die Franzosen und Österreicher ahmten sie gelegentlich nach, wie wir es bei den Österreichern in der Schlacht von Sempach[2] gesehen haben.

Die so »auf das Maß von fünf Fuß zurückgestutzte« Lanze, wie Froissart sagt, hat, wie uns scheint, Verwirrung gestiftet: Man hat darin die verbliebene Länge sehen wollen. Das wären ungefähr 1,62 m gewesen, ein lächerlicher Spieß. Wir nehmen vielmehr an, daß es sich bei den fünf Fuß um das abgeschnittene Stück handelt, so daß bei einer Lanze von vier Metern ein »Werkzeug« von 2,38 m verblieb, was wahrscheinlicher ist.

Das Verb »raccourcir« (verkürzen), das manchmal zur Bezeichnung dieses Vorgangs während des Kampfes benutzt wurde, bedeutete einfach, daß man die Lanze in der Schaftmitte anfaßte. Es ging nicht darum, daß im Augenblick höchster Not langwierige Tischlerarbeiten vorgenommen wurden!

Der Rüsthaken

Der Rüsthaken, der oft irrtümlich »faucre« (Lanzenstütze) genannt oder mit dem Lanzenschuh verwechselt wird, war ein Eisenhaken, auf den die zu schwer gewordene Lanze gestützt wurde, weil der Waffenträger sie mit dem Arm nicht mehr eingelegt halten konnte. Dieser Haken diente ebenfalls dazu, den auf den Stoß folgenden Rücklauf zu dämpfen.

1. Bei den letzten Rittern manchmal 6,50 Meter. Ein weiteres Beispiel dafür, daß die Waffe länger wird, wenn der Soldat schlechter wird!
2. Siehe Kapitel über die schweizerische Infanterie, Seite 160.

SCHWERTER UND DOLCHE (I), 9. bis 13. JAHRHUNDERT

Schwerter: 1–3. 9. Jahrhundert. – 4 und 5. 10. Jahrhundert. – 6–9. 11. Jahrhundert. Gesamtlänge (Abbildung 9): 90 cm. – 10. Zweite Hälfte des 12. Jahrhunderts. Gesamtlänge: 95 cm. – 11. 11. Jahrhundert. – 12. 12. Jahrhundert. – 13 und 14. Ende des 12. Jahrhunderts. – 15. Erste Hälfte des 13. Jahrhunderts. – 16. Zweite Hälfte des 13. Jahrhunderts. – 17. Mitte des 13. Jahrhunderts. – 18–20. Ende des 13. Jahrhunderts. – 21. Großes Sattelbaumschwert, zweite Hälfte des 13. Jahrhunderts. – 22. Zweite Hälfte des 13. Jahrhunderts. – 23. Ende des 13. Jahrhunderts.

24. Teile des Schwerts: a. Knauf; b. Griffholz (Hülse); c. Parierstange, auch Kreuzstange genannt; d. Angel; e. Klinge (französisch: lame, man sagte auch le mêle, limêle, lamiêle, dann alemelle und alumelle bis zum 16. Jahrhundert); f. Knäufchen: Das Schlußstück, das alle diese Teil zusammenhielt, entstand durch Vernieten des äußersten Endes der Angel.

Dolche: 25. 9. Jahrhundert. – 26. 10. Jahrhundert. – 27. 11. und 12. Jahrhundert. – 28. 13. Jahrhundert. – 29. Ende des 13. Jahrhunderts, genannt Basilard (von Basel). Aus dieser zivilen und militärischen Waffe entwickeln sich die schweizerischen und deutschen Dolche. Im ganzen 14. Jahrhundert war dieser Dolch sehr beliebt. – 30 und 31. 13. Jahrhundert.

FECHTEN IM 15. UND 16. JAHRHUNDERT (Seiten 214–215)

Wir zeigen hier einige typische Stellungen von Duellanten, die wir aus zeitgenössischen Traktaten über das Fechten entnommen haben: 1. Mit dem Schwert. – 2. Mit dem Rapier. – 3. Mit dem zweihändigen Schwert, gekreuzte Stellung. – 4. Mit dem zweihändigen Schwert, Ochsenhieb. – 5. Mit der Dusägge (Dusack). – 6. Mit dem Schwert und dem Parierdolch. – 7. Mit dem »braquemart« (kurzes Schwert).

Mehrere unserer Figurinen sind vom »Hosenteufel« besessen, der alle Sittenprediger zur Zeit der Refomation herausforderte. Diese extravagante Kleidung war in Deutschland besonders geschätzt.

8. Anderthalbhändiges Schwert, auch Estoc genannt, erste Hälfte des 16. Jahrhunderts. Die Verstärkung an der Basis der Klinge nennt man Fehlschärfe. – 9. Rapier, Mitte des 16. Jahrhunderts. – 10. Zweihändiges Schwert, Espadon und auch Flamberg genannt, Ende des 15. Jahrhunderts. Mit diesem Ausdruck wurde später ein sehr langes und sehr feines Schwert aus der Mitte des 17. Jahrhunderts bezeichnet. – 11 und 12. Dusäggen. – 13. Braquemart, Mitte des 16. Jahrhunderts. Man sagte auch »Malchus«.

14. Kampf mit dem Streithammer, Beginn des 15. Jahrhunderts (nach einer zeitgenössischen Illustration, einem Werk des englischen Künstlers John Rows). Wenn in einem Stechen eine Lanze gebrochen war, kämpften die Gegner manchmal mit dieser Waffe weiter, manchmal auch mit dem Ahlspieß (Abb. A). Das Treffen endete mit einem Schwertduell (Abb. B und C). Die Figur links ist Richard Beauchamp, Graf von Warwick, sein Gegner ist ein Italiener, Pandolfo Malatesta. Selbstverständlich waren solche Treffen nur höfische und streng nach Regeln ablaufende Kämpfe. Der Richter konnte sie anhalten, indem er seinen Stock hinwarf.

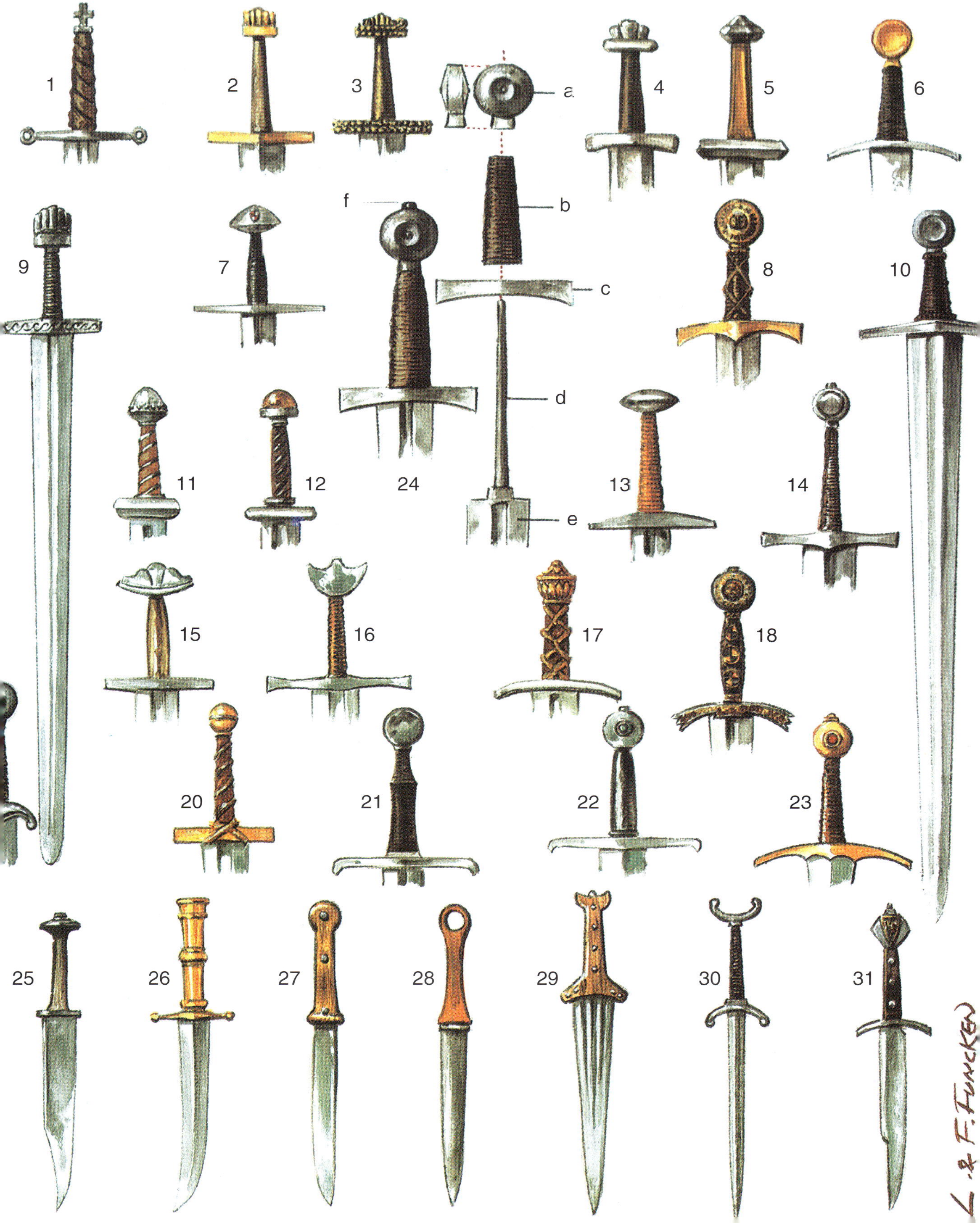
1
2
3
a
4
5
6
9
7
f
b
8
10
c
d
11
12
24
13
14
e
15
16
17
18
20
21
22
23
25
26
27
28
29
30
31
L. & F. Funcken

8
1
4
9
B
A
6
11

10
3
C
5
14
12
13
7

Der Handschutz an der Lanze

Es handelte sich hierbei zunächst um ein ganz einfaches Lederpolster um den Lanzengriff, das die Hand vor dem Stoß schützte, den der Aufprall auslöste. Das Polster wurde hinter der Hand angebracht, als der Rüsthaken aufkam. An ihm drückte sich das Polster breit und tat so Dienste als Stoßdämpfer.

Das Polster wandelte sich zu einem Ring, der »grappe« (Traube) oder »agrappe« genannt wurde und aus mehreren Reihen von Kügelchen bestand. In Spanien und Italien führte man eine gezahnte Scheibe ein, deren Spitzen in die Holz-, Kork- oder Bleieinlage der mächtigen Rüsthaken eindrangen.

Niedergang der Lanze

Schon die Betrachtung der Rüsthaken verrät die Entwicklung der Lanze und ihren Verfall. Auf die imposanten Stützen folgen immer dünnere und immer seltenere Haken für zerbrechliche Lanzen, die von Geharnischten gehandhabt wurden, die immer weniger Vertrauen zu dieser Waffe hatten, die angesichts der wachsenden Stärke der Infanterie lächerlich geworden war.

Schwert und Griffwaffen

Das mittelalterliche Schwert und sein spektakulärer Gebrauch in den Händen von Film- und Fernsehhelden beeindrucken stets alle. Bedurfte es nicht der Kraft eines Herkules, um diese gewaltigen Stahlklingen zu führen, die einen Klang wie Eisenbahnschienen hervorriefen?

Man sollte sich nicht täuschen lassen: Das Schwert war unerwartet leicht. Wir haben die Gewichte vieler Schwerter aus allen Zeiten ermittelt und mußten feststellen, daß das Durchschnittsgewicht für die Waffen vom 10. bis 15. Jahrhundert bei 1,3 kg lag und für die Waffen des 16. Jahrhunderts bei 900 Gramm.

Die Bastardschwerter, die massiver waren und Kämpfern zweiten Ranges vorbehalten blieben, überschritten 1,5 kg nicht, während das Sattelbaumschwert, der sogenannte Anderthalbhänder, im Durchschnitt 1,8 kg wog. Diese erstaunlich niedrigen Werte gelten entsprechend auch für das gewaltige zweihändige Schwert, das in der Überlieferung »von einem wahren Herkules« geschwungen wurde... Es wiegt selten mehr als 3 kg!

SCHWERTER UND DOLCHE (II),
14. UND 15. JAHRHUNDERT

Schwerter: 1–3. 1300. – 4. Mitte des 14. Jahrhunderts. – 5. Zweite Hälfte des 14. Jahrhunderts. – 6. Großes Ritterschwert mit Glocke, die verhinderte, daß Regen in die Scheide lief, 1380. – 7. 1400. – 8. Zierschwert, 1410. – 9. 1410. – 10 und 11. 1450. – 12. Sattelbaumschwert, 1450. Länge: 1,25 m. – 13. Sattelbaumschwert aus der Mitte des 14. Jahrhunderts, das am Sattel des Reiters hing. Länge: 1,25 m. – 14. Stoßdegen, Ende des 14. Jahrhunderts. Länge: 95 cm. – 15. Sattelbaumschwert, 1450. Länge: 1,50 m. Bei a falsche, herausziehbare Parierstange (Knebel). – 16. Großes, zweihändiges Sattelbaumschwert, Ende des 14. Jahrhunderts. Länge: 1,50 m. – 17 und 18. 1450. – 19. Für Bogenschützen oder Armbrustschützen, 1450. – 20. Zweite Hälfte des 15. Jahrhunderts, Spanien. Aufkommen des Eselshufes (aa). – 21. Schweizerisches Schwert, Ende des 15. Jahrhunderts. – 22. Mitte des 15. Jahrhunderts. – 23 Zierschwert, Ende des 15. Jahrhunderts. – 24. Ende des 15. Jahrhunderts. – 25. Ende des 15. Jahrhunderts. Aufkommen des Parierbügels (a).

Die Schwerter 12, 13, 15 und 22 sind die französischen Ahnen des Hegyestör, des Pikenschwertes der ungarischen Husaren (siehe Band 2 von »Historische Uniformen, 18. Jahrhundert«).

Dolche: 26. Schweizerisch, vom Ende des 14. Jahrhunderts. Leitet sich her vom Balisard in Seite 63, Abbildung 29. – 27. Anfang des 14. Jahrhunderts. – 28. Schweizerisch, Mitte des 14. Jahrhunderts. – 29. Scheibendolch, Mitte des 14. Jahrhunderts. – 30. Scheibendolch, Anfang des 14. Jahrhunderts. – 31. Anfang des 14. Jahrhunderts. – 32. Scheibendolch, Mitte des 15. Jahrhunderts. – 33. Ende des 15. Jahrhunderts. – 34. Nierendolch, 14. Jahrhundert. – 35. Ohrendolch, 15. Jahrhundert.

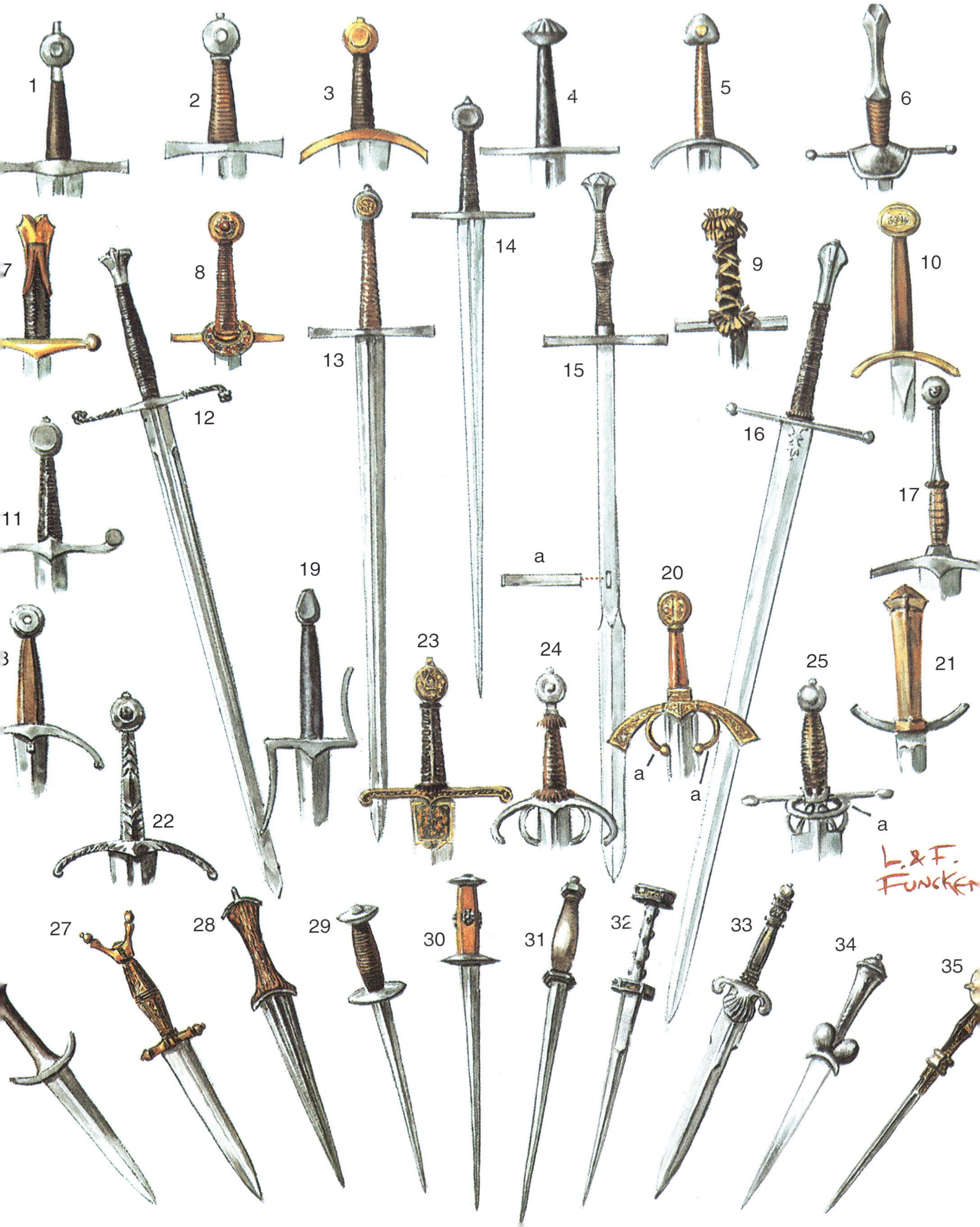
1
2
3
4
5
6
7
8
9
10
11
12
13
14
15
16
17
19
20
21
22
23
24
25
27
28
29
30
31
32
33
34
35
a
a
a
a
L. & F.
FUNCKEN

Entwicklung des Schwertes

Das Schwert des 9. Jahrhunderts, das breit und verhältnismäßig kurz war, hatte eine kleine Parierstange und einen breiten, flachen Knauf, der häufig dreilappig war. Dieser Knauf entwickelte sich im 10. Jahrhundert zu der runden oder ausgeweiteten Form, und gleichzeitig trat auch die Parierstange mehr hervor. Wie unsere vielen Zeichnungen zeigen, verfeinerte sich die Form des Schwertes erst ab dem 15. Jahrhundert. Wir bitten den Leser, die Tafeln zu betrachten, die mehr aussagen als eine lange Rede.

Die Klinge

Die Klinge, die der wesentliche Teil des Schwertes ist, war aus einem äußerst harten Stahl gemacht, der dem Biß unserer modernen Feilen trotzt. Sehr früh wurden die Städte Passau, Nürnberg und Augsburg, später auch Solingen mit seiner Marke eines laufenden Wolfes zu namhaften Zentren. Mailand und Toledo[1] vor allem kamen auf einen sehr hohen Stand, so daß gewisse Waffenschmiede aus Solingen nicht zögerten, falsche Stempel des Hauptortes von Neukastilien zu verwenden! Unbestreitbar beeinflußten die spanischen Meister, wie die Dynastie der Sahagun, Italiener und Deutsche, von denen wir die Piccinino, Horn und Tesche wegen ihrer bemerkenswerten ureigensten Erzeugnisse namentlich nennen möchten.

In Paris, Brüssel und vielen anderen Städten wurden ausgezeichnete Klingen hergestellt, aber wie bei den Harnischen mußten die dortigen Schmiede immer mit der erdrückenden Konkurrenz der drei großen Städte rechnen. Wir vergaßen unsere britischen Freunde; in Sheffield wurde seit dem 14. Jahrhundert Stahl erzeugt.

Als des Ritters unzertrennlicher Gefährte und edelste aller Waffen wurde das mittelalterliche Schwert von der Kirche geheiligt, in deren Dienst der Besitzer des Schwertes gestellt war. Schon im 9. Jahrhundert trug die Klinge des Schwertes Inschriften, die aber häufig nicht zu entziffern waren, wie die der Wikinger. Vom 10. Jahrhundert ab waren lateinische Sätze eingraviert wie »In nomine Domini« – im Namen Gottes – oder »Homo Dei« – Mann Gottes. Diese Inschriften hielt man wahrscheinlich für unzureichend, denn an ihre Stelle traten längere Sätze, die in einer Reihe von Anfangsbuchstaben abgekürzt wurden und für den Uneingeweihten unverständlich waren, wie es heute die meisten Abkürzungen auch sind, die unser tägliches Leben überfluten. Die Veränderungen, die Ende des 12. Jahrhunderts an der Oberfläche der Klinge vorgenommen wurden, damit die Waffe auch zum Stechen mit der Spitze verwendbar war und die immer besser werdenden Harnische durchdrang, verringerten die verfügbaren Flächen. Überhaupt keine Inschriften waren mehr möglich, wenn die Klingen zur Verstärkung eine Mittelkante hatten, obgleich man manchmal einen Teil dieser Kante vor der Parierstange abflachte, um dort die gewünschte Devise oder Anrufung unterbringen zu können.

1. Toledos Höhepunkt lag hauptsächlich im 16. und 17. Jahrhundert.

SCHWERTER, 16. JAHRHUNDERT

1–3. Beginn des 16. Jahrhunderts. – 4 und 5. Mitte des 16. Jahrhunderts. – 6. Franc-taupin, Mitte des 16. Jahrhunderts. Es ist vielleicht der Verdun der alten Autoren, aber sicherlich der Vorläufer der Colichemarde des 17. Jahrhunderts. – 7–9. Beginn des 16. Jahrhunderts. – 10 und 11. Erste Hälfte des 16. Jahrhunderts. – 12. So hielt man das Schwert in der Mitte des 16. Jahrhunderts. – 13. Mitte des 16. Jahrhunderts. – 14. Deutscher Stoßdegen, Mitte des 16. Jahrhunderts. – 15. Landsknechtsschwert, genannt Katzbalger, erstes Viertel des 16. Jahrhunderts. – 16. Deutscher Stoßdegen, Mitte des 16. Jahrhunderts. – 17. Mitte des 16. Jahrhunderts. – 18. Bastard, Anderthalbhänder, Mitte des 16. Jahrhunderts. – 19. Spanisch, Mitte des 16. Jahrhunderts. – 20. Anderthalbhänder, um 1540. – 21 und 22. Für zwei »gemäßigte« Hände, um 1560. – 23. 1550. – 24. 1560. – 25. 1570. – 26. 1580. – 27. Bastard, zweite Hälfte des 16. Jahrhunderts. – 28. Spanisch, um 1580. – 29. Rapier, um 1570. – 30. Prunkschwert, spanisch, um 1540.

Die Abbildungen 13, 17 und 20, bei denen die Bügel zum Korb geworden sind, sind die ersten Anläufe zur klassischen Schiavone, die auf der folgenden Tafel gezeigt wird (Abbildung 11).

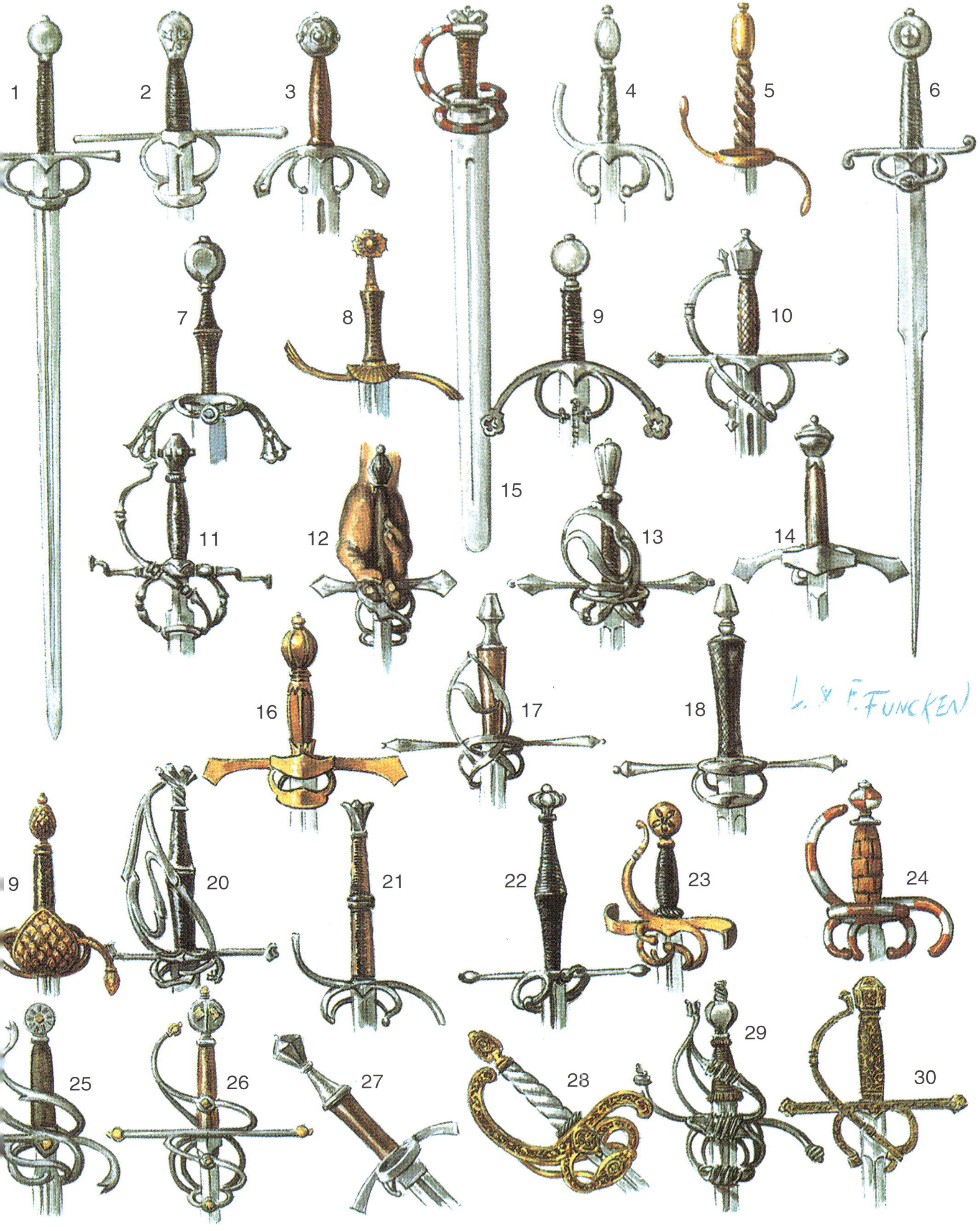
1
2
3
4
5
6
7
8
9
10
11
12
13
14
15
16
17
18
L. & F. FUNCKEN
9
20
21
22
23
24
25
26
27
28
29
30

Die mehr oder weniger breiten Kehlen, die viele Klingen hatten, bezweckten nur, sie leichter zu machen, und sollten keineswegs »das Blut besser ausfließen lassen«, wie es eine ebenso hartnäckige wie dumme Legende will.

Unzählige Prunkschwerter aus dem 16. Jahrhundert sind uns erhalten geblieben. Nur wegen ihrer Schönheit blieben sie vor der Zerstörung bewahrt. Diese Waffen, die wahre Silberschmiedearbeiten waren, wurden von den hervorragendsten Künstlern dekoriert: Dürer, Holbein, Cellini... Die ältesten Schwerter, deren Inschriften wir soeben angeführt haben, trugen nur ganz wenige Ornamente, Wappenschilder oder religiöse Symbole, die eingraviert waren. Bei den Texten wurden die mit dem Stichel herausgearbeiteten Hohlbuchstaben mit einem dünnen warmgehämmerten Silber-, Kupfer- oder Messingdraht eingelegt. Später konnten die stärker ausgearbeiteten Dekors mit Gold eingelegt sein, die Stichblätter und die Knäufe aus massivem Silber oder Gold mit Perlen und Edelsteinen verziert sein. Wir sollten aber nicht auf das prunkvolle Aussehen aller in den Museen ausgestellten Waffen hereinfallen: Die alten Handwerker verstanden es großartig, Edelsteine und Halbedelsteine in feine Blättchen zu sägen und Rubine und Smaragde anzufertigen, an denen nur die Oberfläche echt war! So konnten viele Eitle eine scheinbare Pracht zur Schau stellen. Wollen wir wetten, daß es nicht an Liebhabern hierfür fehlte...

Das Kriegsschwert wurde immer schmaler und eignete sich für solchen Luxus nicht, so daß seine bescheidenen Embleme, ja sogar nur das Zeichen des Waffenschmiedes, auf die an der Basis der Klinge ausgesparte Fehlschärfe (»ricasso«) gesetzt wurde oder auf den Wappenschild, die wir beide in den Illustrationen zeigen.

Die Dichter des Mittelalters haben uns die Namen berühmter Schwerter überliefert. Wir kennen Rolands Durendal, Karls des Großen »Joyeuse«, König Arthurs Caliburn. Oliviers Altekläre, Reinholds Balisarde oder Siegfrieds Balmung sind wahrscheinlich weniger vertraut. Die Araber als große Verehrer von Heldengedichten brauchten uns nicht zu beneiden. Mohammed allein besaß neun Säbel: Mabur, Daulfakar, Al Hatif, Al Rosub usw.

Sein vierter Nachfolger und Adoptivsohn Ali, »der Löwe Gottes«, machte aus seinem Solphagar das eigentliche Emblem der islamischen Eroberer.

Terminologie

Das Durcheinander, das häufig in den Lexika, ja sogar in den Spezialwerken, herrscht, hat uns veranlaßt, eine genauere Klassifizierung und Definition der Schwerter und Blankwaffen zu versuchen, die in den vorliegenden beiden Bänden dargestellt sind. Das kleine Lexikon haben wir mit Hilfe zahlreicher Werke erstellt, die wir im Laufe unserer Recherchen durchgearbeitet haben.

SCHWERTER UND DOLCHE (III), 16. UND ANFANG DES 17. JAHRHUNDERTS

Schwerter: 1. Um 1570. – 2 und 3. 1575. – 4. Deutsches Kurzschwert, um 1585. – 5–10. Ende des 16. Jahrhunderts. – 11. Venezianische Schiavone, Ende des 16. Jahrhunderts. – 12. Beginn des 17. Jahrhunderts. – 13. Schwert mit Federdolchklinge, Ende des 16. Jahrhunderts. – 14. Rapier, Mitte des 16. Jahrhunderts. – 15. Rapier, um 1600. – 16. Ende des 16. Jahrhunderts. – 17. Flamberg, Ende des 16. Jahrhunderts. – 18 und 19. Ende des 16. Jahrhunderts. – 20 und 21. Anfang des 17. Jahrhunderts. – 22. Paar Rapiere für das Duell mit zwei Schwertern, Ende des 16. Jahrhunderts. Die beiden Waffen wurden in einer Scheide untergebracht und erweckten dann den Eindruck, daß es sich um eine einzige Waffe handelte.

23. Teile des Schwertes in der zweiten Hälfte des 16. Jahrhunderts. Unser Modell wurde von dem berühmten Mailänder Piccinino geschaffen. Man nannte das Schwert gemeinhin »striscia« (Degen). a. Knäufchen; b. Knauf; c. Griffholz (Schilze); d. Faustbügel; e. Griffbügel; f. Stichblattzapfen; g. Parierstange; h. Wappenschild; i. Eselshuf; j. Parierspangen (die sich mit dem Faustbügel vereinigen); k. Fehlschärfe; l. unterer Parierbügel (Korbbügel); m. Großer Seitenring (Korbbügel); n. Kehlung. Die Italiener nannten das Bügelgeflecht »gabbia« (Käfig). Die weniger ausgeprägten Modelle, wie in Abbildung 21, hießen »mezza gabbia« (Halbkäfig).

Dolche: 24. »Ochsenzunge«, Anelace, um 1500. Auch »cinque dea« (fünf Finger breit), »dagasse«, »sang-de-dez« oder »san-dedei« genannt. – 25. 1500, in Italien »pistolese« genannt. – 26. Mitte des 16. Jahrhunderts. – 27. Schweizerdolch, Mitte des 16. Jahrhunderts. – 28. Mit federbesetzten Springklingen, die sich auf Knopfdruck öffnen, genannt »sinistra« (Linke), Mitte des 16. Jahrhunderts. Die Spitze zum Durchstechen des Ringelpanzers hieß die »Harfe«. – 29. Miséricorde, 16. Jahrhundert. – 30. Mitte des 16. Jahrhunderts. – 31 und 32. Ende des 16. Jahrhunderts. – 33. Degenbrecher, Ende des 16. Jahrhunderts. – 34. Dolch, um 1610. In seinem Knauf sitzt eine Uhr.

Die Dolche mit faustumhüllendem Stichblatt, in Muschelform, nennt man oft »Linkshänder«, doch alle Dolche fürs Fechten sind in Wirklichkeit »Linkshänder«. Die Modelle mit Feder (Abbildung 28) waren trotz ihres gefährlichen Aussehens nicht so wirksam wie die herkömmlichen Dolche und waren niemals weit verbreitet.

1
2
3
4
5
6
7
8
9
10
11
12
13
14
15
16
17
8
19
20
21
22
23
a
b
c
d
e
j
g
j
f
i
j
l
n
k
h
i
j
m
24
25
26
27
28
29
30
31
32
33
34
L. & F. FUNCKEN

Alenas: Dolch mit scheibenförmigem Stichblatt, dreieckiger Klinge, lang und spitz.
Anelace: Sehr breiter Dolch, höchstens 50 cm lang.
Badelaire, auch »baudelaire«, »bazelaire« und »basilaire« genannt: Leicht gekrümmter Säbel, Sarraß.
Bastard: siehe »Bastardschwert«.
Branc, auch »brand« genannt: Großes Sattelbaumschwert, Vorfahr des Estoc (Stoßdegens).
Braquemart: Eine Art Sarraß mit gerader Klinge.
Braquet: Wallonisches leicht gekrümmtes, kurzes Schwert, Vorfahr des »briquet« (krummes Seitengewehr der Infanterie) der napoleonischen Zeit.
Brette: Synonym für Rapier.
Brise-cuirasse: Starker Dolch mit vierkantiger Spitze (Panzerstecher).
Cimeterre: Orientalischer Krummsäbel, Sarraß. Das Wort Cimeterre leitet sich her vom persischen »chimchir« oder »chimichir«.
Cinquedea: Hirschfänger vom Typ der Dagasse, auch »sang-de-dez« genannt, am Ansatz fünf Finger breit.
Claybeg: Schottisches Schwert mit Korb, von der italienischen Schiavone beeinflußt; wird heute »claymore« genannt.
Claymore: Schottisches zweihändiges Schwert; es wird häufig mit dem gewöhnlichen Schwert verwechselt, das zur gleichen Zeit »claybeg« genannt wurde.
Colichemarde (Verballhornung von Königsmark, dem Namen seines Erfinders): Schwert des 17. Jahrhunderts, breit im Ansatz und zur Spitze hin plötzlich schmal werdend.
Coustil à croix: Kurzes Schwert mit im Ansatz sehr breiter Klinge.
Couteau à plates, de passe, taillant: Starker Dolch mit breitem Ansatz.
Coutelas: Synonym für »badelaire«.
Coutille: Bastardschwert, das dem Dolch mit breitem Ansatz sehr nahe kommt.
Dagasse: Dicker Dolch, mit dem »cinquedea« verwandt.
Dusack: Dusägge, Waffe böhmischen Ursprungs, die von den deutschen Bauern im 16. Jahrhundert viel benutzt wurde; man findet auch »Tesak« und »Messer«.
Bastardschwert: So wurde meist ein starkes Schwert bezeichnet, das einen langen Griff besaß, der mit zwei Händen angefaßt werden konnte, »Anderthalbhänder« genannt. Es hat nichts mit dem gewaltigen zweihändigen Schwert zu tun.
Epée d'armes: Klassisches Kriegsschwert, das an der Seite getragen wurde.
Epée de passot: Sehr spitzes Schwert der Fußgänger.
Epée de plates: Spitzes Schwert, mit dem die ersten Harnische durchbrochen werden sollten (Plattenschwert).
Esclavone: Synonym für Schiavone (siehe dort).
Espadon: Schwert für zwei Hände mit geflammter Klinge; so wird jedes lange und breite Schwert bezeichnet. (Espada, Flamberg) Mit dem Ausdruck »demi-espadon« wird ein Schwert mit flacher und gerader Klinge bezeichnet.
Estoc: Dickes Schwert oder Sattelbaumschwert, das vom alten »branc« herstammt und zum Stechen häufig mit beiden Händen geführt wird; es ist die bevorzugte Waffe für gerichtliche Zweikämpfe (Stoßdegen).
Estocade: So wird manchmal das starke Schwert der Lanciers Ende des 16. Jahrhunderts bezeichnet.
Estramaçon: Name für die Schwerter vom Typ der italienischen Schiavone oder des schottischen Claybeg.
Fauchon oder Falchion: Synonym für Badelaire.
Flambe, flambard oder flammard: Mittleres Schwert mit wellenförmiger Klinge.
Flamberge: Volkstümlicher Name für die langen Schwerter und besonders für die zweihändigen Schwerter mit geflammter Klinge; in England wurde so das Rapier bezeichnet, wurde später in Frankreich nur noch in abwertendem Sinne verwandt.
Franc-taupin: Schwert mit einer Klinge, die sich auf halber Länge plötzlich verschmälert; es ähnelte dem Colichemarde.
Glaive: Kurzes Schwert mit breiter Klinge, 16. Jahrhundert.
Hegyestör: Ungarische Version des Branc und des Estoc; langes Schwert zum Durchstechen der Harnische als Lanzenersatz.
Lansquenette: Kurzes Schwert der Landsknechte.
Malchus: Eine Art Badelaire, dessen Name an die Person erinnert, der der heilige Petrus ein Ohr abhieb.
Miséricorde: Spitzer Dolch, mit dem die Harnischfugen durchstochen wurden.

Pédarme: Starkes Schwert der Geharnischten am Ende des 16. Jahrhunderts.
Perce-mailles: Dolch mit vierkantiger Spitze.
Prie-à-dieu: Synonym für Miséricorde.
Rapier: Schwert mit breiter und spitzer Klinge. Das Wort verschwindet im 15. Jahrhundert aus dem französischen Vokabular und taucht dann in Deutschland und England wieder auf; in Frankreich hat das Wort vom 16. Jahrhundert an eine abwertende Bedeutung, wie Flamberge.
Schiavone: Starkes venezianisches Schwert mit Korb, das in Europa viele Nachahmer fand.
Tuck oder Tucke: Synonym für Rapier in England im 16. Jahrhundert.
Verdun: Außerordentlich langes, schmales Schwert, das in Verdun gefertigt wurde; es wurde einzig zum Duell verwendet Ende des 16. Jahrhunderts.
Zweihändiges Schwert: Großes Schwert schweizerischen oder deutschen Ursprungs, das von den Eidgenossen und den Landsknechten geführt wurde (Bidenhänder).

PFERDEGESCHIRR (I)
(Seite 224)

1. 8. Jahrhundert. – 2. 9. Jahrhundert – 3. 11. Jahrhundert. – 4. 12. Jahrhundert. – 5. 1250. – 6. 1260. – 7. Mitte des 13. Jahrhunderts. Die außerordentlich kostspielige Ringelpanzerdecke war selten und wurde häufig durch eine Stoffdecke ersetzt, die am Hals und an der Brust verstärkt war. – 8. Ende des 14. Jahrhunderts. – 9. 1400.

10. Ungarischer Sattel, 13. Jahrhundert. – 11. Sattel aus Elfenbein, Ende des 15. Jahrhunderts. – 12. Waffensattel, Beginn des 15. Jahrhunderts. – 13. Sattel aus Elfenbein, Ende des 15. Jahrhunderts.

Gerichtliche Zweikämpfe und Ehrenzweikämpfe

Seit Karl dem Großen, seit 805, und den beiden Beschlüssen des Konzils von Valencia von 855 wurde der gerichtliche Zweikampf mit Nachdruck bekämpft, doch mit Lothar, seit 954, entwickelte sich diese widerwärtige Parodie auf das Recht. Die barbarische Institution lebte fort bis unter Ludwig IX., bis in das Jahr 1226. Dem heiligen König gelang es, dieses Duell nur in zweifelhaften Fällen austragen zu lassen, doch der schwache Ludwig X., der Zänker, ließ es im Jahre 1315 wiederaufleben. Diese tödlichen Kämpfe wurden so häufig, daß gewitzte Grundbesitzer Gelände herrichteten, die als gebrauchsfertig mit Schranken und Tribünen angepriesen wurden.

Die Adligen schlugen sich mit edlen Waffen, die Gemeinen mit dem Stock. Dabei trugen sie häufig besondere Kleidung, die sorgfältig geölt worden war, um dem Gegner eine möglichst schlechte Angriffsfläche zu bieten und das häßliche Spektakel somit so lange wie möglich auszudehnen. Der Tod des Jacques Legris, der durch das spätere Geständnis des Schuldigen völlig reingewaschen wurde, führte zu einem heilsamen Schock, und der gerichtliche Zweikampf wurde unter Karl VI. im Jahre 1385 abgeschafft.

Unter dem Druck des Adels stimmten Ludwig XII. und Franz I. der Einführung des Ehrenzweikampfes zu, sahen aber die Möglichkeit vor, das Treffen nach ihrem Belieben abzubrechen, indem sie eine Art Zepter auf den Kampfplatz warfen[1].

1. Bayard lieferte ein vollkommenes Beispiel für ein Ehrenduell, indem er den spanischen Soto-Mayor tötete, der den Zweikampf durch ein nicht eingehaltenes Versprechen und verleumderische und lügnerische Reden provoziert hatte (1502).

PFERDEGESCHIRR (II)
(Seite 225)

1. 1390. – 2. 1430. – 3. 1450. – 4. 1470. – 5. 1500. – 6. 1547. – 7. 1550. – 8. 1558. – 9. 1580.

10. Sattel aus Elfenbein, Ende des 15. Jahrhunderts. – 11. Waffensattel, Beginn des 15. Jahrhunderts. – 12 und 13. Sättel vom Ende des 16. Jahrhunderts, gesehen aus drei Viertel Rückansicht und drei Viertel Vorderansicht.

1
2
3
10
11
4
5
6
12
13
7
8
9

1
2
3
10
11
4
5
6
12
13
7
8
9

Vor ihnen hatte Karl VIII. selbst einigen »offiziösen« Ehrenzweikämpfen vorgesessen. Franz I. verschmähte diese Spektakel nicht, und sein Nachfolger wohnte dem Tod von La Châtaigneraie bei, als dieser von Guy Chabot[1] den »Jarnac-Schlag« erhielt. Heinrich II. ächtete verzweifelt den Zweikampf, aber nun wurde eben seine Erlaubnis nicht mehr eingeholt. Weder die Verordnung Karls IX. im Jahre 1566 noch die Edikte Heinrichs IV. und Ludwigs XIV., in denen der Zweikampf unter die schwersten Verbrechen eingestuft wurde, konnten verhindern, daß sich der Zweikampf zu einer wahren Epidemie entwickelte.

Der Zweikampf hatte seine Berühmtheiten, aber auch seine Originale wie den Herrn von Gensac, der allein gegen zwei Gegner antrat ... um in die Chroniken einzugehen! Da gab es kaltblütige Totschläger wie den Baron von Vitaux, der von Brantôme als »tapferer Baron« bezeichnet wird und der unter dem Flankenschutz seiner »beiden Löwen«, der Gebrüder Boucicault, seinen Weg mit Leichen pflasterte. Der »schöne Bussy«, Louis de Clermont d'Amboise, den Alexandre Dumas in »La Dame de Monsoreau« unsterblich gemacht und der vom französischen Fernsehen prächtig dargestellt wurde, war nur ein eingefleischter Schläger, der viele Untaten beging. So nutzte er das Blutbad der Bartholomäus-Nacht, um einen seiner Verwandten zu erwürgen, mit dem er im Prozeß lag. Er starb durch Mörder, die der Gatte der sanften Heldin, die wir oben genannt haben, gedungen hatte.

Es gab auch Gruppenduelle, die von den Geliebten Heinrichs III. und denen des ... rauhen Heinrich von Guise! Es ist ein eigenartiges Paradox und für die Historiker ein Thema zum Nachdenken, mit welcher Kraft und wilden Leidenschaft diese Jüngelchen sich schlugen... Die Opfer wurden in Marmorgruften beigesetzt, auf denen ihr Bildnis stand, und so entstand eine neue Redewendung: »Ich habe ihn aus Marmor gehauen«, sagte man, wenn man einen Gegner erledigt hatte. Auf dieses Duell der Geliebten von 1578 folgte logischerweise ein Duell zwischen den Geliebten dieser Geliebten ... es waren drei Fechterpaare. Nachdem einer der Duellanten getötet worden war, hatten seine beiden Gefährten gegen drei Gegner zu kämpfen und wurden durchbohrt. Wirklich, mit Ehre hatten diese Treffen nicht viel zu tun.

Damals ging das Fechten übrigens sehr einfach vor sich: Alle Schläge, alle Listen waren erlaubt. Brantôme, d'Aubigny, L'Estoile und Tallemant des Réaux zeigen uns, daß die meisten Duelle zum Mord ausarteten. Nach Schätzungen verursachte dieser Heißhunger auf Duelle zwischen 1598 und 1608 den Tod von 800 französischen Edelleuten! Montaigne, geboren 1533, schrieb in seinen »Essais«: »In meiner Kindheit floh der Adel den Ruf, gut fechten zu können, und wollte es nicht lernen, da Fechten ein durchtriebenes Tun sei, das von der wahren und reinen Tugend abwich ... Wir gehen nach Italien, um fechten zu lernen, und üben es zum Schaden unseres Lebens aus, bevor wir es beherrschen... Setzt drei Franzosen in den Wüsten Libyens aus, sie werden nicht einen Monat zusammen sein können, ohne sich zu quälen und zu kratzen.«

1. Guy Chabot, Herr von Jarnac, war bei einem Streit zwischen der Herzogin von Etampes und Diana von Poitiers von dem späteren Heinrich II. beleidigt worden. Da der Prinz sich nicht schlagen konnte, hatte sich für ihn ein »Champion« gestellt: La Châtaigneraie, der ein ausgezeichneter Fechter war. Als Heinrich II. König geworden war, gestattete er das Duell, das sein Vater verboten hatte. Doch Jarnac hatte inzwischen bei einem italienischen Raufbold Unterricht genommen und einen Hieb gelernt, der seine Unterlegenheit wettmachte. Er schnitt seinem Gegner die Kniekehle durch. Tief gekränkt verweigerte der jede Behandlung und starb ... am Blutverlust! 1572, 15 Jahre danach, starb Jarnac in einem Duell.

DER SPORN

1 und 2. 8. Jahrhundert. – 3. 10. Jahrhundert. – 4 und 5. Anfang des 11. Jahrhunderts. 6. Beginn des 12. Jahrhunderts. – 7. Beginn des 13. Jahrhunderts. Aufkommen des Spornrädchens. – 8. Beginn des 14. Jahrhunderts. – 9. 1350. – 10. 1370. – 11. 1400. – 12. 1430. – 13. 1400. – 14. Beginn des 15. Jahrhunderts. – 15. Zweite Hälfte des 14. Jahrhunderts. – 16. Ende des 14. Jahrhunderts. – 17. Beginn des 15. Jahrhunderts. – 18. Mitte des 15. Jahrhunderts. – 19–22. Ende des 15. Jahrhunderts. – 23. Beginn des 15. Jahrhunderts. – 24. Zweite Hälfte des 15. Jahrhunderts. – 25. Beginn des 16. Jahrhunderts. – 26. Ende des 16. Jahrhunderts. – 27. Mit hohlem Stiel und Reifen, als Schlauch oder Versteck für Botschaften dienend, Ende des 16. Jahrhunderts. – 28. Ende des 16. Jahrhunderts. – 29. Als angenähter Hahnensporn, 12. Jahrhundert. – 30. Ende des 14. Jahrhunderts. – 31. Teile des Sporns: a. Rädchen; b. Zapfen; c. Kamm; d. Stiel; e. Fersenbacken; f. Bügel; g. Anschnallplatte. – 32. 1450. – 33. Am Fersenstück fest angemacht, zweite Hälfte des 15. Jahrhunderts.

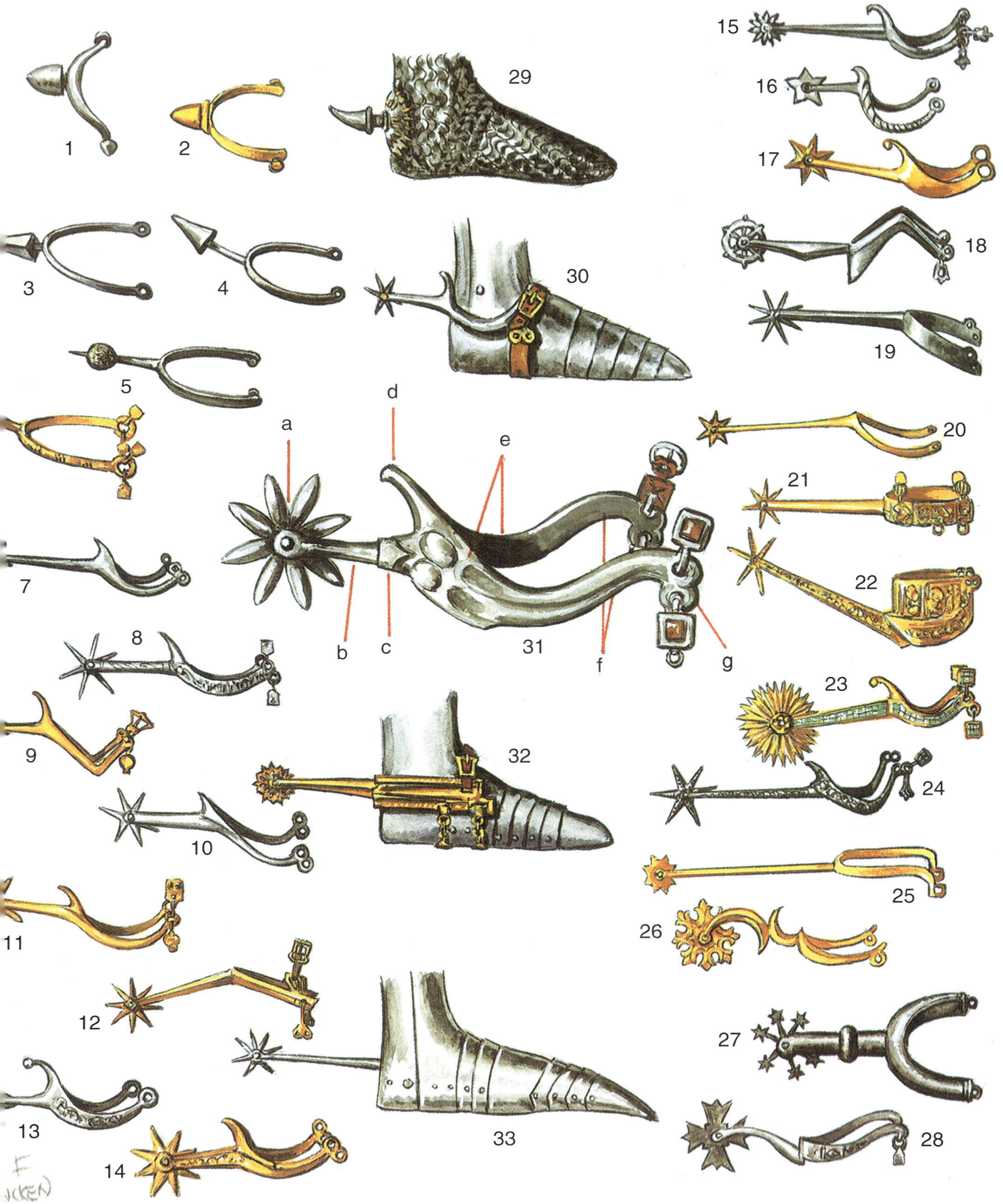

1
2
3
4
5
7
8
9
10
11
12
13
14
15
16
17
18
19
20
21
22
23
24
25
26
27
28
29
30
31
32
33
a
b
c
d
e
f
g

Im Jahre 1599 erließ Heinrich IV. eine Verordnung gegen das Duell. Dennoch schlug er sich aus nichtigen Gründen mittels Stellvertretern und stellte 7000 Gnadenbriefe an Übertreter der Verordnung aus. Der eigentliche Ehrenzweikampf wurde erst im Jahre 1626 durch Kardinal Richelieu endgültig abgeschafft, aber heimliche Duelle wurden unvermindert ausgetragen. Ludwig XIV. erließ im Laufe der Zeit elf Edikte, die völlig wirkungslos blieben. Eines der damaligen Opfer, vielleicht das rührendste, war Armand de Sillègue, Herr von Athos, die berühmte Figur aus den »Drei Musketieren«, der am 21. Dezember 1643 auf dem Pré-aux-Clercs[1] erstochen wurde. Ach, wenn er die Abenteuer von »Vingt ans après«, der Fortsetzung der »Drei Musketiere«, alle erlebt hätte!

Den gerichtlichen Zweikampf gab es überall in Europa, doch außerhalb Frankreichs nahmen die einfachen Duelle nur in Großbritannien einen gewissen Umfang an, und dort mehr in Schottland und Irland. Spanien und Italien, besonders Neapel, dann auch Österreich und Deutschland hatten Mühe damit, den Exzessen ihrer Duellanten Einhalt zu gebieten, obgleich Duelle dort nicht so häufig waren. In Portugal gab es sehr wenige Zweikämpfe.

Traktate über das Fechten

Die erste Fechtschule, die neben dem Traktat über Wappenkunst jeder Edelmann besaß, war 1410 unter dem Namen »Flos duellatorum« – in gewöhnlicher Sprache »Il Fior di battaglia« – von dem »Maestro« Fiore dei Liberi in Italien geschrieben worden. Aber schon lange lehrten wandernde Fechtlehrer, die halb Gaukler, halb Söldling waren und einen sehr schlechten Ruf hatten, ihre tödliche Kunst in geheimen »Schulen«.

Deutschland war das erste Land, in dem die Fechtlehrer hochoffizielle Fechtschulen eröffneten. Das war im 14. Jahrhundert gewesen, und schon 1480 bekamen die Fechtschulen besondere Vorrechte und Gewerbebriefe vom Kaiser eingeräumt. Die Schulen der Marxbrüder und der Federfechter[2] führten als erste in ihrem Unterricht das Stoßen ein, das die Italiener Manciolino und Marozzo und der Spanier Roman zu Beginn des 16. Jahrhunderts empfohlen hatten. Nach ihnen schrieben andere Italiener wie Grassi und der berühmte Architekt und Mathematiker Agrippa gelehrte Traktate, später auch der Franzose Saint-Didier[3], die Deutschen Lebkommer (mit Illustrationen, die von Albrecht Dürer beeinflußt waren) und Günterrod und noch später der Engländer Silver.

Über diese ehrwürdigen Methoden lächeln unsere Fechter. Sie wurden von sensationsgierigen Leuten eifrig gekauft und müssen etwa so wirksam gewesen sein wie die heutigen Schriften, die in fünf Lektionen angeblich die Kunst lehren, wie man Milliardär wird.

Die 40 000 Franzosen, die innerhalb von 180 Jahren im Duell getötet wurden, legen Zeugnis davon ab, welch katastrophalen Einfluß diese martialische Literatur hatte, die häufig noch mit pseudopsychologischen und sogar theologischen Bemerkungen angereichert war! Manciolinos Buch, das 1543 herauskam, enthielt viel mehr Abhandlungen über die Ehre und die verschiedenen Arten, wie man »gentlemanlike« zum Duell herausforderte, als wirkliche Anleitungen zum Fechten.

1. Der Pré-aux-Clercs in Paris war Schauplatz unzähliger Duelle, aber auch die Ursache und der Ort der Hinrichtung von Baptiste Crocoezon, des ersten französischen »Ökologisten«, der wegen seines Kampfes gegen die »Promoter« vom Beginn des 16. Jahrhunderts bestraft wurde!

2. Feder: volkstümlicher Ausdruck für das Rapier.

3. Dieses Traktat, »Traicté contenant les secrets du premier livre sur l'espée seule, mère de toutes les armes«, das als das erste echt französische Werk angesehen wird, kompiliert die Illustrationen und Methoden der Italiener Pagano, Grassi und Agocchie. Es verbessert ein wenig Agrippa.

GESTECH (I)

1. Schweres Gestech, nach deutscher Art, mit der mit spitzem Eisen bewehrten Lanze. Die Harnischverstärkung ist eine extra schwere Ausführung. Ziel war es, die Lanze zu brechen; häufig wurden stumpfe Lanzenspitzen verwendet. Man erkennt, daß die Stechenden auf unseren Tafeln keinerlei Armkraft einsetzen müssen, um ihre Lanze zu halten, denn ihre Harnische sind mit eindrucksvollen Rüsthaken versehen. – 2. Gestech nach deutscher Art, ein Stechen. Man sieht, daß der Spezialsattel keine Hinterpauschen hat, so daß der Reiter aus den Steigbügeln herauskann, ohne sich das Kreuz zu brechen. Der alles umhüllende Wappenmantel war mit Leder abgedeckt, damit das Lanzeneisen nicht so leicht abrutschte. Dennoch ist sicher, daß die abgestumpfte Lanze ebenfalls benutzt wurde, wenn sie auch nicht so spektakulär war. Auf unseren anderen Tafeln zeigen wir schwere Harnische, die für diese Art Gestech gemacht waren. Wir möchten anmerken, daß sie wohl vor Verletzungen durch die Lanze schützten, wegen ihres Gewichts aber gefährlich wurden, wenn der Reiter stürzte (siehe Tafel »Gestech III«).

1
2
L. & F. FUNCKEN

Das Pferd

Im ersten Band haben wir in den Abschnitten, die dem Kriegsroß gewidmet waren, unsere persönlichen Feststellungen über die Größe des »großen Rosses« getroffen. Unsere späteren Recherchen haben uns noch in unserer Überzeugung bestärkt. Die in unseren größten Museen erhaltenen Roßpanzer, die Pferdemodellen der entsprechenden Größen übergelegt waren, beweisen, daß die verwendeten Tiere von ganz normaler Größe waren. Bestimmte Künstler der alten Zeit haben offensichtlich übertrieben, wenn sie gewaltige Schlachtrösser beschrieben. Die größten Maler und Kupferstecher haben uns jedoch ein genaues Bild übermittelt. Dürer, Amman, Brueghel, Tizian und viele andere zeigen uns Kriegsrösser, die höchstens 1,50 m bis zum Widerrist messen und dennoch wunderbare Tiere sind. Man muß auch bedenken, welch hohen Rang ihre illustren Modelle hatten: Hätten es Franz I., Heinrich II., Maximilian oder Karl V. geduldet, wenn man sie auf Rössern dargestellt hätte, deren Wuchs ihrem Rang unwürdig wäre?

Der berühmte Lipizzaner der nicht weniger bekannten Wiener Spanischen Hofreitschule, der im 16. Jahrhundert im Gestüt Lipizza bei Triest gezüchtet wurde, erreicht heute durch sorgsamste Pflege eine Widerristhöhe von 1,50–1,60 m. Die ersten Lipizzaner waren andalusische Pferde, die bereits im Mittelalter sehr gesucht waren. Hervorgegangen waren sie aus einer weit zurückliegenden Kreuzung zwischen einem Pferd »rein germanischen« Typs, das die Vandalen mitgebracht hatten, und dem Berber-Pferd, das mit den Arabern aus Nordafrika gekommen war.

Der Andalusier diente später dazu, die einheimischen Rassen in ganz Europa zu verbessern. Wilhelm der Eroberer landete in England mit zwei Halbblütern mit schwarzem Haar, die von dem Zugpferd, das man sich vorstellt, bereits recht weit entfernt waren.

Außerhalb Deutschlands und Englands, die mit Pferden von gutem Wuchs genügend versorgt waren, mußte sich die Ritterschaft oft mit »courtauds« (eine Art Promenadenmischung) zufrieden geben, während die leichte Reiterei »cavallins«, kleine leichte Pferde, ritt. Durch die immer blutiger werdenden Kriege wurde die Neubeschaffung von Pferden prekär, und man mußte sich meist mit Tieren mäßigen[1] Wuchses begnügen.

Zu Beginn des 16. Jahrhunderts nahm die französische schwere Reiterei die seltsame Gewohnheit an, die Mähnen und Ohren ihrer Pferde zu beschneiden, um sie furchterregend wirken zu lassen.

Roßpanzer

Seit dem Beginn des 15. Jahrhunderts war das Roß manchmal buchstäblich mit Eisen gepanzert worden. Die Kunst der Plattner und Polierer wurde für die besten unter den Roßharnischen eingesetzt. Zu den schönsten Rüstungen gehörten ganz natürlich die passenden Roßpanzer, die ebenso reich verziert waren. Bestimmte Waffenschmiede boten sogar Panzer für die Beine mit Gelenken an, doch ist es sehr unwahrscheinlich, daß diese Ausgeburten jemals über das Planungsstadium hinausgekommen sind.

1. Eine Vorstellung, die noch heute für die französische Kavallerie nur schwer akzeptierbar ist, besonders für die Kürassiere der napoleonischen Zeit, die man sich auf riesigen Rössern vorstellt.

GESTECH (II)

1. Kampf mit der Lanze auf italienische oder ausländische Art, um 1520. Die linke Figur stellt den Herzog von Bayern dar, die rechte den Markgrafen von Brandenburg. Im allgemeinen brach man nacheinander drei Lanzen. Der König von Frankreich Heinrich II. starb, weil er eine weitere brechen wollte. Nicht das Eisen sollte ihn töten, sondern ein Splitter der gebrochenen Stange. In Deutschland ging das Freiturnier so vor sich, wie wir es in den Illustrationen zeigen, doch standen sich Paare gegenüber. – 2. Kampf mit dem Schwert. Man sieht, daß gewöhnliche Kriegsharnische getragen werden (vergleiche Abbildung 1) und daß die »gekappten« Schwerter weder Spitze noch Schneide haben. Jeder Kämpfer hatte ein Ersatzschwert, falls er seines verlor oder zerbrach. Die linke Figur stellt den Herzog von Mecklenburg dar, die rechte den Markgrafen von Brandenburg.

2

In der Mitte des 16. Jahrhunderts begann man, das ganze Geschirr wegzulassen, das durch die Kugel unnütz geworden war, und behielt nur ein Halbstirnblatt bei, das die obere Hälfte des Pferdekopfes schützte. Auch dieses letzte Schutzteil verschwand um 1580. An dessen Stelle setzte man einen Nasenriemen aus durchbrochenem Schmiedeeisen, der einem Maulkorb ähnelte. Das machte man am Ende des 16. Jahrhunderts in der ganzen deutschen Reiterei so.

Inzwischen waren, zu Beginn des Jahrhunderts, in Italien Lederpanzer aufgekommen. Doch die ganzen Panzer wurden bald durch Lederriemen ersetzt, die mit »fichures« (erhabene Verzierungen) versehen waren. Auf der Kruppe überkreuzten sich diese Riemen gitterartig zu »Kruppendecken« und »Schwanzriemen«, die leicht, dekorativ und wirksam gegen Schnittverletzungen waren.

Für hohe Persönlichkeiten wurden die ganzen Roßharnische bis zum Beginn des 17. Jahrhunderts hergestellt. Der französische Emigrant Etienne Delaune importierte seine Talente nach Deutschland. In Zusammenarbeit mit den besten Handwerkern seiner Zeit trug er zur Ausschmückung zahlreicher Luxusharnische in Frankreich und später in Deutschland bei, wo sein hochgeschätzter Stil noch lange nach seinem Tod die Waffenschmiede beeinflußte. Der schönste Prunkharnisch, den es auf der Welt gibt, ist sein Werk; wir zeigen ihn auf Seite 263. Er wird in Dresden im Museum aufbewahrt.

Der Sattel

Es ist auffallend, wieviel stärker die Entwicklung des Sattels an die Entwicklung der Lanze gebunden ist als an die Fortschritte in der Reitkunst.

Mit der schweren Lanze kam der Hinterpauschen als »Sessellehne« auf, auf den der Ritter sich stützte, um seinem Stoß möglichst große Kraft zu verleihen, während der vordere Sattelbaum »zur Hürde« wurde und einen regelrechten Schild bildete, der Bauch und Beine bis zu den Knien schützte. Man nannte diese Vorrichtung manchmal »Sattel nach deutscher Art«.

Die Rückenstütze vom Ende des 15. Jahrhunderts begann sich zu verkleinern, gehalten von den charakteristischen Streben, die durch ihre Elastizität die Last des Reiters erleichterte. Die vordere »Hürde« begann zur gleichen Zeit kleiner zu werden.

Mit dem Längerwerden der Lanze weicht die Rückenstütze, doch die schützenden Sattelbäume, an die man die »Pistole« zu hängen sich gewöhnte, verschwanden erst mit den ersten Pistolenhalftern, hinter denen die Schenkel geschützt waren. Typisch für die zweite Hälfte des 16. Jahrhunderts wurden die Wülste, die die Schenkel stützten und die hinter den Quartieren des Sattels angeordnet waren.

Der Sporn

Verschiedene Autoren haben versucht, die Sporen chronologisch zu ordnen, indem sie das eine oder andere Teil genau untersuchten. Das Rädchen schien die beste Ausgangsbasis zu sein, aber es machte alle Ordnungsbemühungen zunichte, denn seine Zähne lagen je nach Land und Zeit zwischen sechs und zwanzig Stück. Der Sporn ist der Teil der Reiterausrüstung, der zeitlich am schwierigsten zu bestimmen ist.

GESTECH (III)

1. Stechhelm aus zwei Teilen, 1490. – 2. Stechhelm aus zwei Teilen, 1515. – 3. Superschwerer Harnisch, 1490. Es überrascht, wie unerwartet fein die artikulierte Taille ist. – 4. Schaller für das Rennen mit dem Scharfeisen, 1560. – 5. Dreiteiliger Stechhelm, Beginn des 16. Jahrhunderts. – 6. Verstärkungsplatten eines schweren sächsischen Stechzeuges, Ende des 16. Jahrhunderts. – 7 und 8. Typisches Stechzeug von 1515–1520, Vorder- und Rückansicht. Es wiegt fast 41 kg. Die Antennen auf den Schultern dienten dazu, Schmuckbehänge festzumachen. – 9. Rennzeug, 1490. Die Beine werden durch Schenkelschienen geschützt. Auf dem Stachel auf der Brust konnte eine Zielscheibe (zum Beispiel ein Apfel) festgemacht werden, die der Gegner zu treffen suchte. Rechts das Eisen der 3,20 m langen Lanze. – 10. Leichter Stechhelm, genannt »nach ausländischer Art« oder »nach italienischer Art«, um 1500. – 11. Leichter Stech-Visierhelm mit Luftfenster, 1560. Man glaubt, darin noch eine Öffnung zu sehen, die es gestattet ... das Horn zu blasen, ohne sich zu exponieren! – 12. Harnisch, 1500. – 13. Leichter Stech-Visierhelm mit Luftfenster. Mit dem Band klinkte man die Öffnung aus (vergleiche Abbildung 11). – 14. Stechhelm, Beginn des 16. Jahrhunderts.

1
2
3
4
5
6
7
8
9
10
11
12
13
14
& F. Funcken

Der Steigbügel

Unter den Illustrationen findet der Leser eine große Zahl Steigbügel. Erwähnen wir noch, daß es auch Eisenschuh-Steigbügel gab. Sie bedeckten den größeren Teil des Fußes und wurden von der Mitte bis zum Ende des 15. Jahrhunderts getragen.

Sporen und Steigbügel wurden mit größter Sorgfalt gefertigt wie übrigens auch die ganze sonstige Ausrüstung bis zur kleinsten Schnalle.

Gestech und Turniere

Im 16. Jahrhundert nahmen die Turniere und Stechen eine außergewöhnliche Entwicklung. Es wurden zugleich genauere Regeln und unzählige Varianten eingeführt, und zwar besonders für das Stechen oder den Kampf mit der Lanze.

Während in Frankreich den Veranstaltungen der kriegerische Charakter bewahrt wurde, dachte man sich in Deutschland und den Niederlanden eine ganze Reihe Übungen aus, deren wesentliche Formen wir darzulegen versuchen.

Sehr geschätzt wurde das »Welsche Gestech« oder »Welsche Rennen«, das Gestech oder Rennen »nach ausländischer Art«, das auch »nach italienischer Art« genannt wurde. Es bestand darin, daß die Gegner an einer Trennschranke entlang aufeinander losritten und eine leichte, aus Pappelholz gefertigte Lanze brachen. Es war Brauch, gegen höchstens drei Gegner nacheinander anzutreten. Diese scheinbar harmlose Leistung war nicht leicht zu erbringen, denn das Eisen rutschte leicht von den gerundeten Oberflächen des Harnischs ab. Die Lanze richten und das im Galopp laufende Pferd lenken, zielen und den idealen Stoßpunkt treffen, verlangte eine beträchtliche Menge Erfahrung.

Im Laufe eines solchen Rennens nach italienischer Art wurde der König von Frankreich Heinrich II. am 30. Juni 1559 tödlich verwundet. Der Herrscher hatte bereits die drei herkömmlichen Lanzen gebrochen, wollte aber noch gegen einen zusätzlichen Gegner antreten, gegen Gabriel de Montgomery, Herr von Lorges. Dessen Lanze zerbrach, und ein Splitter drang in den Sehschlitz des Helms von König Heinrich und stieß unter der rechten Augenbraue tief in den Kopf. An dieser Verletzung starb er am 10. Juli.

Solche Unfälle waren bei dieser Art Stechen sehr selten geworden. Dagegen waren andere Varianten des Stechens, die in Deutschland üblich waren, mit hohen Risiken verbunden. Die Geschiftrennen, Rennen mit dem Rost, Reihenrennen, deren Besonderheiten wir im ersten Band beschrieben haben, waren viel roher und wurden meist mit scharfen Lanzenspitzen ausgeübt.

Es scheint, daß diese subtilen »Vergnügungen« während der ersten Hälfte des 16. Jahrhunderts seltener wurden und einer einzigen Art »schweren Rennens« Platz machten, das ganz anders ablief als das »leichte Stechen« nach italienischer Art und viel mehr Aufsehen machte. Man nannte es »Scharfrennen«, und wie der Name sagt, benutzte man scharfe Lanzenspitzen, die auf eine feste Stange gesetzt waren. Ziel des Rennens war es, den Gegner schlicht und einfach aus dem Sattel zu heben,

GESTECH (IV)

1. Verstärkungsplatten für das Stechen, 1540. – 2. Harnisch, 1580. Es ist ein klassischer Kriegsharnisch, der mit Verstärkungsteilen für das Stechen versehen ist: Stechbart, Stechbrust, Armschiftung und Stechhandschuh, genannt »gagne-pain« (Broterwerb). – 3. Stechhelm, 1520. – 4. Visierhelm fürs Stechen »nach italienischer Art«, 1580. Mit einem Sporn für das Gesichtsteil (um es hochzuhalten) und einer Belüftungsöffnung. – 5. Kriegsharnisch mit den Zusatzteilen für das Stechen, 1520. – 6. Stechzeug nach »italienischer Art«, 1520. – 7. Harnisch, 1560. – 8. Kriegs- und Stechharnisch, 1585. Man bezeichnete ihn lange als den Harnisch Wilhelms des Eroberers! – 9. Harnisch, 1560. Das Belüftungsfenster zeigt deutlich, welches seine wirkliche Funktion war, da die Sache mit dem Horn sich hier als besonders lächerlich erweist (siehe Abbildungen 11 und 13 der vorangehenden Tafel). – 10. Typischer sächsischer Harnisch, 1590.

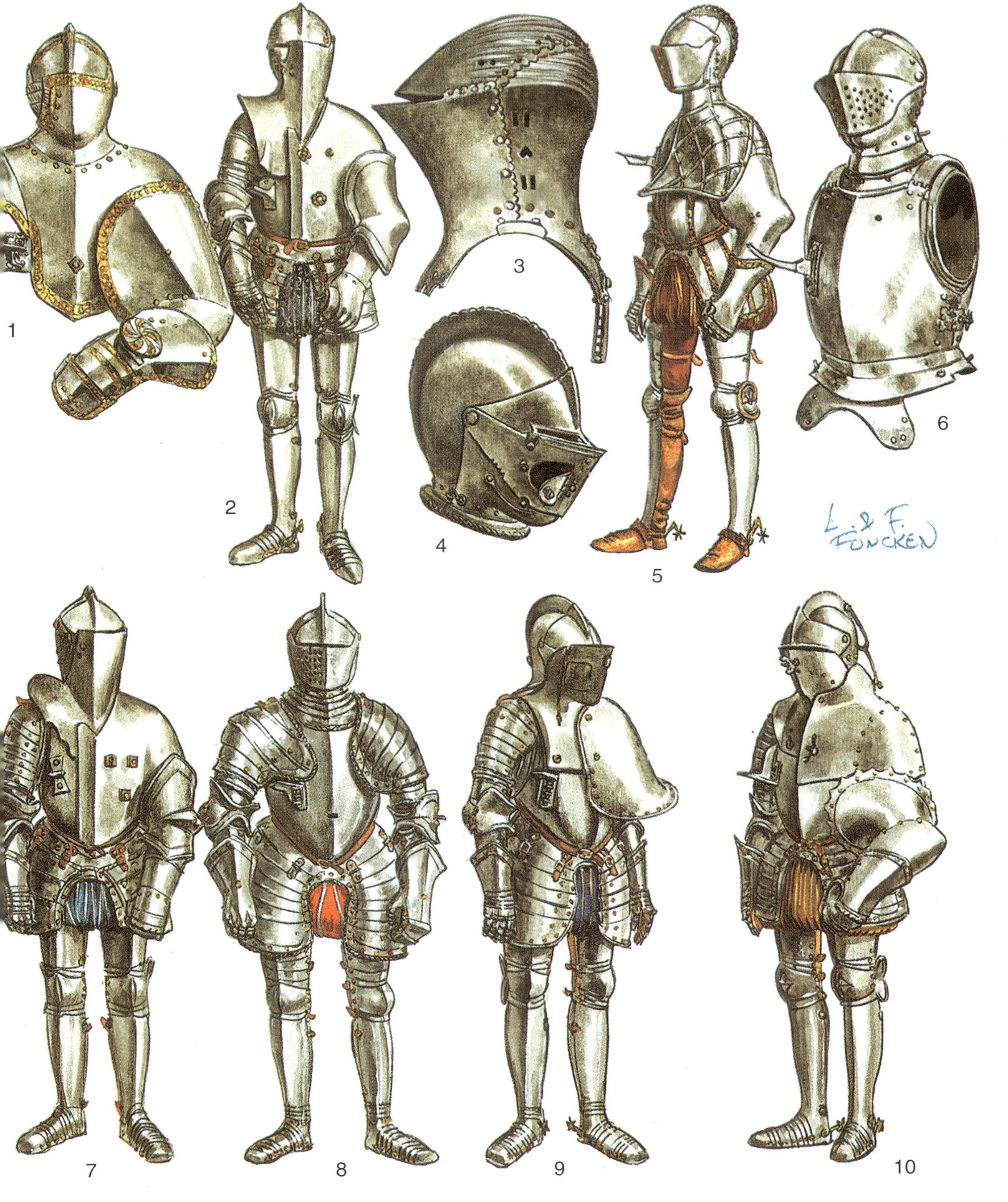
1
2
3
4
5
6
L. & F. FUNCKEN
7
8
9
10

und das mit diesen Lanzen, die ebenso gefährlich waren wie eine Kriegswaffe. Wir möchten jedoch hinzufügen, daß wir für diese Art des Stechens sehr viel weniger gefährliche Lanzeneisen gefunden haben.

Damit der Verlierer sich nicht das Kreuz brach, hatte der Sattel keine Hinterpauschen. Dem Fall stellte sich also kein Hindernis in den Weg, doch fragt man sich, welch üble Folgen der Aufprall auf den Boden haben mußte, wenn der Körper mit einem Harnisch bedeckt war, der manchmal 50 kg wog!

Der Ausdruck »stechen« wurde ebenfalls zur Zeit des Spätgotischen verwandt für Kampfspieler, die den Krötenkopfhelm und die häufig mit Leder bezogene, starke Tartsche trugen. Im allgemeinen wurde ein stumpfes Lanzeneisen benutzt, doch hat man auf den Harnischen und den Tartschen zahlreiche Spuren gefunden, die unzweifelhaft von scharfen Eisen verursacht wurden.

Um 1515 kam ein neuer Harnischtyp auf, der aus einem Schutz für den Rumpf mit Verstärkungen und einem Helm bestand, der aber die Beine völlig ungeschützt ließ. Allerdings war die Schranke beträchtlich ausgebaut worden: Sie wurde ganz aus Holz hergestellt und war manchmal mehr als 1,70 m hoch. Daß man deutlich bestrebt war, immer größere Sicherheit zu gewährleisten, ergibt sich aus dem Gewicht bestimmter Harnische: bis zu 70 und sogar 80 kg! Die Ritter mußten dem Stoß mit einer gewaltigen Lanze standhalten, die 12 bis 15 kg wog.

Das schwere Stechen nach deutscher Art wandelte sich zu einem klassischen Stechen im Vollharnisch mit Verstärkungen und verstärktem Helm, doch ist klar, daß nur das Ziel verfolgt wurde, die Lanze zu brechen. Sollte ein leichtes Stechen gemacht werden, legte man die klassische Rüstung an, die einige Ergänzungen bekam. Diese Verstärkungen wurden abgelegt, wenn mit dem Schwert und dem Kolben gekämpft werden sollte.

Das »Freiturnier« der Deutschen wurde ohne Schranke zwischen mehreren Paaren ausgetragen. Die Teilnehmer brachen eine Lanze und kämpften dann mit dem Schwert.

Da die Lanze im Laufe der ersten Hälfte des Jahrhunderts an Prestige verloren hatte, verschwanden die Turniere schnell. In Frankreich wurden sie im Jahre 1591 endgültig eingestellt, nachdem König Karl IX. in einem Treffen mit dem Herzog von Guise verwundet worden war. Man benutzte damals geriefte und hohle Lanzen, die »bourdonnasses« genannt wurden.

Kampf zu Fuß

Der höfische Kampf zu Fuß wurde über eine Schranke hinweg geführt, die Tiefschläge nicht erlaubte. Die Ritter trugen einen gewöhnlichen Harnisch mit einem dicht geschlossenen, sehr widerstandsfähigen Spezialhelm. Diese Kampfform gab es seit dem Ende des 15. Jahrhunderts.

Zu Beginn des 16. Jahrhunderts kam der Tonnenharnisch auf, dessen glockenförmiger »Rock« die Beine gut schützte. Dann wurde es üblich, den gewöhnlichen Kriegsharnisch mit Verstärkungsteilen zu bestücken, die man wahlweise kaufte, zum Beispiel verstärkte Visiere statt des Spezialhelms oder eine große Armschiftung für Schulter und linken Arm.

Von den Spezialharnischen für den Kampf zu Fuß sind uns nur sehr wenige erhalten. Die vollkommensten unter ihnen wurden zwischen 1515 und 1520 gebaut. Zu dieser Zeit hatte man den Typ des Kostümharnischs, der den ganzen Körper eng umgab. Durch ein System von Gliederlamellen wurden Arm- und Kniebeugen gegen Schläge völlig abgedeckt. Der untere Teil des Rumpfes steckte in einer absolut dichten Hose, wodurch diese Harnische zu regelrechten Taucheranzügen wurden.

GESTECH (V)

1. Visierhelm, 1590. – 2. Tonnenharnisch, 1512. Der lamellenförmige Schutz für die Armbeuge hieß Schutz »nach moderner Art«. – 3. Harnisch von 1514, der Heinrich VIII. von England gehört hatte. Er zeigt uns an, daß der Monarch damals eine Taillenweite von etwa 88 cm gehabt hatte. Ein anderer Harnisch, der 1540 gefertigt worden war, weist eine Taillenweite von... 1,64 m auf! – 4. Desselben, mit Tonne, 1515. – 5. Helm der Abbildung 3. – 6. Visierhelm, 1591. Die Stütze, mit der das Gesichtsteil in den Pausen hochgestellt wurde, war oft wie hier an einem Band aufgehängt. – 7. Visierhelm-Schaller, 1490. Zu einer Zeit, in der die Schaller regiert, entsteht dieser Bastard, der den vollen Schutz des Visierhelms bietet, aber das Visier mit dem typischen ausgeschnittenen Sehschlitz der universellen Schaller beibehält. – 8. Kostümharnisch, 1515. – 9. Bourguignotte »nach Savoyer Art«, 1610. Die Deutschen nannten sie »Totenkopf«.

Die einzige Besonderheit der Harnische für den Fußkampf liegt in der Beschaffenheit des Helmvisiers, in dem die Öffnungen für Luftzufuhr und Sicht so weit wie möglich beschränkt wurden.

1

2

3

4

5

6

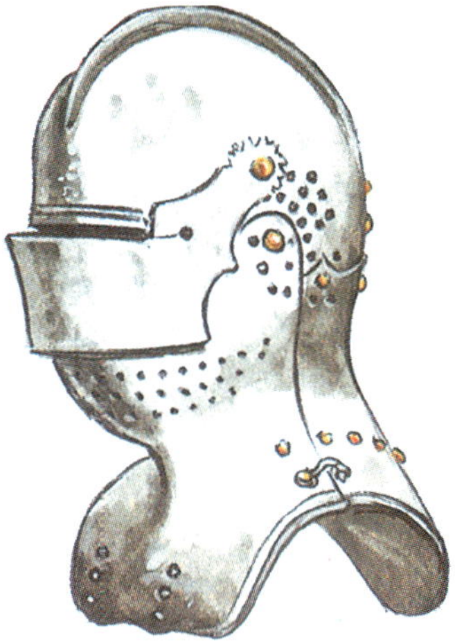

7

8

9

Ein sehr schöner, völlig glatter Harnisch dieses Typs wurde von der ganz neuen Werkstatt in Greenwich für ihren königlichen Patron Heinrich VIII. hergestellt. Die Mode der Kostümharnische war schon um 1520 vorbei.

Die letzten Rüstungen für den Kampf zu Fuß aus der zweiten Hälfte des 16. Jahrhunderts bekamen wieder den abnehmbaren Tonnenrock.

Seltsam ist, daß die an uns überkommenen Harnische fast keine Spuren von den schrecklichen Schlägen aufweisen, die sich die Kämpfer versetzt haben müssen. Es ist wahr, daß solche Treffen außerordentlich kräftezehrend gewesen wären, selbst wenn es sich nur um den Stoß mit stumpfen Waffen gehandelt hätte. Ist es verboten, sich ein reines Geschicklichkeitsduell mit Holzwaffen vorzustellen?[1] Es wäre immerhin eine Erklärung für das Rätsel, das uns diese intakten Harnische aufgeben.

1. Für Turniere gab es Schwerter aus Pergament oder Walfischknochen.

PANZERHANDSCHUHE UND EISENSCHUHE

Panzerhandschuhe: 1. Kettenhentze. – 2. Mit Scheiben gepanzerter Handschuh, 1300. – 3. Mit Lederfäustling, 1300. – 4 und 4a. Mit Platten, erste Form des Panzerhandschuhs, 1320. – 5. Mit Handrückenplatte, a, die von den auf den Handschuh genähten Fingern unabhängig ist, 1325. – 6. Mit unabhängiger Handrückenplatte, 1350. – 7. Mit unabhängiger Handrückenplatte, 1380. – 8. »Gotisch«, 1440. – 9. Hentze, 1440. – 10 und 11. »Gotische« Hentzen mit drei und mit einer Folge, 1450. – 12. Mit drei Folgen, 1460. – 12a. Rückansicht von Abbildung 12. – 13. Hentze, 1470. – 14. Hentze, 1490. – 15. Hentze, 1510. – 16. Angearbeitete Hentze, »maximilianischer« Typ, 1510. – 17. Hentze mit Riegel, 1540. – 18. 1560. – 19. 1570. – 20. 1595. – 21. Prothese, die angeblich Götz von Berlichingen gehört haben soll. Der Held war 1504 durch eine Kugel aus einer Feldschlange verstümmelt worden, doch eine sichere Quelle weist darauf hin, daß die rechte Hand amputiert wurde. In a werden Einzelheiten der Gelenke eines Fingers gezeigt. Diese »Eisenhand« ist kein Einzelstück dieser Art. – 22. »Gotischer« Panzerhandschuh, 1480: a. Stulpe; b. Schutz des Handgelenks; c. Schutz der Mittelhand, »miton« genannt; d. Fingerschutz, der einen »Totschläger« bildet. Der Panzerhandschuh war auf einen Handschuh aus Hirschleder, Damleder oder Elchleder aufgezogen, der häufig unter dem Ballen und unter jedem Finger verstärkt war.

Eisenschuhe: 1. 1330. – 2. 1350. – 3. 1370. – 4. 1384. – 5. 1390. – 6. Mit abnehmbarer Schnabelspitze, 1430. – 7. Mit Schnabelspitze, 1450. – 8. Mit abnehmbarer Schnabelspitze, 1450. – 9. Mit Schnabelspitze, 1480. – 10. »Kuhmaul« (»Bärenfuß«), 1505. – 11. »Kuhmaul«, 1510. – 12. »Kuhmaul«, 1515. – 13. »Kuhmaul«, 1530. – 14. Entenschnabel, 1570. – 15. Entenschnabel, 1590.

Zur Zeit der Schnabelschuhe bestimmte eine Vorschrift für die zivile Schuhmode genau, wie lang diese Spitzen sein durften. So hatten Fürsten und Herzöge Anspruch auf Schuhe, die zweieinhalb mal so lang wie ihre Füße waren; der Hochadel doppelte Fußlänge und die Ritter einfache. Es ist mehr als wahrscheinlich, daß diese »Schnabelhierarchie« mit der gleichen Strenge auf die Kriegsschuhe angewandt wurde.

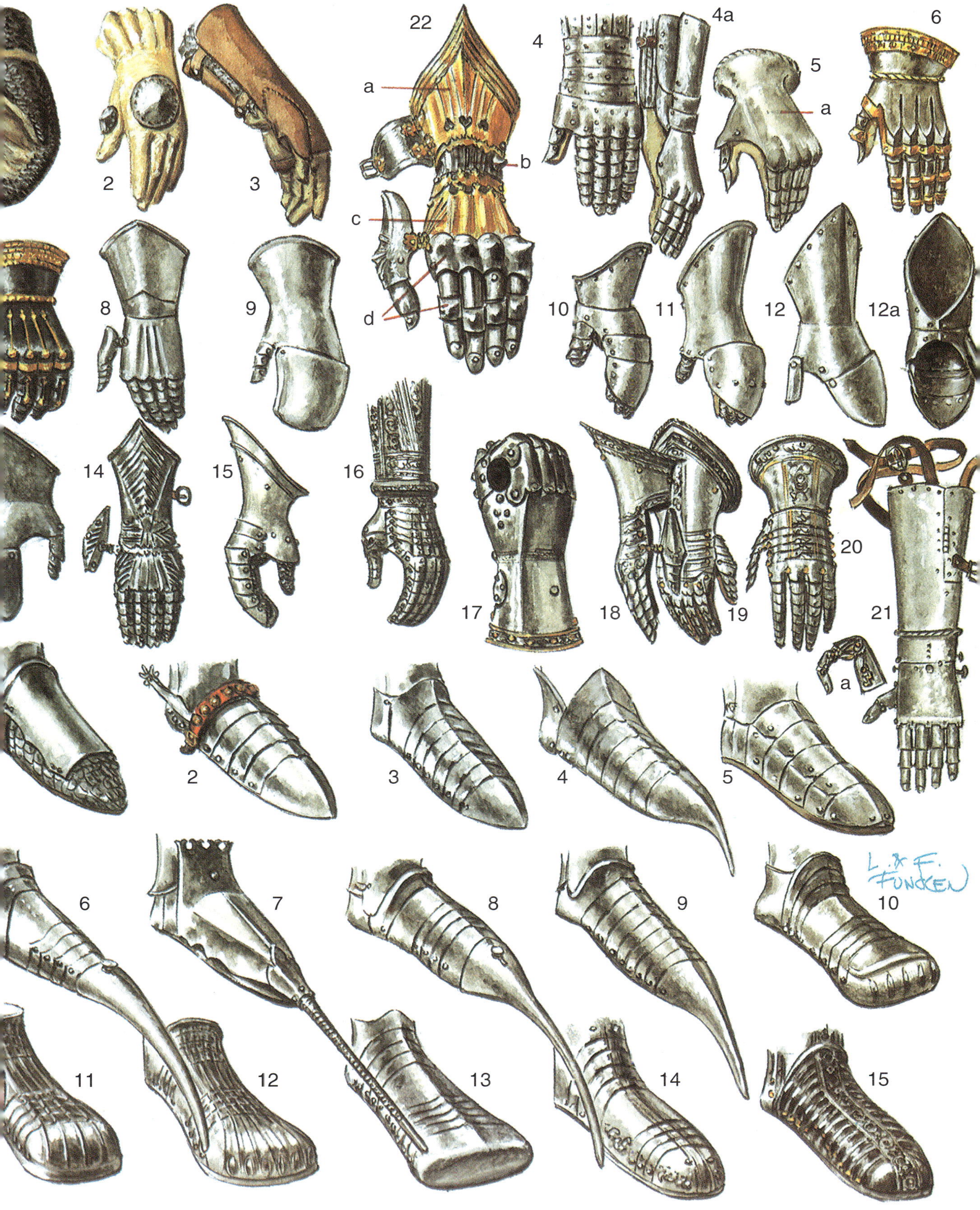

22
4
4a
6
a
5
a
b
2
3
c
8
9
d
10
11
12
12a
14
15
16
17
18
19
20
21
a
2
3
4
5
6
7
8
9
10
L. & F. FUNCKEN
11
12
13
14
15

Panzerhandschuhe und Eisenschuhe

Die Abbildungen dieser Ausrüstungsteile bedürfen keines Kommentars. Wir werden uns darauf beschränken, den Leser darauf hinzuweisen, daß viele Panzerhandschuhe die Form eines Totschlägers haben, und auf das erstaunliche Riegelsystem aufmerksam zu machen, so daß es in einigen Fällen möglich war, die Waffen in die Hand zu nehmen. Das Verriegeln erfolgte mit Hilfe des Daumens oder der anderen Finger, und im letzteren Fall wurde das äußerste Ende des Handteils an der Innenseite des Handgelenks auf der Stulpe festgemacht.

Der Eisenschuh mit dem Schnabel, den die Legende auf eine Mißbildung Falcos IV. Graf von Anjou zu Beginn des 11. Jahrhunderts oder auch auf Heinrich II. von England im 12. Jahrhundert zurückführt, war in Wirklichkeit eine Nachbildung des üblichen zivilen Schuhwerks, das im 14. Jahrhundert »pigace« oder »pigache« genannt wurde und seit dem Altertum bekannt war und getragen wurde.

Der »Bärenfuß«-Schuh oder »Kuhmaul«-Schuh ist ebensowenig nach Schuhen geformt, die angeblich Karl VIII., der sechs Zehen an jedem Fuß hatte, getragen hat. Übrigens gab es von 1485–1490 eine Form, die Halbholzschuh oder Halbbärenfuß genannt wurde. Der »Bärenfuß« machte um 1550 dem »Entenschnabel« Platz.

VIERTER TEIL

HELME UND HARNISCHE

Helme

In unserem ersten Band brachen wir die Untersuchung des Visierhelms (»armet«) bei den Modellen vom Ende des 15. Jahrhunderts ab. Ihre Nachfolge traten im 16. Jahrhundert zwei unterschiedliche Typen an, die jedoch häufig verwechselt werden. Wir haben sie »Visierhelm des ersten Typs« und »geschlossener Visierhelm« getauft.

Visierhelm des ersten Typs

In ihm bestanden die Merkmale des ursprünglichen Modells fort, nämlich:

1. Das Gesichtsteil oder Visier, das um zwei seitliche Zapfen drehbar war;
2. Die beweglichen »Wangen«, die auf seitliche Scharniere montiert waren und am Kinn verriegelt wurden.

Dieses System wies einen offensichtlichen Schwachpunkt auf: die Zerbrechlichkeit des Verschlusses und der Wangenscharniere, die mit einem heftigen Schlag aufgebrochen werden konnten. Allerdings wirkte das während des Kampfes heruntergelassene Visier wie ein zusätzlicher Riegel, da es weit über das Wangengelenk hinausging. Hierdurch war es sehr schwierig, diese beiden Wangenteile aufzuschlagen.

Man kann sich vorstellen, welche Qualen der Waffenträger litt, wenn er stundenlang in seinem Harnisch eingeschlossen war, der durch den geringsten Sonnenstrahl aufgeheizt wurde! Der Visierhelm des ersten Typs bot den Vorteil, daß man ihn bis zum Moment des Kampfes geöffnet lassen konnte, so daß der Mann darin weitgehend Luft zugeführt bekam. Vielleicht machte es allein diese Annehmlichkeit, daß dieser Helm beibehalten wurde, bis der Harnisch ganz verschwand.

Geschlossener Visierhelm

Während der französische Ausdruck »armet« zwischen dem ersten und dem zweiten Typ keinen Unterschied macht, gibt es im Italienischen den Terminus »elmetto da incastro«, im Deutschen »geschlossener Helm« und im Englischen »close helmet«, die den zweiten Typ deutlich beschreiben, den wir im Französischen deshalb »armet clos« benannt haben. Wir haben übrigens überrascht festgestellt, daß die Unterscheidung wohl gemacht wird, meist aber große Verwirrung bei der Benennung des geschlossenen Helms herrscht, obgleich er doch klar beschrieben wird und leicht erkennbar ist.

Zahlreiche englische und deutsche Spezialisten verwechseln die beiden; der Visierhelm des ersten Typs wird automatisch zum geschlossenen Helm, sobald er ins 16. Jahrhundert gehört! Es scheint, als ob das Aufkommen des Helmstutzes und des Helmkamms, die vorgeblich für den geschlossenen Visierhelm typisch sind, Anlaß zu dieser Verwirrung war. Doch entwickelt sich der Visierhelm des ersten Typs parallel zum neuen Typ und folgt ganz logisch der Entwicklung der Mode, die sich dem niedrigen Helmkamm und dann dem schlankeren, schmalen Helmstutz verschreibt, wie es die Illustrationen zeigen.

Der einzige wirkliche Unterschied besteht darin, daß Visier und Kinnschutz aus einem Stück sind und um die gleichen seitlichen Zapfen schwenken.

Der Visierhelm kann also nicht mehr am Kinn geöffnet werden, sondern wird von den Seiten her halb geöffnet, damit der Kopf hinein kann, und wird dann wieder geschlossen, wie sich die Schalen einer Muschel schließen. Dann wurde der Helm seitlich am Hals mit einem Haken oder einem Federknopf verriegelt. Luftzufuhr ließ sich nur durch Öffnen des Visiers erreichen, und häufig war am Helm ein Stift, der verhinderte, daß es durch die Erschütterungen beim Reiten von allein wieder herunterfiel.

Schaller-Visierhelm

Im ersten Band haben wir einige Zwitter gezeigt, die aus der klassischen Schaller des 15. Jahrhunderts hervorgegangen waren und einen imposanten Nackenschutz besaßen. Die Anhänger der Schaller paßten diesen Helm dem Zeitgeschmack an und gaben ihm ein Visier (siehe Band 1, Seite 34, Abbildung 8, und Seite 141, Abbildung 5).

Der »Visierhelm« der Deutschen, in Wirklichkeit eine »Schaller mit Visier«, war ganz natürlich wie der geschlossene Helm aufgebaut (siehe Seite 245, Abbildung 2). Besaß er einen Kinnschutz mit Halsstück und einen dazu passenden Nackenschutz, der etwas kleiner war, nannte man ihn »Mantelhelm«.

Dieses Modell, das immer noch auf dem sehr einfachen Prinzip der Aufhängung an seitlichen Zapfen beruhte, verbreitete sich nach 1530 in ganz Europa und bestand neben den eigentlichen geschlossenen Helmen bis zur Abschaffung des Harnisches im 17. Jahrhundert.

In Frankreich zeichnete sich der Visierhelm mit hohem Helmkamm aus der Mitte des 16. Jahrhunderts dadurch aus, daß dieser Kamm recht dünn war im Vergleich zu den deutlich dickeren Helmkämmen der meisten ausländischen Modelle. Diese Besonderheit ist auf eine Vereinfachung der Schmiedearbeit zurückzuführen. Man stellte die Helmglocke in zwei Teilen her, die am Kamm im sogenannten »Warmlagerverfahren« verschlossen und vernietet wurden. Die großen deutschen und italienischen Waffenschmiede benutzten diesen Ausweg niemals, sie schmiedeten in Muschelform. Mit dem Hilfsverfahren konnte man den Helmkamm nicht in den schmalen Grat auslaufen lassen, der zwischen den beiden Öffnungen des Sehschlitzes den Nasenschutz bildete und bis unter das Atemstück reichte. Man findet

VISIERHELM

Der hier dargestellte Visierhelm des ersten Typs (zwischen 1450 und 1590) hat die charakteristischen seitlichen Scharniere und die beweglichen »Wangen« (Einzelheiten siehe Band 1), die am Kinn verriegelt werden. Dieses System bleibt bis zum Ende des 16. Jahrhunderts parallel zu dem geschlossenen Helmtyp bestehen, bei dem alle beweglichen Teile an zwei seitlichen Zapfen hängen (siehe folgende Tafel). Wir erinnern daran, daß es auch noch ein drittes System gegeben hat, bei dem Kinnschutz und Wangen zu einem Teil verschmolzen waren, das um ein seitliches Scharnier drehbar war. – Die lange Lebensdauer des Visierhelms ersten Typs ist unseres Erachtens nur dadurch zu erklären, daß sich der Träger bei starker Hitze Luft verschaffen konnte, indem er die »Wangen« öffnete und den Helm nicht abnehmen mußte, wie er das beim Visierhelm des zweiten Typs tun mußte.

1. Visierhelm mit dem Sperlingsschnabel, 1500: a. Helmglocke; b. Sehschlitz; c. Atemlöcher (Das Teil mit Sehschlitz und das Atemteil bildeten zusammen das Visier); d. Kinnschutz; e. Stift; f. Halsstück; g. Stielscheibe; h. Wangen; i. Loch für den Federbusch; j. Riegel am Kinnschutz.
2. Visierhelm mit Blasebalgvisier, 1515. Den Blasebalg gab es bis etwa 1560. – 3. 1520. – 4. Mit dem Sperlingsschnabel, 1520, – 5. Mit Blasebalg, 1530. – 6. Mit Hundeschnauze, 1520. – 7. Mit Stumpfnase, 1525. – 8. Mit Blasebalg, 1530. – 9. Mit Feststellstift, 1535. – 10. 1535. – 11. Mit Gittervisier, 1555. – 11 a. Dasselbe, offen. – 12. 1575. – 13. 1590. – Die letzten beiden Modelle haben das typische Profil des Visiers aus der Greenwicher Schule.

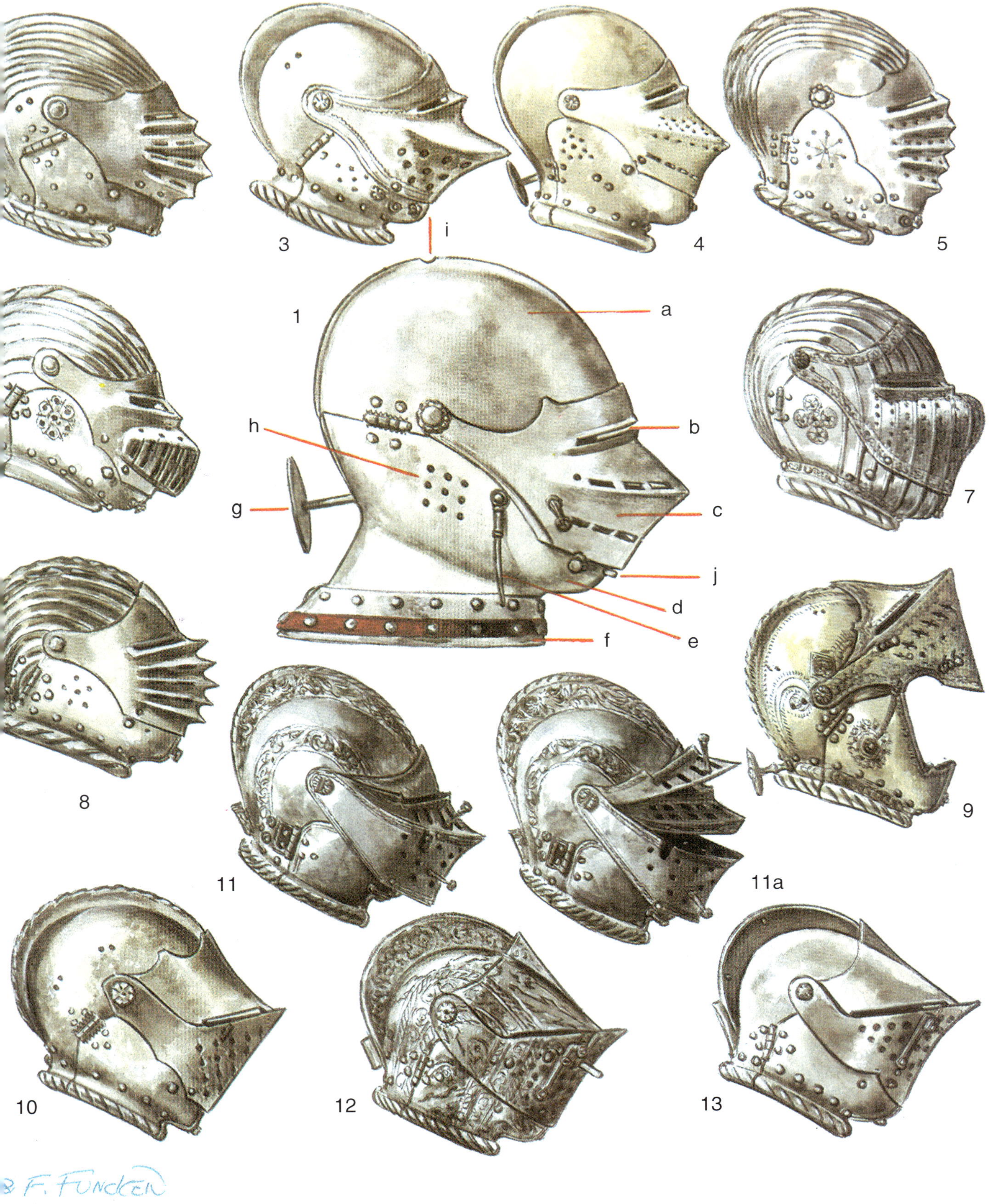

3
4
5
i
1
a
b
h
g
c
j
d
e
f
7
8
9
11
11a
10
12
13
F. FUNCKEN

ihn an den schönsten ausländischen Helmen. Dieser schmale Fortsatz ließ sich in der Tat nicht in zwei Teilen fertigen, und sogar die Schmiede, die den Helmkopf in einem Teil herstellten, vermieden meist eine solche Unterteilung des Sehschlitzes, die stets ziemlich zerbrechlich war. Das Visier, das aus einem zusätzlichen Teil mit Schlitzen für die Augen und einem weiteren Teil mit Löchern für die Atmung gemacht war, wurde den weitaus meisten Visierhelmen aufgesetzt und sorgte für einen ausgezeichneten Schutz.

Auf dem Kragen umgehender Visierhelm

Dieses System war unseren beiden Visierhelmtypen gemeinsam. Hierbei wurde die Helmbasis auf einem Kragen festgemacht, der in einen Wulst auf dem Halsstück des Harnischs hineinpaßte. Der Helm lastete dadurch nicht mehr auf dem Kopf, sein Gewicht verteilte sich auf die Schultern. Der auf dem Kragen umgehende Visierhelm wurde viel für die maximilianischen Harnische am Beginn des 16. Jahrhunderts gebaut und bis zum nächsten Jahrhundert beibehalten.

Entwicklung des Visierhelms

Das Merkmal des älteren Visierhelms ist der Grat, dann der immer höhere Helmkamm. Ab 1590 verliert der Helmstutz an Umfang und das Visierprofil wird schwerfälliger, da es weniger hervorspringend gebaut wird und sein unterer Teil, das Atemstück, proportional größer und gleichzeitig bis fast zur Waagerechten angehoben wird. Aus unseren Bildern gehen diese Einzelheiten sehr klar hervor, die vielleicht etwas dunkel bleiben, wenn man nur die Beschreibung liest.

In unseren öffentlichen und privaten Sammlungen gibt es viele einzelne Helme ohne die dazugehörigen Harnische. Unabhängig von den Modellen, bei denen die reiche Ausschmückung schon für die gute Qualität spricht, kann man ein »schönes Stück« unfehlbar an einer

GESCHLOSSENER VISIERHELM

Der Visierhelm des zweiten Typs, den wir als geschlossenen Visierhelm bezeichnen, verzichtet auf das System der seitlichen Scharniere, wie sie der richtige Visierhelm hat, und hängt sein Gesichtsstück (Sehschlitz und Atemteil) und den Kinnschutz an zwei seitlichen Zapfen auf. Der Helm ließ sich wie eine Muschel öffnen und wurde mit einem Haken oder einem Knopf verriegelt. Die Deutschen, Angelsachsen und Italiener nennen diesen Visierhelm jeweils »geschlossenen Helm«, »close helmet« und »elmetto da incastro«. Jedoch werden diese Benennungen äußerst selten korrekt verwendet, selbst in den Fachbüchern. Eine andere Klassifizierung, die auf dem »typischen« Grat oder Kamm des geschlossenen Visierhelms beruht, ist nicht angebracht, da diese Teile auch auf dem Visierhelm des ersten Typs vorhanden sind (siehe vorangehende Tafel).

1. Visierhelm mit Blasebalg, 1510. – 2. Bastard oder Schaller-Visierhelm, 1510. In Deutschland »Vizierhelm« genannt. Er ist eine weiterentwickelte Schaller. – 3. Mit Sehschlitz in der Helmglocke und Sperlingsschnabel, 1515. – 4. 1515. Weiterentwicklung des Bastards in Abbildung 3. Es ist der deutsche »Mantelhelm«, ein Modell mit vorderem und hinterem Halsstück, das man auch an den Abbildungen 5, 6, 8, 10, 12, 13, 14, 16 und 17 sieht. – 5. Visier als Adlerkopf, 1530. – 6. Stumpfnase. 1520 . – 7. Mit Larvenvisier, 1535. Obgleich hier zwischen den geschlossenen Helmen mit Phantasievisier eingereiht, gehört der Helm doch zum ersten Typ, denn er ist am Kinn verriegelt. – 8. Mit Hundskopf, 1540. – 9. Mit Larvenvisier, 1520. Der Kamm entspricht im Profil dem der Abbildung 10. – 10. Mit Blasebalg, 1540. – 11 und 12. 1560. – 13. 1570. Das einwärts gekrümmte Visier ist typisch englisch (königliche Werkstätten in Greenwich). – 14. Mit scharf ausgeprägtem Tierkopf, 1580. Italien zeichnete sich in der »grande maniera« aus, mit der von 1530–1590 das römische Altertum nachgeahmt wurde. – 15. 1580. – 16. 1585. Mit Stellzapfen. – 17. 1585. – 18. 1590. – 19. 1592.

2
3
4
6
7
8
9
11
12
13
14
15
16
17
18
19

kleinen Einzelheit erkennen: an der Ausarbeitung des geschnürlten Randwulstes, der seit dem 15. Jahrhundert als Randdekor gern verwendet wird und vom hastig ausgestochenen Rand bis zur feinsten Ziselierarbeit anzutreffen ist.

Larvenvisierhelm

Zwischen 1510 und 1540, als der maximilianische Harnisch gebaut wurde, fertigte man, wenn auch ziemlich selten, auch Visierhelme mit mehr oder weniger karikierten menschlichen Gesichtern. Der berühmteste unter ihnen, der um 1512 von dem berühmten Conrad Seusenhofer aus Innsbruck geschmiedet wurde, erstaunt und belustigt die Besucher des Towers in London; er stellt einen sehr ausdrucksvollen, grinsenden Kopf dar, dessen Gesichtszüge durch geschickt angeordnete Belüftungsspalten unterstrichen werden. Dieses eigenartige Stück, das möglicherweise den Hofnarren des Königs Heinrich VIII. darstellt, ist mit richtigen Mufflonhörnern geschmückt und scheint Glasaugen gehabt zu haben, die heute verschwunden sind.

In Nürnberg, das viel fruchtbarer als Innsbruck, Augsburg oder Mailand war, wurden die meisten dieser seltsamen Gebilde erzeugt dank Meistern wie Wilhelm von Worms der Ältere.

Tierköpfe waren zu dieser Zeit in allen Werkstätten üblich. Die an diesen Spielereien interessierte Kundschaft scheint fast ausschließlich deutscher Herkunft gewesen zu sein.

Abgelöst wurde diese Schule um 1530 durch die sogenannte italienische »grande maniera« mit ihren antikisierenden Harnischen. Sie hat uns eine eindrucksvolle Reihe von Helmen aller Arten von Erfindungsreichtum und ungewöhnlicher Verarbeitung hinterlassen, die allerdings fast nichts mehr mit dem wirklichen Kriegsgerät gemeinsam hatten, sondern eher den Schauspielern in den ersten Tragödien gedient haben mögen, die in dem fruchtbaren Italien der Renaissance soeben aufgekommen waren.[1]

1. Die Tragödien waren so wenig »antik« wie die Harnische!

DIE STURMHAUBE (I)

1. Erste Hälfte des 16. Jahrhunderts. – 2. Mit schwenkbarem Augenschirm und dreifachem Kamm, erste Hälfte des 16. Jahrhunderts. Zu erkennen sind die Löcher, in denen das Stofffutter befestigt wurde. Desgleichen bei Abbildung 5 (siehe auch die folgende Tafel, Abbildung 4 und 7). – 3. Mitte des 16. Jahrhunderts. Diese Sturmhaube wurde manchmal auch, sehr zu Recht, »Topf für den Kopf« genannt. – 4. Mit dreifachem Kamm, zweite Hälfte des 16. Jahrhunderts. Man stellt an ihm eine eigenartige Neigung zur Form des Morion fest. – 5. Zweite Hälfte des 16. Jahrhunderts. Dieser Topf zeigt das letzte Stadium der Verwandlung zum wahren Burgunderhelm. – 6. Zweite Hälfte des 16. Jahrhunderts. – 7. Fahnen- und Spießträger der Landsknechte mit doppeltem Sold, um 1525. Sie waren Elitesoldaten, die in der ersten Reihe kämpften. Sie tragen Sturmhauben, die sehr selten geworden sind. Die Spieße waren ungefähr 3,75 m lang.

In Frankreich wurde dem Fußkämpfer durch Verordnung von 1534 die »Schaller mit Kamm« zugeteilt, die bald »Kopfbedeckung nach Burgunder Art« hieß und dann »bourguignotte« getauft wurde. Der riesige Erfolg, den dieser neue Kriegshelm hatte, ist mit der besonders harmonischen, martialischen und kleidsamen Form leicht zu erklären.

1
2
3
4
5
6
7
L. & F. FUNCKEN

Die Sturmhaube (»bourguignotte«)

Die Sturmhaube, die zugleich aus der italienischen Barbuta und aus der Schaller hervorging, wurde zu Beginn des 16. Jahrhunderts »Kopfbedeckung nach Burgunder Art« genannt. Die Knappen – Waffenmänner der deutschen Feudalherren – hatten sie gewählt und auch die berühmten Landsknechte und nannten sie Sturmhaube.

Die Sturmhaube ist an mehreren Elementen zu erkennen: den Wangenklappen und dem ausgeprägten Nackenschutz. Ganz wie der Visierhelm des wohlgeborenen Kriegers hatte dieser sehr funktionstüchtige Helm zunächst einen bescheidenen Kamm und dann einen immer größeren Helmstutz.

Niemals war eine militärische Kopfbedeckung zugleich wirksamer und kleidsamer. Es ist wunderbar, die Entwicklung seiner Form zu verfolgen bis zur höchsten martialischen Grazie. Die größten Herren wußten das wohl, wenn sie bei ihren Meisterschmieden diese Helme bestellten und sie von den besten Künstlern ausschmükken ließen.

Diese herrlichen Schöpfungen sind in unseren Museen erhalten, und zwar meist mit der dazugehörigen »Maske« oder dem »Kinnschutz« mit Blasebalg oder Gitter, mit dem das hochherrschaftliche Gesicht geschützt werden sollte. Aber diese Zusatzteile passen schlecht zur Sturmhaube, obgleich die Handwerksmeister und die Künstler ihre ganze Geschicklichkeit aufboten. Sie bleiben Fremdkörper, die die Anleihe beim Visierhelm mit seinem typischen Gesichtsteil verraten.

Die Sturmhaube erreichte ihren Höhepunkt in der Mitte des 16. Jahrhunderts. Zu dieser Zeit fing man an, sie aus dünnem und leichtem Metall herzustellen. So wurde sie in den Werkstätten von Augsburg und Nürnberg in großen Stückzahlen hergestellt und kam von der Infanterie zur leichten Reiterei ganz Westeuropas.

Modelle sehr guter Qualität waren mit drei bis fünf Helmkämmen ausgestattet und konnten außerdem mit einer Stoffhaube überzogen werden. Es wurde oft behauptet, daß es sich um Helme von Gemsenjägern handelte, die mit einem Überzug gegen Spiegeleffekte und zum Schutz vor Steinen versehen waren. Das ist unseres Erachtens eine sehr gewagte Meinung, denn es ist sicher, daß viele Truppen solche Sturmhauben trugen, besonders die Leibwache Kaiser Karls V. im Jahre 1530.

DIE STURMHAUBE (II)

1. Mit schwenkbarem Augenschirm, um 1560. – 2. Um 1600. – 3. Ende des 16. Jahrhunderts. – 4. Mit dreifachem Helmkamm, Beginn des 16. Jahrhunderts. Zu erkennen sind die Doppellöcher, in denen der Stoffbezug festgemacht wurde (siehe Abbildung 7).

Die Bastarde: 5. Burgunderhelmtopf, Mitte des 16. Jahrhunderts. – 6. Ungarischer Art, Mitte des 16. Jahrhunderts. – 7. Sturmhauben-Morion mit drei Helmkämmen, 1560. Stoff wurde recht häufig verwendet entweder gegen Spiegeleffekte oder als Unterscheidungsmerkmal. – 8. Sturmhauben-Morion, 1570. – 9. Sturmhauben-Morion, 1600. – 10. Sturmhauben-Birnhelm, 1550.

11. Fürstlicher Harnisch, 1550. Unzählige Ganzporträts stellen Persönlichkeiten dar, deren Kopf und Beine unbedeckt sind; man sagt heute, daß sie einen Halbharnisch tragen oder einen Harnisch für den Kampf zu Fuß, an der Schranke. Wir meinen, daß es sich eher um eine ästhetische Bemühung handelt, die den militärischen Charakter des Bildes verwischen soll. Es ist sehr unwahrscheinlich, daß diese Kriegsmänner sich entschlossen haben könnten, den Gefahren des Kampfes in so einfacher Ausrüstung zu begegnen. Die hier gezeigte Sturmhaube stellte sehr häufig eine »Option« dar, die zugleich mit dem ganzen Harnisch und seinem erstickenden, aber unerläßlichen geschlossenen Visierhelm gekauft wurde. Wir zeigen dem Leser weiter hinten den wirklich getragenen Halbharnisch. Der ist mit der für diese Zeit typischen Sackbrust ausgestattet.

1
2
3
4
5
6
7
8
9
10
11
L. & F. FUNCKEN

Die Sturmhaube nach Savoyer Art

Diese Kopfbedeckung, bei der das gleiche Schutzprinzip wie bei der früher genannten Sturmhaube mit Maske angewandt wurde, war ein Bastard zwischen dem geschlossenen Visierhelm und der Sturmhaube. Ihr waagerechtes Visier, das um seitliche Zapfen schwenkte, besaß auch einen Kinnschutz[1], der sich zum Halsstück hin verlängerte.

Die »Maske« war am Sehschlitz des beweglichen waagerechten Visiers aufgehängt, mit dem sie hochgeschlagen oder herabgelassen werden konnte. Diese einfach, ja notdürftig hergestellte Platte, die das Gesicht schützte, hatte mit dem klassischen Visier keinerlei Ähnlichkeit, die Funktion ausgenommen. Die Sehöffnungen waren darin weit ausgeschnitten, dazu kamen einige kleine Luftlöcher.

Manche Waffenschmiede bemühten sich, diesem Schutzteil mehr Persönlichkeit zu geben, indem sie Sehschlitze in Form von Augenhöhlen und einen Mund in Form eines Dreiecksausschnitts hineinsetzten. Einige verstärkten den schon recht anschaulichen Effekt noch, indem sie Lider und Augenbrauen hinzufügten, was sie durch die Krümmung der waagerechten Visierränder erreichten, sowie Nasenlöcher, Nasen oder Münder, die von einem Ohr bis zum andern reichten... In Deutschland gab man diesen furchterregenden Masken manchmal den Namen »Totenköpfe«.

Dieser Helmtyp, der allgemein zu den Visierhelmen gezählt wird, obgleich er unseres Erachtens wegen seines Augenschirms mehr eine Sturmhaube ist, wurde gewöhnlich sehr roh aus einem klumpigen, geschwärzten Blech gefertigt. Die Italiener nannten ihn »elmetto alla viscontea« und unterschieden ihn somit vom Visierhelm. Dieses rein italienische Modell, das von den Truppen des Herzogs Karl-Emanuel von Savoyen eingeweiht wurde, hatte bei den Luxusharnischen recht viel Erfolg bis hin zur letzten »armatura da corazza«, die von einigen großen Herren in der ersten Hälfte des 17. Jahrhunderts getragen wurde.

1. Der Kinnschutz bildete den ganzen unteren Teil des Helms und umschloß die Wangen und das Kinn. Er darf nicht mit dem Kinnschutz verwechselt werden, der Synonym für die Sturmhauben-»Maske« ist.

DIE STURMHAUBE (III)

1. Italienisch, nach antiker Art, 1541. – 2 und 3. 1540. – 4. Um 1580. – 5. Italienisch, nach antiker Art, 1560. – 6. Desgleichen, 1589. – 7. Desgleichen, 1586. – 8. Italienisch im barocken Stil, Anfang des 17. Jahrhunderts.

9. Standartenträger des Herzogs von Mailand im Halbharnisch eines Infanterie-Offiziers »alla tedesca« (nach deutscher Art), um 1525. Die Sturmhaube hat einen schwenkbaren Augenschirm, dessen Nützlichkeit man nicht recht erkennt. Dieses System verschwindet übrigens mit der weiteren Entwicklung dieses Helmtyps.

A BON DROIT
2
4
6
7
8
9
L. & F. FUNCKEN

Der Morion

Ob sein Name nun vom spanischen Wort »morro« (Schädeldecke, runder Körper) oder einfacher vom Mauren herrührt, der Morion, der übrigens auch Maurenkappe genannt wird, verdrängte alle anderen Helmtypen des 16. Jahrhunderts. Er kam in Frankreich um 1510 auf und man trifft ihn in den königlichen Verordnungen von Heinrich II. bis Karl IX., das heißt zwischen 1547 und 1574.

Die ersten Morions scheinen eine niedrige, halbkugelförmige Glocke mit einem wenig ausgeprägten Kamm gehabt zu haben, so daß er ganz auf der Linie der anderen vorhandenen Helme lag. Wir haben vergeblich versucht, eine chronologische Einstufung nach der Form der Glocke und ihrer allmählichen Entwicklung von der niedrigen zur mittleren und schließlich zur hohen Form durchzuführen, aber wir mußten einsehen, daß nur der Kamm eine deutliche Tendenz zu wachsen hat, und das auch nicht systematisch: Man findet zahlreiche Morions vom Ende des 16. Jahrhunderts, die eine niedrige Helmglocke und einen sehr bescheidenen Kamm haben.

Die Menge gut gearbeiteter Morions, die wir in unseren Museen aufbewahren, zeigt, wie sehr die europäischen Fußsoldaten diesen Helm schätzten. Es gelang ihm sogar, in Deutschland die populäre Sturmhaube der streitbaren Landsknechte zu verdrängen. Nicht ganz ohne Widerstand, denn wir haben einen erstaunlichen Sturmhaubenbastard entdeckt, der um 1560 gebaut worden war und einen außergewöhnlich geschickten Kompromiß zwischen der alten und der neuen Kopfbedeckung darstellt (siehe Tafel II der Burgunderhelme, Seite 249, Abbildung 7, 8 und 9).

Der Morion wurde von den höchsten Offizieren nicht verachtet; die Obersten setzten ihn auf, wenn es in den Kampf gegen Infanterie ging. Je nach Rang seines Besitzers vergoldet, ziseliert und großzügig mit einem Federbusch geschmückt, war er obligatorisch »kugelfest«, das heißt, von der Kugel der Arkebuse nicht zu durchschlagen. Sein Gewicht betrug zwei Kilogramm. Einen verstärkten Morion trugen die Elitehellebardiere, denen die Bewachung des Feldzeichens oblag, sowie die Leutnants und Hauptleute der Pikeniere.

Die herrlichen Stücke, die uns erhalten geblieben sind, erregen Bewunderung durch die Feinheit und Vielfalt ihres Dekors, aber das größte Wunder liegt doch in der unerhörten Geschicklichkeit des Schmiedes, dem es gelang, mit Hammerschlägen diese eleganten Kopfbedeckungen aus einem Stück, einschließlich Kamm aus einer Platte rauhen Metalls zu modellieren! Welch ein Gegensatz zu den schlechten Erzeugnissen vom Ende des Jahrhunderts, die aus zwei Teilen eines geschwärzten Bleches gemacht wurden, das sich nicht polieren ließ.

DER MORION

Dieser Helm, der viel verbreiteter war als sein Konkurrent, der Birnhelm, und sein Bastard, der Birnmorion, war enorm beliebt, wovon die zahlreichen, an uns überkommenen Exemplare, von bescheidensten bis zum luxuriösesten Helm, noch zeugen.

Mit niedriger Glocke: 1. 1560. – 2. Um 1600. – 3. 1580. – 4. Ende des 16. Jahrhunderts. – Die Abbildungen 1, 2 und 4 (wie auch Abbildung 13) zeigen Helme, die aus zwei eingefaßten und vernieteten Teilen gebaut sind. Wir möchten daran erinnern, daß die Lilie keineswegs französischen Ursprung bedeutet: Es sind tatsächlich deutsche Helme, und zwar Serienprodukte.

Mit hoher Glocke: 5 und 6. 1570. – 7. 1580. – 8. Ende des 16. Jahrhunderts. – 9. Zweite Hälfte des 16. Jahrhunderts. – 10. 1580.

Mit mittlerer Glocke: 11. 1580. – 12. 1600. – 13. 1600. Die Stadt Passau war bekannt für die Herstellung von Morions dieses Typs. – 14. Mit starker Krümmung, um 1580. – 15. Mit hohem Kamm, Mitte des 16. Jahrhunderts. Nicht wegen seines geätzten Dekors ist der Helm bemerkenswert, sondern wegen der hohen Schmiedekunst des Meisters, der ihn aus einem Stück arbeitete.

Die allgemein verbreitete Ansicht, daß der Kamm im Laufe des 16. Jahrhunderts immer größer wurde, wird durch unsere Beispiele weitgehend entkräftet. Die mehr oder weniger hohe Form der Glocke läßt auch keine Datierung zu. Sicher ist, daß die Qualität in den letzten Jahren des Jahrhunderts, ausgenommen die Luxusstücke, rapide nachließ.

1
2
3
4
5
7
15
8
9
10
12
13
14
L. & F. FUNCKEN

Der Morion-Birnhelm

Diese Art Morion kam zur gleichen Zeit wie der klassische Morion auf, von dem er sich durch den fehlenden Kamm unterscheidet. Die Schutzaufgaben dieses Teils wurden von der hohen Helmglocke und ihren fliehenden, spitzbogenförmigen Linien übernommen, auf denen die blanke Waffe keinen Haltepunkt fand.

Der Birnmorion, der viel seltener war als der Morion, wurde anscheinend hauptsächlich von den reitenden Truppen getragen, die Schwertkämpfen viel stärker als die Infanterie ausgesetzt waren; Schläge von links hätten dabei einen großen Kamm zu leicht erreicht. Offenbar zog die leichte Reiterei stets gedrungenere Helme wie die Sturmhaube vor.

Der Morion-Birnenhelm, der »Birnmorion«, wie die Deutschen sagen, wurde oft auch »spanischer Morion« genannt.

Der Birnhelm und die Schützenhaube

Der Birnhelm, auf französisch »cabasset«, ähnelt in der Form einer Kalebasse, von der er wohl seinen französischen Namen hat, und war wie der Morion ein sehr weit verbreiteter Helm. Da er sehr leicht herzustellen war, konnte er seinen viel graziöseren Rivalen schon am Ende des 16. Jahrhunderts völlig verdrängen.

Den Birnhelm und die Schützenhaube trugen alle Arten Fußsoldaten. Sie bildeten den einzigen Schutz des Arkebusiers, der an seinem Lederzug mit der Munition und seiner Waffe bereits viel zu tragen hatte.

Der Musketier, der seine gewaltige Muskete, die unerläßliche Gabel und das Wehrgehänge mit den Kartuschen tragen mußte, setzte seine Schützenhaube bald nicht mehr auf, sondern bedeckte seinen Kopf mit einem breiten Filzhut. Beide Spezialisten fürchteten die Kavallerie kaum, denn sie zogen sich in den Schutz der Piken zurück, wenn die Reiterei bedrohlich wurde.

In seiner schlichten Form, die manchmal durch einen kleinen Kamm etwas aufgelockert wurde, bot der Birnhelm ein miserables Bild, als er Ende des 16. Jahrhunderts mit industriellen Methoden gefertigt wurde. Er verlor dabei seinen Stiel und seine hohe Glocke und übrig blieb ein Gebilde, das auch den Namen des Haushaltsgeräts bekam, dem er ähnelte: des Topfs.

DER BIRNMORION

Dieser Helmtyp mit einer Glocke in Birnenform, der auch »spanischer Morion« genannt wurde, hatte die umgebogenen Ränder des richtigen Morion beibehalten und war ein perfekter Bastard zwischen dem Morion und dem Birnhelm. Dieser graziöse Helm kam niemals groß in Mode, wenn man nach den wenigen Exemplaren urteilt, die es neben den unzähligen Morions in unseren Museen gibt. – Der Stiel war immer noch nach hinten gerichtet: In anderer Richtung hätte er einen Angriffspunkt für Schläge mit der blanken Waffe geboten. Mit den Nieten und Buckeln wurde das roh- oder wildlederne Innenfutter festgehalten. Manchmal war eine Halterung für den Federbusch vorhanden.

1. Beginn des 16. Jahrhunderts. – 2. 1580. – 3. Mit »Wangen« oder »Backenstücken«, die einen Sturmriemen bilden, Mitte des 16. Jahrhunderts. – 4 und 5. 1580. – 6. Um 1600. – 7. 1580. Sein Dekor ist eine grobe Nachahmung des Dekors auf dem folgenden Helm. – 8. 1580.

9. Hellebardierer mit dem Birnmorion und dem »corselet«, des Halbharnischs der Fußkämpfer, 1570. Diese italienische Ausrüstung guter Qualität konnte zwischen 12 und 18 kg wiegen, je nach dem Grad der Kugelfestigkeit. Manchmal war nur der Helm »kugelfest«.

1
2
3
4
5
6
7
8
9
L. &F. Funcken

1
2
3
4
5
8
6
9
7
10
13
11
12
L. & F. FUNCKEN

DER BIRNHELM UND DIE SCHÜTZENHAUBE

1. Graviert, mit Stiel, Ende des 16. Jahrhunderts. Die Wangen oder Backenstücke aus Metallgliedern sind nur selten bis heute erhalten geblieben. Die gewöhnlichen Helme hatten manchmal einen einfachen ledernen Sturmriemen. Der Stiel tritt nach hinten zurück, immer zu der Seite hin, an der sich die Federbuschhalterung befindet. – 2. Ziseliert, mit Stiel, 1580. – 3. Graviert, mit Stiel, 1580. – 4. Ziseliert, mit Stiel, Ende des 16. Jahrhunderts. – 5. Getrieben, mit doppeltem Stiel, 1580. – 6. Schützenhaube, mit gezahntem Helmkamm, 1530. – 7. Geprägt, aus Leder, ohne Stiel, Ende des 16. Jahrhunderts. – 8. Birnhelm, mit Stiel, Ende des 16. Jahrhunderts. – 9. Schützenhaube, ohne Stiel, erste Hälfte des 16. Jahrhunderts. – 10. Schützenhaube, Beginn des 17. Jahrhunderts. – 11. Mit halbem Helmkamm, Anfang des 17. Jahrhunderts. – 12. Mit ganzem Helmkamm, Beginn des 17. Jahrhunderts.

13. Arkebusier mit Schützenhaube, nach einem Stich von Jacob de Gheyn für den »Wapenhandelinghe« (Handhabung der Waffen), der 1608 veröffentlicht wurde. Der abgebildete Soldat ist damit beschäftigt, die Lunte auf dem Hahn festzumachen.

Harnische

Im vorangehenden Band haben wir die langsame Entwicklung des Harnischs bis zur höchsten Vollendung in der Mitte des 15. Jahrhunderts beschrieben. Im darauffolgenden Jahrhundert verfiel die Kunst der Waffenschmiede. Sie wurde ein Opfer der gebieterischen Ansprüche der Mode und trotz verzweifelter Anstrengungen von einer neuen, schrecklichen Erfindung unwiderstehlich verdrängt.

Ein von vornherein verlorener Wettlauf begann zwischen der Kugel und der Panzerung. Die »verbrecherische Waffe« gewann unerbittlich an Boden und zerstörte allmählich die Vorrangstellung, die physische Kraft, Geschicklichkeit und Mut gehabt hatten. Das alte Rittertum, das von nun an in seinen brillanten Harnischen verwundbar war, sah angesichts einer Infanterie, die es nicht einmal mehr ankratzen konnte, nachdem es sie mehrere Jahrhunderte lang mit Leichtigkeit über den Haufen gerannt hatte, eine Basis seiner traditionellen Macht dahinschwinden. Nicht ohne Bitterkeit mußten sich die schönen Ritter dazu entschließen, das Grundgesetz des modernen Krieges, den Gehorsam, zu erlernen. Der Feudalherr, der durch die Kriege ruiniert war, schlug sich nicht mehr auf eigene Rechnung, sondern vermietete seine Dienste und ging endgültig unter, als die ersten Kavallerieregimenter geschaffen wurden.

Der glatte Harnisch

Nach der sogenannten »gotischen« Rüstung, die wir im ersten Band behandelt haben, kam zu Beginn des 16. Jahrhunderts ein glatter Harnisch auf, der ein fast getreues Abbild der Modelle aus der zweiten Hälfte des vorangegangenen Jahrhunderts war, wenn man von den Lamellen-Beintaschen, den schwerfälligeren Panzerhandschuhen und den abgerundeten Eisenschuhen absieht.

Dieser italienische Harnisch hatte überall ziemlich viel Erfolg, nur in Deutschland nicht, wo es ein ganz anderes Modell mit vorgewölbter Brustpartie gab.

Der Übergangsharnisch

Das ist ein Harnisch mit Kugelbrust, der wie der glatte Harnisch zu Beginn des Jahrhunderts in Deutschland aufgekommen war. Die Stulpe der Panzerhandschuhe wurde gerade abgeschnitten und die Eisenschuhe, die »Kuhmäuler«, ahmten das zivile Schuhwerk nach, das angeblich der König von Frankreich Karl VII. in Mode gebracht hatte, um eine Mißbildung zu verbergen[1].

Da man fand, daß diese glatte Rüstung gar nicht zu der reich verarbeiteten Mode der damaligen Zeit paßte, wurde der Harnisch bald mit Kannelüren geschmückt, die zunächst auf Zickzacklinien auf der Brust beschränkt waren, aber dann auf praktisch alle Teile ausgedehnt wurden.

1. Siehe »Panzerhandschuhe und Eisenschuhe«, Seite 239.

Der maximilianische Harnisch

So entstand kurz nach 1500 der charakteristische deutsche, kannelierte Harnisch, der seinen Namen nach dem prunkliebenden Kaiser Maximilian erhielt. Das war eine ziemlich willkürliche Bezeichnung, da die meisten »maximilianischen« Harnische lange Zeit nach seinem Tode 1519 gebaut wurden. Aber es ist richtig, daß Maximilian dem Gewerbe der deutschen Plattner, die in den Italienern eine starke Konkurrenz hatten, großen Auftrieb gab.

Einstmals hat man jeden guten Harnisch Italien, danach Deutschland zugeschrieben[1]. Die Wahrheit ist nicht ganz so einfach, denn wenn Mailand aufgrund industrieller Organisation der Schmiedearbeit und kaufmännischer Verwaltung, die der größten heutigen Firmen würdig waren, die Erzeugung im 15. und 17. Jahrhundert beherrschte, so machten ihm die Nürnberger Werkstätten während des ganzen 15. und bis zur Mitte des 16. Jahrhunderts scharfe Konkurrenz. Dann wandte sich das große fränkische Zentrum der industriellen Produktion der Harnische »für den Kriegsbedarf« zu. Augsburg stieg mit der Familie Helmschmied und ihren künstlerisch reich dekorierten Produkten zum Gipfel seines Ruhms auf.

Der kannelierte Harnisch wurde von Italien kopiert, denn es hatte nicht die Absicht, sich den geringsten Marktanteil kampflos nehmen zu lassen. Um 1520 gab Mailand diesen Harnisch auf, doch wurde er bis 1540 in seinem Ursprungsland weiter gebaut. Nürnberg wurde das Hauptproduktionszentrum, und zumindest was die Mengen betrifft, reichten Innsbruck und Augsburg niemals an Nürnberg heran.

1. 1859 war August Demmin der erste, der den deutschen Waffenschmieden wieder die Urheberschaft an Werken zusprach, die bis dahin selbst in Deutschland für italienische Arbeiten gegolten hatten, aber die deutschen Konservatoren hatten für Demmins Entdeckungen nur Sarkasmus übrig. Zehn Jahre später stellte sich heraus, daß die Ansichten des zornerfüllten Pioniers weitgehend begründet waren, und die großen deutschen Meister wurden der Vergessenheit entrissen. Einmal auf der Fährte, erklärte Demmin den größten Teil der Waffen und Rüstungen, die in Arsenalen und Museen lagern, für deutsch und begrenzte die italienische Überlegenheit . . . auf die Keramiken und Mosaiken! Der berühmte, sogenannte Herkules-Harnisch im Dresdner Museum, vielleicht der schönste der Welt, wurde von diesem Reformer für deutsch erklärt, während er doch in Schweden geschmiedet und von einem Antwerpener nach Zeichnungen des Franzosen Delaune dekoriert worden war.

2. Beim maximilianischen wie beim Kostümharnisch blieben die Beinröhren (Schienbeinschutz) glatt wie die zum Zivilanzug getragenen Strümpfe.

Der Kostümharnisch

Parallel zum maximilianischen Harnisch, dessen Kanelüren schon an die stilisierten Falten der Kleidung erinnerten, wurde gleich zu Beginn des Jahrhunderts ein Harnisch geschaffen, der die Wämser und geschlitzten Kniehosen noch viel treuer wiedergab.[2] Der Stoff – Damast oder Samt –, der durch die Schlitze durchschimmerte, wurde durch geschickte Gravuren nachgeahmt.

Als die Mode Kleidungsstücke mit größeren Ärmeln hervorbrachte, wurden solche Imitationen unmöglich. Dennoch gibt es in der Wiener Waffensammlung einen Harnisch mit riesigen Puffärmeln, der aus dem Jahre 1520 stammt und von dem großartigen Kolmann Helmschmied signiert ist.

Für Paradezwecke trug man einen Visierhelm mit einem karikierten Gesicht, dem manchmal Glasaugen eingesetzt und sogar ein imitierter Nasentropfen angehängt wurden! Für die Lanzenstechen und den Krieg wurden zum Harnisch passende Helme geliefert, ein Verfahren, das übrigens für alle nachfolgenden Harnischmodelle galt.

HARNISCHE (I)

1. Harnisch mit Kugelbrust, Übergang vom »gotischen« zum »maximilianischen«, 1500. Der Visierhelm gehört zum ersten Typ (siehe Tafel zum Visierhelm). – 2. Prämaximilianisch, mit Blasebalgvisier, 1505. – 3. Kostümharnisch, Helm mit Larvenvisier, 1510. – 4. Italienisch »alla tedesca«, mit einem Schaller-Visierhelm mit Blasebalgvisier, 1510. – 5. »Klassischer« italienischer Harnisch, 1510. In der großen Tradition des 15. Jahrhunderts, die zu dieser Zeit noch sehr beliebt ist. – 6. Maximilianisch, mit Stumpfnasenvisier, 1515. – 7. Maximilianisch, mit Blasebalgvisier, 1520. Er ist ein »Federgewicht«, das nur 18,790 kg wiegt. – 8. Maximilianisch, 1520. – 9. Mit Stumpfnasenvisier und Tapulbrust, 1530. Dieser Brustpanzer ist typisch für die damalige Zeit. – 10. Kostümhalbharnische mit Anzug, 1530. Zu erkennen ist der für einen Linkshänder links angesetzte Rüsthaken. Die Rüstungen werden seit dem 12. Jahrhundert bemalt, aber erst die Entdeckung der Ölmalerei im 14. Jahrhundert begünstigt diese Art der Dekoration.

1
2
3
4
5
L. & F.
FUNCKEN
6
7
8
9
10

Entwicklung des Harnischs

In unserem ersten Band haben wir diese Entwicklung in Tabellenform dargestellt, um Längen zu vermeiden, die auch wegen der vielen Beispiele, die wir in unseren Illustrationen bringen, überflüssig sind. Nachstehend führen wir diese chronologische Tabelle mit dem Harnisch im 16. Jahrhundert fort.

	Harnisch	Helm
um 1500	Glatter Übergangsharnisch, dann »maximilianischer« Harnisch mit den charakteristischen dichten Kannelüren und glatten Beinröhren. Der spitze Eisenschuh verschwindet. Der Panzerhandschuh tritt massiv als Fäustling auf.	Visierhelm des ersten Typs
um 1510	Die Kostümharnische kommen auf.	
um 1512	Der volle Schutz der Armbeuge durch Gliederlamellen kommt auf.	
um 1515	Durch Weglassen der Beinröhren entsteht der »Halbharnisch«. Die Waffenschmiede in Greenwich wird gegründet.	
um 1520	In Italien wird die Herstellung des kannelierten Harnischs eingestellt.	Visierhelm des zweiten Typs neben dem ersten.

HARNISCHE (II)

1. Maximilianisch, mit Larvenvisier, 1530. Dieser Harnischtyp wurde in Innsbruck, Augsburg und sogar in Mailand hergestellt. Doch in Nürnberg wurde die bei weitem größte Anzahl geschmiedet. Die Herstellung dieses Harnischs wurde um 1540 völlig aufgegeben, wurde jedoch 1557 in mindestens einem Falle noch einmal aufgenommen, nämlich für den späteren Kaiser Maximilian II. – 2. Kostümharnisch, spanischer Typ, 1538. – 3. 1540. – 4 und 5. 1550. – 6. 1560. – 7. 1570. Daß der Rüsthaken (siehe auch Abbildung 10) immer häufiger fehlt, zeigt, wie sehr die Lanze an Bedeutung verloren hatte. – 8. Mit einem Visierhelm mit Sehschlitz in der Helmglocke, 1585. – 9. 1595. – 10. 1595. Man sieht die Stoffgarnituren, »piccadilles« genannt (daher kommt »Piccadilly« in London), die seit mindestens 50 Jahren in Gebrauch sind. Der alte Sehausschnitt in der Helmglocke ist, wie man sieht, immer noch geschätzt.

Die Abbildungen 3 und 9 zeigen eine Sturmhaube mit Visier.

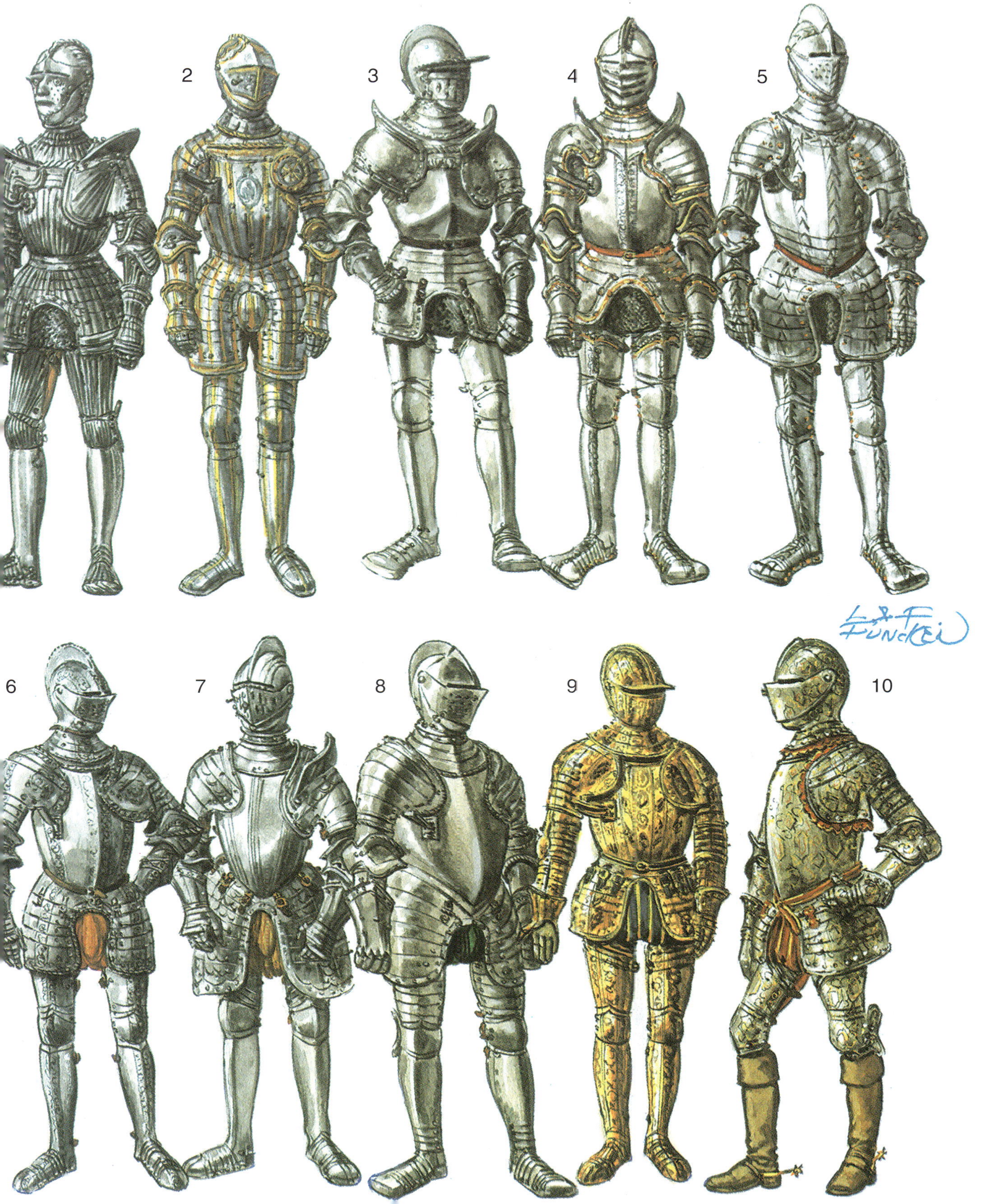
2
3
4
5
6
7
8
9
10

	Harnisch	Helm
um 1530	Aufkommen der Tapulbrust, die ein »Brustbein« bildet. Der Handschuh mit Fingergliedern kommt wieder auf wegen des Pistolenschießens; die Hentze bleibt trotzdem in Gebrauch. Aufkommen der mit Feuer gebläuten oder geschwärzten Harnische sowie der italienischen Harnische nach antiker Art.	Aufkommen des Burgunderhelms neben den Visierhelmen des ersten und zweiten Typs.
um 1540	Der Riefelharnisch verschwindet in Deutschland.	
um 1550	Die Krümmung des Brustpanzers verlängert sich zur Sackbrust. Aufkommen des Harnischs mit Beintaschen, die zu Diechlingen werden.	
um 1570	Die Krümmung verlängert sich zum »Gansbauch« und zum Hanswurstbuckel in Nachahmung des Wamses »nach polnischer Art«. Aufkommen der elisabethanischen Harnische aus Greenwich.	
um 1580	Aufkommen der abgerundeten Beintaschen auf den Hüften und Gliederbeintaschen bis zu den Knien, fast völliges Verschwinden der Diechlinge.	
um 1590	Verschwinden der italienischen Harnische nach antiker Art.	

HARNISCHE (III)

Prunkharnisch des Königs von Schweden Erich XIV., um 1565. Das Pferd wird durch einen vollständigen Satz Roßpanzer in »Rockform« oder in »Tonnenform« geschützt: Roßstirn (für den Kopf), Halsstück oder Kanz und Fürbug (auf der Brust) und Gelieger für Kruppe und Flanken.

Der äußerst reiche Dekor auf dem Harnisch stellt sechs Szenen aus dem Trojanischen Krieg und der Argonautenlegende dar; den Schmuck auf dem Roßpanzer bilden 14 Szenen aus den Arbeiten des Herkules. Die Dekoration wurde von dem Antwerpener Eliseus Libaerts nach Zeichnungen des Orleaners Etienne Delaune ausgeführt, dessen hochgeschätzte »kleine Verzierungen« für viele andere Luxusharnische benutzt wurden.

Erich XIV. erhielt seinen herrlichen Harnisch nie – unseres Erachtens der schönste seiner Art, der je hergestellt wurde. Er wurde von Erichs Feind, dem König von Dänemark, abgefangen und 1603 an den Kurfürsten von Sachsen, Christian II., weiterverkauft.

L. & F. FUNCKEN

Anzumerken ist, daß neben den Modellen der neuesten Mode mit bestimmten Merkmalen eine Fülle verschiedenartiger Harnische weiterbestand, die oft zwei bis drei Jahrzehnte alt waren, aber aus legitimer Sparsamkeit weiter getragen wurden.

Der klassische Harnisch

Nach den typischen Harnischen vom Beginn des 16. Jahrhunderts, die wir weiter oben angeführt haben, kam man nun auf konventionelle Bauweisen zurück, die mit immer breiteren Gravurbändern geschmückt wurden.

Die auf den gewöhnlichen Harnischen ziemlich flüchtig ausgeführten Dekors, die geätzt wurden, erreichten oft Höhepunkte in dieser Kunst. Die Deutschen waren geschickte Ätzer, aber in der Treibarbeit konnten sie es den Italienern nicht gleichtun. Dennoch stellten sie gegen Ende des Jahrhunderts sehr beachtliche Luxusharnische her. Französische Handwerker, die für König Heinrich II., dem sicherlich größten Harnischsammler aller Zeiten, arbeiteten, ahmten diese deutschen Arbeiten nach.

Der Harnischdekor

Gleich als der Vollharnisch aufkam, wurde auch die glatte Oberfläche der Brust mit Emblemen und Wappen verziert, die mit verschiedenfarbigen Lacken aufgemalt wurden. Schon gegen Ende des 14. Jahrhunderts nahm man dafür Ölfarben. Da dieser Schmuck unbeständig war, ersetzte man ihn sehr bald durch Motive, die mit dem Stichel eingraviert wurden und deshalb dauerhaft waren. Man nahm christliche Symbole und Gruppen von Anfangsbuchstaben, deren Bedeutung im allgemeinen ebenso dunkel blieb wie die auf den Schwertklingen. Sie nahmen den oberen Rand der Brust ein.

Die deutschen gotischen Harnische mit den mächtigen, erhabenen Riefeln und Randwülsten behielten ziemlich grobe Gravuren, während Italien, im Gegensatz zum spitzen und kantigen Stil seines großen Konkurrenten, seine glatten, herrlichen Harnische entwickelte, die überhaupt nicht verziert wurden.

Im 16. Jahrhundert führte die mächtige Strömung der Renaissance dazu, daß auch der Harnisch für künst-

HARNISCHE (IV)

1. 1500. – 2. Ludwig XII. bei seinem Einzug in Genua, 1507. Trotz der Devise »REX NON UTITUR ACULEO« (Der König hat keinen Stachel) beging der »Vater des Volkes« in Italien die schlimmsten Grausamkeiten. Seine wirklichen Wappen werden später angegeben. Dem Roß wurden die Ohren gestutzt und die Mähne vollkommen abrasiert, um ihm ein furchterregendes Aussehen zu geben; dieses Verfahren war bereits am Ende des vorangegangenen Jahrhunderts unter Karl VIII. angewandt worden.

3. Harnisch im maximilianischen Stil, 1510. – 4. Französischer Ritter, 1510. Die Roßparschen bestanden wahrscheinlich aus gekochtem Leder, nach der italienischen Mode. Desgleichen bei Abbildung 2. Der berühmte Ritter Bayard mußte einen ähnlichen Anblick geboten haben. – 5. 1514. – 6. 1532. Der Helm ist eine Sturmhaube mit Visier. – 7. 1537. – 8. 1539. – 9. 1540. Mit dem Schwanzstück zum Schutze des Kreuzbeins, das hier, wie auch bei Abbildung 11, besonders gut zu sehen ist. Diese Figur, wie auch die beiden folgenden, trugen im Kampf die Sturmhaube. – 10. 1545. Das Gelieger für die Kruppe ist hier durch Riemen ersetzt, die durch Verzierungen verstärkt worden sind. – 11. 1545. Mit Verzierungen wie bei Abbildung 10. – 12. 1560.

Obgleich die Roßpanzer schon seit 1550 allmählich auf Roßstirn und Fürbug beschränkt wurden, blieben sie doch bis unter Ludwig XIII. in Gebrauch, der 1628 in La Rochelle im ganzen Harnisch und mit einem Roßpanzer ähnlich wie in Abbildung 1 einzog. – Man sieht, daß der Visierhelm mit dem Sehschlitz in der Helmglocke immer noch verwendet wird (siehe Band 1, Seiten 42 und 43), und zwar wird er hier auf den Abbildungen 5 und 12 getragen.

Alle unsere Pferde gehen, doch die sechs letzten sind Zelter, die den sogenannten Paßgang gehen, der für den Reiter viel weniger ermüdend war (siehe Band 1, Seite 91, Abbildung 2).

1
2
3
4
5
6
7
8
9
10
11
12
L. & F. FUNCK

lerische Schöpfungen nutzbar gemacht wurde. Der Kostümharnisch bekam durchbrochene Schmuckleisten, durch die der darunterliegende reiche Stoff hindurchschimmerte. Es war eines der ersten Anwendungsgebiete des Ziselierens auf feuervergoldetem Silber.

Ätzen, Ziselieren, Niellieren, Tauschieren und Treiben

Diese fünf Techniken werden häufig verwechselt, besonders das Ziselieren und das Treiben.

Das Gravieren

Der Handwerker zeichnete sein Motiv mit einem Radiermesser auf die zuvor lackierte Fläche des zu dekorierenden Stückes. Das so freigelegte Metall wurde nun mit Säure geätzt und ergab eine Hohlzeichnung. Um den so zustandegekommenen Dekor hervortreten zu lassen, füllt man die Furchen mit einem Lack, der durch eine Feuerbehandlung in Schwarz auf dem polierten Grund des Harnisches erschien.

Selbstverständlich hing das Endergebnis von der Kunst des Ätzmalers ab und konnte vom banalsten Dekor bis zu den kompliziertesten Szenen mit Personen reichen. Wenn man auf einem gebläuten Stahlgrund die Konturen mit Gold oder Silber unterstrich, erhielt man besonders attraktive Stücke. Diese Technik, die in Deutschland weit verbreitet war, kannte man hier unter dem Namen Goldschmelz.

Das Ätzen ließ sich auch ausführen, wenn das Motiv mit Lack im Negativ aufgemalt wurde, das heißt wenn das Motiv völlig abgedeckt wurde, damit das Umfeld ausgehöhlt werden konnte und die Säure dort ätzte, so daß das Motiv schließlich auf dem Grund stehen blieb. Auf Entfernung war das Ergebnis befriedigend, doch aus der Nähe gesehen wiesen die Konturen aufschlußreiche, unsaubere Stellen auf. Natürlich war es möglich, diese Fehler mit dem Stichel zu beheben, doch das kostete viele Stunden Arbeit, die ein Graveur leisten mußte ... was die Kosten unverhältnismäßig in die Höhe trieb. Dagegen scheint uns sicher, daß diese Technik als Vorarbeit für

WEHRGEHÄNGE

Im Mittelalter ging das Wehrgehänge von der rechten Hüfte aus schräg zum linken Schenkel.

1 und 2. Mitte des 12. Jahrhunderts. – 3 und 4. Ende des 12. Jahrhunderts. – 5 und 6. Anfang des 13. Jahrhunderts. – 7. 1250. – 8 und 9. 1277. – 10. 1280 (siehe Anmerkung unten). – 11. Ende des 13. Jahrhunderts. – 12. Zweite Hälfte des 13. Jahrhunderts. – 13 und 14. 1300. – 15–17. 1320. – 18. 1325. – 19 und 20. 1327. – 21. 1360. – 22. 1380. – 23. 1400. – 24. 1410. – 25. 1420. – 26. 1467. – 27. 1472. – 28. 1499. – 29. 1490. – 30. 15. Jahrhundert. – 31. 1500. – 32–34. 1530. – 35 und 36. 1560. – 37. 1578. – 38 und 39. 1580. – 40. 1585. – 41. 1587. – 42 und 43. 1590. – 44 und 45. 1600.

Die Abbildungen 5, 7, 8, 9, 12, 14, 15, 16, 19, 20 und 21 zeigen eine Ausstattung mit einer verbreiterten Mündung der Schwertscheide, die Mantel genannt wird. Gegen eindringendes Regenwasser verwandte man gelegentlich die Schwertglocke (Abbildungen 10 und 18). Die Verzierung auf dem oberen Rand der Scheide nannte sich »coipel«: siehe Abbildungen 9, 16, 18, 19 und 20. Die Tragriemen, in denen die Scheide am Gürtel wie bei den Abbildungen 22, 23, 24, 26, 27, 28, 29, 31 und 34 hing sowie die Kettchen in Abbildung 30, hießen Schwertfesseln und wurden in den folgenden Abbildungen zu »Wehrgehängen«.

2
3
4
5
8
9
10
7
12
13
14
15
19
20
18
17
24
25
22
23
26
27
28
29
30
31
32
33
34
35
38
39
40
37
1
42
43
44
45

komplizierte Gravuren auf hochwertigen Harnischen verwendet wurde, besonders auf denen der deutschen Protestanten um 1560, die mit äußerst sorgfältig gearbeiteten Szenen geschmückt waren, die auf einem geschwärzten Grund zu »schwimmen« scheinen.

Das Tauschieren

Hierbei werden kleine Gold- oder Silberdrähte in den Stahl eingelegt.

Die Vorarbeit bestand darin, daß die Zeichnung in das noch einmal durch Blauwärmung erhitzte Metall graviert wurde. Die Rinne mußte einen Durchmesser von zwei Drittel des Drahtes haben, den man mit dem Meißel dort einlegen wollte. Der Edelmetalldraht wurde mit dem Mattpunzen hineingeschlagen. Das ist ein Werkzeug zum Mattieren von Gold oder Silber, zum festen Inkrustieren. Das Polieren erfolgte mit der Feinschlichtfeile, um den Dekor abzugleichen, ihn auf die Oberfläche des Stahls einzuebnen. Diese Kunst wurde in Frankreich erst im Laufe des 16. Jahrhunderts bekannt.

Das Tauschieren konnte ebenfalls als Hochrelief ausgeführt werden, zu horrenden Preisen, wie man sich vorstellen kann! Das vorragende Edelmetall wurde dann dem Ziseleur geliefert, der es bearbeitete, buchstäblich bildhauerisch tätig wurde und statt der üblichen Damaszierung, die völlig flach und abgeschliffen ist, ein Reliefdekor anfertigte.

Das Ziselieren

Diese äußerst schwierige Kunst brachten die italienischen Bildhauer zur höchsten Vollendung. Benvenuto Cellini ist auf diesem Gebiet nie übertroffen worden.

Es muß Handgriffe, Kniffe zu Hunderten gegeben haben, die von diesen großartigen Handwerkern eifersüchtig gehütet wurden. Dennoch vermuten wir hinter dieser echten Virtuosität mehr als eine Ausflucht, der man sich nicht unbedingt schämen muß: Das Formen und Gießen in verlorenem Wachs mußte sicherlich bei der Herstellung mancher erstaunlicher Werke in hohem Maße mit herangezogen werden!

Das Niellieren

Diese Art der Verzierung besteht darin, kleine Ornamente aus einem schwarzen Email warm zu inkrustieren. Das Email bestand aus Galenit, einer natürlichen Bleischwefelverbindung. Es wurden weithin zahlreiche Imitationen des Niello verwendet, die in den Tönen Schwarz, Rot und Weiß kalt emailliert wurden.

Das Vergolden

Wenn es auch Harnische aus massivem Silber gegeben hat, begnügte man sich doch damit, die schönsten mit Gold zu plattieren, sie mit Blattgold zu belegen oder sie einfach mit Hilfe des Pinsels mit gemahlenem Gold zu vergolden.

Der Damaststahl

Der Damaststahl oder damaszierte Stahl wird häufig mit dem Tauschieren, den Gold- und Silbereinlegearbeiten, verwechselt. Der Damaststahl (Damaszener Stahl) wurde ausschließlich im Orient hergestellt und ergab Waffen, die zugleich biegsam und außerordentlich hart waren und geflammte Muster in verschiedenen Farbtönen aufwiesen. Man nannte diese Waffen damaszierte Waffen.

Die Treibarbeit

Diese Technik, die häufig mit dem Ziselieren verwechselt wird, bestand darin, durch Hämmern ein Motiv im Relief herauszuarbeiten. Dieses Verfahren, in dem die Italiener sich auszeichneten, ging oft mit Tauschierungen Hand in Hand und wurde mit dem Grabstichel abgeschlossen.

Die großen Linien des Dekors

1510–1530: Kostümharnisch mit ziselierten und durchbrochenen Leisten. Mit den Kannelüren verbunden waren eingravierte Motive.

1550: Erste Harnische mit Treibarbeit aus Augsburg.

1555: In Deutschland kommen die fließenden, üppig schweifenden Dekors auf.
Verzierung in vielfarbigen, emaillierten Bändern im Stil der orientalischen Teppiche, besonders in Polen, Litauen und Ungarn beliebt.
Die vertikalen eingravierten oder tauschierten Leisten werden allmählich durch ineinandergeschlungene Streifen ersetzt.

1560–1570: In Frankreich kommen schmale Diagonalleisten auf, die guillochierte Gewebe nachahmen.

1575: In Italien werden Verzierungen eingeführt, bei denen vertikale Leisten und Schmuckmotive abwechseln.

1580: Die Treibarbeit und das Tauschieren erreichen in Italien den Höhepunkt.

1600: Mailand führt Verzierungen in großen ovalen Medaillons ein. Mechanische Gravier- und Treibverfahren kommen auf.

Merkwürdiges Detail bezüglich der Aufbewahrung dieser Prachtstücke: In der Mitte des 16. Jahrhunderts pflegte man die Harnische auf Puppen in der Waffenkammer aufzubewahren. Einige Herrscher, zum Beispiel Philipp von Spanien, ließen ihren Kopf möglichst ähnlich aus gegossenem Silber und in Öl natürlich angemalt herstellen. Heute sind diese Köpfe äußerst selten.

STANDARTEN UND REITEREI IM 16. JAHRHUNDERT
(Seiten 270–271)

1. Heinrich II., König von Frankreich, als Hauptmann der Chevaulégers um 1550. – 2. Kaiser Karl V. im Halbharnisch, 1547. – 3. Trompeter, um 1580. Die Farben der Tracht waren der Kleidung des Hauptmanns angepaßt und wechselten deshalb ständig. – 4. Harnisch aus der zweiten Hälfte des 16. Jahrhunderts. – 5. Harnisch von 1580.

Standarten: 6. Ludwigs XII. (1498–1515). – 7. Iwans des Schrecklichen (1533–1584). – 8. Karls V., Kaiser seit 1519. – 9. Desselben, als er lediglich Karl I., König von Spanien, war (1516). – 10. Große Standarte Spaniens im 16. Jahrhundert mit der Burg von Kastilien, dem roten Löwen von León, dem schwarzen Adler Siziliens, den Streifen Aragoniens, dem roten Adler Tirols und den Wappen von Burgund. – 11. Des erblichen Herzogtums Preußen unter polnischer Lehnshoheit, um 1600, mit dem preußischen und dem polnischen Adler (der Adler Preußens ist auf der Rückseite). – 12. Der deutschen Reiterei (Pfalz-Zweibrücken), 1569. – 13. Hugenottisch während der Religionskriege, 1562. – 14. Des Papstes Julius II., der wegen seiner Kämpfe gegen die Venetier und die Franzosen berühmt war (1445–1513).

PLUS
IVLIVS
L. & F. FUNCKEN

Wie die Rüstungen verlorengingen

Die Zahl der Rüstungen, die in Museen und Sammlungen erhalten sind, ist beträchtlich, wenn es sich auch vor allem um Stücke aus dem 16. Jahrhundert handelt. Doch sind riesige Mengen dieser Harnische für immer verschwunden. Hierfür gibt es viele Gründe, nicht nur das unerbittliche Wirken der Zeit, den Rost oder Kriege.

Daß unsere Vorfahren für veraltete Harnische wenig übrig hatten, ist für uns sicher traurig, aber vollkommen verständlich. Sie verarbeiteten das Eisen weiter, schnitten häufig Schilde aus den Brustpanzern. Bedauerlich sind die absichtlichen Zerstörungen, die während der Religionskriege und, uns zeitlich näher, während der Französischen Revolution[1] stattfanden. Da wurden oft sehr gut erhaltene Rüstungen zum Schrott geworfen. Ihr einziger Fehler bestand darin, daß sie von einem Mitglied der verabscheuten Klasse getragen worden waren. Söhne verkauften Kammern voll herrlicher Waffen zu Schleuderpreisen, wie auch der Sohn des Marschalls Strozzi im Jahre 1558: Brantôme sah »mit Trauer im Herzen« zu, wie diese Sammlung zu einem Zehntel ihres Werts in alle Winde zerstreut wurde.

Unserer Zeit näher, nämlich zu Beginn des vergangenen Jahrhunderts, wurden Harnische häufig an Maler oder Regisseure ausgeliehen. In London entnahm man einem wahrhaftigen Arsenal[2] Kürasse des 17. Jahrhunderts, um damit im Jahre 1821 die Royal Horse Guards auszurüsten; die Hellebardiere aus der Eskorte des Lord Mayor trugen bis 1877 aus dem Tower entnommene Überreste, und erst 1947 stellte man das Beinzeug des Harnischs für den Kampf zu Fuß von König Heinrich VIII. sicher, eines Meisterwerks von Missaglia – das man in einem Schloß in Lincolnshire vergessen hatte!

1. Wenn uns die Namen der großen französischen Waffenschmiede unbekannt sind, so liegt das daran, daß die französischen Revolutionäre die wertvollen Archive mit deren Namen vollständig zerstört haben.
2. Der Tower zu London.

OFFIZIERE ENDE DES 16. JAHRHUNDERTS

1. Heinrich Herzog von Guise, Infanterie-General, 1580. – 2. François de Montmorency, Marschall von Frankreich, 1576. – Zu erkennen ist der Grat im Bruststück, der nach unten deutlich in einer Spitze ausläuft wie beim zivilen Wams (Abbildung 2). Diese Spitze entwickelte sich weiter, bis sie zum Buckel des Hanswurst wurde (Abbildung 1). In Frankreich nannte man das »Erbsenschote«, in Deutschland »Gansbauch«. Man sieht auch, daß beim Harnisch von Abbildung 1 die Unterarmröhren und die Diechlinge fehlen.

3. Armee-General, 1580. Der Ausdruck »General« erschien zum ersten Mal in Schriften von Brantôme (1540–1614), ein Adliger, der berühmte Memoiren geschrieben hat. Die seit 1576 von den Männern getragene Halskrause bekam unter Heinrich III. imposante Ausmaße wie hier bei diesem General. Man nannte die Krause unehrerbietig »Präsentierteller des heiligen Johannes« in Anspielung auf den enthaupteten Märtyrer. – 4. Infanterie-Offizier mit seinem Pagen, 1572. – 5. Infanterie-Offizier, 1580. – 6. Infanterie-Offizier, 1590.

7. Standarte Karls IX. (1560–1574). – 8. Standarte Heinrichs III. (1574–1589). – 9. Standarte Heinrichs IV (1589–1610).

8
MANET VLTIMA COELO
3
9
2
5
6
4

Die Schärpe

Nach dem Panzerhemd mit aufgemaltem Wappen oder mit einem Kreuz, dessen Farbe jede große Nation selbst bestimmte, nach dem gestickten Waffenrock, dem Überkleid, dem Kittelrock (tabard) und der Mandilla kam nun ein einfacheres Erkennungszeichen auf: die Schärpe, mit der die Harnischverzierungen nicht mehr verdeckt wurden. In Frankreich war sie weiß oder schwarz, je nach dem es sich um die katholische Partei oder ihren protestantischen Gegner handelte, manchmal auch grün oder isabellfarben; bei den Engländern und den Savoyern war sie blau, in Spanien rot, in Österreich schwarz und gelb und in Holland orangefarben.

Es wird behauptet, die Schärpe sei eingeführt worden, weil die Waffenträger dann nicht verbergen konnten, daß sie Teile der Rüstung nicht trugen, deren sie sich immer gern entledigten. Aber das ist ein spitzfindiger Trugschluß, dem man zwar häufig begegnet, den wir aber ganz und gar nicht teilen.

Häufig wurde das Urteil von La Noue[1], einem tapferen Hauptmann und tapferen Mann, angeführt, nach dem die Edelleute »so völlig das Maß verloren hatten, daß die meisten sich mit Ambossen bepackten statt sich mit Harnischen zu bedecken«. Sollte es mit La Noue gehen wie mit Clausewitz, den die meisten zitieren, ohne ihn je gelesen zu haben?[2] Der Memoirenschreiber erklärt wörtlich in der 15. seiner »Politischen und militärischen Reden« (»Discours politiques et militaires«): »Nun haben sie aber guten Grund gehabt, da die Arkebusen und die Piken so gewaltig wirken, die Harnische massiver und kugelfester als früher zu machen. Sie haben jedoch so völlig das Maß verloren...« usw. Das beweist, daß den Kämpfern daran gelegen war, sich zu bedecken und nicht sich unter dem Vorwand größeren Wohlbefindens ungeschützt einem sicheren Tode auszuliefern. Wir müssen noch ergänzen, daß die ganz wenigen Harnische mit einem Gewicht von 40–50 kg, die uns erhalten blieben, Belagerungsharnische sind, wahre Bunker, die hochgestellte Persönlichkeiten trugen, wenn sie »die vordersten Linien besichtigen« wollten.

Erst unter Ludwig XIII. verschwindet der Harnisch, als man endlich den endgültigen Konkurs der Panzerung eingestehen mußte gegenüber der wachsenden Durchschlagskraft der Kugel.

1. François de La Noue (1531–1591), genannt Eisenarm, schloß sich im Alter von 27 Jahren der Reformation an und kämpfte in den Truppen des Condé, von denen er wegen seiner Hochherzigkeit den Beinamen »hugenottischer Bayard« erhielt. Seit ihm 1570 nach einer Schußverletzung durch eine Arkebuse die linke Hand amputiert worden war, trug er eine Gliederprothese; diese verursachte seinen Tod, weil sie sich löste, als er sich oben auf einer Belagerungsleiter im Arkebusenfeuer festklammerte! In den politischen Umwälzungen seiner Zeit folgte La Noue Heinrich II., Karl IX., Heinrich von Navarra, Heinrich III., der ihn zum Marschall von Frankreich machte, und schließlich Heinrich IV. 1579 wurde er von den Spaniern gefangen und fünf Jahre in Haft gehalten. In dieser Zeit schrieb er in lebhaftem Stil die meisten seiner »Discours«, die eines der wertvollsten Monumente der französischen Sprache aus dem 16. Jahrhundert sind.

2. Die Worte La Noues werden häufig dem Pater Daniel zugeschrieben, der sie in seiner 1724 erschienenen »Histoire de la milice française« übernommen hat.

HARNISCHE DES 16. JAHRHUNDERTS

1. Harnisch Heinrichs II., um 1545. Zu erkennen sind die leichteren Beinschienen, mit denen die Schienbeine bedeckt sind. Diese Entwicklung war nur logisch, nachdem die Diechlinge nach Krebsart gebaut wurden. Heinrich II. hatte eine leidenschaftliche Vorliebe für Prunkharnische. Dieser ist oberhalb der Taille gegliedert nach Art der ganz aus Ringen gebauten Brustpanzer, deren angebliche Beweglichkeit allerdings auf die Bauchgegend beschränkt war. – 2. Italienischer Harnisch aus der Mitte des 16. Jahrhunderts mit passender Burgunderhaube mit »Kinnschutz« oder »Visier« ähnlich der auf Abbildung 1. Ein klassischer Visierhelm wurde als »Option« geliefert. – 3. Harnisch des Herzogs von Cumberland, um 1590. Lilie und Rose erinnern an Elisabeth I., deren »Champion« Cumberland war. – 4. König Heinrich IV. im Jahre 1596. Der hohe Filzhut war die Kopfbedeckung par excellence der Männer. Der Federbusch war der einzige Luxus der militärischen Führer in den Religionskriegen; einige Generäle besaßen nicht einmal ihn. – 5. Hauptmann der Garde zu Fuß der »Enfants d'honneur«, 1596. Dieses Korps bestand aus ehemaligen Pagen, die mit dem Prinzen zusammen erzogen wurden. – 6. Italienischer Harnisch um 1600 mit dem typischen Helm »nach Savoyer Art«. Am Boden steht ein weiterer savoyischer Visierhelm mit Gesicht aus der gleichen Zeit. Mit diesen Rüstungen waren die Truppen Karl-Emanuels von Savoyen ausgestattet, die 1602 vor Genf geschlagen wurden.

Die meisten gewöhnlichen Harnische waren nicht mehr poliert. Sie wurden mit einem braunen oder schwarzen Lack bedeckt, der die laufende Instandhaltung überflüssig machte.

1
2
3
4
5
6

FÜNFTER TEIL

TAKTIK UND ARTILLERIE

Taktik

Allmählich hatte der Ritter seine grundlegende Taktik verbessert: Beim Angriff wurden Stoß mit der Lanze und Geschwindigkeit des Ritts miteinander verbunden. Wir haben gesehen, wie seine Offensiv- und Defensivbewaffnung nach und nach schwerer geworden war.

Die Infanterie hatte mit ihren »péquins« – den Pikenieren – und ihren Schützen nur zweitrangige Bedeutung; sie wurde hauptsächlich eingesetzt, um die Flanken des Feindes zu beunruhigen oder um eine Auffanglinie zu bilden, hinter der sich die Ritter nach dem Angriff neu formieren konnten. Nur die Engländer hatten die Möglichkeit einer soliden Infanterie richtig einzuschätzen gewußt. Auf dem Kontinent hatte der Sieg bei Worringen[1], der durch das gemeinsame Vorgehen von Reiterei und Infanterie zustandegekommen war, nichts an der verächtlichen Haltung der Feudalen geändert, wo besonders in Frankreich der Krieg eine Angelegenheit des Rittertums blieb und dem Fußvolk aus Gemeinen lediglich Vorwände lieferte, auf immer neue Vorrechte für geleistete Dienste Anspruch zu erheben.

1. Siehe Band 1, Seite 84.

TAKTIK (I)

1a. Alte Formation (Ende des 15., Beginn des 16. Jahrhunderts), in der vier Arten von Kämpfern vereinigt waren (siehe unten die Figurinen mit ihren Kodefarben). – 1b. »Schlachthaufen« in Abwehrstellung gegen einen Angriff auf dem rechten Flügel. Diese Formation umfaßte 180 Arkebusiere, 190 Bogenschützen, 342 Pikeniere und 294 Hellebardiere. – 2a. »Neue« Formation mit zwei Arten von Kämpfern (324 Arkebusiere und 1108 Pikeniere). Der »Schlachthaufen« befindet sich in Bewegungsordnung während des Kampfes. – 2b. Entwicklung in statischer Schlachtordnung. Die Manöver wurden umgekehrt ausgeführt, wenn die Truppen sich wieder in Bewegungsordnung aufstellen sollten. – 3. Kämpferarten zu Beginn des 16. Jahrhunderts. Die Sockel in konventioneller Farbe beziehen sich auf die Schemata 1, 2 und 4: a. Arkebusier; b. Bogen- oder Armbrustschütze; c. Pikenier mit der 18 Fuß (5,85 m) langen Pike; d. Hellebardier. Der Schwertspieler mit dem Zweihänder, der fakultativ und in kleiner Zahl eingesetzt wurde, ist hier nicht gezeigt. Er hielt sich inmitten der Hellebardiere auf (siehe nächste Tafel). – 4. Ein »Schlachthaufen« aus sechs Kompanien im Kampf. Vier Kompanien Pikeniere (420 Mann) und zwei Kompanien Arkebusiere (210 Mann). a. In gestaffelter Marschordnung; b. In Schlachtordnung; c. In Abwehrstellung gegen Umzingelung.

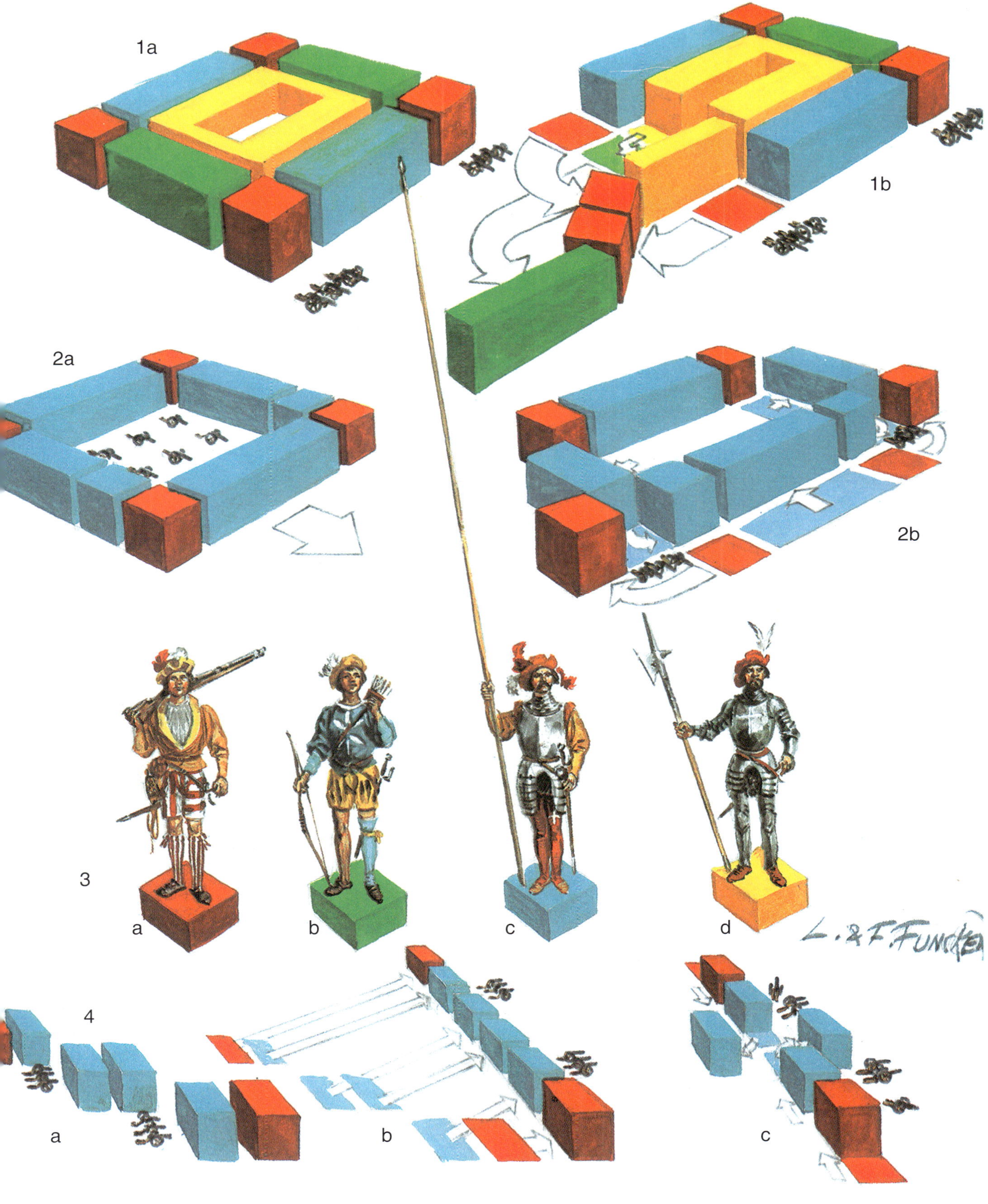
1a
1b
2a
2b
3
a
b
c
d
L. & F. FUNCKEN
4
a
b
c

Der mittelalterliche Ritter führte die humane Praxis des Lösegelds ein, die für die bis dahin geübte summarische Taktik eine wahre Geißel war, denn von nun an verließen der Ritter und seine »Lanze« das Banner, um dem Feind mit der besten Ausstattung nachzujagen. Schlimm erging es dem verwundeten Gegner, der nicht lösegeldfähig war!

Selbst Johanna von Orleans konnte der Schlächterei nicht Einhalt gebieten, und der englische Gefangene, den sie zu schützen versuchte, wurde auch unbarmherzig niedergemacht. Grausamkeit und Gier waren nicht Sache einer Gesellschaftsschicht allein: Das Fußvolk löste sich häufig zuerst aus dem Truppenverband, um das feindliche Lager zu plündern und sich an den Schlächtereien und Brandschatzungen zu beteiligen.

Dennoch sollte es dieser Infanterie gelingen, der bis dahin allmächtigen Reiterei standzuhalten und sie zu besiegen. Zuerst der Mann aus den städtischen Bürgerwehren, dann der englische Bogenschütze bei Crécy, Poitiers und Azincourt[1] und schließlich der Schweizer erzwangen sich so sehr die Achtung ihrer hochmütigen Gegner, daß diese versuchten, sie zu Fuß mit gekürzter Lanze zu besiegen; eine wahrhaftig seltsame Infanterie, die diese mit ihrem ganzen Harnisch beladenen Ritter bildeten!

In Böhmen führten die hussitischen Truppen des Žižka[2] zur gleichen Zeit die Taktik ein, Hindernisse

1. Siehe Band 1, Seiten 137 und 120.

2. Johann (Jan) von Trocnow, genannt Žižka (der Einäugige) – 1380–1424 – stellte sich an die Spitze der Sekte der Taboriten, die sich nach dem Martyrium des Johann Hus gegen die Autorität der römischen Kirche erhoben hatten. Bevor Žižka an der Pest starb, befahl er, daß aus seiner Haut eine Trommel gemacht werden solle; und es heißt, daß Friedrich II., der Große, sie »unter den aus Böhmen mitgenommenen Beutestücken« gehabt habe. Voltaire schrieb seinem berühmten Gönner am 16. November 1743:

»Ist es wahr, daß an Eurem Hof
Ihr diesen Herbst habt aufgestellt
Zwischen den Möbeln der Krone
Das Fell jener berüchtigten Trommel,
Die Žižka machte aus seiner Person? . . .«

Diese Trommel wurde in den »Epistolae itinerariae« von Bruckmann dargestellt. Das Symbol des Kelches auf den Standarten (siehe Band 1, Seite 147, Abbildungen 5 und 6) brachte den Taboriten den Beinamen »Soldaten des Kelches« ein.

TAKTIK (II)

1. Taktik der Pikeniere gegen die Reiterei. Die schweizerische Infanterie führte als erste die lange Pike ein, mit der die Sturmangriffe der geharnischten Reiterei zum Stehen gebracht werden konnten. Nur auf die Pferde waren die Piken gerichtet, während die aus dem Sattel geworfenen Ritter von den Hellebardieren angegriffen wurden, die als zweite in Aktion traten. – 2. Taktik des Schwertspielers und der Hellebardiere. Die Schweizer zeichneten sich im massierten Angriff auf die unbewegliche feindliche Infanterie aus. Da die Piken nach dem ersten Stoß wegen ihrer Länge praktisch unverwendbar waren, mußten sofort die Schwertspieler und die Hellebardiere eingreifen; sie gingen zwischen den Piken nach vorn, um die ersten Reihen der feindlichen Pikeniere niederzuschlagen und so im »Schlachthaufen« des Feindes Panik zu verbreiten. – 3. Taktik der Arkebusiere. Eine Reihe von zwölf Männern schoß in ununterbrochener Folge: a schießt und b bereitet sich vor, den Platz von a einzunehmen; a geht nach hinten auf den letzten Platz der Reihe, um neu zu laden, b nimmt den Platz von a ein und schießt, währenddessen gehen die zehn übrigen Arkebusiere jeweils einen Platz nach vorn. Die anderen Reihen der Kompanie führen gleichzeitig dieselben Bewegungen aus. – 4. Schlachtordnung in Dreieckform, die ein isoliertes Korps einnahm, weil es nicht wußte, aus welcher Richtung der Feind angreifen würde.

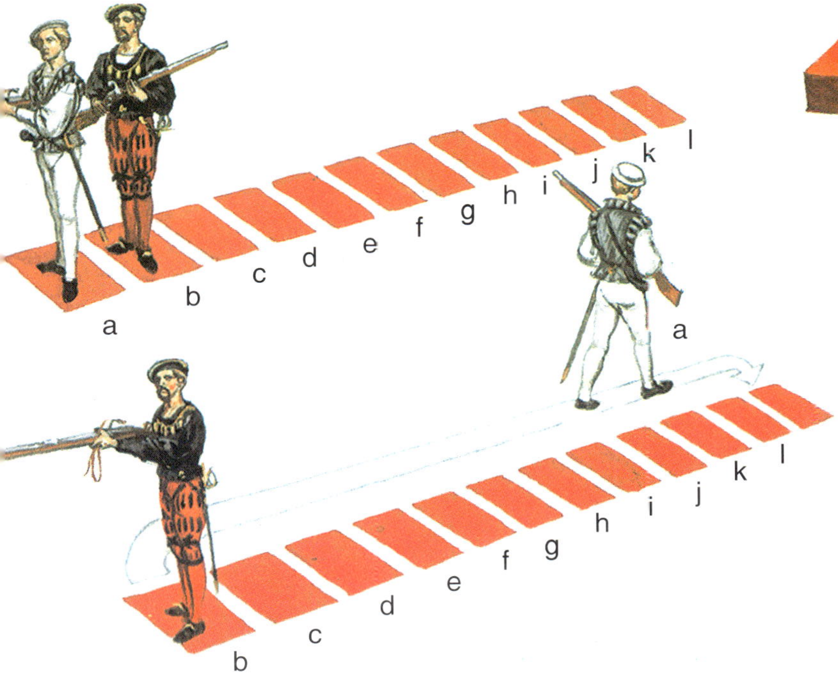

L. & F. FUNCKEN

aufzubauen, die aus befestigten Karren[1] bestanden und zur Schlacht in Karrees aufgestellt wurden. An diesen Karren brachen sich die Sturmangriffe von Rittern, die fünf Kreuzzüge gemacht hatten; die Angreifer wurden zunächst mit Handrohren unter Feuer genommen, dann brach die Infanterie aus ihrer Deckung hervor und ging zum Kampf Mann gegen Mann über. Die Nachfolger Žižkas, die Brüder Prokop, setzten den Krieg noch zehn Jahre lang fort, der von beiden Seiten als totaler Krieg geführt wurde; sie sangen dazu die Hymne, die ihr Führer geschrieben hatte und die eines der schönsten böhmischen Lieder aus dem 15. Jahrhundert ist. Es begann so: »Ihr, Kämpfer, die ihr Gottes ewige Gesetze hochhaltet...« Aber der Gesang verhinderte nicht das Massaker an 15000 Mönchen und auch nicht die Zerstörung von 600 römisch-katholischen Gebäuden in zehn Jahren!

Das System der Karren wurde übrigens von Deutschland übernommen, wobei manchmal ganz einfach eine dicke Planke mit Schießscharten darin zwischen den vier Rädern aufgehängt wurde. Da aber die Artillerie schnell wirksamer wurde, gab man die Wagenburg um 1560 wieder auf.

In Frankreich hatte sich 1513 ein Ingenieur ein verschanztes Lager ausgedacht, das aus einzelnen, mit Türangeln verhakten Teilen bestehen und mit etwa 100 Hakenbüchsen bestückt sein sollte, doch waren die Kosten zu hoch und die Montage zu langwierig, so daß dieser Plan fallengelassen wurde.

Die Taktik der Schweizer, bei der nur die Offensive zählte, behielt die Oberhand – ihre Wirksamkeit haben wir gesehen[2]. Vor ihnen hatte in Frankreich nur ein Hauptmann seine Infanterie voll genutzt; er nannte sich du Guesclin und führte einen »guten und rauhen« Krieg, dessen Methoden aber von seinen Brüdern bei den Rittern überhaupt nicht geschätzt wurden[3]. Der eigensinnige Bretone fand wohl einige Nacheiferer, unter ihnen Poton de Xaintrailles, La Hire und Dunois, doch nach seinem Tode verfiel die französische Kriegskunst immer mehr und das Heer wagte es kaum noch, den Engländern in »offener Feldschlacht« gegenüberzutreten.

1. Im Jahre 1426 besaßen die Hussiten bis zu 500 davon.
2. Siehe Kapitel über die Schweizer, Seite 160.
3. Siehe Band 1, Seite 62, Bildlegende 7.

TAKTIK (III)

1. »Schlachthaufen« in Angriffsformation. Er konnte angreifen und sich gleichzeitig nach allen Seiten verteidigen, indem er einen regelrechten Igel bildete. Die militärische Taktik der Schweizer, die sich auf ganz Europa ausgedehnt hatte, wurde schon seit dem Ende des 15. Jahrhunderts mit mehr oder weniger Erfolg angewandt. Im 16. Jahrhundert erwarb sich die spanische Infanterie den Ruf, außerordentlich tapfer und diszipliniert zu sein. (Die Farben geben die Waffengattung an. Rot: Arkebusiere; gelb: Hellebardiere; blau: Pikeniere.) – 2. Ein spanisches »tercio« (dieser Ausdruck wurde 1602 auf die niederländischen Regimenter in spanischen Diensten ausgedehnt) in Marschordnung. Es war einer »jener großen, geschlossenen Heerhaufen, die ebensolchen Türmen ähnelten, aber Türmen, die ihre Breschen zu reparieren verstanden«, wie ein wenig später der große Bossuet sagte.

3. Eine »Lanze« der Ordonnanzbanden im Jahre 1545: A. der Ritter oder Lanzenführer; B. der Knappe (fakultativ), der einen Gliederharnisch, »anime« genannt, trägt; C. der Page; D. der Coustilier; E. die drei Bogenschützen (manchmal zwei). Die ganz alten Bezeichnungen Coustilier und Bogenschütze standen in Wirklichkeit für einen geharnischten Reiter und einen Chevauléger. Die Helme und Roßpanzer wurden auf den Märschen von Packpferden getragen. Die Fußkämpfer waren 1506 abgeschafft worden. 1522 setzte Kaiser Karl V. die Mannschaftsstärke dieser Reiterei auf acht Kompanien zu je 50 »Lanzen« fest. Die Zahl der Kompanien wurde 1545 auf 19 heraufgesetzt, 1547 wieder auf 15 zurückgenommen. In Kriegszeiten wurden zahlreiche Banden auf begrenzte Zeit ausgehoben, die man »neue Banden« oder »zugewachsene Banden« nannte. Die Kämpfer hielten die Lanzen hoch, man sagte dazu, sie würden »ungedeckt« oder »manifest« gehalten. Der Page hatte nur eine kleine Lanze, die »Genette« genannt wurde. – 4 und 5. Lanciers einer Ordonnanzbande im Jahre 1572. Da die Beinschienen aufgegeben worden waren, konnte der Küraß zur Abwehr der Kugeln verstärkt werden. Die Mandilla mit den frei hängenden Ärmeln ist für die Zeit 1570–1580 typisch. Der Lancier links hält seine Lanze tief, nach der Art, die »nachgeschleppt« oder auch »verborgen«, »heimlich« oder »bedeckt« genannt wurde. Man hoffte, so den Feind zu täuschen und ihm »den Lanzenstoß zu schmecken« zu geben, wenn es ihm nicht mehr möglich war, den Kampf abzubrechen.

1
2
A
B
C
D
E
4
5
L. & F. FUNCKEN

Als die erste französische Feldartillerie auf den Schlachtfeldern auftauchte, warf sie die bis dahin siegreiche Strategie des Eindringlings über den Haufen. Die Front des Feindes wurde durch heftigen, vorbereitenden Artilleriebeschuß aufgelöst, es wurde eine Bresche geschlagen, in die Fußsoldaten und Reiter eindrangen. »Das ist kein Krieg mehr!« protestierten die Ritter des toten Heinrich V. Mit der Kanone kam eine neue Taktik; war sie bisher auch nur eine ergänzende Waffe, so wuchs doch ihr Ruf ständig, und durch sie wurde die mit Karl VIII. nach Italien einfallende französische Armee ein »Gegenstand des Schreckens«.

Der Adel kämpfte weiterhin zu Pferde, dem Symbol seiner Würde, doch die reguläre nationale Infanterie entwickelte sich überall nach dem Vorbild der Schweizer, führte die tödliche Arkebuse ein und vernichtete ohne Rücksicht auf alte Regeln und Schicklichkeit ein Rittertum, dessen Stoßkraft von Tag zu Tag ungewisser wurde. Der Fußsoldat wurde nicht länger mit verächtlichen Wörtern wie Lakai, Bauernlümmel oder Schlingel bezeichnet, sondern, und das war ein aufschlußreicher Hinweis auf seinen Aufstieg, man nannte ihn von nun an Soldat.

In Spanien kam der »Tercio« auf. Das Wort leitet sich her von den 3000 Mann seiner ursprünglichen Stärke oder von den drei »coronelias«[1], die das taktische Karree bildeten, vielleicht aber auch von den drei Wafffengattungen: Pikeniere, Rondaschiere, Arkebusiere. Diese Regimenter bilden das Instrument für das spanische Übergewicht in Europa bis zur Mitte des 17. Jahrhunderts.

Von Brantôme haben wir eine besonders lebhafte Beschreibung der ganz neuen »Musketiere«. Sie stammt aus dem Jahre 1567: »... jene, die sie (die Musketen) trugen, nannte man Musketiere, die waren sehr gut besoldet und respektiert, so sehr, daß sie große und starke Troßbuben hatten, die sie ihnen auf dem Weg durchs Land trugen; aber wenn sie auf Schildwacht standen oder in die Schlacht marschierten oder ins Lager gingen oder in eine Stadt, nahmen sie sie selbst. Und ihr hättet gemeint, daß sie Fürsten waren, so hochmütig waren sie und schritten auf anmaßende Weise und in schöner Haltung; und wenn bei einem Kampf oder Scharmützel ihr diese Worte mit großem Respekt geschrien hört: Salgan, salgan los mosqueteros! afuera, afuera, adelante los mosqueteros! Dann machte man ihnen schnell Platz und sie wurden in diesem Falle mehr respektiert wie ein Hauptmann, wegen ihrer Neuheit, wie ja jede Neuheit gefällt.«

Das Karree oder Viereck, das den »Igel« bildete, zählte manchmal bis zu 8000 Mann, und der Anteil an Arkebusieren stieg immer höher. Sie waren wohlgeübt in einer Disziplin, die es ihnen gestattete, ihre Bewegungen und das Schießen mit den benachbarten Truppenteilen in Einklang zu bringen. Die Strategie bestand meist aus Manövern, aus langen Stunden der Beobachtung. Die großen Schlachten werden selten werden, schreibt Montluc[2], und der Krieg wird »eine Angelegenheit von Einzelkämpfern, Treffen, Scharmützeln, Hinterhalten« bleiben.

Der Herzog von Alba und Alessandro Farnese verfolgten auch eine hinhaltende Strategie, ohne jedoch die Kriegskunst zu revolutionieren. Aber es gelang ihnen, ihre Ziele durch subtile Manöver zu erreichen; sie ermüdeten und desintegrierten Söldnerheere, die keine Überzeugung zusammenhielt, isolierten befestigte Städte und brachten sie in ihre Hand, indem sie ihnen geschickt den Nachschub abschnitten.

1. Coronelias (von coronel, colonel = Oberst): ein Heeresverband aus zwölf Kompanien.

2. Blaise de Montluc (1507–1577): Militärhistoriker; seine kriegerische Laufbahn dauerte 55 Jahre. Er wurde im Laufe von fünf Schlachten, 17 Sturmangriffe, 11 Belagerungen und 200 Einzelgefechten oder Scharmützeln 24mal verwundet!

Moritz von Oranien, Graf von Nassau, war 1590 23 Jahre alt und der glänzendste Stratege seiner Zeit. Er setzte den furchterregenden spanischen Massen eine Disposition auf drei Linien im Schachbrettmuster entgegen, bei der die Manipel-Formation der Römer Pate gestanden hatte. An die Stelle der von den Schweizern ererbten Schwerfälligkeit setzte Moritz Leichtigkeit und Geschmeidigkeit, die für schnelle Manöver erforderlich waren; sein Plan ermöglichte ihm, ermüdete Truppen durch frische abzulösen, den Kampf kraftvoll zu führen und gleichzeitig seine Soldaten sparsam einzusetzen. Sein Heer wurde zur Schule für die englischen und französischen Regimenter, und viele der großen späteren Heerführer, wie Turenne, waren Schüler des holländischen Kriegshelden.

ARTILLERIE (I), MITTE DES 16. JAHRHUNDERTS
(Seiten 284–285)

Das Bild zeigt eine Stellung von Belagerungsartillerie mit ihrem Schutz aus Schanzkörben. Es basiert auf einem Aquarell aus »Recueil du règlement général de l'ordre et conduite de l'artillerie« des Hauptmanns Bénédict de Vasselieu, genannt Nicolas Lyonnais. Obgleich dieses Werk das Datum 1613 trägt, wurde es zur Zeit Heinrichs III. (1574–1589) geschrieben und stellt die Artillerie aus der Zeit Heinrichs II. (1547–1559) dar.

1. Das Richten. Der Richtkanonier steht im Schutz eines Spezialbrettes (siehe Abbildung 4), um den Schüssen der feindlichen Späher zu entgehen. – 2. Das Feuern. – 3. Vorbereitung zum Feuern. Ein Artillerist säubert das Rohr mit einem Wischer, während seine Gefährten die Pulverladung vorbereiten. – 4. Schild des Richtkanoniers (siehe Abbildung 1). – 5. Flechtwerk, das die Kanone während der Ladeoperationen auf ihrer Bettung hielt. – 6. Futter, das als Vorladung für Pulver und Kugel diente. – 7. Vertiefung, in der das Kanonenpulver gelagert wurde. – 8. Unterstand für die Lagerung des Nachschubs an Kanonenpulver. – 9. Elite-Arkebusiere, die den Richtartilleristen während des Richtens des Geschützes zu »decken« hatten. Entgegen der Gewohnheit trugen sie kugelfeste Panzer, da sie eine gefährliche Aufgabe hatten. Helme und Panzer waren mattiert, die Kleidung in neutralen Farben gehalten, damit sie nicht so leicht zu sehen waren. – 10. Mörser in Stellung. – 11. Stangenwaffen, mit denen ein möglicher feindlicher Handstreich abgewehrt werden sollte.
Festungsschießscharten im 16. Jahrhundert: 12. Mit Fleschen und Schnabel. – 13. »Nach französischer Art«. – 14. Mit Fleschen. – 15. Mit Gelenk. – Die Fleschen, Stufen oder Vorsprünge sollten die feindlichen Geschosse abhalten, die ohne sie hätten abprallen können und in die trichterförmigen Schießscharten leicht eindringen könnten. Das sehr seltene Gelenksystem gestattete es, in alle Richtungen zu schießen und maximalen Schutz zu haben, vor allem, weil der Schütze zwischen zwei Schüssen seine Schießscharte verschwinden lassen konnte, indem er das Gelenk um eine Halbdrehung schwenkte.

9
8
1
10
5
7
6
L. F.
FUNCKEN

12
13
14
15
9
4
11
2
3
5
7
5

Artillerie

Im vorigen Band haben wir gesehen, wie die ersten Bombarden im 14. Jahrhundert auf ihren Unterlagen, ausgehöhlten Balken, eingesetzt wurden, wie die leichteren Stücke, die man auf Räderlafetten legte, schon in der Mitte des folgenden Jahrhunderts die charakteristische Form der modernen Kanone annahmen. Doch schon bevor diese entscheidende Entwicklung, die das Geschütz beweglich machte, stattgefunden hatte, nutzte man die neue Waffe auf den Schlachtfeldern, zuerst bei Crécy im Jahre 1346. Zumindest wird dieses Datum allgemein genannt, doch war der Chronist Froissart, auf den man sich hierbei gründet, zu jener Zeit acht oder neun Jahre alt, und manche Historiker bestreiten, nicht ohne Grund, daß sein Zeugnis richtig ist. Noch kühner wäre es, wollte man diesen zwei oder drei Geschützen eine entscheidende Rolle in der Schlacht beimessen.

Wie dem auch sei, wahrscheinlich war England, neben Italien, eines der ersten Länder, das Feldartillerie einsetzte und Metallkugeln, »plommées«, abschoß, die ab Mitte des 14. Jahrhunderts allgemein verwendet wurden.

Die leichte Artillerie, die aus den »ribauldequins« bestand, die mehrere Rohre hatten, die gleichzeitig abgefeuert wurden, gab es schon 1339 in Brügge. Es ist sehr gut möglich, daß diese kleinen Geschütze von Eduard III. auf den Kontinent gebracht wurden. Es ist aber anzunehmen, daß die Feldartillerie im 14. Jahrhundert kaum mehr als eine Kuriosität war und den Verlauf der unzähligen Schlachten nicht beeinflußte.

Das konnte man von der Belagerungsartillerie nicht sagen; sie war ein bedeutendes Machtinstrument in der Hand des Königs zur Durchsetzung des Zentralstaates, denn auch die mächtigsten Mauern der Feudalsitze widerstanden dieser Artillerie nicht. Obgleich diese schweren Geschütze noch ganz primitiv waren, schossen sie doch schreckliche Breschen in die Kurtinen der Burgen. Das hatte zur Folge, daß die klassischen Belagerungsmaschinen – der letzte Rollturm wurde in Frankreich 1356 eingesetzt – schnell verschwanden. Die alten ballistischen Geräte wurden jedoch mindestens noch bis zur Mitte des folgenden Jahrhunderts verwendet. Doch neben ihnen gab es die ausgezeichnete Artillerie der Gebrüder Bureau, mit der innerhalb von 16 Monaten, von 1449 bis 1450, 60 Festungen zurückerobert werden konnten.

Das älteste französische Traktat über die Artillerie stammt aus dem Jahre 1430 und hatte den Titel »Livre du secret de l'art de l'artillerie et canonnerie« (Buch über das Geheimnis der Kunst der Artillerie und der Geschützgießerei), doch das älteste aller Handbücher hierüber gab es damals schon seit fast 80 Jahren und war in deutscher Sprache geschrieben: »Die Anleitung, Schießpulver zu bereiten, Büchsen zu laden und zu beschießen.«

Im 15. Jahrhundert war die französische Artillerie die zahlenmäßig stärkste und am besten organisierte ihrer Zeit. Die geschickte Nutzung und ausgezeichnete Organisation der Artillerie, die von den Gebrüdern Bureau und dem »Generalmeister und Inspizienten der

ARTILLERIE (II)

Das Richten konnte wissenschaftlich mit dem Quadranten erfolgen (Abbildung 1 und 3) oder wurde ganz einfach nach der Erfahrung mit einem Richtstock mit Skala (Abbildung 2) vorgenommen. Viele Artilleristen begnügten sich mit dem Richten nach »Augenmaß« aufgrund ihrer langen Erfahrung. – Die drei abgebildeten Geschütze stammen aus dem Anfang des 16. Jahrhunderts.

1
2
3
L. & F. Funcken

Artillerie des Königs«, Pierre Bessoneau, geleistet wurde, führten zu einer Umwälzung der Taktik für Schlacht und Belagerung und brachen die bis dahin wirksame Schlagkraft des Waffenträgers zu Pferde[1], schalteten die gefürchteten englischen Bogenschützen aus und eröffneten die Technik der modernen Belagerungen. Es gab die ersten Batterien, die mit Fässern voll Erde geschützt wurden, Verbindungsgräben und den Munitionspark. Aber fern von hier, im Osten, hatte eine andere, schlagkräftige Artillerie, nämlich die Mohammeds II., im Jahre 1453 die imposanten Mauern von Konstantinopel und ein vielhundertjähriges Reich zum Einsturz gebracht.

Der prunkliebende Herzog von Burgund, Karl der Kühne, war es »Seiner Ehre schuldig«, die zahlenmäßig größte und mächtigste Artillerie zu besitzen. Im Jahre 1467 vernichtete die leichte Artillerie Burgunds bei Brusthem ohne Hilfe der Reiterei 18000 Lütticher. Gegen die schweizerische Infanterie bestand der Herzog nicht so gut, er mußte ihnen vor Grandson 419 Geschütze aller Art überlassen. Nach damaliger Sitte trugen die schweren Geschütze Namen: »Schäfer«, »Schäferin«, die »vier Schwestern« usw. gehörten alle zur Beute.

Diese Artillerie besaß inzwischen wesentliche verbesserte Feldlafetten und verfügte über sinnreiche Richtanlagen[2]. Die schweren Geschütze wurden auf vierrädrigen Fahrgestellen transportiert oder mit Tauen unter den Achsen von Kranwagen aufgehängt und mit Hilfe dieser Winden auf die Lafettenkisten alten Typs[3] gelegt.

Dank der Schildzapfen, die auf beiden Seiten des Rohrs saßen, konnte das auf der Lafette liegende Geschütz vertikal gerichtet werden. Um 1480 wurde diese Art des Richtens allgemein üblich. Sie war, wie wir gezeigt haben, schon um 1400 erfunden worden und als geradezu genial angesehen, doch hatte sie sich erst entwickeln können, als die Gießverfahren Fortschritte machten und die Schildzapfen zur gleichen Zeit wie das Rohr gegossen werden konnten und deshalb mit dem Rohr kraftschlüssig verbunden waren. Aufgrund dieser Verbesserung brauchte man die schweren Geschütze nicht mehr über den abnehmbaren Stoßboden zu laden. Die Stücke lagen nun nicht mehr in ihrer alten Rohrwiege, so daß man hier auch die praktische »Feuerbüchse« nicht mehr festmachen konnte. Durch das verbesserte Pulver, das jetzt gekörnt war und viel größere Explosivkraft hatte, wären die abnehmbaren Stoßböden sowieso herausgeschleudert worden. Man ging deshalb recht gern dazu über, Geschütze herzustellen, deren Rohr am einen Ende geschlossen war. Dies Prinzip behielt man bis 1886 bei.

Da das Rohr nun auf den Schildzapfen schwenkbar war, konnte es gerichtet und mit einem Keil in der gewünschten Stellung festgemacht werden. Doch bei klein- und mittelkalibrigen Geschützen wurde das Zahnstangensystem weiter benutzt. Daneben gab es noch weitere, verfeinerte Systeme, die wir in unseren Abbildungen zeigen.

1. Jean Talbot, »der englische Achilles«, wurde durch französische Artillerie getötet, als er im Alter von 80 Jahren an der Spitze seiner Ritter vor Castillon (Gironde) zum Angriff ritt. Das war am 17. Juli 1453.

2. Siehe Band 1, Seite 75, Abbildung 4, 5 und 6.

3. Siehe Band 1, Seite 75, Abbildung 1, 2 und 3.

ARTILLERIE (III)

1. Handbüchsen, 1505. Eigentlich ist es eine riesengroße Hakenbüchse. Man sieht, wie der Schütze mit seinem ganzen Gewicht auf die Lafette drückt, um den Rückstoß aufzufangen. Diese Lafette ist sinnvoll in zwei Teile zerlegbar. – 2. Geschütz mit abnehmbarem Stoßboden, um 1570. Bei ihm wird das Prinzip der alten Veuglaire (siehe Band 1, Seite 73, Abbildung 4–8) in wesentlich verbesserter Form fortgeführt. Dennoch ist das System unausweichlich veraltet und wird mehrere Jahrhunderte lang durch Rohre ersetzt werden, die von der Mündung her zu laden sind. Wenn das gezeigte System auch praktisch war, hatte es doch den großen Nachteil, daß zuviel Explosionsgas entweichen konnte. – Rechts Schema des aufgesetzten Stoßbodens mit der Pulverkartusche und der Kugel.

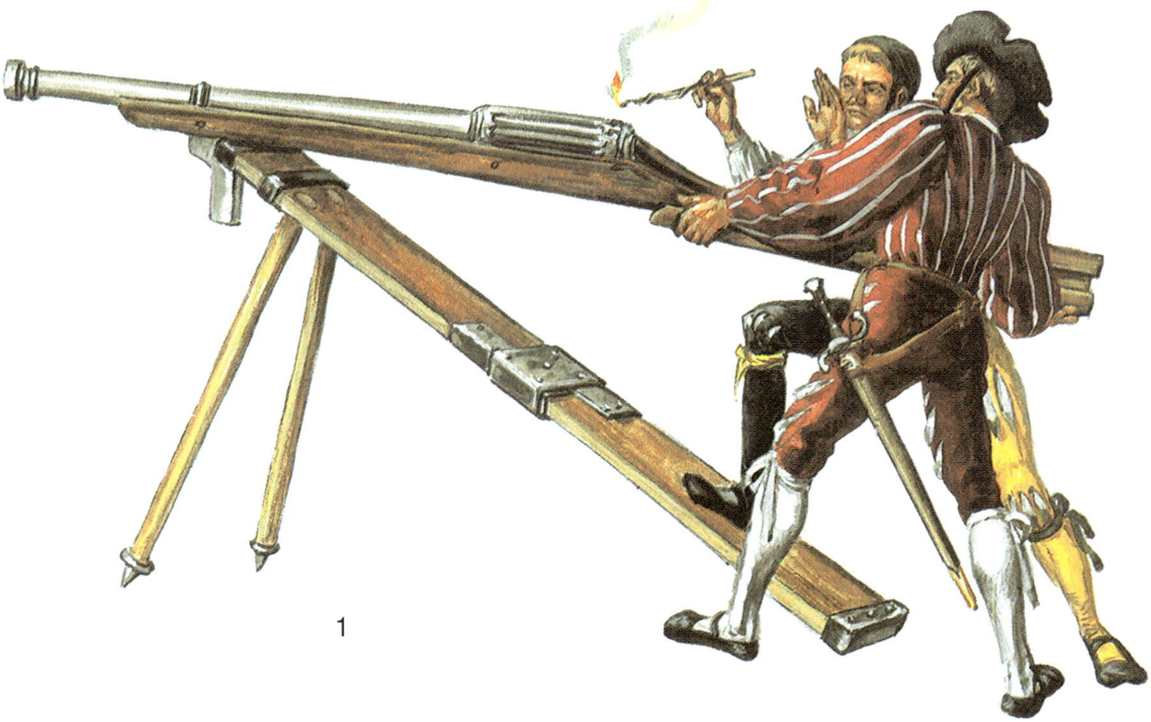

1

2

Das Gießen

Die Kunst des Rohrgießens hatte in Deutschland große Bedeutung bekommen, seit Ende des 14. Jahrhunderts die ersten kleinen Stücke hergestellt worden waren, doch in den Niederlanden, in Flandern, Brabant und der Stadt Dinant entwickelte sich eine Industrie, die viele Jahrhunderte bestehen sollte.

Die burgundischen Truppen, die, wie wir gesehen haben, doch gut mit Artillerie bestückt waren, kamen 1474 vor Neuss unter das erste Sperrfeuer der Geschichte, mit dem die kaiserliche Artillerie Friedrichs III. von Habsburg sie belegte. Die von Eduard IV. geplante Invasion Frankreichs zeigt dagegen, daß die Engländer gegenüber ihren Gegnern auf dem Kontinent offensichtlich im Rückstand waren: 1475 hatten ihre Messenger, Edward und Fowler (Vogler), noch den abnehmbaren Stoßboden und wurden auf Spezialwagen transportiert.

Die Türken benutzten die letzten Riesengeschütze, die oft in Zwölfergruppen zusammengefaßt waren. Ein ungarischer Gießer mit Namen Orban stellte 1452 für Mohammed II. das größte Geschütz seiner Zeit her: Es war fast neun Meter lang und schoß eine Kugel von 0,924 Meter mit einem Gewicht von 450 kg 1600 Meter weit.

In Frankreich hatten einige Gießer große Erfahrung erworben, so daß sie Karl VIII. so ausrüsten konnten, daß er »Italien in Schrecken versetzte«, als er mit seinen 140 Geschützen, davon 12 großkalibrige, in das Land einrückte. Sein Nachfolger Ludwig XII. führte 1507 60 schwere Geschütze sowie 500 leichte Stücke und Hacquebuttes mit 720 Artilleristen über die Alpen.

In Österreich hatte das Gießen durch zwei geschickte Hersteller in Innsbruck Aufschwung genommen: Es waren Seelos und Endorfer, und schon unter Maximilian I. gab es 1485 die ersten, reich verzierten Rohre. Die Produktion weitete sich beträchtlich aus und die ersten modernen Arsenale entstanden. Bayern und Brandenburg besaßen ebenfalls zur gleichen Zeit eine mächtige Artillerie, wie überhaupt das deutsche Artilleriewesen ganz ohne Zweifel das beste seiner Zeit war.

Obgleich seine Vorgänger Verbesserungen vorgenommen hatten, fand Kaiser Karl V. sich 1519 im Besitze einer Menge Geschütze verschiedener Kaliber aus Gußeisen, Kupfer, Bronze und Eisen, die Stein-, Eisen- und Bleikugeln verschossen. Man kann sich vorstellen, welche Nachschubschwierigkeiten und Irrtümer bei einer so anarchischen Zusammenstellung möglich waren. Es war so weit gekommen, daß jedes Geschütz und jede Kugel mit einer besonderen Nummer versehen werden mußten! Das Phänomen erklärte sich dadurch, daß die Einzelstaaten, aus denen das große Reich bestand, alle eine eigene Artillerie besaßen.

Karl V. machte sich daran, die Kaliber der Geschütze festzulegen, die von nun an in den Teilstaaten gegossen werden sollten. In Brüssel fanden die ersten Versuche statt, und nach vielen Probegüssen stellten die spanischen Gießereien in Malaga 1535 die erste Serie von vier Standardgeschützen her, die gußeiserne Kugeln von 40, 24, 6 und 3 Pfund verschossen. Die Maßnahme galt für das ganze Reichsgebiet, und dennoch wurden die alten Kaliber, Bastarde genannt, erst am Ende des Jahrhunderts vollständig ausgeschaltet. Endgültig aufgegeben wurden die Riesengeschütze, die sich bei der Belagerung Wiens 1529 durch Suleiman II., den Großen, als unwirksam erwiesen hatten. Die belgischen Gießereien erzeugten Rohre von hohem Ruf. Besonders Malines schickte seine Erzeugnisse nach Spanien, Portugal und England. Heinrich VIII. bestellte bei Meister Hans Poppenruyter mehr a!s 140 Geschütze, unten denen auch die berühmten »Zwölf Apostel« waren, die er in seinem ersten Feldzug gegen Frankreich 1511 verwendete. Kaiser Karl V. hatte auch seine »Zwölf Apostel«, die lange Vorbilder für diese Gattung blieben, und auch der König von Frankreich Ludwig XII. besaß zwölf schwere Geschütze, die nach Helden benannt wurden.

ARTILLERIE (IV)

1. Vorrichtung zum vertikalen Richten mit der Schraube, 1460. – 2. Orgel-Schlange, Ende des 16. Jahrhunderts. Die dreieckige »Trommel« drehte sich um die eigne Achse und schoß nacheinander seine 30 kleinen Rohre ab. – 3. »Schrympe«, ein englisches Orgelgeschütz von 1544. – 4. Mehrrohrgeschütz aus dem 16. Jahrhundert mit seinem Vertikalrichtsystem. – 5. Vorrichtung zum vertikalen Richten in zwei Positionen sowie zum horizontalen Richten, um 1500.

1
2
3
4
5
L.&F.Funcken

Der unglückliche Gegner Kaiser Karls V., Franz I., gab dem Aufbau der französischen Artillerie den entscheidenden Impuls. Er sorgte auch für ihren Ausbau und die Vereinfachung. Es gab nur noch acht Kaliber, während Italien im Jahre 1562 noch 26 verschiedene Kaliber hatte[1].

Durch den Bürgerkrieg wurden weitere Fortschritte bei der französischen Artillerie unmöglich, während in Deutschland neue Gießereien in Heidenheim, Aschau und Werfsten eine Menge technischer Verbesserungen an ihren hervorragenden Erzeugnissen vornahmen. Der Mathematiker Hartmann aus Nürnberg hatte einen Apparat ersonnen, mit dem man das Gewicht aller Arten von Kugeln – Stein, Eisen oder Blei – nach dem Kaliber jedes beliebigen Geschützes sowie das Gewicht des erforderlichen Pulvers sicher bestimmen konnte. Eine Sprengbombe mit Zünder gab es schon 1550: Sie wurde von einem Mörser abgefeuert und explodierte, sobald sie den Boden berührte, wie unsere modernen Granaten.

Am Ende des Jahrhunderts hatten die großen europäischen Länder ihre Artillerie so weit durchforstet, daß höchstens sechs bis sieben Kaliber übrig waren, die den Geschütztypen entsprachen:

1. Jede Stadt von einiger Bedeutung hatte ihre eigene Artillerie. Daher rührt diese Vielfalt.

Typ des Geschützes	Kaliber (in cm)	Geschoßgewicht (Kugel, in kg)	Gewicht des Geschützes (in kg)
Verstärktes Geschütz	18	20	4250
Mittleres Geschütz	15	12	3500
Große Feldschlange	12	8	2800
Bastardfeldschlange	9	4	2000
Mittlere Feldschlange	6	1,5	1200
Falke	4	0,5	600
Falkonett	3	0,35	400
Mörser	35	50	3000

ARTILLERIE (V)

1. Geschütz auf seinem Protzwagen a, mit den Ortscheiten zum Anspannen der Pferde und dem Vertikalrichtsystem mit Zahnstange b für neun Einstellungen, um 1500. Zum Schießen nahm man den Protzwagen ab und legte den Lafettenschwanz auf den Boden, wie rechts im Schema gezeigt wird. – 2. Feldgeschütz mit seinem Protzwagen und dem Vertikalrichtsystem, 1518. Albrecht Dürer hat seinen Stichel meisterlich geführt und bei der Artillerie seiner Zeit keine Einzelheit vernachlässigt. – 3. Geschütz mit Anlage zum Höhen- und Seitenrichten über Stellschrauben, ungefähr 1520. Es zeugt vom unerschöpflichen Einfallsreichtum der Militäringenieure der damaligen Zeit. Der Richtkanonier richtet hier sorgfältig mit Hilfe eines Quadranten mit Bleilot. Diese Spezialisten, die Erfahrung mit Theorie verbanden, waren sehr gesuchte Hilfskräfte.

1
a
b
2
3
L. & F. FUNCKEN

Diese Übersicht wurde nur erstellt, damit man sich annähernd vorstellen kann, welche durchschnittlichen Merkmale die Artillerie in der zweiten Hälfte des 16. Jahrhunderts hatte. Die alten Gewichtsmaße, die Pfunde, waren oft von einer Stadt zur andern ungleich, so daß es erhebliche Umrechnungsprobleme gab. Berücksichtigt werden mußten auch die Gewichtsunterschiede zwischen der Kugel aus massivem Eisen und der Bleikugel, die bis zu einem Drittel mehr wog, und dazwischen lag noch die Eisenkugel mit Bleikern.

Munition

Eines der außergewöhnlichsten Geschosse, die je in die Luft geschickt wurden, war sicherlich die ... viereckige »Kugel«, die 1346 von einem Eisengießer in Brügge hergestellt wurde!

Die klassischere Steinkugel wurde in riesigen Mengen und allen Kalibern verwendet, obgleich es häufig geschah, daß sie beim Aufprall auf die Mauern zerbarst. Schon 1350 benutzte man an ihrer Stelle auch die Eisenkugel, und Bleikugeln kleinen Kalibers waren schon mehrere Jahre zuvor eingesetzt worden. Ende des 15. Jahrhunderts setzte man auch Bronze ein, aus der bis zur Zeit Heinrichs IV. Kugeln gegossen wurden. Allerdings war sie viel teurer als Gußeisen. Es wurden Steinkugeln hergestellt, die einen Überzug aus Blei oder Ringe aus Eisen bekamen, doch gab man die Steinkugeln nie ganz auf, weil sie so billig herzustellen waren. Man ersann die verschiedensten Arten neuer Geschosse, zum Beispiel Kugeln, die mit einer Kette oder einer Stange verbunden waren, Brandkugeln, die weißglühend aufgeheizt waren oder eine leicht entzündbare Substanz enthielten. Schließlich ließ die leichte Artillerie über der Infanterie ihre Kartätschensalven niedergehen, die aus lauter kleinen Metallstückchen bestanden: Sie wirkten so etwa wie das moderne Schrapnell.

Lafetten

Die Illustrationen zeigen, wie schnell das Geschütz etwa das Aussehen bekam, das es noch heute hat. Wie die Stücke transportiert wurden, ist weniger klar als die Entwicklung der Geschütze. Zahlreiche Künstler haben uns ein überraschendes Bild von Artillerietrains auf dem Marsch übermittelt. So war das großkalibrige Geschütz meist mit dem Lafettenschwanz an die Kruppe des Pferdes gespannt oder vielmehr aufgehängt und rollt so im unstabilen Gleichgewicht über die ach so holprigen Wege der damaligen Zeit! Die entzückenden Aquarelle in der Handschrift des Hauptmanns Vasselieu zeigen uns die drei schwersten Stücke der französischen Artillerie, wie sie auf diese eigenartige Weise gezogen wurden. Das arme Pferd, das als erstes vor das Geschütz gespannt war und dessen Knochen das ganze Gewicht des Klotzes zu spüren bekamen, wurde immerhin beim Ziehen von sechs bis 24 Pferden unterstützt, die vor es gespannt wurden. Keine Spur von Deichsel oder Ortscheiten ist bei diesen unglaublichen Gespannen zu entdecken, die doch so sorgfältig gezeichnet sind. Etwas entdeckt man jedoch bei der Prüfung des Textes: Die Leute tragen zwar Trachten vom Beginn des 17. Jahrhunderts und mit diesem Datum ist auch das Werk versehen, doch der Bericht ist unzweifelhaft alten Traktaten entnommen, die von La Treille, Vigenère und Raconis geschrieben wurden und somit mehr als 40 Jahre alt waren. Die Illustrationen sind später entstanden als die Handschrift, und der Zeichner hat in den Bildern wiedergegeben, was er aus dem Text herauslas. Man sieht übrigens einen von vier Pferden gezogenen Protzwagen, den die Bildlegende der Handschrift »Ersatzräder für Geschütz« nennt. Offensichtlich wußte der Zeichner also nicht einmal, wofür dieses Gerät verwendet wurde.

ARTILLERIE (VI)

1. Leichtes Geschütz mit angebauten Transportkästen, um 1520. Sie enthielten wie der Kasten auf der folgenden Abbildung Werkzeuge, Ersatzteile, Nieten, Hufeisen usw. – 2. Leichtes Geschütz aus Zwillingsfalkonetts, 1505. Das Falkonett war das kleinste der »sechs französischen Kaliber« zur Zeit Heinrichs II. in der Mitte des 16. Jahrhunderts. Rot und Schwarz waren typisch für die Artillerie des Kaisers Maximilian I. – 3. Laden eines Geschützes im Jahre 1520. Rechts auf dem Boden sieht man eine Pulverschaufel, einen Ansetzer und einen Wischer. Die drei Fäßchen enthalten die drei Bestandteile des Pulvers: Holzkohle, Schwefel und Salpeter. Zu dieser Zeit besorgte der Artillerist Dosierung und Mischen in dem Trog zu seinen Füßen, sobald er schießen wollte. – 4. Leichtes Geschütz vom Typ Falke mit dem Geschützzubehör, Ende des 16. Jahrhunderts.

1
2
3
4

Phantasievolle Darstellungen gleichen Stils haben viele Spezialisten zu Irrtümern verleitet: Manche verlegen deshalb die Einführung des Protzwagens in England ... in das Jahr 1680! Die großen deutschen Zeichner wie Dürer, Pfintzig und Glockenthon oder der Italiener Petrarqua haben dieses Gerät schon zu Beginn des 16. Jahrhunderts gezeigt, und es ist mehr als wahrscheinlich, daß man diesen ganz einfachen, kleinen Wagen bereits benutzte, als es unter Ludwig XI. gegen Ende des voraufgehenden Jahrhunderts die ersten Geschütze auf Rädern gab. Das Pferdegespann, das es seit undenklichen Zeiten gab, hatte seit langem die höchste Entwicklungsstufe erreicht, besonders in Mitteleuropa, von wo der französische Ritter und Chronist Bertrandon de La Broquière im 15. Jahrhundert eine ausführliche Beschreibung von Zucht- und Transporttechniken mitbrachte.

Die riesige Anzahl Pferde ist ebenfalls verdächtig. Es werden laufend von 30 bis 56 Pferden für ein schweres Geschütz genannt, doch ein mittleres Zugpferd setzt 400 kg beim Anziehen in Bewegung und vier Pferde können in neun Stunden eine Tonne 40 km weit ziehen. Das schwerste Geschütz Vasselieus mit seinen 4000 kg brauchte also sehr wahrscheinlich weit weniger Pferde.

Befestigungen

Auf diesem Gebiet waren im Laufe der 100 Jahre nach Aufkommen des Geschützes wenig Änderungen eingetreten. Man begnügte sich damit, die alten Scharten für Bogenschützen den Feuerwaffen anzupassen.

Im 15. Jahrhundert begann man, Kasematten für die Artillerie zu bauen oder herzurichten. Da sie meist nur notdürftig belüftet waren, wird anhaltendes Geschützfeuer nicht möglich gewesen sein, denn das bei den Explosionen freigesetzte Kohlenoxid war äußerst gefährlich. Die meisten Burgherren verzichteten darauf, ihre Festungsanlagen, die nun nicht mehr zu verteidigen waren, umzubauen. Andere feste Plätze dagegen, besonders die Grenzstädte, die »nach alter Art von Mauern umgeben waren«, paßten sich dem neuen Stil des Belagerungskrieges an. Man machte die Mauern niedriger und gleichzeitig breiter, so daß man viele Geschütze auf ihnen aufstellen konnte. Niedrige Kasematten flankierten die umfangreichen Erdmassen, die von starkem Mauerwerk gestützt wurden. Die Basis der Türme erhielt ebenfalls eine Verstärkung aus Erde. In den Niederlanden führte man Wasser heran, das niedrige Festungswälle aus gestampfter Erde umgab. Anderswo leitete man manchmal einen Fluß um: Padua, Siena, Metz, Wien und viele andere Städte konnten so den schwersten Angriffen widerstehen.

Der Belagerer entwickelte ebenfalls neue Techniken: Laufgräben wurden angelegt, die Verschalung von Minengängen verbessert und der Bau von Geschützständen vorangebracht, in dem der berühmte Vauban es später zu hoher Kunst brachte[1].

1. Trotz dieser Fortschritte war die Astrologie noch kräftig im Schwange. Michel Nostradamus, zweiter Sohn des berühmten Astrologen, wurde 1574 vor Le Pouzin im Languedoc standrechtlich exekutiert, weil er versucht hatte, den von ihm vorausgesagten Brand in der Stadt selbst zu legen, nachdem sie heil eingenommen worden war!

ARTILLERIE (VII)

1. Transport eines großkalibrigen Mörsers mit zwei dazugehörigen Kugeln, um 1510. – 2 und 3. Höhenrichtsystem mit Hilfe einer Windemaschine an zwei Mörsern von 1550.

1
2
3
L. & F.
FUNCKEN

SLAWEN UND ORIENTALEN

Seit der Zeit der Achämeniden – von 550 bis 330 vor Christus – trugen die Perser eine Brünne aus vollen Scheiben in Schuppenform und bedeckten auch die Pferde mit Harnischen aus polierter Bronze.

Ringförmige Panzerteilchen kamen erst sehr viel später auf, und zwar in der Zeit der Sassaniden – zwischen 226 und 651 nach Chr. – Man machte daraus Helmbrünnen und Ringelpanzer ähnlich denen, die unsere Ahnen getragen hatten[1], und legte als Ergänzung Bein- und Armschienen aus polierter Bronze in Traufenform an. Zur gleichen Zeit kamen knollenförmige Helme auf, die gegen das Jahr 900 am höchsten Punkt eine kugelförmige und später spitze Verzierung erhielten. Danach gab es die Rumpfpanzerung aus typischen quadratischen Platten, »char-aina« (vier Spiegel) genannt, und den Helm mit Nasenschutz, den »kulah-khud«.

Diese Art Rüstung verbreitete sich von Indien aus über den ganzen Nahen Osten; sie war von den mongolischen Eroberern mitgebracht worden. Die Moslems schmückten sie mit feinen Arabesken und Koran-Sprüchen, die zunächst in Bandschrift und später in Kursivschrift aufgebracht wurden. Die Darstellung des menschlichen Antlitzes, die der Koran verboten hatte, kam nicht vor.

Den ganzen Harnisch hat es außerhalb des Abendlandes nirgends gegeben, doch ersannen die Türken eine leichtere Form, »Jaseran« genannt oder genauer »djezireh« (Insel), der aus Metallplättchen gemacht war, die durch verflochtene Panzerringe verbunden wurden. Da der Ringelpanzer »gâdir« (Teich) genannt wurde, stellte der »djezireh« also die Inseln dar, die auf einem Teich schwammen.

Alle Länder des Ostens bis an die Grenzen Deutschlands und Österreichs übernahmen die orientalischen Waffen und Rüstungen, änderten nur ein wenig deren Stil und ließen natürlich die islamischen Besonderheiten weg. Selbst in Österreich verschmähten große Herren nicht, prächtige Harnische anzulegen, die nach Art der Janitscharen mit Federbüschen geschmückt waren und in Ungarn in Mode waren.

In den Gegenden, in denen die Donau-Fürstentümer, die Vorläufer des modernen Rumäniens, im 15. Jahrhundert heftig gegen die Türken kämpften, trug die mit den »pantzirs« gepanzerte Reiterei der Garde Stephans des Großen den Zwiebelhelm und den Jazeran.

1. Offenbar haben die Kreuzfahrer große Mengen dieser Panzerkleidung zu einer Zeit nach Europa mitgebracht, als bei uns die schwierige Kunst ihrer Herstellung praktisch verlorengegangen war.

Die Russen

Im riesigen, fernen Rußland, das lange barbarisch geblieben war, kannte man nur die Kriegsrüstung orientalischen Typs. Ganz außergewöhnlich und aufschlußreich ist, daß manche Völkerschaften aus den Sowjetrepubliken des fernen Südostens diese Rüstung bis 1940 trugen!

Durch Plättchen verstärkte Panzerringe – d.h. der Jazeran – waren der Elite vorbehalten, desgleichen die Rumpfpanzerung »mit Spiegeln« der Orientalen. Ein ganz eigenartiger Helm, »Misurka« genannt, setzte sich

RUSSEN UND UNGARN

1. Ungarischer Husar, 16. Jahrhundert. – 2. Russischer Reiter, 16. Jahrhundert. Zu erkennen ist die Peitsche, die der Reiter stets bei sich führte und an einer Schlaufe am rechten kleinen Finger festhing; der linke kleine Finger wurde in ein Loch im Zügel gesteckt, wenn der Bogen benutzt werden sollte. – 3. Schwerer ungarischer Reiter, Ende des 16. Jahrhunderts. Die Rüstung ist türkischen Ursprungs und ein prachtvolles Beispiel für den »Jazeran«, der seit den ersten Jahrhunderten unserer Zeitrechnung im ganzen Orient in Gebrauch war und allmählich so vervollkommnet wurde, daß er mit dem westlichen Harnisch mithalten konnte. – 4. Russischer Fußsoldat, 16. Jahrhundert. Der kleine Haubert, Badjana genannt, macht im wesentlichen seine Rüstung aus und wird nur durch eine Brustplatte verstärkt. Schenkel und Knie werden durch eine Jazeran-(Schuppen-)panzerung geschützt. Als Waffe führt er eine Streitaxt vom Ende des 16. Jahrhunderts, die in Rußland »berdysch« genannt wurde und auf Französisch »berdiche« oder »bardiche« heißt.

Russische Helme: 5. Helm des Fürsten Jaroslaw, Beginn des 13. Jahrhunderts. Heute sind Helmbrünne und Visier nicht mehr erhalten. Er ist der älteste russische Helm, der uns bekannt ist. Er besteht aus Eisen, das mit Kupfer überzogen und mit Goldplatten verziert wurde. – 6. Byzantinischer Eisenhut, 13. Jahrhundert. – 7. Helm mit Visier, 15. Jahrhundert.

2
1
5
3
6
4
7
L. & F. FUNCKEN

aus einer Art Untertasse, die den Schädel schützte, und einem Kettenzylinder zusammen, in den der Träger mit dem Kopf schlüpfte.

Auf der Vorderseite gab ein viereckiger Ausschnitt Nase und Mund frei; der Krieger blickte durch die Ringe. Häufig schützte eine kreisförmige Jazeranverstärkung rundherum den Schädel. Der am weitesten verbreitete Schild hatte eine runde Form und hieß »kalka«.

Im Winter trug der russische Soldat den wattierten weiten Überrock. Er war dem Kaftan ähnlich, der bei der Reiterei anstelle des teuren und wahrscheinlich seltenen Panzerzeugs getragen wurde.

Nur die Feudalherren und die freien Männer dienten im Heer, zunächst ohne Sold und vom Beginn des 16. Jahrhunderts an dann gegen Lohn. Das waren die Anfänge des stehenden Heeres, das im Jahre 1584 an die 15 000 Reiter stark war, die bei Bedarf mit 65 000 berittenen Männern verstärkt werden konnten. Jedes Regiment oder Pulk wurde von einem »golowa« (Kopf) befehligt. Der Soldat bekam einen sehr frugalen Proviant, der aus Hirsekleie, zehn Pfund gesalzenem Schweinefleisch und ein wenig Salz bestand, wobei das Salz bei den Reicheren einen Zusatz Pfeffer hatte.

Dem russischen Kämpfer, der schlecht ausgebildet und undiszipliniert war, mangelte es an Zähigkeit. Wenn der erste wilde Angriff sich als erfolglos erwies, kehrte er um. Da es weder Belohnungen noch Ehrungen gab, sah er keinen Grund, Heldentaten zu vollbringen. Ein besonders scharfsinniger englischer Chronist aus dem 16. Jahrhundert hatte jedoch eine Ahnung von dem, was sich mit einer ernsthaften militärischen Ausbildung erreichen ließe; sein Urteil hat sich weitgehend als richtig erwiesen!

Die Russen benutzten lange Zeit eine Taktik, die sie den Tataren abgesehen hatten und aus plötzlichen Überfällen und schnellen Rückzügen bestand. Erst zu Beginn des 16. Jahrhunderts gab es zaghafte Ansätze zur Aufstellung einer Infanterie, und Iwan IV. gründete erst 1550 die ersten Strelitzen- (Schützen-)Regimenter. Im Jahre 1586 zählte man 12 000 Strelitzen, die zu Fuß oder zu Pferde dienten, dazu kam noch eine Infanterie aus ausländischen Söldnern, die 8500 Mann stark war. Die Artillerie, die an Ort und Stelle von Italienern und Deutschen gegossen wurde, kam in den ersten Jahren des 16. Jahrhunderts auf, spielte aber niemals eine wirksame Rolle.

Gegen die Polen wurde am Ende des Jahrhunderts eine ganz eigenartige rollende Mauer eingesetzt. Sie war fast zehn Kilometer lang und bestand aus einer Reihe von hölzernen Kasemattenwagen, die von innen untergebrachten Pferden bewegt wurden und mit Schützen besetzt waren. Man kann dieses Kriegsgerät zu den frühen Vorfahren des Kampfpanzers rechnen.

Der Semaituka – eine Kreuzung des wilden mongolischen Pferdes mit dem arabischen – und der Baschkir – ein Steppen- oder Bergpferd – oder auch der Kasak, der manchmal Paß ging, waren die unermüdlichen Reittiere des russischen Reiters. Sie hatten im Durchschnitt eine Widerristhöhe von 1,30 Meter. Sie waren selten beschlagen und lebten von fast nichts und konnten dabei Strecken von 300 Kilometer pro Tag zurücklegen!

Wilde Pferde wurden dressiert, indem man das gefangene Tier galoppieren ließ, bis es erschöpft zusammenbrach. Dann wurde es sofort geknebelt, seine Ohren und Nüstern wurden mit einem dünnen Band abgebunden, so daß sein Gehorsam nur über den Schmerz erzwungen wurde. Diese Pferde[1] besaßen jedoch eine solche Vitalität, daß zwei von zehn sich noch nach dieser grausamen Behandlung[2] als unzähmbar erwiesen.

1. Vielleicht handelte es sich um die besonders unlenksamen, aggressiven und zähen Tarpans, die Ende des 18. Jahrhunderts ausstarben.
2. Diese Behandlung war noch zu Beginn des vergangenen Jahrhunderts in der Ukraine üblich und wahrscheinlich in ganz Rußland bei den primitiven Rassen weit verbreitet. Die russischen Kriegspferde waren im allgemeinen Wallache, das heißt kastrierte Pferde, deren Charakter durch dieses sehr alte Mittel gezähmt wurde.

Tataren und Mongolen

Mit dem Namen Tataren wurde ein mongolischer Stamm zur Zeit Dschingis Chans bezeichnet, doch schon vom 13. Jahrhundert an wurde der Name auf eine Reihe Turkvölker angewandt.

Von den echten Tataren wurden die Nogai von der Krim Rußland erst im Jahre 1783 tributpflichtig. Sie waren große Reiter vor dem Herrn, wahre Steppenpiraten und außerordentlich geschickt in der Kunst, ihre Spuren zu verwischen. Wollten die Nogai einen Raubzug durchführen, sammelten sich etwa 400 Reiter in einer Entfernung von etwa 80 km vom ausgewählten Ziel. Sie teilten sich dann in vier Gruppen zu 100 Leuten, die in alle vier Himmelsrichtungen loszogen. Nach fünf Kilometern Marsch teilte sich jede Hundertergruppe in drei Mannschaften, von denen eine geradeaus weiter zog, während die beiden anderen in entgegengesetzter Richtung ritten. Drei Kilometer später teilte sich jede Mannschaft in drei Trupps, die zwei Kilometer weit in Gänsefußordnung loszogen. All diese Operationen wurden mit Hilfe eines primitiven Kompasses durchgeführt, mit dessen Hilfe die in alle vier Himmelsrichtungen zerstreuten Räuber auf den vereinbarten Treffpunkt in der Nähe ihres Angriffszieles zusteuerten. Diese ganzen Manöver machten es auch dem besten Kosaken unmöglich, ihre Spur durch das hohe Steppengras zu verfolgen, denn die auseinanderlaufenden Spuren wurden immer zahlreicher, vervielfachten sich in alle Richtungen und die letzten Trupps von je 11 Reitern ließen nur noch ein Labyrinth von 36 kaum sichtbaren Spuren hinter sich zurück!

Unter türkischer Herrschaft waren die Tataren in »Kasans« (Kochtöpfe, Soldateneinheiten, die aus demselben Kessel aßen) zusammengefaßt, die jeweils von einem »Mirza« befehligt wurden. Dieser wurde vom Chan ernannt, der wiederum dem Sultan untertan war. Die Nogai betrieben einen lukrativen Sklavenhandel. Sie verkauften ihre Ware in Posten zu 30 000 auf den Märkten von Sinob, Trapezunt und Konstantinopel.

Wurden die Tataren, die sich nur zum Kampf zehn gegen einen bereitfanden, von überlegenen Kräften in die Enge getrieben, bildeten sie einen Halbkreis, setzten zum Angriff an und zerstreuten sich plötzlich in alle Richtungen, wobei sie ihre Pfeile nach hinten abschossen. Die Polen nannten diese Taktik »Tatarentanz«.

Es müssen auch die Mongolen erwähnt werden, jene berühmten Eroberer, deren Reich 1206 von Dschingis Chan gegründet, von Timur im Jahre 1369 erneuert und schließlich von Baber im Jahre 1505 wiedererrichtet worden war.

Sie waren in »arban« zusammengefaßt (Trupp von zehn Männern). Zehn Arban bildeten einen »djaghum« (Schwadron), zehn Schwadronen einen »minggan« (Regiment) und zehn Regimenter einen »tumen«, eine Division von 10 000 Mann. Ihre Taktik beruhte auf List, Schnelligkeit und dem Entsetzen, das Ausrottung verbreitet.

Türken

In der Zeit von 1300–1550[1] waren die Türken eine militärische Großmacht. Das Heer setzte sich weitgehend aus Söldnern, häufig europäischer Herkunft, und Irregulären zusammen, die aus den »baschibusuks« (die keinen Anführer haben) zu Fuß und den »akibis« zu Pferde bestanden. Die »sipahis« zu Pferde und die Janitscharen bildeten die Elitetruppen des Sultans. Im 16. Jahrhundert waren die Janitscharen mit etwa 15 000 Mann auf dem Höhepunkt ihrer Stärke.

Die taktische Basiseinheit war die »orta«, die im Laufe der Zeit zwischen 100 und 3000 Mann schwankte. Der Holzlöffel, der im Etui im Hut steckte, war eines der traditionellen Insignien der Janitscharen. Jeder Dienstrang entsprach einer Küchenfunktion: Kompaniechef – Küchenchef, erster Offizier – großer Suppenverteiler. Der Sultan war der »Nährvater«!

Der Kochtopf »kazan« war die Fahne der »orta«. Ihn sich wegnehmen zu lassen, war eine Schande, ihn umzustürzen, bedeutete Revolte[2].

Die Reiterei, die den bei weitem größten Teil des Heeres ausmachte, umfaßte im Jahre 1520 10 000–12 000 Pferde. Der »sipahi« war eine Einheit von zwei bis sechs Reitern, gerade wie in Europa die »Lanze«.

Die schon 1364 aufgenommene Artillerie war eindrucksvoll. In den beiden vorliegenden Bänden wird sie mehrfach erwähnt.

Die prächtigen Pferde gehörten verschiedenen Rassen an. Das arabische Halbblut vom Kaspischen Meer konnte 800 Kilometer in sechs Tagen laufen. Die für den Krieg am geeignetsten Pferde stammten aus Kurdistan und Persien; auch ein schwererer Typ, der turkmenische, wurde verwendet. Die schönsten arabischen Vollblüter wurden im Hedschas gezüchtet, die robustesten im Jemen, die mit dem edelsten Gang im Negev und die lebhaftesten in Ägypten. Die schönsten Farben gab es in Syrien.

Zum Schluß noch ein Wort über das heilige Banner des Propheten. Seine grüne Seide war vier Meter lang und der Fahnenstock lief aus in einer geballten Faust aus Gold. Sie umschloß ein Koranbuch, das von der Hand des Kalifen Omar, des zweiten Nachfolgers Mohammeds, geschrieben war. Wenn ein Christ es auch nur durch einen Blick beschmutzte, so bedeutete das die sofortige Hinrichtung.

1. Ursprünglich wurden mit dem Angelus-Gebet Gott die Christen anbefohlen, die im 15. Jahrhundert gegen Mohammed II. kämpften.

2. Bei der Aufstellung der modernen türkischen Armee im Jahre 1826 wurde der Kochtopf umgestürzt ... und sämtliche Janitscharen massakriert.

ORIENTALE (I)

1 und 2. Türkische Herausforderer, »deli« genannt. Sie dienten als Herolde und überbrachten dem Feind die Herausforderungen und Verlangen des Sultans. – 3. Offizier der Aufklärer (»carpici«) der Reiterei der Janitscharen. – 4. Regulärer türkischer Reiter (»alkans«) mit einer Standarte, die mit Alis Säbel, dem heiligsten aller Embleme, geschmückt ist. Das Grün war die Farbe des Propheten, doch gab es türkische Standarten und Fahnen in großer Zahl und allen Farben und darüber hinaus noch die charakteristischen »thugs« in Pferdeschwanzform, die den Rang der Führer anzeigten (siehe Abbildung 1). – 5. Türkischer freiwilliger Reiter. – 6. Sipahis der Janitscharenreiterei. – 7. Persischer Krieger aus dem 16. Jahrhundert. Er trägt den aus vier Teilen zusammengesetzten Panzer, der »charaina« (vier Spiegel) genannt wurde. Der Helm, der typische »kulah-khud« und die Rüstung wurden mehrere Jahrhunderte lang getragen. – 8. Spanischer Maure aus dem 15. Jahrhundert. Seine Waffe ist ein marokkanischer »nimcha«.

1
2
3
4
5
6
7
8

1
2
3
4
5
6
7
8
9
L.&F. Funcken

ORIENTALE (II)

1. Korporal, »onbachi« genannt. Das Schmucketui an der Kopfbedeckung enthielt den Suppenlöffel. – 2. Türkischer Artillerist, »jopegs« genannt. – 3. Leutnant, »karakoulloutchi« genannt. Seine Kopfbedeckung ist mit der großen Palme für Mut geschmückt, einem begehrten Orden. – 4. Bogenschütze der Garde, »solachi« genannt. – 5. Gemeiner Janitschar. – 6. Berittener Janitschar, »ulufage« genannt. – 7. »Noumdji« oder Hauptmann der Leibwache. – 8. Der Aga, oberster Führer der Janitscharen. Der Turban bekam diese Größe erst nach der Einnahme von Konstantinopel im Jahre 1453. – 9. Hauptmann, »boluchassa« genannt, mit dem großen Suppenlöffel, der nach dem Kochtopf das heiligste Symbol der Janitscharen war. Gelang es einem zum Tode Verurteilten, ihn zu berühren, wurde er sofort begnadigt.

Alle Figuren sind Janitscharen, ausgenommen Figur 2.

China

Die chinesischen Heere wurden lange Zeit von den mandschurischen Tatartruppen überragt, die damals die einzigen waren, die man als Soldaten bezeichnen konnte.

Die Gewohnheit, Truppenverbände mit Flaggen in verschiedenen Farben zu kennzeichnen, scheint bis in das älteste Altertum zurückzureichen. Unsere Recherchen haben auf diesem Gebiet nur bruchstückhafte Informationen erbracht, die sich kaum chronologisch ordnen lassen.

Die mandschurischen Elitetruppen hatten eine gelbe Flagge, die Mongolen eine weiße, die Chinesen eine rote, die Kriegsgefangenen und die Söldner eine grüne. Man findet auch tatarische Elitetruppen, die unter gelben, weißen, roten und blauen Standarten zusammengefaßt sind, während die grüne Farbe die Chinesen kennzeichnet. Die Westen sind in einer zur Standarte passenden Farbe gehalten. Zum Schluß sei noch folgende Verteilung festgehalten: Gelb – Reiterei, Weiß – Bogen- und Armbrustschützen, Grün – Pikeniere, Blau – Rondartschiere, Rot – Arkebusiere, Schwarz – Artillerie.

Die neun Offiziersränge waren durch eine Kugel gekennzeichnet, die auf der Spitze der Kopfbedeckung saß. Geht man die Ränge durch, bekommt man folgende Reihenfolge für die Farben der Kugel: Rot, Hellblau, Dunkelblau, Kristallkugel, Kugel aus weißem Stein, aus Gold. Bei den letzten drei Rängen gab es noch einige Differenzierungen. Mit Tieren geschmückte Brustschilder (Drachen, Löwen, Einhörner usw.) bestimmten die hierarchische Ordnung.

Bewaffnung und Ausrüstung zeigen, daß sich viele Jahrhunderte lang nichts bewegte. Seit dem 4. Jahrhundert trugen die Elitekrieger eine Art Kaftan mit Schulterstücken, die mit Eisenblechen oder lackiertem Leder mehr oder weniger gepanzert waren. Das Kleidungsstück hieß »kwei-kya« und war vermutlich den Mongolen abgesehen worden.

Obgleich den Chinesen mit Pulver angetriebene Brandbomben und Raketen mehrere Jahrhunderte vor den Europäern bekannt waren, benutzten sie Feuerwaffen erst im 18. Jahrhundert, und noch in der Mitte des vergangenen Jahrhunderts zogen sie ihnen Bogen und Armbrust vor.

Japan

Japans Unbeweglichkeit in der Bewaffnung ist noch frappanter als die Chinas. Die von den Portugiesen und Holländern eingeführte Feuerwaffe führt das deutlich vor Augen.

Die Luntenarkebuse, die zu Beginn des 16. Jahrhunderts eingeführt worden war, wurde zu einer Waffe mit kaum gekrümmten Kolben und einem Lauf, der in Einklang mit der Einfachheit und Reinheit der japanischen Linienführung fein dekoriert war. Da die Japaner erst wieder 1860 Ausländer ins Land ließen, lernten sie nun das Perkussionsgewehr mit knallsaurem Salz kennen und übersprangen mehr als 200 Jahre der Entwicklung einer Waffe, die bei ihnen nicht einen Schritt vorangekommen war!

Die japanische Rüstung, die längst nicht so stark wie die europäische war, machte ihre einzige Entwicklungsphase im 16. Jahrhundert durch, als die mit leichten Harnischen bekleideten Europäer nach Japan kamen. Die Samurai sahen diese glatten Panzer auf dem Rumpf mit Erstaunen und führten den »Brustpanzer in einem einzigen Stück« ein, den sie »tosei gusoki« nannten, und ein wenig später die kleinen »Platten« auf Ober- und Unterarm der Rüstung, »o-tataage no suneate«.

Die klassische Rüstung »do-maru«, die älteste, besteht aus Plattenringen, die in Gruppen zu siebt zusammengefaßt sind und durch eine sehr dekorative, komplexe Seidenverschnürung zusammengehalten werden. Sie geht mindestens auf das 13. Jahrhundert zurück und bildete wahrscheinlich schon die Ausrüstung der ersten Samurai im 10. und 11. Jahrhundert. Die Lamellen aus Metall, Leder, ja sogar Pappe waren in allen vorstellbaren Farben und Abtönungen lackiert; manchmal waren sie mit Gold eingelegt oder ganz vergoldet. Wegen ihrer barbarischen Schönheit sind die japanischen Rüstungen in vielen Museen die Ausstellungsschlager[1].

Der Helm mit Maske kam erst, so scheint es uns, durch den Einfluß der ersten Europäer auf, desgleichen der Helm im Stil unserer Birnhelme, der »bachi« genannt wurde und kugelfest war. Der hörnerartige Schmuck, »kuwagata« genannt, war ursprünglich schlanker und höher; es scheint, daß er von Kriegern edler Abstammung innerhalb der Reiterei getragen wurde.

Die Infanterie, die mit dem gleichen Helm und der gleichen Panzerung ausgerüstet war, lief im 13. Jahrhundert jedoch mit nackten Beinen und Füßen. Es gab allerdings auch Soldaten, die nur die Rumpfpanzerung und Beinschienen trugen und dazu bauschige Kniehosen und Puffärmel sowie eine schwarze, konische Filzmütze. Später kommen Sandalen oder Schuhe aus Bärenfell auf, dazu eng anliegende Kleider aus Bären- und Pantherfell und Schabracken für die Pferde: dadurch bekam das eindrucksvolle Aussehen dieser Krieger eine dekorative und barbarische Note.

1. Im Vergleich zu den europäischen Harnischen war ihr Gewicht im allgemeinen niedrig. Wir haben eine Rüstung vom Typ »tosei-gusoku« besessen, die einschließlich Helm nicht einmal fünf Kilogramm wog.

CHINA UND JAPAN, 16. JAHRHUNDERT

1. Chinesischer Soldat aus der Elitedivision der Tiger. Der Schild besteht aus spiralenförmig aufgerolltem Schilf. Es ist der »ton pei«. – 2. Standartenträger einer Sektion chinesischer Armbrustschützen mit seiner Repetierwaffe und seinem Köcher (8–10 Pfeile). – 3. Bogenschütze der chinesischen Kaisergarde. – 4. Samurai, Beginn des 16. Jahrhunderts. Auf seinem Helm mit Halbmaske, »mempo« genannt, sitzt der »kuwagata«, ein Schmuck, der aus stilisierten Blättern einer Wasserpflanze besteht. Seine lamellierte Rüstung gehört zum Typ »do-maru« (Ring um den Körper). An seinem Gürtel hängt das Paar »Daisho«-Säbel. – 5. Samurai mit einer Rüstung vom Typ »tosei-gusoki« (Panzer aus einem Stück), zweite Hälfte des 16. Jahrhunderts. (Siehe Abbildung 8) – 6. Helm vom Typ »mempo« mit Halbmaske, 16. Jahrhundert. Die Nase ist abnehmbar. – 7. Helm des Typs »so-men« mit Vollmaske, 16. Jahrhundert. – 8. Helm des Typs »so-mem«, 16. Jahrhundert. Er gehört zur Rüstung von Abbildung 5.

1
2
3
4
5
6
7
8

Unerbittliche Grausamkeit war gang und gäbe und die Köpfe der Feinde wurden auf den langen Säbeln zu makabren Reihen aufgespießt. Doch müssen wir eingestehen, daß diese üble Sitte auch bei uns mitten im 16. Jahrhundert praktiziert wurde: Zur Zeit der Renaissance schmückten manchmal Halsbänder aus menschlichen Teilen die Soldateska unseres »zivilisierten« Kontinents!

Der 2,20 m lange Bogen mit dem exzentrischen Handgriff und danach der asiatische zusammengesetzte Bogen waren die klassischen Waffen aller Krieger, von der untersten Schicht der Kumebe bis zur Klasse der Samurai. »Katana«-Säbel und »tachi«-Säbel bildeten zusammen den »daisho«, der für die Samurai typisch war. Der erstere wurde mit der Schneide nach unten getragen, der andere in entgegengesetzter Richtung. Alle anderen Säbel wie der »sho-to«, der »katana« und der »wahizashi« waren wie die ersten von außergewöhnlich guter Qualität und Härte; ohne Scharten zu riskieren, konnte man mit ihnen dicke Nägel, Kupferbarren und viel leichter noch menschliche Körper durchschlagen.

Das sehr kleinwüchsige Pferd war im 3. Jahrhundert nach Japan eingeführt worden. Anstelle von Hufeisen band man ihm Riemensandalen um. Im 16. und 17. Jahrhundert wurde dem Tier manchmal eine Kettenpanzerdecke aufgelegt. Sattel und Steigbügel aus Holz waren extrem leicht und hervorragend gearbeitet, wie alles übrige im japanischen Arsenal.

Hier endet nun die Reise durch die Jahrhunderte, in denen unsere Geschichte begann. Ritter und Soldaten boten sicherlich nicht immer das idealisierte Bild, das wir uns meist machen, doch ob sie nun Galgenstricke oder Heiligenfiguren waren: Sie waren es, die den Sinn des Wortes Nation entdeckten.

« Mais vous n'avez eu que de coups,	Aber ihr habt nur Hiebe empfangen,
De la pluie, du vent et des poux	Regen, Wind und Läuse
Dont vous n'étiez pas à votre aise! »	Die euch nicht sehr lieb waren!

sangen die Haudegen, die aus dem Krieg zurückkamen, und ahnten nicht, daß sie Europa aufbauten.